Thomas Schumacher
Lehrbuch der Ethik in der Sozialen Arbeit

Grundlagentexte Soziale Berufe

Thomas Schumacher

Lehrbuch der Ethik in der Sozialen Arbeit

Der Autor

Thomas Schumacher, Jg. 1959, Dr. phil., ist Professor für Philosophie in der Sozialen Arbeit an der Katholischen Stiftungsfachhochschule München.

Seine Arbeitsschwerpunkte sind die Ethik in der Sozialen Arbeit und das Profil Sozialer Arbeit als Wissenschaft und Profession.

Bibliografische Information der Deutschen Nationalbibliothek

Die Deutsche Nationalbibliothek verzeichnet diese Publikation in der Deutschen Nationalbibliografie; detaillierte bibliografische Daten sind im Internet über http://dnb.d-nb.de abrufbar.

www.beltz.de · www.juventa.de
Druck und Bindung: Beltz Druckpartner GmbH & Co. KG, Hemsbach
Printed in Germany

ISBN 978-3-7799-1963-6

„Die Wissenschaft *sondiert;* sie beweist nicht."
Gregory Bateson

Vorwort

Impuls und Idee zu diesem Buch stammen aus meiner Tätigkeit als Hochschullehrer. Meine Lehre richtet sich an Studierende der Sozialen Arbeit. Forschungsschwerpunkt ist dabei die Ethik. Soziale Arbeit wurde an Fachhochschulen noch bis Mitte des vergangenen Jahrzehnts im Diplomstudiengang studiert. Parallel dazu gab es auch schon Angebote im Masterbereich, die als Weiterbildungsangebote konzipiert waren. Die Ethik wird traditionell als ein wichtiger Bezugspunkt für das sozialarbeiterische Denken und Handeln angesehen. Entsprechend war sie im Diplomstudium und auch in den Masterkonzepten durchaus prominent eingebunden. Damit ging allerdings nicht notwendig eine Systematik einher. Zu unspezifisch war der ethische Charakter der Sozialen Arbeit gesehen und zu vielfältig waren in Theorie und Praxis die ethischen Themen und Bezüge, als dass ein systematisches Vorgehen passend erschienen wäre.

Zwei Entwicklungen haben diese Lage verändert: Zum einen hat der Bolognaprozess mit seiner Umgestaltung des Hochschulbereichs das Studium der Sozialen Arbeit neu gefasst. Modularisierung und Kompetenzorientierung konturieren das sozialarbeiterische Ethikanliegen klarer; die Anlage von konsekutiven Masterstudiengängen im Verbund mit generalistischen Studienangeboten im Bachelorbereich erfordern Klärung und Abgrenzung der jeweiligen Studieninhalte. Zum andern ist das berufliche Verständnis der Sozialen Arbeit vorangekommen. Ethik wird mittlerweile als ein strukturelles Anliegen der Profession wahrgenommen. Ethische Akzente zeigen sich nicht länger assoziativ, sondern bilden sich über das fachliche Selbstverständnis der Profession Soziale Arbeit aus. Dieser nun konturschärferen Bedeutung der Ethik für die Soziale Arbeit gilt es in der Ausbildung Rechnung zu tragen. Ethikmodule sind im Studium so anzulegen, dass sie Studierende in das *sozialarbeiterische* Ethikverständnis einführen und dessen Anspruch entfalten.

Dieses Buch ist als Lehrbuch konzipiert. Es soll Ethik als Thema im Studium der Sozialen Arbeit aufreißen und systematisieren. Das Studium ist – das gilt für den Bachelor- wie für den Masterbereich – nicht standardisiert. Es gibt einen Vorschlag der Deutschen Gesellschaft für Soziale Arbeit aus dem Jahr 2005 für ein Kerncurriculum für Bachelor- und Masterstudiengänge, das zumindest eine grobe Orientierung bietet und Ethik als *Makrothema* setzt. Ein Qualifikationsrahmen, der vom Fachbereichstag Soziale

Arbeit in aktueller Fassung im Dezember 2008 verabschiedet wurde, gibt weiteren Anhalt, wendet Sozialarbeitskompetenz aber auf die formale Ebene. Die Diskussion über das, was Soziale Arbeit ausmacht – und was Bestandteil im Studium der Sozialen Arbeit sein sollte –, reicht weit über diese Ansätze hinaus und wirkt teils direkt, teils indirekt in die Curricula und Lehrpläne an den Hochschulen hinein. Das erzeugt Komplexität und trägt mehr zur Verunsicherung als zur Klarheit bei. Unterschiede zeigen sich entsprechend auch dort, wo Ethik zum Thema des Studiums und der Ausbildung erhoben wird. Was sollten Studierende im Bachelorstudiengang Soziale Arbeit wissen? Was sollten sie können? Was kann man darüber hinaus von Absolventen eines Masterstudiengangs an ethischer Kompetenz erwarten? Und schließlich: Was *gehört* zu einer Ethik der Sozialen Arbeit?

Das zeigt, dass sich das Buch an Studierende wie an Lehrende wendet, aber auch Akteure in der Praxis im Blick hat, die für ihren beruflichen Alltag und in Blick auf Konzeptarbeit weiterhin Interesse am ethischen Verständnis Sozialer Arbeit haben. So hoffe ich, mit dem Lehrbuch auch einen Beitrag leisten zu können, Studium und Praxis der Sozialen Arbeit gleichermaßen auf eine in ethischer Kompetenz liegende Qualität auszurichten. Dabei geht es auch um die Perspektive einer gegenseitigen Befruchtung dieser beiden Bereiche. Studium und Praxis haben nicht verschiedene, sondern dieselben ethischen Fragen und Anliegen; beide Zugänge müssen verbunden und in einem ethisch pointierten Sozialarbeitsverständnis zusammengeführt werden.

München, im April 2013 Thomas Schumacher

Inhalt

Einleitung

1 Zielrichtung und Aufbau des Lehrbuchs

Die Ausgangslage

Von einem Lehrbuch wird primär erwartet, dass es sich für den Unterricht eignet. Ein Lehrbuch der Ethik in der Sozialen Arbeit zielt deshalb auf die Verwendung an den Hochschulen ab, an denen Soziale Arbeit studiert wird. Es wendet sich an Lehrende und Studierende an Hochschulen für Angewandte Wissenschaften sowie an Universitäten. Die Aufspaltung nehmen nicht wenige so wahr, dass über erstere Soziale Arbeit nach fürsorgerischen und wohlfahrtspflegerischen Gesichtspunkten studiert wird, über letztere aber in pädagogischer Ausrichtung. Diese Trennung lässt sich nicht halten. Abgesehen davon, dass die beiden „symbiotischen Zwillinge", von denen Hansjosef Buchkremer einmal gesprochen hat (dazu siehe Schumacher, 2007, S. 22), längst zu einer inhaltlichen Einheit gefunden haben, bietet das berufliche Selbstverständnis Sozialer Arbeit keinen Anlass, zwei solcherart verschiedene Zugangswege in den Beruf zu erwarten. Pädagogische Fragestellungen und sozialpädagogisches Handeln sind für die Soziale Arbeit ebenso grundlegend wie der Fürsorgegedanke. Jedes Studium muss beides umfassen und im Sinne einschlägiger Handlungskompetenzen umfassend qualifizieren.

Inwieweit im Rahmen der Hochschultypen unterschiedliche *wissenschaftliche* Verständnisse ausgeprägt werden, ist eine andere Frage. Hier ist die Landschaft uneinheitlich. Die im Zuge des Professionalisierungsprozesses seinerzeit auf den Weg gebrachte Sozialarbeitswissenschaft war zunächst vom Grundimpuls geleitet, das Verständnis einer Sozialen Arbeit als Wissenschaft zu schärfen. In diesen Klärungs- und Entwicklungsprozess waren vornehmlich Fachhochschulen involviert; die an Universitäten gelehrte Sozialpädagogik hatte seit je her ein klar gesetztes wissenschaftliches Grundverständnis. Überblickt man die letzten zehn, zwanzig Jahre, so wird dennoch ein *gemeinsames* Bestreben deutlich, Soziale Arbeit – in einem über die auf ihre erziehungswissenschaftlichen Anliegen bezogene Sozialpädagogik hinausreichenden Sinn – grundlegend als Wissenschaft zu verstehen und auszuweisen. Beiderseits war das Bestreben getragen von dem Ansinnen, Soziale Arbeit als Beruf schlüssig weiter zu qualifizieren und die Entwicklung des Berufes zur Profession tatkräftig zu begleiten (dazu Mühlum, 2012).

Dennoch gibt es Verwerfungen. Sie sind neueren Datums und hängen m. E. mit der Umstellung der Studienstrukturen im Rahmen des Bolognaprozesses zusammen. Die Bezeichnung „Sozialarbeitswissenschaft" ist in die Kritik geraten, weil in ihr eine begriffstechnisch rein als Sozialarbeit aufscheinende Soziale Arbeit mutmaßlich den wissenschaftlichen Anspruch der Sozialpädagogik ausblendet. Für das Ganze wird daher – und es hat sich inzwischen auch eingebürgert – von der Wissenschaft der Sozialen Arbeit gesprochen. Das kann man als Sprachregelung so akzeptieren. Aber genau besehen bricht die längst überwundene Spaltung neu auf: Soziale Arbeit, als der Klammerbegriff, wird wieder nach Sozialarbeit und Sozialpädagogik und den darin liegenden Traditionslinien ausdifferenziert – ohne dass der berufliche Alltag und das berufliche Selbstverständnis der Sozialen Arbeit dazu irgendeinen Anlass gäbe. Zeitgleich sind aus dem universitären Bereich Signale vernehmbar, die neuen Hochschulstrukturen so auszulegen, dass die Ausbildung auf Bachelorniveau Sache der Hochschulen für Angewandte Wissenschaften sein soll, die auf Masterniveau aber Sache der Universitäten.

Wenn man solchen Impulsen nachgäbe, würde das die Soziale Arbeit auf der ganzen Linie schwächen. In der beruflichen Praxis würden die an HAWs ausgebildeten Sozialpädagogen weniger als Hochschulabsolventen, denn als Absolventen eines Hochschultyps wahrgenommen, dessen akademische Reichweite im Bolognamodell beschränkt ist. An den Hochschulen für Angewandte Wissenschaften würde weniger die besondere Praxiskompetenz, als das Defizit gesehen, nicht mehr als ein Schmalspurstudium anzubieten. Das führte unweigerlich zur Abwertung der Bachelorabschlüsse und zum Qualitätsverlust der beruflich geleisteten Sozialen Arbeit. Für die HAWs gingen Forschungsperspektiven und viel von dem innovativen Potential verloren, das in den vergangenen Jahren entstanden ist. Und last not least verlöre auch die universitäre Sozialpädagogik, weil sich ihr besonderer wissenschaftlicher Anspruch auf einen Gegenstand bezöge, der in seiner gesellschaftlichen Wirklichkeit nurmehr ohne besondere Bindung an Wissenschaft wahrgenommen würde.

Anspruch und Ziel

Dieser Hintergrund spielt eine Rolle, wo es darum geht, Soziale Arbeit über ihre Ethik klarer zu fassen. Ethik, die zur Sozialen Arbeit gehört, betrifft nicht nur einen Teil, nicht nur einen Ausschnitt, nicht nur ein Niveau – sie umfasst das Ganze, durchdringt Praxis und Theorie und verlangt nach wissenschaftlicher Positionierung im gleichen Maß, wie die Soziale Arbeit insgesamt mit einem wissenschaftlichen Anspruch auftritt. Ist dieser schwach, und lässt man zu, dass er sich weiter abschwächt, verlieren auch die ethischen Anliegen ihre strukturelle Bindung. Die ethischen Themen würden weiter sporadisch gesetzt und ohne wirkliche Überzeugungskraft auf ihrerseits wieder eher diffuse praktische wie theoretische Anliegen bezogen. Die Erwartung an die Soziale Arbeit ist aber eine andere. Das wissenschaftliche Erscheinungsbild hat eine tragfähige argumentative Grundlage; nicht zuletzt bilden sich in ihm Erfahrungen zum Leistungsvermögen sozialarbeiterischer resp. sozialpädagogischer Praxis ab. Beides, wissenschaftliches wie berufliches Leistungsvermögen, findet seinen Ausdruck über die theoretische wie praktische ethische Kompetenz, die innerhalb der Sozialen Arbeit ausgeformt wird.

Damit ist es mit ein Ziel dieses Lehrbuchs, über Klarheit im Ethikverständnis auch ein Signal in die Gegenrichtung zu setzen. Es geht nicht um ein Wunschkonzert, sondern darum, das für und in Sozialer Arbeit Erreichte zur Geltung zu bringen. Der Beruf, als Profession und Wissenschaft entwickelt, lässt eine Leistungskraft erkennen, die weit über das Alltagsverständnis von Hilfegewährung und sozialer Problemlösung hinausreicht. Soziale Arbeit zeigt sich, nimmt man ihre Analysekraft, ihre Deutungskompetenz und ihre Gestaltungserfahrung zusammen, in der Lage, die Zukunft einer Gesellschaft über die Sicherstellung von Lebensqualität zu verbürgen (vgl. Schumacher, 2011c, S. 260). Diese *Position* soll im Kontext der hier angelegten, systematisierenden Darstellung zur Ethik in der Sozialen Arbeit deutlich werden. Durch die Klärung und Stärkung von Wert und Bedeutung ihrer Ethik *gewinnt* die Soziale Arbeit insgesamt, und mit ihr gewinnen alle Hochschulen, die ein entsprechendes Studium anbieten.

Ich nehme mir die Freiheit, mit den Begriffen und Bezeichnungen zu spielen. Wenn „Soziale Arbeit" der Name ist, der nicht inhaltsleer zwei separierte Entwicklungslinien klammert, sondern der für eine zwei Traditionen verpflichtete *gemeinsame Sache* steht, dann wird diese eine Sache durch das Fürsorgeanliegen der Sozialarbeit ebenso repräsentiert, wie durch das erzieherische der Sozialpädagogik. Die korrekt als „Wissenschaft der Sozialen Arbeit" kommunizierte, epistemische Gestalt bleibt dann – unter Einbezug der Sozialpädagogik – auch eine *Sozialarbeitswissenschaft.* Und schließlich: Wenn Soziale Arbeit denkt und handelt, Diskurse gestaltet, Marksteine setzt und Ergebnisse produziert, dann ist ihr Tun, dann sind ihre Sichtweisen, Akzente und Methoden im Merkmal „sozialarbeiterisch" ebenso treffend erfasst wie über das Prädikat „sozialpädagogisch". So und nicht anders war auch die entsprechende Begriffsetzung schon im Vorwort zu lesen.

In solchem Tun, und weil ein – recht zu verstehendes – Sozialarbeitsverständnis transportiert wird, soll ein zweiter Anspruch eingelöst werden. Ein Lehrbuch sollte sich auch eignen, jedem, der an dessen Gegenstand interessiert ist, Aufschluss über diesen Gegenstand zu geben. Aufbau und Systematik dieses Buches bilden die Ethik in der Sozialen Arbeit nach einem Plan ab, der sich als Orientierung in einem komplexen und rasch unübersichtlichen Feld eignet. Ethik erscheint nur dem, der sie nicht vertieft, einfach. Wer in der beruflichen Praxis Entscheidungen für und über andere treffen muss, wer Sozialarbeitshandeln konzipiert, wer Sozialpädagogik erforscht, ist mit ethischen Problemstellungen, mit Fragen von Sein und Sollen konfrontiert, die hier ebenfalls Nachhall finden werden. Dazu wird das Thema Ethik in der Sozialen Arbeit entlang der Studienstrukturen an den Hochschulen propädeutisch entfaltet.

Aufbau und Struktur

Für den Aufbau des Buches ist die Eignung zur Verwendung an Hochschulen entscheidend. Lehrenden und Studierenden soll es Aufschluss darüber geben, wie das Thema Ethik in der Sozialen Arbeit im Studium sinnvoll aufbereitet und abgebildet werden kann. Zwei Aufgaben stellen sich dabei: Die eine besteht darin herauszuarbeiten, wie Ethik in ihrer Bedeutung für die Soziale Arbeit im Rahmen des Bachelorstudiums so thematisiert werden kann, dass sie als berufliches Profil ebenso wie als berufliche Kompetenz prägnanten Ausdruck findet. Ziel ist hier, die ethischen Bezüge und Fragestellungen des Sozialarbeitsberufes auf curriculare Eckpunkte hin auszurichten und damit passende Anhaltspunkte zu geben, wie Sozialarbeitsethik als eines von zahlreichen Themen für angehende Sozialpädagoginnen und Sozialpädagogen im Studienverlauf zu setzen ist.

Die Empfehlung ist, Ethik im Studium *in zwei Schritten* zu lehren. Im ersten Schritt, der frühzeitig – durchaus schon im ersten Semester – erfolgen sollte, geht es, erst einmal, um die Sensibilisierung für die ethischen Implikationen eines Berufes, der in seinen Handlungskontexten Menschen *nahetritt,* sodann aber darum, dezidiert in ethische Fragestellungen einzuführen und das notwendige Grundverständnis zu vermitteln. Der zweite Schritt sollte deutlich später im Studium – idealerweise nach einem Praxissemester – erfolgen und die Erfahrungen der Studierenden in der Praxis aufgreifen und nutzen. Schwerpunkt ist hier, Bezugspunkte für ethisches Denken und Handeln zu vertiefen und so nicht zuletzt die ethischen Anliegen Sozialer Arbeit als Profession, darunter zentral auch die Perspektive beruflicher Autonomie, zu vermitteln.

Die beiden Schritte werden im ersten und zweiten Teil dieses Buches ausgeführt. Sie sollen zu einem umfassenden Verständnis der Bedeutung einer ethischen Qualität im Sozialarbeitsberuf führen. Ausformung und Dimension dieser Qualität zu erfassen muss, neben der Grundlegung einer ethisch fundierten Handlungskompetenz, eine der zentralen Zielstellungen für den Bachelorstudiengang sein.

Die andere Aufgabe des Lehrbuchs liegt darin, das Thema Ethik in der Sozialen Arbeit auch für das Masterstudium aufzubereiten. Es gibt entsprechende Masterstudiengänge erfreulicherweise auch an Hochschulen für Angewandte Wissenschaften, und in dem Maß, wie in diesen Studiengängen sozialarbeitswissenschaftliches Wissen akzentuiert und vertieft wird, braucht es auch einen vergleichbaren wissenschaftlichen Reflex auf das sozialarbeitliche Ethikanliegen.

Masterstudiengänge bieten innovative Entwicklungsperspektiven für Theorie und Praxis in der Sozialen Arbeit. Mittlerweile gibt es eine Angebotsvielfalt, die zweierlei Tendenz erkennen lässt: Auf der einen Seite gehen Masterangebote den Weg der Spezialisierung. Dabei werden in breiter Ausdifferenzierung Ausschnitte des Handlungsspektrums und der Forschung vertieft. Auf der anderen Seite stehen Masterangebote, die Soziale Arbeit nach ihrem Grundcharakter thematisieren und am wissenschaftlichen Anspruch ansetzen. Ihnen liegt, wenn man das so sagen kann, auch daran, neue Impulse in den Professionalisierungsprozess einzuspeisen.

Für Masterprogramme der ersten Kategorie braucht es spezielle Ethikzuschnitte. Bei der Vielfalt in der Angebotslandschaft, die in Deutschland von „Sozialgerontologie" über „Beratung und Management" bis zu „Sozialwissenschaftliche Konfliktforschung" reicht, kann ein jeweils passgenauer Ethikbezug hier nicht betrachtet und ausgeführt werden. Ihn zu definieren, bleibt der Konzeptarbeit der Initiatoren solcher Masterprogramme vorbehalten. Dabei ist davon auszugehen, dass eine Zuordnung einschlägiger ethischer Kompetenz auch bei thematisch enger geführten Masterprogrammen zu erwarten ist. Das ergibt sich aus den obigen Überlegungen zu einem Sozialarbeitsverständnis, das Ethik strukturell sozialarbeiterischer Theorie und Praxis zuordnet. Die Eckpunkte jedes speziellen Ethikbedarfs sind freilich auf der Grundlage des wissenschaftlichen Reflexes auf das allgemeine, sozialarbeitliche Ethikanliegen zu gewinnen.

Dieser Reflex kommt im Lehrbuch zur Darstellung. In einem *dritten Schritt* geht es deshalb den Weg weiter in eine Vertiefung ethischen Sozialarbeitswissens, die, im Masterstudium der Sozialen Arbeit platziert, Studierende in die Lage bringen soll, den ethischen Anspruch von Beruf und Profession eigenständig zu denken und praxistauglich zu konzipieren (Teil 3). Das führt zu einer wichtigen Unterscheidung: Während Ethik im Bachelorstudium als Merkmal von Handlungskompetenz zu sehen und entsprechend abzubilden ist, sollte im Masterstudium eine Akzentuierung erfolgen, die Ethik als Theoriegrundlage für Soziale Arbeit begreift.

Daraus ergeben sich die drei großen Gliederungspunkte für das Lehrbuch:

Teil 1: Grundwissen Ethik
Teil 2: Anhaltspunkte ethischer Praxis
Teil 3: Die Ethik Sozialer Arbeit als Konzept

Die Gliederungspunkte entsprechen den skizzierten *Schritten.* Sie weisen den Weg, Ethik im Bachelorstudium in zwei thematischen Zirkeln zu vermitteln und für das Masterstudium in einem dritten Zirkel einen an der Wissenschaft Sozialer Arbeit ausgerichteten Ethikrahmen abzustecken. In den einzelnen Teilen wird es, wo es Sinn macht, Rückbezüge und Querverbindungen, mitunter auch Überschneidungen geben. Sie sollen erfassen helfen, dass die insgesamt 18 Themenkapitel der drei Teile einen Gesamtzusammenhang abbilden. Ein wichtiger, das Ganze tragender Akzent liegt im aufgezeigten Menschenbild, dessen ganze, innovative Gestalt im dargelegten Autonomieverständnis aufscheint (Teil 3, Kapitel 5). Diese Darlegung kann beispielsweise in Verbindung mit den Ausführungen in Teil 1, Kapitel 5 gelesen werden.

Festzuhalten bleibt noch, dass der Versuch, Ethik lehrbuchmäßig für die Soziale Arbeit zu systematisieren, lediglich einen Zugang bildet – nicht mehr und nicht weniger. Jedem der drei Teile des Lehrbuchs werden, thematisch sortiert, eigene Literaturhinweise beigegeben, die den jeweiligen Fokus weiter vertiefen helfen. Am Ende des Buches werden diese Hinweise dann in einem Literaturgesamtverzeichnis zusammengeführt.

Nutzen für Praktiker

Bei aller Ausrichtung am Hochschulbetrieb ist der Nutzen dieses Lehrbuchs auch für Praktiker der Sozialen Arbeit nicht zu übersehen. Wer sich im alltäglichen Berufshandeln immer wieder mit ethischen Herausforderungen konfrontiert sieht, mit Entscheidungsdilemmata und mit dem Anspruch rechtlich tragfähiger Handlungsweisen, wird im Lehrbuch Überblick und Struktur dazu finden. Es eignet sich besonders, um jeweilige Voraussetzungen und Ansprüche zu unterscheiden und die eigenen Fragen einzuordnen. Ein Rezeptwissen ist hier so wenig wie auch sonst in Ethikskizzen zu erwarten; aber Lehrbuchwissen hilft, eigene Erfahrungen im Beruf mit dem darin zu sehenden, ethischen Handlungsrahmen abzugleichen.

Darüber hinaus spricht das Buch auch jene Akteure in der Praxis an, die, weil sie in Personalverantwortung stehen, weil sie an der Konzeption von Leitbildern arbeiten oder weil sie die inhaltliche Ausrichtung von Praxisstellen gestalten, berufliches Handeln im Kontext zu verantworten haben: Die Systematik der Darstellung soll Aufschluss geben über den Handlungs- und Gestaltungsrahmen, der durch ein Professionsverständnis von Sozialer Arbeit gesetzt ist. Dabei gewährt sie Einblick sowohl in berechtigte Erwartungen an den Beruf, als auch in die Grenzen, die ihm gesetzt sind. So bringt das Lehrbuch, über die Schärfung zentraler Anliegen im Kontext ethischer Qualität, auch und nicht zuletzt das Sozialarbeitsverständnis voran.

2 Die Soziale Arbeit und ihre Ethik

Die Ethik in der Sozialen Arbeit gibt kein einheitliches Bild ab. Unterschiedliche Zugänge sind möglich. Was bislang vorliegt, an Beiträgen, Handbuchkonzepten, Monografien, ermutigt, weil es das uneinheitliche Bild bestätigt, diesen Versuch eines Lehrbuchs zu wagen, wissend, dass er sich in eine amorphe Landschaft einreihen wird, aber mit der Maßgabe, dort einen systematisierenden Akzent zu setzen, der geeignet ist, als Haltepunkt wahrgenommen zu werden. Die Ethik in der Sozialen Arbeit ist bislang keineswegs konzeptlos. Zwei Herangehensweisen können unterschieden werden: zum einen die, solche Ethik über Themen befestigen; die Themen setzt die Soziale Arbeit, und sie lauten beispielsweise *Mandat* (Bauer, 1995; Röh, 2006), *Macht* (Herwig-Lempp, 2007; Kraus, 2011), *Verantwortung* (Kersting, 1994; Langen, 2007) oder *Ökonomisierung* (Grams, 2000; Helmers, 2005; Buestrich/Wohlfahrt, 2008); zum andern die, ein mutmaßliches Grundphänomen zu benennen und von dorther gleichsam aus einer Mitte heraus unterschiedliche Themen zu verbinden.

Hartnäckig halten sich hier vor allem drei Charakterisierungen: Die erste Charakterisierung ist die, in Sozialer Arbeit genuin ein in christlichem Geist gestiftetes Geschäft zu sehen. Die kirchliche Trägerschaft für viele Einrichtungen mag diese Einschätzung stärken, der Blick in die Geschichte mag sie bestätigen (Sachße/Tennstedt, 1998; Ratzinger, 2001; Gerber, 2006); allein sie verleitet dazu, theologische Ethik zum Referenzrahmen für die ethischen Anliegen des Sozialarbeitsberufes zu nehmen. Das führt nicht notwendig zu falscher Akzentuierung; aber es verstellt den Blick auf fachliche Begründungsfiguren – und Begründungsanliegen. Die zweite Charakterisierung sieht in der Sozialen Arbeit vor allem einen helfenden Beruf. Die ethischen Impulse, die von solcher Grundlegung ausgehen (vgl. Garhammer, 1989; Schlüter, 1995), zielen wiederum nicht am Kernanliegen Sozialer Arbeit vorbei; aber sie reduzieren – zugespitzt gesagt – den Beruf auf eine pathetische Haltung (vgl. Hofer, 2002; Müller, 2007), die in ihm Platz haben mag, die aber die Konturen berufsspezifischer Fachlichkeit und daraus resultierender, ethischer Fragestellungen verwischt. Die dritte Charakterisierung schließlich weist Sozialer Arbeit das Merkmal zu, vor allem anwaltschaftlich zu handeln. Wiederum ist es nicht falsch, solch einen Fokus zu sehen – schließlich entsteht in der Asymmetrie einer Unterstützungssituation auch eine Verantwortung in Blick auf Adressaten, die man – warum nicht? – im Sinn eines gegebenen Mandats ausdeuten könnte; Sozialer Arbeit aber im nächsten Schritt eine advokatorische Ethik zu verordnen (Brumlik, 2000; Brüll, 2008), greift abermals zu kurz, weil es – ich spitze wieder zu – professionelles Sozialarbeitsansinnen auf paternalistische Reflexe reduziert. Abgesehen davon ist die Mandatsituation in der Sozialen Arbeit keineswegs so leichthin zu entscheiden (dazu auch Schumacher, 2007, S. 95; S. 104), und die im parteilichen Handeln strukturell angelegte Loyalitätsproblematik (vgl. Wendt, 1995, S. 143) ist kein Ausweis einer tragfähigen Sozialarbeitsethik.

Man muss freilich sehen, dass all diese Versuche, Ethik als Thema für die Soziale Arbeit zu setzen, mit den Unschärfen im begrifflichen Verständnis dessen korrespondieren, was Soziale Arbeit *ist*. Es ist ein bisschen wie in der Geschichte von den Blinden und dem Elefanten, in der jene den Auftrag erhalten, dieses Tier zu beschreiben, und, je nach dem, welchen Körperteil einer betastet, sehr unterschiedliche Wahrnehmungen und Schlüsse kundtun. So sehr sich die verschiedenen Zugänge im Ethikverständnis mühen, Soziale Arbeit auch auf einen Wert hin zu bestimmen, so deutlich muss man die Frage stellen, ob die Ansätze zielführend sind. Jeder für sich genommen stellt Merkmale des Berufes und der Profession vor Augen, die ernsthaft gesetzt sind und in die Mitte zielen. Zusammen genommen aber ergibt sich ein uneinheitliches Bild, das immer nur neue Fragen aufwirft. Um es deutlich zu sagen: Es ist nicht falsch, vielmehr lehrreich zu sehen, dass und wie Soziale Arbeit als Beruf aus dem christlichen Nächstenliebegedanken erwachsen ist (Müller, 2009). Und es steht fest, dass zu helfen und für jemanden einzustehen zentrale Anliegen im beruflichen Handeln sind. Darüber hinaus bringt es Soziale Arbeit voran, all den unterschiedlichen ethischen Tatbeständen, die skizziert werden, Rechnung zu tragen. Doch es ist auch deutlich, dass nun Ansätze folgen müssen, Ethik und Soziale Arbeit wirklich zu verbinden.

Einen Schritt in diese Richtung geht Silvia Staub-Bernasconi mit der Bestimmung Sozialer Arbeit als Menschenrechtsprofession (Staub-Bernasconi, 1995b; 2003). Das hier benannte Merkmal ist wiederum als zentral anzusehen; zugleich ist es umfassend in ein (systemisch orientiertes) Theoriekonzept für die Soziale Arbeit eingebunden (Staub-Bernasconi, 2006), so dass jedenfalls deutlich wird, wie für die Soziale Arbeit etwas zu lernen ist, wenn Theorie und Ethik verbunden werden. Und doch genügt der Blick auf die Menschenrechte nicht, um den ethischen Charakter dessen, was als Soziale Arbeit in Theorie und Praxis ausgeformt ist, hinreichend wiederzugeben. Er genügt auch nicht, diesen lediglich einschlägig zu pointieren. Vielmehr birgt er, für sich genommen, weiter die Gefahr, sozialarbeiterische Ethik nur an ihrer Oberfläche wahrzunehmen, statt sie in der Tiefe der fachlichen Anliegen als kundige, wirkliche Wegweiserin zu erleben.

Es ist an der Zeit, das alte Anliegen ethischer Kompetenz (vgl. dazu schon Salomon, 1927, S. 109) dem Sozialarbeitsberuf so zu erschließen, dass er auch weiß, warum er welche grundsätzlichen Bezugspunkte hat und wann und wie er sie zur Geltung bringt. Deutlich werden muss dabei, welche ethischen Paradigmen für die Soziale Arbeit passen, aber auch, in welcher Weise Soziale Arbeit in der Lage ist, solche Wertestrukturen in ihrer

Theoriearbeit abzubilden und sie für ihre eigene Entwicklung als Wissenschaft und Profession zu nutzen. Das Lehrbuch eignet sich auch hier, durch die Auffaltung dreier Wissenskontexte, entsprechende Klärungen auf den Weg zu bringen.

Teil 1
Grundwissen Ethik

Vorbemerkung

Das Studium der Sozialen Arbeit stellt eine Reihe von Herausforderungen. Dazu zählt, dass zentrales Wissen zu einem recht komplexen Gegenstand ausgebreitet wird, ohne dass dieser Gegenstand, wie es wünschenswert wäre, von Beginn an vorgestellt werden kann. Studierende müssen sich ein Verständnis zu diesem Gegenstand über Inhalte aus verschiedenen Bezugswissenschaften und im Kontext eines Spektrums an Praxisfeldern im Wortsinn *erarbeiten*. Das in Modulen aufbereitete Wissen wird – das ist allerdings entscheidend – von spezifischem Sozialarbeitswissen gerahmt, über das zentrale Begriffe, Theoriekonzepte, Methoden und Handlungsweisen greifbar werden.

Leitdisziplin ist die Wissenschaft der Sozialen Arbeit. Ihr fällt bereits im Bachelorstudium die Aufgabe zu, eine Leitperspektive auch und gerade für das berufliche Handeln anzuzeigen. Auswahl und Zuschnitt des eingesetzten bezugswissenschaftlichen Wissens bestimmen sich von diesem Anspruch her.

Zu den Bezugswissenschaften rechnen viele auch die Ethik. Diese Einschätzung hat etwas für und etwas gegen sich. Dafür spricht, dass nicht zu erwarten ist, dass gerade die Soziale Arbeit am wissenschaftlichen Ethikdiskurs vorbei eigene ethische Wissensbestände generiert – und wenn, würden diese vom Diskurs aufgenommen und nach *Maßgabe* wissenschaftlicher Ethik gespiegelt. So wirkt die Ethik – in der Breite ihrer wissenschaftlichen Aufbereitung – als Bezugswissenschaft in die Soziale Arbeit hinein. In solcher Perspektive lässt sich auch erfassen, warum Ethik in der Sozialen Arbeit zum Thema wird. Das gelingt, sofern deutlich wird, dass ein berufliches Handeln, das Ansprüche an den Menschen formuliert, Legitimation braucht.

Sieht man aber, wie jene Ansprüche nicht beliebig, sondern nach fachlichen Koordinaten gesetzt sind, relativiert sich das Ansinnen, ethisches Wissen in der Sozialen Arbeit rein bezugswissenschaftlich abzubilden. Wer das Studium aufnimmt, mag den Zusammenhang noch nicht überblicken. Wer Ethik aber lehrt – und wer in der Praxis steht –, sollte diesen Hintergrund kennen und den besonderen Anspruchscharakter Sozialer Arbeit verstehen.

Die erste Ethikeinheit im Studium soll Studierende in die Lage versetzen, die besondere Bedeutung der Ethik für die Soziale Arbeit ermessen zu können. Das Anliegen hat drei Bezugspunkte: zum Ersten das Grundverständnis Sozialer Arbeit, gesetzt im Rahmen der an Beruf und Profession gerichteten Handlungserwartungen; zum Zweiten das Grundanliegen von Ethik, seinerseits gefasst über Begriffsklärung und Konzeptskizzen; zum Dritten die Konsonanz von Ethik und Sozialer Arbeit, erfahrbar über die Hinwendung zum Menschenbild.

Mit diesem Ansatz verbinde ich die Empfehlung, Fragen der ethischen Praxis ebenso noch zurückzustellen wie den Blick auf zentrale Themen sozialarbeiterischer Ethik. Von der Systematik her setzt beides ein Grundwissen Ethik dergestalt voraus, dass Bedeutung und Funktion der Ethik in der Sozialen Arbeit erkannt und die Wirkweise ethischer Handlungskompetenz im Kern erfasst wurde. Idealerweise bietet das Bachelorstudium Raum für eine zweite Ethikeinheit, die sich den Fragen von Praxis und inhaltlicher Akzentuierung widmen kann. Das Grundwissen Ethik bildet für die Soziale Arbeit hier den Einstieg in ein Verständnis, von dem her sich Ethik ganz in den aufgabenorientierten und wissenschaftlich begleiteten Handlungsanspruch von Beruf und Profession einfügen lässt.

Kapitel 1
Ausgangspunkt Soziale Arbeit

Eine Darlegung der Ethik in der Sozialen Arbeit muss bei der Sozialen Arbeit beginnen. An den Anfang tritt so die nachstehende Skizze, die auf die drei zentralen Gestaltmerkmale eingeht und die anzeigt, wie das Selbstverständnis Sozialer Arbeit Ethik – ethisches Denken, ethische Kompetenz, ethisches Handeln – umfasst.

1.1 Soziale Arbeit als Beruf

Dass Soziale Arbeit ein Beruf ist, liegt auf der Hand. Das grundständige Studium soll genau dazu befähigen, in diesem Beruf als Fachkraft professionell agieren zu können. Es ist daher auf das berufliche Handeln hin ausgelegt – und sinnvollerweise auch zum überwiegenden Teil an Hochschulen für Angewandte Wissenschaften angesiedelt.

So klar und elementar dieser Zusammenhang ist, so wichtig ist auch zu sehen, dass der Beruf ohne diese akademische Basis nicht denkbar ist. Zu den Anfängen gehört, blickt man auf die Dynamik, ein entschlossenes, ehrenamtliches Engagement von bürgerlichen Frauen für „soziale Hilfsarbeit", wie es in Deutschland um die Wende zum 20. Jahrhundert herum deutlich wird (Zeller, 1994); zu den ursprünglichen Impulsen für den Beruf gehören aber auch frühe gemeindliche Strukturansätze wie der des Elberfelder Modells von 1852, das eine „städtische Armen-Verwaltung" zur „Fürsorge für alle Hilfsbedürftigen" institutionalisiert (Sachße/Tennstedt, 1998, S. 286 ff.). Ab dieser Zeit gerechnet entwickelt sich dieser in den öffentlichen Raum getretene und nun als zivile Aufgabe wahrgenommene, gesellschaftliche Unterstützungsansatz zum Beruf. Als sich Frauen des Bürgertums der Sache annehmen, kommt es bald zur Gründung von entsprechenden Ausbildungsstätten. Für Deutschland wirkt hier maßgeblich Alice Salomon, deren Soziale Frauenschule 1908 eröffnet (Müller, 2009, S. 59).

Von Beginn an wird deutlich, dass akademisches Wissen für die „bezahlte soziale Berufsarbeit" qualifiziert. Über „pädagogische und soziale Fächer" etabliert sich eine Ausbildung für einen Beruf, der „pädagogische und soziale Aufgaben" wahrnimmt (Salomon bei Müller, ebd.). Die Akademisierung der beruflichen Ausbildung ist hier angelegt, im angelsächsischen Raum sogar früh schon gegeben (Zeller, 1994, S. 36). In Deutschland, mit seiner zum Teil besonderen Geschichte, sind weitere Meilensteine die Umwandlung der Ausbildungsstätten für soziale Berufsarbeit in Höhere Fachschulen (1961) und dann die Umwandlung dieser Höheren Fachschulen in Fachhochschulen (1971) (dazu Kruse, 2004).

Im akademischen Anspruch der beruflichen Ausbildung liegt auch der Grundimpuls für ethische Konzeptarbeit im Kontext des Selbstverständnisses von Sozialer Arbeit. So wird die Ethik nicht allein in den Ausbildungsprogrammen früh schon als dezidiert *wissenschaftliches Interesse* vernehmbar (vgl. Schumacher, 2007, S. 175ff.). Alice Salomon kämpft in einem Umfeld, in dem eugenische Standpunkte wissenschaftlich vorgetragen wurden und in dem man den Nutzen von Fürsorgeerziehungsanstalten auch in der „Auslese" sah (dazu Hering/Münchmeier, 2007, S. 143), für einen allgemeinen Wert menschlichen Daseins (dazu Schumacher, 2007, S. 176).

Ein zweites Kennzeichen frühen ethischen Bewusstseins ist die Forderung nach einer ethisch geklärten Grundhaltung. In Ansprüchen wie dem von Alice Salomon, Berufsarbeiterinnen auszubilden, deren „Tun aus einem wachen Gewissen quillt" (Salomon, 1926, S. 66), manifestiert sich zugleich die Entschlossenheit „Berufsethos gegen Lohnarbeitergleichgültigkeit" (Sachße, 2004, S. 216) zu setzen. Im Prozess der Ausfaltung des entsprechenden sozialfürsorgerischen Handelns zu einem regulären Beruf scheint so frühzeitig auch ein klarer und bestimmter ethischer Anspruch auf.

Für diese Phase der „Verberuflichung", die in Deutschland in den Jahren der Weimarer Republik entscheidend vorankam und zum Abschluss gelangte, ist allerdings auch zu beachten, dass es im ausgehenden 19. Jahrhundert zu gesellschaftlichen Umbrüchen gekommen war. So fand das Anliegen der Bekämpfung und Verhütung von – in der Regel durch Armut bedingten – sozialen Problemen erstmals Resonanz jenseits des christlich gesetzten Nächstenliebegebots und erreichte wirksam auch und vor allem säkulare Kreise der Gesellschaft. Die Zäsur ist wichtig zu sehen: Soziale Arbeit wurde nicht dadurch zum Beruf, dass eine über Jahrhunderte betriebene kirchliche Armenfürsorge in irgendeiner Weise in nationalstaatliche Verantwortung überging; vielmehr verdichtete und verstärkte sich die Armutproblematik in den westlichen Industriestaaten im 19. Jahrhundert derart, dass keine vernünftige Politik sie länger ignorieren konnte. Von Bismarck bis Marx – um es formelhaft zu sagen – entstand in Deutschland ein politisches Bewusstsein dafür, dass der Armutsituation mit Hilfe von Strukturen zu begegnen ist. Und es war dieses Bewusstsein, von dem her die Armutproblematik überhaupt erst als *soziales* Problem wahrgenommen wurde.

Die besagte Zäsur bestand also darin, dass die Tradition kirchlicher Armenpflege *gebrochen* wurde. Diese endete nicht, aber sie wurde auch nicht politisch überformt und dann in staatlicher Verantwortung weitergeführt. Dagegen traten die Kirchen nun selbst mit politisch akzentuierten Konzepten zur Armutbekämpfung auf den Plan, so geschehen etwa in Form der von Papst Leo XIII. in seiner Enzyklika *Rerum novarum* akzentuierten Soziallehre (1891). Es galt, in schwierigen und dynamischen Zeiten den sozialen Frieden zu wahren – und ein in die Gesellschaft hinein realisierter, nicht weltanschaulich gebundener, sondern pragmatisch orientierter Beruf kam da gerade recht. Selbstbewusst übernahmen die Kirchen bald Verantwortung in diesem neuen gesellschaftlichen Bereich; aber sie engagierten sich der Logik des neu entstandenen Berufs gemäß ebenfalls in der Ausbildung und Qualifizierung der professionellen Arbeitskräfte.

Für Soziale Arbeit als Beruf ist, neben ihrer ethischen Ausrichtung und ihrer säkularen Gestalt, ein drittes Merkmal wichtig: die Verschränkung ihrer „Traditionslinien" aus Sozialpädagogik und Sozialarbeit (vgl. Rauschenbach/Züchner, 2012, S. 161 ff.). Es ist festzuhalten, dass in der beruflichen Entwicklung der Sozialen Arbeit für Sozialpädagogik und Sozialarbeit heute ein Grad der Annäherung erreicht ist, von dem her kein „grundsätzlicher Unterschied" mehr beobachtet werden kann (Thole, 2012, S. 20). Bei allem auch, was eingangs zum aktuellen Kräftespiel in diesem Feld gesagt wurde (vgl. Einleitung, Abschnitt 1), liefert der Beruf Soziale Arbeit doch ein vergleichsweise konsistentes Bild. Seit 1994 sind auch die verschiedenen Berufsverbände vereint. Es hilft, die Traditionslinien zu kennen und unterscheiden zu können; aber der Ausgangspunkt wird auch künftig sein, in Sozialer Arbeit den Begriff der „Einheit von Sozialpädagogik und Sozialarbeit" zu sehen (Thole, ebd.).

1.2 Soziale Arbeit als Profession

Die Begriffe „Beruf" und „Profession" müssen nicht notwendig etwas Verschiedenes bezeichnen, schon gar nicht eine Rangordnung. In dem Maß, wie die Profession *Professionalität* und damit Expertentum und Handlungskompetenz anzeigt, verweist der Beruf auf die *Berufung*, und damit auf fachliche Eignung und persönliche Integrität. Nicht die eine oder die andere Trias zählt in der Sozialen Arbeit, sondern immer nur beide zusammen. Um die Soziale Arbeit als Profession ist eine nun schon Jahrzehnte währende Diskussion entbrannt, die den Anspruch und ebenso die Grenzen des Anspruchs, der in einer solchen Perspektive gesehen wird, hin und her wendet. In der Tat geht es um einen Anspruch, der aber klar und konstruktiv gefasst werden kann.

Bis heute ist und bleibt Soziale Arbeit ein Beruf. Sie dient als solcher, wie gesehen, dem Anliegen der Bekämpfung und Verhütung von sozialen Problemen und steht zugleich dafür, dass dieses Anliegen in der modernen, arbeitsteiligen Gesellschaft als öffentliche Aufgabe verstanden wird. Genau besehen übernimmt ein solcher Beruf im Funktionssystem Gesellschaft allerdings eine besondere Rolle: anders als manch anderer Beruf dient er der Gesellschaft nicht einfach zur Versorgung und zur Ausdifferenzierung; er dient vielmehr der Absicherung ihrer Funktionsfähigkeit. Es sind verschiedene Wege der sozialen Problemlösung vorstellbar, darunter auch autoritäre Formen, in denen Obrigkeit Störungen im sozialen Gefüge mit Repression beantwortet. Wenn aber ein Beruf zum Einsatz kommt, der im Grundansatz gegen Bevormundung und Benachteiligung steht – beides ergibt sich aus dem sozialarbeitlichen Anliegen der Hilfe –, so findet darin eine gesellschaftliche Haltung der Wertschätzung des Einzelnen Ausdruck. Und der Beruf markiert nicht mehr und nicht weniger als ein gesellschaftliches Selbstverständnis.

In solch besonderer Rolle trifft der Beruf Soziale Arbeit auf hohe Erwartungen. Zugleich drängt ihn die Rolle, wenn er sie annimmt, zu einer Selbstdefinition, die im Zentrum ein gesellschaftliches Mandat verortet und die auf ein Menschenbild verpflichtet, das die besagte wertschätzende Haltung dem Einzelnen gegenüber begründet. Das nun ist genau der entscheidende Punkt: Soziale Arbeit kann die Herausforderung annehmen, den Erwartungen zu entsprechen suchen und einen passenden Handlungsanspruch entwickeln – dann wird, wenn es gelingt, ihr berufliches Handeln ein Profil ausformen, das sie als Beruf für die Gesellschaft als unentbehrlich zeigt. Soziale Arbeit kann aber, sei es, weil sie ihr Leistungsspektrum anders einschätzt, sei es, weil sie zu keiner klaren Selbstdefinition findet, auch darauf verzichten, mit der besagten Herausforderung umzugehen. Dann bleibt sie als Beruf wichtig, aber sie ist im gesellschaftlichen Gefüge genau eines nicht: Profession.

Zur Profession streckt und weitet sich Soziale Arbeit also, indem sie sich die an sie gestellten Aufgaben zutraut und indem sie in ihrem Selbstverständnis die angedachte, besondere Bedeutung für die gesellschaftlichen Prozesse abbildet. Der Weg dorthin ist nicht vorgezeichnet. In der Gesellschaft hat eine kleiner dimensionierte Soziale Arbeit ebenfalls ihren Platz. Aber die Perspektive ist gesetzt. Eine Gesellschaft, die Soziale Arbeit will, will sie idealiter in der Weise, bei der nicht nur das Lösen, sondern auch das Aufspüren und nicht zuletzt das Verhindern sozialer Probleme dorthin übertragen ist. Es ist allerdings Teil der Denk- und Konzeptarbeit, das Bewusstsein und die Akzeptanz dafür zu bereiten.

Für ein Verständnis Sozialer Arbeit als Profession sind also mehr oder weniger drei Merkmale ausschlaggebend:

1. die stimmige Ausformung Sozialer Arbeit zu einem „ausdifferenzierten Praxisfeld" (siehe Thole, 2012, S. 23 f.);
2. die Verständigung auf ein berufliches Selbstbild, das im gesellschaftlichen Auftrag die Aufforderung zu beruflicher Autonomie sieht (vgl. Schumacher, 2007);
3. die Klärung einer ethischen Position für den Beruf, durch die es möglich wird, auch und nicht zuletzt gesellschaftliche Prozesse zu bewerten (vgl. Schmid Noerr, 2012, S. 92).

Die Punkte 1 und 2 zeigen sich als Aufgabe für die Sozialarbeitstheorie. Punkt 3 ist, als Aufgabe der Klärung gesehen, ein Thema für die Ethikreflexion in der Sozialen Arbeit.

Diese Reflexion so voranzubringen, dass über sie der Professionsanspruch eingelöst wird, ist Anliegen – und Aufgabe – wiederum innerhalb sozialarbeiterischen Theorieverständnisses. So zeigt sich die Theoriearbeit zur Professionsperspektive verschränkt mit allen Bemühungen auf dem Gebiet der Ethik – und umgekehrt erscheinen die ethischen Anliegen in enger Anbindung an den Theorierahmen, über den Soziale Arbeit als Profession gefasst wird. Eine Systematik zur Ethikbetrachtung wird von dorther angestoßen. Das vorliegende Lehrbuch geht ausdrücklich diesen Weg. Indem es am Professionsverständnis festhält – und mit dem *Ziel,* dieses Verständnis zu klären –, nimmt es die systematische Linie auf und setzt sie um. Der eingeschlagene Weg führt in die Mitte des Sozialarbeitsverständnisses hinein, sofern dort das angesprochene, wertschätzendes Menschenbild greift; zuletzt zeigt die Arbeit an ihrer Ethik Soziale Arbeit als *Wissenschaft,* denn nur über dieses Leistungspotential entfaltet ihr ethisches Profil in den beruflichen Routinen *Wirkung.*

Die Frage nun, *ob* sich Soziale Arbeit als Profession sehen und verstehen kann, ist – so offen und umstritten sie von manchen nach wie vor gehalten wird – erübrigt sich, denn die entscheidenden Weichen sind gestellt. Das gilt für das selbstbewusst abgesteckte und ausgefaltete Praxisfeld ebenso wie für das Mandatverständnis, das deutlich auf berufliche Autonomie verweist (vgl. Staub-Bernasconi, 2007, S. 201). Last not least stützt die Ethik in der Sozialen Arbeit den Professionsanspruch, wenn klar wird, wie überzeugend in ihr berufliche Autonomie verankert ist. Die Perspektive ist daher real. Soziale Arbeit muss lediglich für sich entscheiden, ob sie sich als Profession sehen und verstehen *will.* Wie gesagt, beides ist denkbar: eine Soziale Arbeit, die sich, als Beruf angelegt, zum Ausführungsinstrument bei der Umsetzung bestimmter politischer, administrativer und zivilgesellschaftlicher Anliegen und Interessen eignet; und eine Soziale Arbeit, die, als Profession verstanden, im Kraftfeld der Interessen zum Gestaltungsinstrument taugt und entsprechend agiert.

Das erstgenannte Verständnis, am Alltag sozialarbeiterischer Praxis ausgerichtet, mag Handlungserwartungen geschmeidiger und pragmatischer erfüllen können. Wissenschaftlichkeit ist ihm nicht fremd, doch so, wie die wissenschaftliche Arbeit von der Anwendungsfrage bestimmt bleibt, werden Grenzen deutlich, die den Handlungsrahmen entlang der angetragenen Aufgaben vorgeben. Das andere Verständnis geht von einem selbst gesteckten Handlungsrahmen aus. Ihn formt ein in Sozialer Arbeit wirksam werdendes Gesellschaftsverständnis und nicht zuletzt der Praxisansatz, den sich Soziale Arbeit zutraut. Nicht Vorgaben, sondern fachliche Einschätzungen bestimmen hier die Perspektive. Sie ist im Wortsinn *anspruchsvoll* und stellt hohe Anforderungen an das selbständige Denken in Beruf und Wissenschaft. Aber sie ist nicht weniger realistisch.

1.3 Soziale Arbeit als Wissenschaft

Das Thema Wissenschaftlichkeit beschäftigt die Diskurse innerhalb der Sozialen Arbeit ebenfalls seit Jahren. Unbestritten ist die Notwendigkeit, berufliches Handeln auf die Grundlage wissenschaftlicher Expertise zu stellen sowie Professionalität über die wissenschaftliche Qualifizierung der beruflich Handelnden abzusichern. Das bedeutet, dass für den Beruf Soziale Arbeit ein Studium qualifiziert, und das bedeutet, dass das Lehrpersonal an den Hochschulen, die ein solches Studium anbieten, ihren Blick auf die wissenschaftlichen Bedarfe des Berufes richtet. Um die Frage aber, ob daraus eine eigene Wissenschaft der Sozialen Arbeit abzuleiten ist, wird weiterhin gerungen.

Der Befund ist, dass nahezu jede Position vertreten wird. Ein gutes Stück weit ist der Streit im Kontext einer uneinheitlichen Akzentsetzung aus den unterschiedlichen Hochschultypen heraus zu sehen. Darauf wurde oben bereits hingewiesen (vgl. Einleitung, Abschnitt 1). Aber auch wenn die Topographie der Hochschullandschaft mit zu einem „diffusen Bild" beiträgt (Hering/Münchmeier, 2007, S. 223), bleibt doch festzuhalten, dass Meilensteine gesetzt wurden. Eine Wissenschaft der Sozialen Arbeit ist, wenn man so will, am Horizont erschienen und hat sich als Fachwissenschaft mittlerweile etabliert (Mühlum, 2004, S. 7). In den verschiedenen Ausarbeitungen zum Thema wird diese Wissenschaft vornehmlich als Handlungs- oder Praxiswissenschaft charakterisiert und dadurch weiter gefestigt.

Allerdings werden auch weiter Zweifel genährt. Sie richten sich auf den Status und die Substanz solcher Wissenschaft und stellen die Fähigkeit Sozialer Arbeit in Frage, sich tatsächlich eine eigene „integrative Leitdisziplin" auszuformen (vgl. Merten, 2008, S. 134). Die Zweifel sind ihrerseits dem angezeigten *diffusen Bild* geschuldet (vgl. ebd.). Als Statement verstanden, diese Diskussion zu beenden, weil sie nur einem „Phantom" (Merten) nachlaufe, greifen sie das sozialarbeitswissenschaftliche Projekt jedoch in seiner Substanz an.

So geht es weiter hin und her, und es ist nicht ganz einfach, einen klaren Weg zu weisen. Festzuhalten ist: Das Thema Wissenschaft der Sozialen Arbeit – als *Sozialarbeitswissenschaft* verstanden – verfügt über genügend substantielle Haltepunkte, um auch künftig wissenschaftliches Denken zu beschäftigen; und der Befund, dass die noch junge, umgeformte deutsche Hochschullandschaft bislang eindeutige Tendenz in diese Richtung vermissen lässt, sollte weniger Bremse als Ansporn sein, diesen wichtigen Diskurs weiter voranzubringen. Zuletzt ist es wichtig, sozialarbeiterischer Ethik die wissenschaftlichen Anhaltspunkte zu markieren, über die sie als gemeinsames Anliegen von Beruf, Profession und Disziplin ausgewiesen ist.

Die Debatte um Soziale Arbeit als Wissenschaft, wie sie in den frühen 1990er Jahren virulent wurde, hat einen inhaltlichen und einen formalen Referenzpunkt. Inhaltlich gesehen stützt sie sich auf den Umstand, dass sich der Prozess der Berufwerdung für die Soziale Arbeit von Anfang an über wissenschaftlich ausgerichtetes Wissen gestaltete. Zugleich zeigte sich, wie oben schon deutlich geworden ist, früh auch die Nähe zu einem akademischen Verständnis der beruflichen Ausbildung (dazu s.a. Salomon, 1925). Solche Grundströmung setzt sich nach dem Zweiten Weltkrieg fort. Sie führt die Ausbildung in Deutschland letztendlich nicht nur an die Hochschule, sondern verbürgt diese Entwicklung auch als genuinen und durchgängigen Prozess der Selbstentfaltung. Formal gesehen *folgt* die besagte Debatte dem zuvor einsetzenden Ringen um ein Verständnis Sozialer Arbeit als Profession. Die Denklinien treten in wechselseitiger Verschränkung hervor. Soziale Arbeit als Wissenschaft zu sehen, begegnet so zunächst als Postulat im Kontext des Anliegens, den Beruf zur Profession zu formen.

Die Linien entwirren sich mit der Zeit, aber die Ausganglage ist nicht gerade als günstig anzusehen. Genau betrachtet schafft sie ein *Dilemma.* So ist einerseits davon auszugehen, dass eine Soziale Arbeit, die sich als Wissenschaft verstehen will, weil sie als Wissenschaft gesehen werden *soll,* allein über ihr durchgängiges und verbürgtes wissenschaftliches Interesse noch keinen Nachweis erbringt, dass sie tatsächlich selber Wissenschaft *ist.* Andererseits aber schwächt derart erfolgloses Mühen um Wissenschaftlichkeit wiederum den Professionsanspruch. Die Trennung der Linien – Professionsdiskussion hier, Wissenschaftlichkeitsdebatte dort – hat ein Stück weit zur Entschärfung des Dilemmas beigetragen, aber es ist noch nicht zur Gänze aufgelöst. Das gelingt erst dann, wenn sich Soziale Arbeit nicht allein über wissenschaftliche Kompetenz, sondern auch über eine exklusive Gegenstandsbestimmung als Wissenschaft legitimiert.

Anstrengungen in diese Richtung wurden unternommen. Aber sie haben bislang nicht zu einem überzeugenden Ergebnis geführt. Verschiedene Ansätze zur Gegenstandsbestimmung liegen vor, doch die Bestimmung, die geeignet wäre, Soziale Arbeit in wissenschaftlich tragfähiger Diktion und in Blick auf ihre verschiedenen Anspruchsebenen zu *definieren,* fehlt bislang (siehe dazu Schumacher, 2011a, S. 11ff.). So bleibt es bei vagen Fassungen hinsichtlich sozialarbeiterischer Wissenschaftlichkeit, durchaus so, dass die Dilemmasituation des Anfangs in ihrem Potential, ein Phantom zu produzieren, weiter auf sich aufmerksam macht.

Auch hier hat die Soziale Arbeit, ähnlich, wie es oben im Zusammenhang mit der Professionsfrage deutlich wurde, zwei Optionen: Sie kann ihr wissenschaftliches Geltungsstreben auf die Perspektive einer Praxiswissenschaft beschränken. Sie bliebe dabei in ihrem Anspruch weniger angreifbar und doch in der Lage eigene wissenschaftliche Kompetenz auszubauen und im wissenschaftlichen Forschungsbetrieb – Stichwort *Praxisforschung* – ein Profil auszuprägen. Diese Forschung bliebe allerdings – das ist die Einschränkung – ohne den Halt und die Klammer eines klaren Bezugs, der ohne Gegenstandsbestimmung ja fehlt, und sie lieferte – das ist das Problem – keinen Konnex zum Professionsanliegen, das so, *trotz* ausgewiesener Wissenschaftlichkeit, wiederum geschwächt würde. Die andere Option ist, den Anspruch aufrecht zu erhalten, eine Leitwissenschaft Soziale Arbeit freizulegen. Die Option ist nicht unrealistisch, zum einen, weil gerade der Professionsanspruch, wie gesehen, plausibel ist und eine Soziale Arbeit, die ihn nicht als Wissenschaft weiter stärkte, deshalb unter ihren Möglichkeiten bliebe; zum andern, weil die Bestimmung des Bezugspunkts solcher Wissenschaft weiterhin möglich erscheint.

Der zu benennende Gegenstand muss drei Bedingungen erfüllen:

1. Er muss die Grundintention des Sozialarbeitsgeschäfts resp. sozialpädagogischer Intervention anzeigen und dabei alle Handlungsfelder sozialarbeiterischer Praxis einschließen.
2. Er muss, nach wissenschaftlicher Gepflogenheit, ein Alleinstellungsmerkmal generieren und darin die Notwendigkeit einer Wissenschaft der Sozialen Arbeit verwahren.
3. Er muss, weil er Soziale Arbeit als Profession erfassen soll, die besondere Bedeutung der einsatzfähigen, fachlichen Expertise für die Gesellschaft beglaubigen.

Die Bedingungen sehe ich in folgendem Denkansatz erfüllt: Soziale Arbeit hat ihre Aufgabe darin, die Qualität des Zusammenlebens in der Gesellschaft abzusichern und, wo möglich, zu verbessern. Zum Gegenstand Sozialer Arbeit und ihrer Wissenschaft würden damit die menschlichen und zwischenmenschlichen Kräfte, die eine Gesellschaft lebenswert machen, und ebenso die Frage, über welche Kriterien Qualität von Zusammenleben in der Gesellschaft zu erfassen ist. Nach Stand der Dinge erscheint das genauso notwendig und lohnenswert wie bislang nirgendwo systematisch verortet.

Mehr als ein Ansatz ist das nicht, aber er zeigt, dass und wie Soziale Arbeit als Wissenschaft begreifbar wird. Er demonstriert darüber hinaus, wo ihre Bedeutung als Profession liegt. Und er stattet das berufliche Handeln mit einer Klammer aus, die es auch dort als Soziale Arbeit qualifiziert, wo eine Zuordnung bislang eher über Tätigkeitsmerkmale geschieht. Klar erkennbar ist die *ethische Implikation* in diesem Gegenstands- und Aufgabenbild. Soziale Arbeit, die sich der lebenswerten Gesellschaft verschreibt, muss Lebenswerte erkennen und bestimmen können. Und sie muss sie darlegen und vertreten können. Hier zeigt sich, dass die Forderung nach ethischer Kompetenz für sozialarbeiterische und sozialpädagogische Akteure niemals nur einer kniffligen Handlungssituation geschuldet ist, sondern immer auch zugleich dem Selbstverständnis Sozialer Arbeit.

1.4 Ethik als Thema für die Soziale Arbeit

Wie Ethik Soziale Arbeit als Beruf, als Profession und als Wissenschaft betrifft, ist oben deutlich geworden: Für die Berufsarbeit setzt sie Akzente zur inneren Haltung und schärft den Blick für strukturelles Denken. Der Profession hilft sie, gesellschaftliche Prozesse zu bewerten. Für die Wissenschaft sichert sie die Kompetenz zur Ausrichtung am Gegenstand der lebenswerten Gesellschaft. Im Großen und Ganzen ist das der Rahmen, in dem sich die Soziale Arbeit mit ihrer Ethik bewegt. Die einzelnen Felder und Linien sollen nun im Weiteren zur Entfaltung kommen. Zum *Grundwissen Ethik* gehört es aber, den Zusammenhang vor Augen zu haben. Als Beruf, als Profession und als Wissenschaft begegnet immer die *ganze* Soziale Arbeit.

Ein entscheidendes Argument kommt nun hinzu: Haltung, Urteilsfähigkeit und wissenschaftliche Motivation mögen noch ungeklärt sein – das *Handeln* in der Sozialen Arbeit drängt dennoch zur Ethik. Es geht, einem groben Vorverständnis gemäß, darum, Menschen in Not, Menschen, deren Kraft nicht reicht, Notlagen zu bewältigen, Menschen auch, die persönliche Entwicklungsmöglichkeiten nutzen wollen und sollen, passend Unterstützung und Hilfestellung zu leisten. Man mag dies gewichten, ergänzen und konkretisieren, wie man will: deutlich wird und deutlich bleibt, dass Soziale Arbeit ethisches Wissen braucht, weil sie Lebenssituationen und Lebenslagen *bewertet.*

Praktikerinnen und Praktiker müssen in der Lage sein, zuträgliche und förderliche Lebenssituationen – so genannte *Wachstumssituationen* – von schwierigen und schädlichen zu unterscheiden, um Menschen adäquat und effizient unterstützen zu können. Das zielt zum einen in Richtung angestrebte Veränderung; zum andern ist es aber auch die Voraussetzung dafür, überhaupt einen Bedarf erheben zu können. Was oft wie selbstverständlich und in seinem Anspruch geradezu trivial wirkt – einem 15-jährigen Delinquenten vor der „Schiefen Bahn" zu bewahren; einen erwachsenen Drogenkonsumenten in Therapie zu bringen; einen Asyl suchenden Flüchtling zu betreuen – ist doch immer das Ergebnis von Wertungen.

Es geht nicht allein darum, zu solcher Wertung in der Lage zu sein; es geht immer auch darum, den Bezugsrahmen für Wertungen zu kennen und gegebenenfalls auch kritisch hinterfragen zu können. Zuletzt ist es auch der eigene Bezugsrahmen, den jemand in den Beruf mitbringt und der, wenn er zu unklaren oder unpassenden Wertungen führt, auf den Prüfstand muss. Wertungen brauchen Legitimation. Das gilt in Ansätzen schon für den persönlichen Bereich; das gilt in weit größerem Maß im sozialen Miteinander; und das gilt in höchstem Maß für einen Beruf, der in administrativen Kontexten Wertungen produziert und der über Wertungen ins Leben von Menschen eingreift (dazu Großmaß/Perko, 2011, S. 133).

Ethisches Wissen vermag solche Legitimation zu vermitteln. Es geht dabei um Ideen und Modelle, die, weil sie schlüssig sind, Zustimmung erwirken können. Es geht weiterhin um Bezugspunkte und Argumente, über die Situationen und Handlungen Qualität so zugewiesen wird, dass wiederum Konsens entstehen kann. Entlang solchen Grundanspruchs muss auch die Soziale Arbeit ihre Wertungen setzen. Ein ethisches Anliegen, hier grundgelegt, zielt daher in zwei Richtungen:

1. Vorstellungen auszuformen und abzugleichen darüber, wie das Leben von Menschen sein soll – um daran reale Lebenssituationen zu messen und Änderungsbedarfe zu benennen;
2. Kriterien dafür zu entwickeln, wie Eingriffe in die Lebenssituationen von Menschen, über die Veränderung herbeigeführt werden soll, vertretbar geschehen können.

Das Anliegen deckt sich mit den zwei zentralen Perspektiven in der Ethik: Ethik verstanden als *die Idee vom guten Leben;* und Ethik verstanden als *die Idee vom richtigen Handeln.* Beide Perspektiven werden unten näher ausgeführt (siehe Teil 1, Kapitel 2).

Ob Ethik nun der Situationseinschätzung dient oder der Praxisgestaltung – beide Male stärkt sie die Handlungsfähigkeit sozialarbeiterischer Akteure. Zieht man weiter in Betracht, dass beruflichem Handeln, das sich um ethische Legitimation nicht kümmert, eine Grundlage abhanden kommt, kann der Schluss nur sein, dass ethisches Wissen und Können Bestandteil der Handlungskompetenz in der Sozialen Arbeit sind. Dem gängigen Modell, das Handlungskompetenz über vier Säulen bestimmt: Fachkompetenz, soziale Kompetenz, personale Kompetenz (Selbstkompetenz) und Methodenkompetenz (vgl. Stender-Monhemius, 2006, S. 1), kann für die Soziale Arbeit, wie in Abb. 1 dargestellt, eine fünfte tragende Säule hinzugefügt werden: ethische Kompetenz.

Abb. 1: Die fünf Säulen der beruflichen Handlungskompetenz in der Sozialen Arbeit

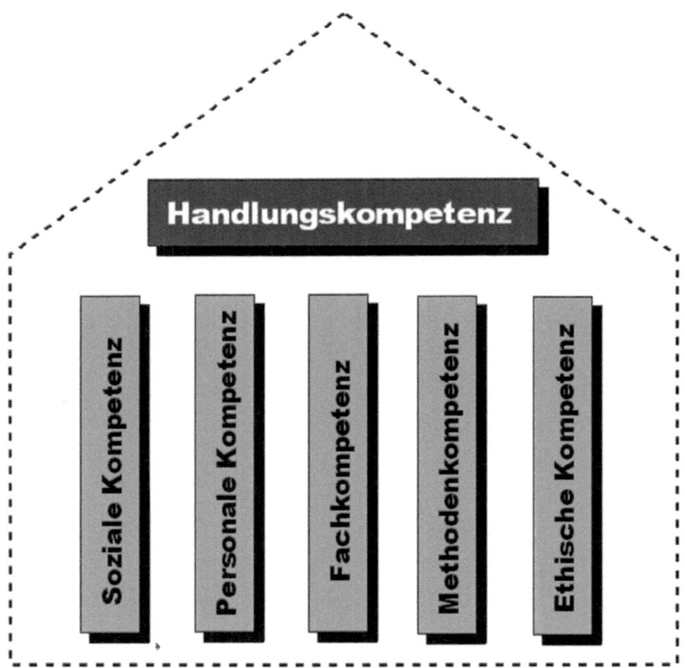

Es gibt Ansätze – und die Sichtweise ist durchaus verbreitet –, für die Soziale Arbeit ethische Kompetenz umfassend in die Selbstkompetenz zu integrieren. Das geschieht dann z.B. in Form eines „ethischen Imperativs", der beruflichen Akteuren „ins Stammbuch geschrieben" sei (vgl. Kersting, 1994, S. 172). Ethikkompetenz stellte sich dann als persönliche „Verantwortung des Sozialarbeiters" (Kersting) dar; ethisches Handeln wiederum fiele in die persönliche Zuständigkeit der Akteure. So wichtig und zentral eine ethisch geformte, persönliche Haltung im Berufshandeln jedoch ist, so wenig sinnvoll erscheint es, sie im Feld der Selbstkompetenz aufzulösen. Vielmehr muss sie als Basis für das Anliegen dienen, Akteure durch einen *gegebenen*

ethischen Rahmen im beruflichen Handeln zu entlasten. – Der Denkfehler, den ein individualisierender Ansatz in der Sozialarbeitsethik im Übrigen beinhaltet, wird im letzten Kapitel des Lehrbuchs (Teil 3, Kapitel 6) aufgezeigt.

Kapitel 2
Ethik als Wissenschaft und Konzept

Die Systematik der Ethik in der Sozialen Arbeit wird über die im vorherigen Kapitel aufgezeigten Struktur- und Leistungsmerkmale angestoßen. Der Einstieg ins Ethikverständnis geschieht nun über die Skizze des Rahmens, in dem Ethik Begriff und Bedeutung entfaltet.

2.1 Zur Nomenklatur in der Ethik

Begriffliche Gemengelage

Am Anfang einer Befassung mit dem Thema Ethik steht die Frage, was Ethik eigentlich ist. Nicht nur die Bezeichnung ist zu erhellen, sondern es ist auch wichtig, das Begriffsfeld abzustecken und weitere Ausdrücke wie Moral, Sittlichkeit oder Tugend thematisch zuzuordnen. Ethik ist der zentrale Begriff, aber auch diese Termini treten immer wieder für das Ganze in Erscheinung. Vor allem die Frage nach der Moral scheint in die Mitte zu rücken, wenn es darum geht, ein Verständnis dafür zu erzeugen, dass menschliches Verhalten und Agieren nicht völlig ins Belieben des Einzelnen gestellt sein soll (vgl. Bayertz, 2006; Spaemann, 2009). Die Erhellung des *Wesens der Moral* könnte, wenn man Gilbert Harman folgt, zudem für eine „Einführung in die Ethik" (Harman, 1981) hinreichen. Auch wenn man hier Unterschiede im Wortgebrauch zwischen dem Englischen – Harmans 1977 erschienenes Werk trägt im Original den Titel „The Nature of Morality. An Introduction to Ethics" – und dem Deutschen unterstellen möchte, fließen die Begriffe in beiden Sprachen doch ineinander. *Philosophische Ethik* firmiert auch als *Moralphilosophie,* die Konzeptarbeit der *Moral Philosophy* im angelsächsischen Raum wiederum auch als *Ethical Theory* (dazu LaFollette, 2000).

Die Nähe der Begriffe Ethik und Moral zueinander ist nicht zu übersehen, gehen beide mit *ethos* im Griechischen und *mos* im Lateinischen doch jeweils auf ein Substantiv zurück, das im Deutschen die gleiche Kernbedeutung hat: *Sitte* bzw. *Sittlichkeit.* Doch genau dies sorgt für Verwirrung, denn keiner der Begriffe, auch nicht dieser deutsche, klärt das Anliegen, mit dem Ethik gemeinhin in Verbindung gebracht wird: Gründe dafür anzuzeigen, dass nicht alles, was durch Menschen geschehen kann, auch geschehen darf.

Der Anspruch, für den die Ethik steht, ist größer als der Reflex auf die guten Sitten. Er richtet sich in besonderer Weise auf deren Plausibilität, d.h. auf menschlicher Vernunft offenliegende Begründungszusammenhänge. Dort, wo Sittlichkeit in diesem Begründungsanspruch gesehen wird – etwa bei Kant –, tritt sie letztlich als Ethik hervor. Wie immer die Begriffe Ethik und Moral – und Sittlichkeit – aufeinander zu beziehen sind: so lange sie sich gegenseitig erklären, ist nichts erklärt. Ihrem Anspruch gemäß setzt Ethik ein Maß, an dem alles andere zu messen ist.

Das gilt auch für den gängigen Ansatz, Ethik verstehe sich als „Wissenschaft vom moralischen Handeln" (Pieper, 2007a, S. 17). Die Schwierigkeit, dass auch hier das Ethische durch das Moralische erklärt wird, löst sich nicht auf, wenn weiter die moralische durch die „sittlich gute Handlung" erklärt wird (ebd.). Nicht anders dort, wo Ethik, als „eine Wissenschaft der moralischen Praxis", mit der Aufgabe betraut gesehen wird, „über Moral (Sitte) und Moralität (Sittlichkeit) zu sprechen" (Großmaß/Perko, 2011, S. 20). Nicht Sitte und Moral definieren Ethik; sondern der angesprochene, in und mit Ethik gesetzte Anspruch liefert die Erklärung für die ethische Relevanz sittlichen und moralischen Handelns. Immerhin markiert der betrachtete Definitionsansatz diese Anspruchssituation durch den Hinweis auf einen Wissenschaftscharakter von Ethik. Und auch wenn Ethik abgeschwächt als *Theorie der Moral* (Birnbacher, 2007, S. 2) oder als *Reflexion auf Moral* verstanden wird (Düwell/Hübenthal/Werner, 2011, S. 2), ist keine andere Tendenz erkennbar. Entscheidend ist nun festzustellen, woraus sie sich ableitet.

Ethik

Ethik kommt als Wissenschaft über Aristoteles (384–322 v. Chr.) auf den Weg. Er hat ihren Begriff geprägt und über eine aufschlussreiche Differenzierung das Bedeutungsfeld abgesteckt. Dabei führt er die eigentlich adjektivische Wortbildung, die in begrifflichen Zusammenhängen wie *aretē ēthikē* (ethische Tugend) oder *ēthikē theōria* (ethische Betrachtung) erscheint, zum einen auf das Substantiv *ēthos* zurück, das am Wortanfang mit Ēta geschrieben wird, zum andern auf das mit Epsilon geschriebene Substantiv *ethos.* Die beiden Wörter liegen in ihrer Bedeutung nahe beieinander. Ihr Schnittfeld bildet ein Verständnis als Gewohnheit, Sitte oder Brauch, wie es vor allem durch *ethos* repräsentiert wird; *ēthos* aber setzt noch einen eigenen Akzent. Der Begriff steht auch für den Ort, an dem man sich für gewöhnlich aufhält – das ist bei Tieren der Weideplatz oder der Stall –, darüber hinaus bezeichnet er so etwas wie Charakter, Denkweise oder Gesinnung. So ist Ethik nicht allein über die Orientierung an Tradition und Sitte bestimmt, sondern auch als Haltung, mit der jemand zum Ausdruck bringt, wie er in einer bestimmten Gesinnung und Denkweise *zu Hause* ist.

Aristoteles bestimmt Ethik als Tugend *(aretē)* und damit als „lobenswerte Haltung“ *(hexis),* die auch als lobenswerte *Eigenschaft* verstanden werden kann (dazu siehe Schumacher, 2007, S. 161). So zeigt Ethik eine Rahmengebung, die durch die Ausrichtung am überkommenen sozialen Regelwerk zustande kommt, und eine Füllung, die den Menschen mit seinen Charaktermerkmalen ins Zentrum rückt. Die Perspektive von Verpflichtung und Verantwortung wird damit ebenso gesetzt wie die der Bezug zu Normen und Werten; im Ganzen verweist Ethik so auf eine Wirklichkeit, in der es nicht egal ist, wie man sich verhält, in der persönliche Einstellungen und Denkweisen Gewicht erhalten und in der Bedingungen dafür existieren, dass Menschen angemessen zusammenleben können. – In all dem demonstriert Ethik bereits auch ihre wissenschaftliche Seite, hängt doch die richtige Haltung, d.h. die Tugend, um die es gehen soll, damit zusammen, die Ansatzpunkte sowohl für die Rahmengebung als auch für die richtige persönliche Einstellung als solche zu erkennen. (Dazu auch Düwell/Hübenthal/Werner, 2011, S. 1)

Moral

Das Bedeutungsfeld des lateinischen Wortes *mos,* das wiederum dem Adjektiv *moralis* zugrunde liegt, gleicht dem des griechischen Wortes *ēthos.* „Moral“ übersetzt daher „Ethik“ ins Lateinische. Wenn aber Ethik – und danach sieht das Nebeneinander der Begriffe im wissenschaftlichen Gebrauch aus – „kein Synonym für Moral“ (Großmaß/Perko, 2011, S. 20) sein soll, ist der Unterschied zu suchen. Der dürfte, so sich die Wortbedeutungen decken, nur in einem Verständnis zu finden sein, das über die Zeiten hinweg und gemäß der philosophischen Wirkungsgeschichte der Begriffe in einer entsprechenden Verhältnisbestimmung hervorgetreten ist. Den gesuchten Unterschied liefert also der philosophische Sprachgebrauch. Was aber ist daraus festzuhalten, wenn die Diktion insgesamt nicht eindeutig ist?

Zunächst einmal begegnet, wie gesehen, Moral als Sammelbegriff für alle Inhalte und Bezugspunkte, auf die sich das wissenschaftliche Interesse der Ethik richtet. Hier bleibt die angestrebte Differenzierung schwach. Es irritiert, dass Moral pauschal für Inhalt und Ziel von Ethik stehen soll, ohne dass eine dort angelegte Gestaltungskraft ins Kalkül gezogen ist. Ethik, die der inneren Logik nach das Gerüst liefern sollte, Moral zu justieren, zeigte sich vielmehr durch diese bestimmt und begrenzt. Anders akzentuiert ein Ansatz, der verschiedene „Moralen“ unterscheidet und einen individuellen Bezug – als „Moral im weiteren Sinne“ – einem sozialen Bezug – als „Moral im engeren Sinne“ – gegenüberstellt (vgl. Bayertz, 2006, S. 34 ff.). Die Differenzierung erscheint stärker, aber offen bleibt, wie über beides eine Klammer zu setzten – und Moral überhaupt als Anliegen zu fassen ist. Dagegen zeigt sich, dass Moral in die Vereinzelung drängt und dort gegen ihre Auflösung kämpfen muss (vgl. ebd., S. 144). Einmal mehr scheint ein integratives Potential ethischer Systematik gefordert.

Zur Aktivierung solchen Potentials braucht es wiederum geklärte wissenschaftliche Bezugspunkte für die Ethik. Hier steht durchaus in Frage, ob sich die Ethik überhaupt mit der Moral befassen soll, die sich in ihrer normativen Ausrichtung einen seriösen philosophisch-wissenschaftlichen Zugang zu verschließen scheint (dazu Harman, 1981, S. 9 ff.). Wie auch immer die Akzentuierung erfolgt – der wissenschaftliche Anspruch der Ethik, der auch in der sprachanalytischen (metaethischen) Forschung zu sehen ist und der mit der Irritation konfrontiert ist, „daß Beobachtungsevidenz für die Moral irrelevant zu sein scheint“ (ebd., S. 10), deckt sich nicht mit der Idee, die Moral zu seinem umfassenden Bezugspunkt zu erklären.

Die Abgrenzung der Moral zur Ethik zeichnet sich hinsichtlich zweier Merkmale ab: Zum einen *tendiert* Moral zur Vereinzelung. Sie versammelt Verhaltenserwartungen an den Menschen, die als „Moralnormen“ (Hoerster, 2003, S. 61) kommuniziert werden, die als solche aber in den Prozess der „Moralentwicklung“ des Einzelnen eingebettet erscheinen (dazu mit Bezug auf Lawrence Kohlberg Habermas, 1983, S. 127 ff.). Ethik dagegen tendiert zum Allgemeinen: zu den Grundlagen und Bezugspunkten für menschliches Verhalten. Zum andern zeigt sich Moral, in ihren verschiedenen Zusammenhängen, „als ein beschreibend gebrauchter Begriff“ (Düwell/Hübenthal/Werner, 2011, S. 426). Dagegen zielt Ethik – aus philosophischer Sicht – auf die Begründung und Deutung (Quante, 2011, S. 15). Neben den voneinander abgegrenzten Bereichen haben Ethik und Moral – das entspricht der Nähe der beiden Begriffe zueinander – auch einen bedeutenden Schnittbereich. Abb. 2 skizziert dieses Verständnis im Ganzen.

Abb. 2: Zur Unterscheidung von Ethik und Moral

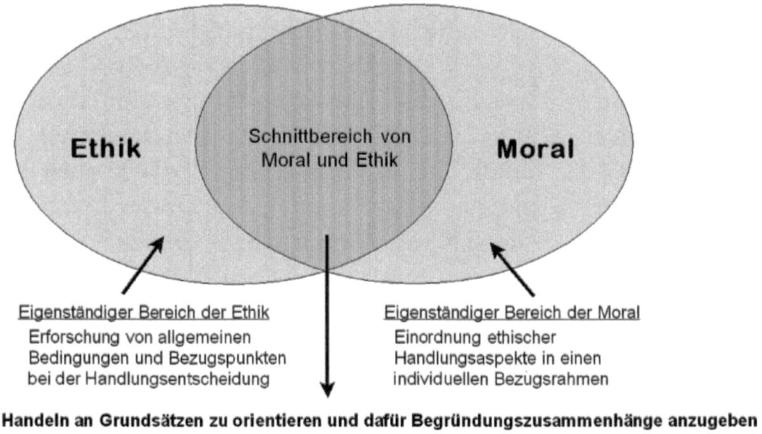

Ethik
Schnittbereich von Moral und Ethik
Moral

Eigenständiger Bereich der Ethik
Erforschung von allgemeinen Bedingungen und Bezugspunkten bei der Handlungsentscheidung

Eigenständiger Bereich der Moral
Einordnung ethischer Handlungsaspekte in einen individuellen Bezugsrahmen

Anliegen, Handeln an Grundsätzen zu orientieren und dafür Begründungszusammenhänge anzugeben

Sittlichkeit

Eine Unterscheidung von Ethik und Moral, die beiden ein eigenes Bedeutungsfeld Feld zuweist, eröffnet die Möglichkeit, einen Sprachgebrauch mit zu berücksichtigen, den Hegel (1770–1831) – mit Anleihen bei Kant (1724–1804) – angestoßen hat: den der Trennung von Moralität und Sittlichkeit. Als Moralität – moralisches Handeln – fasst Hegel die Ausrichtung auf einen außerhalb einer Handlung liegenden Zweck; als Sittlichkeit – sittliches Handeln – dagegen die Ausrichtung auf einen „substantiellen Zweck" (dazu Hegel, *Grundlinien der Philosophie des Rechts,* § 163) und damit auf *intrinsische* Motivation. Hegel zeigt den Unterschied unter anderem am Beispiel der Ehe auf und macht deutlich, dass ein Verständnis der Ehe, das rein auf Arrangement abzielt, dem Bereich der Moralität zugehört – „dem Mädchen ist es nur um einen Mann, diesem um eine Frau überhaupt zu tun" (ebd., § 162) –, wogegen in einem sittlichen Verständnis der Ehe „der subjektive Ausgangspunkt, das *Verliebtsein,* als der allein wichtige angesehen" wird (ebd.).

Die bei Kant angelegte und von Hegel gefasste Unterscheidung liefert die Grundlage für die Betrachtung menschlicher Freiheit in der Ethik. Das ist entscheidend, denn der Blick auf die Regeln und Bezugspunkte, die menschliches Handeln bestimmen, führt zur Frage nach der Verbindlichkeit und der Verantwortlichkeit, die für so geleitetes Handeln zu erkennen sind. Das Anliegen der Ethik, dem Menschen kritisch auch Grenzen seines Tuns aufzuzeigen, findet in dieser Frage den maßgeblichen Ansatzpunkt. Es geht darum, Grundmuster im Handlungsverständnis freizulegen, die sich zeigen, wenn moralisches Handeln reflektiert und seine Grundlegung und Plausibilität erforscht werden. Zu den Grundmustern gehört der Befund, dass eine Handlung nur dann, wenn sie um ihrer selbst willen gewollt werden kann, zur Rechtfertigung führt. So trägt die Fähigkeit zu sittlichem Handeln auch das moralische Handeln des Menschen; genau besehen qualifiziert sie menschliches Tun überhaupt erst als *Handeln* (dazu s.a. Teil 1, Kapitel 4 zur *Grundfigur des Handelns*).

Sittlichkeit ist also der dritte große Begriff in der Ethik. Er orientiert und lenkt das Handeln im Feld der Moral. Er beleuchtet für dieses Handeln auch jenen Bereich der Motivation über Zwecke, in dem sich Moral zur Moralität ausformt. Das ausschlaggebende Merkmal liegt, wenn man es mit Kant verstehen möchte, darin, dass Sittlichkeit als Bedingung für Freiheit und Autonomie hervortritt (dazu Quante, 2011, S. 82). Zugleich wird Sittlichkeit zum Kriterium, wo es darum geht, das menschliche Regelungsinteresse, wie gesehen, auf unterschiedliche „Moralen" zu beziehen. Namentlich der individuelle und der soziale Bezug im Handeln erfahren über die Perspektive der Sittlichkeit weitere Qualifizierung. Nimmt man im analytischen Ehrgeiz sowie in dieser Perspektive Kernkompetenzen von Ethik wahr, so wird deutlich, wie auch schon die ursprüngliche Bestimmung über das *ēthos* die Weichen entsprechend stellt. Die aristotelische Position ist hier klar und vorausschauend: „Richtiges und verkehrtes Handeln ist ohne Denken und ein Verhältnis zur Sittlichkeit *(ēthos)* unmöglich." (Aristoteles, *Nikomachische Ethik*, 1139 a 35)

Tugend

Der Begriff der Tugend *(aretē)* wird von Aristoteles, wie schon angesprochen, eng mit dem Ethikverständnis verbunden. Die in der *aretē ēthikē* wirksam werdende Haltung *(hexis)* sieht er als „lobenswert" *(epainetos)* an (vgl. *Nikomachische Ethik*, 1103 a 9). So wirkt Tugend als Form für menschliches Handeln, wenn es ethischen Richtlinien folgt. Zugleich wird sie zum Indikator auch für das rechte Maß. Nicht nur das Fehlen tugendhafter Haltung, sondern auch ein Zuviel und ein Zuwenig lassen ethische Ambitionen scheitern (vgl. dazu Aristoteles, *Eudemische Ethik*, II, 3). Tugend, als Form, eröffnet den Blick auf den Katalog denkbarer Akzente, über die ethische Ziele – letztlich menschliches Wohlergehen – erreicht werden (vgl. ebd.). Der Katalog, der durch Platon (427–347 v. Chr.) überliefert ist, kristallisiert „Grundtugenden" (Pieper, 2004, S. 11) heraus. In der Viererliste, die Platon im vierten Buch der *Politeia* für die „Tugenden im Staat" vorstellt, kommt wiederum der Gerechtigkeit als Tugend besondere Bedeutung zu, weil sie das Verhältnis der Tugenden untereinander ordnet (vgl. *Politeia*, 444 d; dazu auch Höffe, 2010, S. 20f.; Holzleithner, 2009, S. 21).

Das antike Tugendkonzept liefert ein Verständnis von sittlichen Qualitäten. Sie sind in der Ethik die Voraussetzung dafür, dass menschliches Handeln in den Kategorien von Entscheidung und Verantwortung erfasst werden kann. Das gilt, in Blick auf die Möglichkeiten menschlicher Lebenspraxis, allgemein und grundsätzlich; das gilt, in Blick auf Lebenssituationen, auch konkret. Der Begriff der Tugend steht so für den Übergang der Ethik zur Moral. Er steht aber auch für die Schlüsselfunktion der Sittlichkeit in der Ethik. Und er steht für den Ansatz, in der Ethik den Charakter eines Menschen in seinem Potential zu „humaner Qualität" zu sehen (Fischer u.a., 2008, S. 176).

Werte

Werte spielen in der Nomenklatur der Ethik ebenfalls eine zentrale Rolle. Es gibt Ansätze, Ethik über den in ihr gezeichneten Wertebezug zu definieren. Das geht oft Hand in Hand mit einem Moralverständnis, das diesen Bezug im Paket mit einem Bezug auf Normen liefert. Werte erscheinen darin als Ideale, die ein Geltung beanspruchendes Regelwerk ergänzen – und begründen (dazu Düwell/Hübenthal/Werner, 2011, S. 426). Werte, die Normen befestigen; Normen, die ein „Moralgesetz" ausformen (Harman, 1981, S. 70); Moral, die der Ethik zum Gegenstand wird (Pieper, 2007a, S. 42); Ethik, die über den Vorgang der Wertsetzung verstanden wird (dazu Andersen, 2005, S. 5f.): dieser Zusammenhang birgt die Gefahr eines Zirkelschlusses, mit dem am Ende nichts erklärt ist. Er findet aber zu einer Argumentationslinie dort, wo über Werte der Qualitätsaspekt menschlichen Handelns zur Sprache gebracht wird. Ethik betrachtet das Thema Werte analog zum Thema Sittlichkeit.

Zu beachten ist aber, dass die in der Ethik zu erfassende Wertewirklichkeit nicht von vorne herein feststeht. Auch wenn sich die Ethik traditionell *dem Guten* zuwendet, sind dessen Bezugspunkte und Manifestationen doch erst noch zu erarbeiten. Vertrautes wie Gerechtigkeit, Menschenwürde, Selbstbestimmung u.a.m. erscheinen deshalb als Werte, weil sie in der Philosophie als vernünftige Handlungsprinzipien dargelegt werden können. Solche Diskussion ist immer zu führen. Andere Kulturbezüge und andere geistesgeschichtliche Verläufe bringen andere Werteverständnisse hervor. Für die Ethik bleibt festzuhalten, dass ihr der Wertebezug vor allem *formaler* Ansatzpunkt ist. Sie betrachtet den Menschen, der von Wertebezügen bewegt wird (Schumacher, 2007, S. 118). Sie analysiert und konstruiert solche Bezüge, aber ihre Kraft reicht nicht, auch nur einen einzigen Bezug vorzuschreiben.

2.2 Ethik als praktische Wissenschaft

Ethik und Wissen

Das ethische Anliegen, möchte man meinen, kommt mit dem Menschen in die Welt. Es spricht viel dafür, dass sich Menschen immer schon und überall mit denselben Fragen konfrontiert sehen: Was ist, für eine Situation oder auch lebensstrategisch gesehen, die jeweils richtige Entscheidung? Lebewesen, deren Verhalten nur in vergleichsweise reduzierter Form über genetische Programme ausgeprägt ist, verfügen jenseits des programmierten Verhaltens kaum über eine Handhabe zur Fehlervermeidung. Weil das, bei aller Anpassung an Lebensräume, als eine verhängnisvolle Gefährdung anzusehen ist, muss es als willkommenes Korrektiv erscheinen, Fehleranalyse betreiben zu können. Darüber hinaus ist genau diese Fähigkeit für den Menschen im „Naturbetrieb", wenn man so will, als ein maßgeblicher „Standortvorteil" anzusehen, der schnellere Entwicklungsschritte ermöglicht. Es ist also nicht falsch, so etwas wie ethische Motivation mit als einen Gesichtspunkt auch von Evolution zu sehen; und es dürfte nicht falsch sein, für Menschen in allen Kulturen vergleichbare Prozesse und Verläufe anzunehmen.

So findet die Ethik eine allgemeine Basis offenbar dort, wo Menschen in ursprünglicher wie signifikanter Weise beginnen, Wissenskräfte auszubauen und dadurch – im Sinne der Evolution wie auch der Selbstdefinition – letztlich zu Menschen *zu werden*. Man mag es werten, wie man will, und es mag hinreichend Anlass für einen kritischen Blick auf menschliche Verhaltensmöglichkeiten geben: das ändert nichts an dem Befund, dass das ethische Anliegen zum Menschen gehört und dass es, ganz gleich, ob man darin Segen oder Fluch erkennt, im Wissen und als Wissen virulent wird.

Nun ist aber nicht zu erwarten, dass die Antworten, die Menschen über die Zeiten hinweg und an den verschiedenen Lebensorten formuliert haben, stets die gleichen sind. Das zeigt bereits der Blick auf die Vielfalt der Kulturen weltweit. Eine Kultur, wie eng umgrenzt oder wie offen man sie auch verstehen möchte, prägt und umfasst Wertvorstellungen und Regeln, mithin genau jenen Bereich der Sittlichkeit, auf den sich Ethik erstreckt. Darin liegt ein erstes Argument dafür, dass die Form, wie uns Ethik begegnet und Gegenstand unseres Interesses wird, auf den eigenen kulturellen Zusammenhang verweist. Auf den Einzelnen bezogen, kann das bedeuten, dass tatsächlich die eigene Biographie die maßgeblichen Anhaltspunkte liefert; für die wissenschaftliche Perspektive aber heißt es, dass der maximale Verständnisrahmen über die – in diesem Fall – abendländische Geistesgeschichte festzulegen ist.

Ein zweites Argument dafür, diese Geistesgeschichte heranzuziehen, wenn es darum geht, Ethik zu verstehen, liegt darin, dass sie vor allem einen Weg – und auf die abendländische Kultur bezogen *den* Weg der Wissensentfaltung weist. Zu erwarten ist, dass die spezifische Art, wie in diesem kultur- wie geistesgeschichtlichen Rahmen *Wissen* verstanden wird, auch das Verständnis von Ethik prägt. Das bedeutet freilich auch, dass unterschiedliche Wissensbegriffe – und damit unterschiedliche Ethikverständnisse – global gesehen nicht auszuschließen sind. Über Ethik zu reden heißt *für uns* – wissenschaftlicher Anspruch hin oder her –, in erster Linie über abendländische Kulturmerkmale zu reden. Als umso bedeutsamer ist dabei allerdings die Frage anzusehen, wie sich Ethik auch und gerade als generalisierte, wissenschaftliche Vorstellung Geltung zu verschaffen vermag.

Praktische Wissenschaft

Auf zwei Bezugspunkte ist für ein so orientiertes Verständnis von Ethik als Wissen hinzuweisen: einerseits darauf, dass das ethische Anliegen bereits in den ältesten Texten europäischer Wissenschaft aufscheint; andererseits darauf, dass Ethik dort, wo sie begrifflich gefasst wird, bereits auch als Wissenschaft hervortritt.

Zum Ersten ist zu sagen, dass hier der Blick auf Homer (8. Jh. v. Chr.) und seine epische Dichtung zu richten ist (vgl. Andersen, 2005, S. 20 f.; Fischer u. a., 2008, S. 20 ff.). Wenn Homer ethisch anmutende Begriffe – „gut" oder „Tugend" – verwendet, kann man konstatieren, dass darin noch „keine spezifisch ethische Bedeutung" zu sehen ist, und deshalb vorsichtig ein „vorethisches Denken" ansetzen (Andersen, 2005, S. 20). Aber im Blick auf das literarische Programm der homerischen Dichtung wird deutlich, wie von Anfang an und herausragend Merkmale benannt werden, die menschlichem Tun zum Erfolg verhelfen: zum kollektiven Erfolg, der in der Wende im Kampf um Troja zu sehen ist, und zum individuellen Erfolg, als der die Rückkehr des Odysseus nach Hause zu werten ist. Der kollektive Erfolg stellt sich ein, als die Troja belagernden Griechen wieder zu gemeinsamer Anstrengung finden. Das ist das Hauptmerkmal der *Ilias*, die mit der Schilderung einsetzt, wie die Verweigerung des sich selber zugewandten, zornigen Achill ein gemeinsames Streiten gerade *blockiert*. Individuellen Erfolg erringt wiederum Odysseus auf seiner *Odyssee* durch besondere Cleverness. Seine sprichwörtliche Schläue und Klugheit zeigen sich im vorausschauenden Erfassen einer Situation, mit dem er sie jeweils unter seine Kontrolle bringt. Mit solcher Akzentsetzung reißt Homer die zentralen Punkte ethischen Interesses auf – und *initiiert* ethisches Wissen.

Der zweite Bezugspunkt ist Aristoteles. Dieser setzt die Pointe, den mit Homer begonnenen und seither weiter beschrittenen Weg einschlägig als Weg des Wissens zu begreifen. Dazu stellt er zunächst heraus, dass das Streben nach Wissen dem Menschen wesenseigen ist (vgl. diese Feststellung als Anfangssatz in der *Metaphysik*, 980 a 21). Sodann legt er dar, wie Wissen den Menschen in besonderer Weise handlungsfähig macht. Sein Verständnis geht dahin, Wissen von der sinnlichen Wahrnehmung angestoßen zu sehen und drei Entwicklungsstufen zu unterscheiden. Die erste ist die der Erfahrung *(empeiria)*. Erfahrungswissen entstehe durch die Wiederholung und den Vergleich von Sinneswahrnehmungen. Der Erfahrene erreiche so ein Wissen, „wie es ist". Die nächste Stufe geht auf die Anwendung und liegt im Können *(technē)*. Kunstfertigkeit – technisches Wissen – zeige sich darin, die Ursache zu kennen, d. h. „warum es so ist". Die dritte Stufe schließlich ist die Wissenschaft *(epistēmē)*, ausgewiesen als ein Wissen von der Notwendigkeit der Ursache: „warum etwas so und nicht anders ist" (dazu vgl. die Darlegung bei Aristoteles, *Metaphysik*, 980 a 27 ff.).

Für die Handlungsperspektive zeigt sich Folgendes: Erfahrungswissen weist auf Fehler hin; technisches Wissen weist Wege der Fehlervermeidung; wissenschaftliches Wissen endlich erlaubt, die Praxis der Menschen grundsätzlich zu ordnen. Der aristotelische Ansatz läuft darauf hinaus, das ethische Bestreben mit diesem Anliegen gleichzusetzen. Die richtige Position, die richtige Haltung für den Einzelnen wie für die Gemeinschaft zu bestimmen, ist eine Aufgabe, die Aristoteles den *praktischen Wissenschaften* zuordnet. Dort ist das Ziel „das Werk" *(ergon)*. Für die Ethik als Wissenschaft heißt das, dass ihr Bestreben der Umsetzung und weniger der grundsätzlichen Positionierung gilt (Aristoteles, *Metaphysik*, 993 b 20 ff.). Es heißt aber auch, dass sie sich von den *theoretischen Wissenschaften* zuarbeiten lässt.

Das Widerspruchsprinzip

Besondere Zuarbeit leistet die Philosophie. So, wie sie die Formen des Wissens und die Merkmale von Wissenschaft freilegt, liefert sie der Ethik auch das zentrale Kriterium, das deren Wissen zur Geltung bringt: das Widerspruchsprinzip. Aristoteles versteht es als Wahrheitskriterium schlechthin, dass unmöglich ein und dasselbe etwas sein und zugleich dasselbe nicht sein kann (vgl. Aristoteles, *Metaphysik*, 1005 b 19 ff.). Mit dem sprichwörtlichen „hölzernen Eisen" wird keine Erkenntnis gewonnen, wohl aber aufgezeigt, dass ein Zusammenhang nicht passt. Eindeutigkeit ist das Ziel. Der Weg führt über die konsequente Widerspruchsvermeidung. Für die Ethik und ihren wissenschaftlichen Anspruch bedeutet das, dass sie durchaus in der Lage ist, moralische Grundsätze zu analysieren. Notwendige Bedingung dafür, dass eine Regel, eine Norm oder ein Wert schlüssig erscheinen, ist ihre Widerspruchsfreiheit. Weisen sie dagegen Widersprüche auf, sind sie aus ethisch-wissenschaftlicher Sicht zu verwerfen.

Das ist ein klares und leicht anzuwendendes Kriterium, das in vielen ethischen Fragestellungen weiterführt. Die Widerspruchsvermeidung kann als eines der zentralen Ziele ethischer Wissenschaft gesehen werden. Es wird weiter unten noch deutlich werden, wie auch die moderne Ethik von diesem Prinzip, das weiter auch viele Bereiche unseres Lebens – von der Rechtsprechung bis hinein in die partnerschaftliche Beziehung – prägt, profitiert. Ein Aspekt bleibt dabei aber zu beachten: Für Aristoteles erscheint *das Prinzip* stark genug, auch die hinreichende Bedingung dafür abzugeben, Wahrheit zweifelsfrei festzustellen. Es gilt ihm als Garant für sicheres Wissen (ebd.); unmöglich kann ein Widerspruch in irgendeiner Weise Bestand haben. Der Blick heute ist hier ein anderer: notwendige Bedingung ja, hinreichende Bedingung nein, denn wir sind heute anders bereit, Widersprüche gelten zu lassen und auf einheitliche Erklärung zu verzichten – auch wenn das nie ganz zufriedenstellt. Das hat seinen Grund darin, dass die aristotelische Position über die Jahrhunderte hinweg eine Relativierung erfahren hat. Das ist aber vor allem auch der Grund dafür, dass von der Ethik, nach heutigem Verständnis, Klärung, aber nicht Zwang zu erwarten ist. (Dazu siehe unten Abschnitt 4 dieses Kapitels.)

2.3 Glück und Erfolg als Grundideen von Ethik

Ethik als die Idee vom richtigen Handeln

Als Kernbezug der Ethik ist die Frage nach der richtigen Entscheidung, nach dem richtigen Handeln schon deutlich geworden. Sie kann bis auf Homer zurückgeführt werden, und sie entspricht einem Verständnis vom Menschen, der handelt, um Ziele zu erreichen. Wir bewegen uns weiter im Kontext abendländischen Denkens, wenn wir unterstellen, dass sich niemand Ziele setzt, um sie zu verfehlen, und dass niemand ein Ziel anpeilt, von dem er weiß, dass es ihm schadet. Ziele stehen für erwarteten Erfolg. Erfolg wiederum sichert und stabilisiert eine wünschenswerte Situation und fördert eine wünschenswerte Entwicklung. Ethik, gedacht als Instrument, Wege aufzuzeigen, die Misserfolg meiden und Erfolg ermöglichen, ist hier willkommen. Im Lebensraum des Einzelnen vermag sie leicht ihre Kraft zu entfalten, denn alles, was Fehleinschätzung vermeidet und Vorteil bringt, ist einer unklaren und unsicheren Situation vorzuziehen.

Willkommen sind nicht nur Ratschläge, sondern auch Konzepte zur individuellen Lebensführung – so lange sie Anleitung bieten, ohne zu zwingen. Schwieriger wird es dort, wo beides mit Erwartungen von außen verbunden wird und Druck entsteht, die Entscheidung über die persönliche Lebensgestaltung mehr oder weniger aus der Hand zu geben. Solch dosierte Fremdbestimmung mag akzeptabel bleiben, so lange nicht eine bestimmte Lebensweise *verordnet* wird. Aber wo liegt hier die Schmerzgrenze – und was wäre, wenn eine verfahrende Lage tatsächlich nur per Weisung aufgelöst werden kann? Für die Ethikperspektive in der Sozialen Arbeit ist das jedenfalls kein unrealistisches Szenario. Der Anspruch der Ethik, menschliches Handeln so zu leiten, dass es zum Erfolg führt, reicht also über den rein persönlichen Rahmen hinaus. Er tendiert zum Allgemeinen und zur Einschätzung der menschlichen Bedürfnissituation überhaupt.

Darin betrachtet die Ethik wiederum auch die soziale Seite des Erfolgsstrebens. Hier stellt sich die Frage nach einem Handeln, das möglicherweise nicht allein *mir,* sondern auch anderen Erfolg bringt, womöglich so, dass der Erfolg dort sogar schwerer wiegt. Achill bezahlt seinen Einsatz für die gemeinsame Sache mit dem Leben, aber es wird in der *Ilias* auch deutlich, dass er daraus, weil ihm Nachruhm sicher ist und sein Name nicht vergessen wird, eigenen Vorteil zieht. Richtiges Handeln, wie es die Ethik sieht, löst den Einzelnen nicht aus dem sozialen Zusammenhang. Die Brücke zwischen dem Individuum und der Gemeinschaft wird über das Menschenbild gebaut.

Ethik als die Idee vom guten Leben

„Es irrt der Mensch, solang er strebt." – Was so in Goethes *Faust* vom Himmel her verkündet wird (Vers 317), klingt ernüchternd, aber auf die Ethik gemünzt heißt es, im Mühen um Fehlervermeidung und Erfolg nicht nachzulassen. Was heute passt, kann sich morgen schon als unpassend erweisen; vor allem ist kein Generalrezept zu erwarten, weil sich die Bedingungen für menschliches Handeln stetig verändern und ebenso nie ausgeschlossen werden kann, dass auch für richtig befundenes Handeln einem Irrtum unterliegt und korrigiert werden muss. Das war so in der Diktion der Nationalsozialisten in Deutschland, als der Weg, in Abkehr von gerade erst gewonnenen Prinzipien, in die Diktatur führte; und das war wieder so nach dem Zusammenbruch dieser Herrschaft.

Eine zweite große Idee in der Ethik rahmt das Mühen um Erfolg und dessen Begleitung durch das ethische Wissen so, dass Motivation und Orientierung aufrechterhalten bleiben: Das ist die Vorstellung, im Leben einen Zustand der Zufriedenheit und des Glücks zu erreichen. Derartiges wird nicht ohne richtige Handlungswege erreicht; aber genau die werden klarer greifbar, wenn der angestrebte Erfolg nicht nur punktuell und situativ umgrenzt gesehen wird, sondern als Lebensqualität aufscheint und als Beitrag zur Lebensqualität definiert werden kann. Die entsprechende „Frage nach dem guten Leben" pointiert schon Sokrates (469–399 v. Chr.), der damit vorgefundene, in die Vereinzelung gehende Impulse für die Philosophie bündelt und aufbereitet (vgl. Wolf, 1999, S. 32 f.). Die Sokrates später zugeschriebene Urheberschaft für die Ethik beruht auf diesem Ansatz. Schon Aristoteles konstatiert, dass Anliegen der Ethik bei Sokrates „erstmals vom Allgemeinen her" betrachtet wurden (vgl. Aristoteles, *Metaphysik*, 987 b 1 ff.).

Die Idee vom guten Leben bestimmt das Fragen in der Ethik. Platon stilisiert sie in seinem Denken zur Frage nach Qualität überhaupt (als *Idee des Guten*) und dahingehend, dass menschliche Lebensqualität davon getragen ist, das „dauerhaft und vollkommen Gute" zu wollen (dazu Wolf, 1999, S. 35). Für Aristoteles, der Ethik als Wissenschaft begreift, realisiert sich über vernünftiggemäßes (philosophisch angeleitetes) Handeln das gute Leben dergestalt, dass tatsächlich ein Zustand reinen Glücks *(eudaimonia)* greifbar erscheint. Aristoteles sieht im Streben nach solchem Glück, ungeachtet dessen, dass über den Inhalt Uneinigkeit herrscht, menschliches Handeln von Grund auf motiviert (Aristoteles, *Nikomachische Ethik*, 1095 a 14 ff.).

Ethik in der Religion

Glück und Erfolg, Leben und Handeln stehen im Fokus der Ethik. In deren „Gründerzeit" als Wissenschaft wird deutlich, dass und wie beides zusammengehört: Ethik fragt nach der Orientierung im Handeln und geht dabei von einem Gesamtverständnis aus, das den Menschen auf Wohlergehen ausgerichtet sieht – und Ethik skizziert Wohlergehen als erstrebtes Lebensglück und qualifiziert bedachtes und kontrolliertes Handeln als das Instrument zur Erreichung dieses Lebensziels. Der weitere Verlauf im abendländischen Ethikdiskurs hat allerdings dazu geführt, dass die ursprünglich verbundenen Ideen auseinander getreten sind. Dafür gibt es Gründe, die gleich im Anschluss dargelegt werden.

Zuvor ist aber noch eine weitere Idee zu betrachten, die zwar außerhalb der philosophischen Diktion steht, die aber dennoch das Interesse auf sich zieht, weil sie philosophisch gestützt argumentiert. Es geht um das Ethikverständnis in der Religion. Drei Merkmale sind diesbezüglich festzuhalten:

Erstens: Ethik in der Religion, primär gedacht als ein Konzept, das auf ein Gottesbild abgestellt ist, ist philosophischem Denken durchaus vermittelbar, weil dieses selbst von einem Gottesbegriff ausgeht. So ist für Aristoteles klar, dass ein am *Prinzip* ausgerichtetes Denken dazu führt, das Denken selbst, in der Bewegung der Selbstreflexion, als *Gott* zu erkennen (Aristoteles, *Metaphysik,* 1072 b 20 ff.). Allerdings geht es in der Philosophie nie um die Frage nach einer diesem Gott geschuldeten Verehrung. Die in der Neuzeit dann raumgreifende Skepsis, bei Nietzsche in die Formel „Gott ist tot" gefasst, klärt weiter die Grenzlinien zwischen Philosophie und Religion.

Zweitens: Wenn sich eine Religion auf einen Gottesbegriff stützt, dominiert dieser das ethische Verständnis. Ethik in der Religion vermittelt Bezugspunkte und Regeln, die mit der Erschaffung des Menschen in die Welt kamen. Der als Schöpfungsprinzip wirkende Wille Gottes wird an dieser Stelle zum alleinigen Moralprinzip. Religionen unterscheiden sich in ihrer jeweiligen Ethik, weil und insofern sie das Gottesbild (und das Verhältnis des Menschen zu Gott) unterschiedlich bestimmen. Islamische Ethik beispielsweise wird dort auf den Koran und das gesprochene Gotteswort insistieren, wo eine christliche Ethik Christus als Vorbild und Mittler betrachtet.

Drittens: Die Themen der Ethik in der Religion lauten nicht signifikant anders. Es geht auch hier um die Idee vom richtigen Handeln (d. h. um die Moral), und es geht um die Idee vom guten Leben (d. h. um die Sittlichkeit). Beide *Ideen* treten in der Religion aber nicht auseinander, sondern bilden stets eine vom Willen Gottes gehaltene Einheit. Klar ist deshalb, dass eine theologische Ethik für ein säkulares Verständnis – philosophischer Gottesbegriff hin oder her – nicht ohne weiteres anschlussfähig ist. Klar ist aber auch, dass sie Argumente in den philosophischen Ethikdiskurs durchaus einzubringen vermag.

2.4 Der Weg der Ethik in der Geistesgeschichte

Die nachfolgende Skizze zeigt in verdichteter Form die wichtigsten geistesgeschichtlichen Haltepunkte für das Ethikverständnis. Daran wird deutlich, dass sich das Verständnis im Verlauf der Epochen verändert hat. Abzulesen sind aber auch die Weichenstellungen, die solche Veränderung herbeigeführt haben. Doch nicht nur die historischen Wirkungslinien und Verläufe sind von Interesse; es ist auch wichtig, für die Analyse eines Ethikkonzepts die Umstände und wissenschaftlichen Ambitionen der Zeit jeweils zu berücksichtigen. Nicht zuletzt wird dabei auch die Schnittstelle von philosophischer und theologischer Ethik sowie die Divergenz beider zu sehen sein.

Das Ethikverständnis in der Antike

Das Wichtigste ist hierzu schon gesagt. Ethik kommt auf den Weg. Homer gibt dazu einen Anstoß, und es ist zu vermuten, dass im antiken Griechenland diese Frage große Aufmerksamkeit erhielt: Wie lässt sich erfolgreiches Handeln planen resp. erzwingen? Die Antwort wird in der Philosophie entwickelt, und sie lautet: Erfolgreiches Handeln folgt der richtigen Erkenntnis. Die Entscheidung für eine Handlung braucht, wenn Erfolg nichts Zufälliges sein soll, zur Stütze ein sicheres Urteilsvermögen. Ethik baut auf Logik und zieht als Wissenschaft für die Praxis aus den Bemühungen der Philosophie um die richtige Art zu denken ihre analytische Kraft. Von Sokrates hin zu Aristoteles erblüht dieses wissenschaftliche Verständnis der Ethik, und man kann sagen, dass über Ethik nach Art der Wahrheit zu reden war. Das Abgeklärte, das Vernünftige, das zweifelsfrei Feststehende erlangt Geltung auch in der Ethik. Als maßgebliches Kriterium für die Wahrheitssuche tritt das Widerspruchsprinzip hervor. Platon hat es gesehen und markiert; Aristoteles hat es systematisiert und aus ihm seine Logik geformt.

Das nacharistotelische, antike Denken zeigt sich über verschiedene Philosophenschulen als eine Auseinandersetzung mit der von Platon und Aristoteles literarisch kraftvoll initiierten Ontologie. Die Interpreten dieser Ontologie zeichnen im nun einsetzenden *hellenistischen Denken* Linien weiter, zeigen Probleme auf, systematisieren (dazu siehe bei Röd, 1998, S. 250ff.). Unterschiedlich ausgeprägt befassen sich die philosophischen Schulrichtungen der Peripatetiker, der Skeptiker, der Epikureer, der Kyniker, der Stoiker, der Platoniker alle auch weiter mit Fragen der Ethik, die, dem gesetzten Verständnis nach, einen Wahrheitsanspruch in die Lebenspraxis trug. Dazu Wolfgang Röd (ebd., S. 253): „Das Interesse an der Ethik ist so ausgeprägt, daß gelegentlich der Primat der (sittlichen) Praxis als spezifisches Merkmal der hellenistischen Philosophie betrachtet wurde." Vor allem die Stoiker tragen dieses Interesse weiter in die römische Zeit. Niederschlag findet es dort auch in der von den Römern betriebenen Rechtswissenschaft. Und es erreicht die Herrschenden, die, so geschehen durch den „Philosophenkaiser“ Marc Aurel (121–180), Regentschaft an philosophischen Grundsätzen orientieren.

Das Ethikverständnis im Mittelalter

Als Mittelalter wird gemeinhin jene Epoche in der europäischen Geistes- und Kulturgeschichte bezeichnet, die von einer Vorherrschaft des Christentums geprägt war. Die Epochengrenzen werden unterschiedlich bestimmt. Es macht aber Sinn, das Mittelalter bereits dort beginnen zu lassen, wo das Christentum seinen politischen Herrschaftsanspruch zu erkennen gibt. Konstantin der Große (um 270–337) hat die politische Wende herbeigeführt und den wissenschaftlichen Bemühungen des Christentums neuen Anstoß gegeben. Spätestens mit Augustinus (354–430) hatte sich die christliche Theologie zur neuen Leitwissenschaft entwickelt. Augustinisches Denken wird Programm und bestimmt im weiteren Verlauf nicht nur die politischen Überlegungen Karls des Großen (747–814); es wirkt weiter bis ins hohe Mittelalter und in die akademischen Zirkel an der Pariser Fakultät im 13. Jahrhundert hinein, als deren bedeutendster Vertreter Thomas von Aquin (1225–1274) anzusehen ist.

Das Ethikverständnis ist klar und wurde oben auch schon angesprochen: Es gründet sich auf den in der göttlichen Offenbarung erkannten Willen Gottes. Dieser Schwenk in der Ethik mutet wie die Einlösung einer christlichen Machtoption an. Eines aber darf nicht übersehen werden: Schon vor der Wende durch Konstantin hatte in Rom eine philosophische Lehre den Horizont wissenschaftlicher Erkenntnis neu bestimmt. Sie ist mit dem Namen Plotin (205–270) verknüpft, der sich selber als Gegner der Christen sah. Plotins Ansatz zielte darauf, im Denken ein Höheres, ein vollkommen Einfaches und Absolutes als Voraussetzung dafür zu identifizieren, dass Erkenntnisprozesse überhaupt in Gang kommen. *Das Eine*, das Plotin so prominent herausstellt, war vor ihm als philosophisches Thema durchaus gesehen, aber verworfen worden, weil Einheit nicht Gegenstand differenzierender Erkenntnis sein konnte. Plotin legt dar, dass sie als *Erstes* dennoch notwendig vorauszusetzen ist. Das Argument dabei ist, dass Denken – Vernunft – weiß, dass es Seiendes ohne dessen Vermögen, sein zu können, nicht erfassen könnte, und dass es selbst durch seine Erkenntnistätigkeit auf die Existenz einer vor aller Erkenntnis liegenden Kraft hinweist, die das Vermögen, sein zu können, in allem verbürgt. Wenn also Wissenschaft einsetzt, setzt sie stillschweigend etwas voraus, das Plotin freizulegen versucht: „Dies ist die Beschaffenheit der Vernunft. Und eben daher steht sie nicht an der ersten Stelle, sondern es muss das jenseits des Denkens Liegende geben.“ (Plotin, *Enneade III 8*, 9, 1 f.)

Die christliche Theologie des Mittelalters stützt sich in ihrem wissenschaftlichen Selbstverständnis auf diesen Kerngedanken der neuplatonischen Schule. Er macht es möglich, im Gott der Offenbarung das hervorgetretene jenseitige Prinzip, das plotinische *Eine* zu sehen, das menschliches Erkenntnisstreben durch sein Hervortreten nun vollkommen beherrscht und das, wie Thomas von Aquin unterstreicht, in seinem Einlassen auf die Welt selbst zum Subjekt der Wissenschaft wird (vgl. Thomas von Aquin, *Summa theologiae,* I, 1, 7). Der neu gefundene, attraktive wissenschaftliche Anker betrifft in besonderer Weise die Ethik. Ethische Fragen, vor allem die menschliches Erfolgstreben rahmende Frage nach dem guten Leben, stellen sich jetzt nach Maßgabe eines großen Heilsplans, auf den sich Menschen nur noch einlassen müssen: „Ein anderer ist es nämlich, der nicht ablässt, allen Menschen jegliche Speise … darzureichen." (Augustinus, *De beata vita,* § 17)

Das Ethikverständnis in der Neuzeit

Das Mittelalter endet, als die Vorherrschaft des Prinzips der Religion nicht mehr zu halten war. Gebrochen aber wurde sie durch die Plausibilität der Feststellung von Descartes (1596–1650), dass es keine zweifelsfreie Erkenntnis gibt außer die, dass *ich bin.* Descartes' berühmtes *cogito ergo sum,* von ihm erstmals 1637 in seiner Schrift *Discours de la méthode* fixiert (siehe dort IV, 1), verändert die wissenschaftliche Welt aufs Neue grundlegend: Gott und Offenbarung, die Prinzipien für Denken und Handeln in der Diktion der Religion, weichen der Einsicht, dass wissenschaftliche Erkenntnis primär der Selbstvergewisserung des Individuums dienen muss. Descartes nennt diese einzige Wahrheit, von der ausgegangen werden kann: dass ich, wenn ich denke und so lange ich denke, als ein Denkendes *(res cogitans)* existiere, „le premier principe de la philosophie" (ebd.).

Gott wird in der Wissenschaft nach Descartes, die den Impuls konsequent aufgreift, endgültig vom Subjekt zum Objekt. Das hat weit reichende Folgen für die Ethik: Für den Menschen, der nun nur noch seine Geisteskraft zur Orientierung hat und der weiß, dass er sein Glück im Wortsinn *im Denken zu suchen hat,* muss sie neu aufgestellt werden. Rat und Erwartung von außen verabschieden sich als Bezugspunkte. Und auch das Denken muss seine Strukturen im Grunde neu entwerfen. So, wie sich Descartes, weil er Orientierung behalten will, mit einer „provisorischen Moral" behilft (vgl. *Discours de la méthode,* III, 2f.), kann die Perspektive für die Ethik in der Neuzeit überhaupt als provisorisch angesehen werden. Als Leitsatz gilt Descartes das Anliegen, „meinen Verstand zu kultivieren" (ebd., III, 5). Fragen der Praxis sind hier strukturell nicht angelegt. Neuzeitliche Ethik beginnt vielmehr damit, antike, namentlich stoische Vorbilder zu betrachten, die dem Verstand zugewandt erscheinen und sich deshalb eignen, das Provisorium mit vertretbaren Anhaltspunkten zu füllen. Zugleich erhält die Religion, zwar geschwächt, aber weiter vertraut, so gut es geht ihren Anspruch aufrecht, dem Orientierung suchenden Menschen Muster und Konzept anzubieten.

So ringt der Mensch in der Neuzeit um die Neujustierung seiner Handlungsoptionen. Dass dabei auch die Frage nach dem Zusammenleben, nach *Gemeinschaft* – aus dem Blickwinkel des auf sich bezogenen Individuums zunächst nicht von Relevanz – neu entdeckt und beantwortet werden muss, liegt auf der Hand. Dieser Aspekt wird weiter unten noch genauer betrachtet (siehe Teil 3, Kapitel 2). Die entscheidende Weichenstellung für die Ethik in der Neuzeit aber erfolgt dort, wo das Denken als *Instrument* begriffen und Struktur und Reichweite der geistigen Kräfte des Menschen entsprechend bestimmt werden. Das geschieht im kritischen Ansatz der Philosophie Kants. Kant setzt wegweisende ethische Akzente, weil er auch den Willen zu den Geisteskräften rechnet.

Modernes Ethikverständnis

Zu sehen ist, dass die Perspektive der Ethik im 21. Jahrhundert weiter von jenem Denkhorizont bestimmt wird, der die Neuzeit heraufgeführt hat. Die Moderne *gehört* zur Neuzeit. Zu verstehen ist, dass das neu gefasste Selbstverständnis des Menschen als Individuum – nicht länger als Geschöpf, nicht länger als Teil eines großen Projekts – auch ethische Fragen und Anliegen neu in Bewegung brachte. Zu halten war und ist nur der Bezug zum Individuum – alles Weitere ist offen. Aufzugeben war der Anspruch, Ethik *gemäß der Wahrheit* zu betrachten. Den Menschen, der die Welt aus seiner Warte sieht, interessieren Optionen, über die er urteilen kann. Das Fertige, das Schematische irritiert.

Die Konzepte und Modelle, die den ethischen Diskurs prägen, bauen zwar auf Argumente – und demonstrieren damit weiter den wissenschaftlichen Anspruch der Ethik –; aber sie zielen (weil ein solches Verständnis nicht mehr greift) eines nicht mehr an: dem Menschen eine ethische Sichtweise und Haltung aufzudrängen. Die wissenschaftliche Arbeit konzentriert sich, so weit zu sehen ist, auf drei Anliegen: Ethik als Interesse des Menschen zu verstehen; sie über ein begriffliches Verständnis zu fassen; und Inhalte an zentralen Praxisfragen auszurichten. Das begriffliche Verständnis zeigt sich offen. Moderne Ethik muss in der Lage sein, den Menschen in unterschiedlichen Bezugssystemen mit Deutungs- und Orientierungsarbeit zu unterstützen. Das gilt umso mehr in einer Welt, die durch „schwindende Begründungen" unsicherer wird (Bauman, 2009, S. 98).

Kapitel 3
Ethik und Werte

Von der Ethik wird erwartet, dass sie Haltepunkte aufzeigt, an denen sich menschliches Leben – der Einzelne, die Gemeinschaft – orientieren kann. Es geht, als weitere Erwartung an die Ethik, aber auch darum, dieses Leben in seinem Anspruch und in seinen Möglichkeiten zu erfassen.

3.1 Werte als Argumente der Ethik

Erwartungen einst und heute

Wir haben gesehen, dass die Bedeutung, die Reichweite und auch die erwartete Leistungskraft der Ethik über die Jahrhunderte hinweg und im Wandel der Epochen einschneidende Veränderung erfahren haben. Ethik ist und bleibt zwar ein auf die Philosophie bezogenes, wissenschaftlich bearbeitetes Feld; aber sie ist heute nicht nur – horizontal wie vertikal – komplex ausgefaltet – sie zieht auch nicht mehr dasselbe Interesse auf sich, wie in den Zeiten des Anfangs. Auch wenn die ethischen Theorien und Diskurse der Antike und auch wenn die christlich geformte Ethik des Mittelalters im Rahmen eines modernen, phänomenologischen Ansatzes weiter Anklang finden, ist doch klar, dass ihnen, aus dem geschichtlichen Zusammenhang gelöst, Umdeutung widerfährt.

Anders als der Mensch in der Antike und der Mensch im Mittelalter erwartet der moderne Mensch von der Ethik *kein* wissenschaftlich stringentes und damit obligates System. Vielmehr erwartet er flexible – und doch wissenschaftlich seriöse – Unterstützung auf jenem Feld, das die Ethik einst besetzt hat, für das gemäß aber heutigem Ermessen eine andere Einschätzung gilt. Zu dieser verbinden – und verbünden – sich zwei Strömungen, deren Bedeutung im Zusammenhang mit der neuzeitlichen Hinwendung zum Individuum zu sehen ist: die Individualisierung der Praxis und der Einfluss der individuellen Erfahrung.

Nach wie vor – manchmal geradezu archaisch – ist greifbar, wie sehr der Mensch in Fragen der Entscheidung und des Handelns kluge Beratung nötig hat. Dennoch weiß der moderne Mensch, dass es in Fragen der Lebenspraxis keine Patentlösungen gibt. Hinzu kommt, dass aus einer individuellen

Sicht nichts so schwer wiegt wie das eigene Interesse. Entsprechend werden in der Ethik auch Fragen des Egoismus beleuchtet (vgl. Harman, 1981, S. 156ff.). Und nicht nur das: Es ist auch zu sehen, dass der Anspruch des Menschen an das Leben nicht mehr ausschließlich in Richtung Fehlervermeidung geht – er richtet sich auch auf das mutmaßliche Recht, Fehler *zu begehen.*

Die Bedeutung dieser Akzente – und dieses Akzents – für den ethischen Blick in der Sozialen Arbeit liegt auf der Hand. Allerdings ist zu unterscheiden einerseits, was an ethischer Linienführung gegenüber Adressaten möglich und gewünscht ist, und andererseits, welchen ethischen Anspruch der Beruf, die Profession und die Wissenschaft Soziale Arbeit an sich selber hat. Das heißt: Auch wenn der Mensch in der Moderne Handeln in der eigenen Verfügbarkeit zu halten sucht – aufgrund einer „Moral ohne ethischen Code" (Bauman, 2009, S. 54) –, ist dennoch zu erwarten, dass die Soziale Arbeit – und dass ihre Akteurinnen und Akteure – für das berufliche Denken und Handeln einen ethischen Code entwickeln. Für den modernen Menschen in der westlichen Gesellschaft bedeutet das die Perspektive, dass ihm in Form von Sozialer Arbeit ein wohlmeinender Anspruch begegnet, der einem tendenziell schrankenlos erscheinenden Geltungsstreben ein Stück weit solche Tendenz nimmt.

Der Bezug auf Werte

Alle Erwartung an die Ethik richtet sich darauf, dass sie dem Menschen Orientierung gibt. Traditionell gilt diese der Handlungsentscheidung und dem Handeln, das den besten Weg zum Ziel anstrebt. Für die Moderne gilt sie aber auch der Ordnung und Struktur einer Welt, die zunehmend unübersichtlich wird. Das Tempo und der Sog der technischen Entwicklung, die Dynamik globaler Verflechtungen, die Unwägbarkeit geschichtlicher Verläufe und nicht zuletzt die stete Erweiterung und Erneuerung der Wissensbestände rauben Haltepunkte und mindern stetig die Zuversicht, Anschluss halten zu können. Das Dilemma der Ethik ist offensichtlich, wenn sie ein Gegengewicht mobilisieren soll, zu dem die Kräfte einer Wissenschaft, die nicht zwingt und nicht zwingen soll, niemals ausreichen. Die Umstände sind für die Ethik durchaus schwierig, ja so, dass es nicht verwundern muss, wenn sich Menschen einem ethischen Standpunkt, weil sie ihn kraftlos sehen, *verweigern.* Was die Ethik dennoch mit ihrem Leistungsprofil unentbehrlich erscheinen lässt, ist, zugespitzt formuliert, die Erkenntnis, dass es Gegenkräfte – in Form von Orientierung und Überblick – *braucht,* wenn individuelle Lebenswege nicht in die Irre führen sollen, wenn gesellschaftliches Handeln die Ausrichtung am Gemeinwohl halten soll und – das ist das letztgültige Argument – wenn die Menschheit nicht in blinder nationalistischer, rassistischer, machtgieriger und selbstbezüglicher Verstrickung gänzlich an den Abgrund geraten soll. Der Abgrund – und daraus muss die Ethik im 21. Jahrhundert ihre stärkste Motivation ziehen – ist in Sicht: als unkontrollierbare Folgen des Klimawandels, unbeherrschbare Umweltkatastrophen, eskalierende Konflikte, Atomkrieg.

Wenn also Ethik, weil sie Handeln zum Überleben (Menschheit), zur Wohlfahrt (Gesellschaft) und schließlich zu gelingendem Leben (Individuum) lenkt, dem Menschen vor allem Freiheit sichern soll (dazu siehe Vossenkuhl, 2006, S. 29 f.) und wenn sie dazu, notgedrungen, einen Weg der *Beschränkung* weist, wird klar, worin ihre eigentliche Kraft besteht: in einer Dialektik, die den Menschen anregt, verantwortlich Wege zu gehen, weil er erkennt, dass ihm Bezug und Verpflichtung entscheidende Möglichkeiten, als Mensch zu leben, überhaupt erst eröffnen. Ethik macht keine Vorschriften; aber sie vermag Regeln zu begründen, die damit plausibel erscheinen. Die Fähigkeit, nach solchen Regeln zu leben, begründet die Fähigkeit des Menschen zur Freiheit (dazu auch ebd., S. 30).

Bezugspunkte, die Ethik setzt oder nahelegt, erscheinen und wirken als *Werte*. Deren inhaltliche Bestimmung, das war oben schon zu sehen (vgl. in Kapitel 2 zur Nomenklatur), steht nicht von vorne herein fest. Sie muss erarbeitet – und im Grunde auch weiter offen gehalten werden, weil die philosophische Argumentation das eine ist, der globale Wertepluralismus aber das andere. Werte werden in der Ethik unter zweierlei Hinsicht betrachtet: zum einen *deskriptiv* – in Hinblick auf vorhandene Bezugspunkte und deren Auswirkung; zum andern *normativ* – in ihrer Konsistenz und ihrem Vermögen, Handeln zu begründen. Werte entstehen unterschiedlich. Sie gehen auf Brauch und Tradition zurück; sie werden im Konsens vereinbart; und sie treten im philosophischen Diskurs zutage (dazu Joas, 1999). Der Aktionsrahmen entsprechender Bestimmungen, ganz gleich, ob sie historisch oder wissenschaftlich entstanden sind, ist die Kultur. Werte haben in aller Regel eine kulturelle Prägung, und damit ist die Diskussion über Werte – auch und gerade zur Frage einer universellen Gültigkeit – nach interkulturellen Gesichtspunkten zu führen. Das gilt für ein engmaschiges Kulturverständnis ebenso wie für ein holistisches.

3.2 Werte und Wirklichkeit

Werteprobleme

Das Reden über Werte schafft eine Argumentationsgrundlage, die für die Ethik zeigt, wozu sie taugt und wozu sie gebraucht wird. Vor allem zeigt sich, dass sie ihren Grundimpuls zu einer beachtenswerten Position auszuformen vermag. Der Grundimpuls liegt in der Einsicht, dass menschliches Handeln Grenze und Führung braucht, wenn es sich zuträglich entfalten soll; die Position liegt im Anspruch wie in der Fähigkeit, menschlichem Handeln, das Erfolg und Qualität anstrebt, Bezugs- und Orientierungspunkte zu nennen. Hinzu kommt, nach dem eben Gesehenen, eine offenkundige Unverzichtbarkeit dort, wo Menschen grundsätzliches Scheitern befürchten müssen. Wenn Werte stets als *Konstrukte* gelten müssen, die beliebig veränderbar erscheinen; wenn sich der Mensch nur selbst an Werte binden kann: dann bleiben Werte dennoch das einzige Instrument, dem Menschen – und der Menschheit – Schranken aufzuzeigen, die vor der Selbstzerstörung schützen.

Das Reden – und das Streiten – über Werte, das in der Ethik gebündelt und vollzogen wird, erweist sich als ein unentbehrliches Ringen um Zukunft. Die Wahrnehmung allenthalben, dass sich Werte*geflechte* zu Ideologien verdichten, dass sich weltanschaulich bedingte Wertedifferenzen nicht versöhnen lassen und dass Wertebindung und Werte*bekenntnis* konstruktive Fortentwicklung blockieren, muss nicht irritieren. Vielmehr liefert sie Hinweise darauf, welche Beharrungskraft in den zu Werten gewordenen Konstrukten liegen kann. Freilich darf nicht übersehen werden, dass Beharrungskraft auch über Machtverhältnisse entsteht. Werte lassen sich auch zur vermeintlichen Legitimation einer Willkürherrschaft funktionalisieren, oder ethisch gesprochen: zur Rechtfertigung des Falschen missbrauchen. Aber das Entscheidende ist, dass es zum Wertebezug keine Alternative gibt. Auch das Falsche betreibt Apologie. Ein problematischer Wertebezug lässt sich, in Anlehnung an die Diktion Adornos, dass es *nichts Richtiges im Falschen gibt* (vgl. Adorno, 1951, S. 42), entlarven. Wenn daher auch *schädliche* Werte anzutreffen sind, ist deren Nutzen gerade darin zu sehen, den Wertediskurs voranzubringen. Auf ihn zu verzichten aber wäre fatal.

Das Thema Werte birgt – das ist festzuhalten – eine Dichotomie. Unter formalen Gesichtspunkten zählt als Wert, was als Bezugspunkt für das Handeln begegnet. Ein Zweites aber ist die inhaltliche Bestimmung resp. Überprüfung. Hier kann sich ein Wert als Unwert erweisen (dazu auch Großmaß/Perko, 2011, S. 22). Auf die Ethik bezogen heißt das, dass sie, wenn sie über Werte als Bezugspunkte für das Handeln nachdenkt, sorgsam zu wägen hat. Die Festlegung auf einen Werterahmen bedarf einer plausiblen Darlegung – und sie muss ein Kriterium beinhalten, über das falsche und schädliche Wertebezüge zu identifizieren sind.

Der philosophische Ansatz

Gemeinhin sieht man die Ethik am Guten orientiert (dazu Quante, 2011, S. 33). Das Denken Platons, der das Gute zur bestimmenden Idee schlechthin erklärt, gibt der Ethik einen starken Impuls, über den es bis heute vorstellbar erscheint, dass sie ihre Wirksamkeit im Kontext eines Absoluten entfaltet (vgl. Kerber, 1991b). Das weist natürlich vor allem theologischer

Ethik einen Weg; aber es ist auch ein philosophisch stets beachtetes Argument, dass das Gute in dieser grundsätzlichen Funktion für den Menschen zu sehen ist (dazu Vossenkuhl, 2006, S. 242). Ethik wirkt auf dem Weg der Erkenntnis und zeigt sich in Form einer Einsicht. Erkenntnis strebt sie, entlang der Linienführung philosophischer Logik, an über das richtige Handeln; Einsicht sucht sie, auf dem Weg des Qualitätsurteils, in das gute Leben. Die Geschichte der Philosophie zeigt, wie dieses Grundbestreben jeweils unterschiedlich Ergebnisse und Positionen hervorbringt (dazu vgl. Wolf, 1999, S. 99 ff.); sie zeigt aber auch, wie jede philosophische Position dazu am Anliegen der Lebensqualität festhält (vgl. ebd., S. 204).

Die Ausrichtung an Werten zeigt in der Philosophie eine große Bandbreite. Die verschiedenen ethischen Ansätze modulieren das Thema zum Teil recht unterschiedlich. Grundsätzlich scheint in der Philosophie nichts wirklich gesetzt. Eine Spitze markiert Nietzsche, der seine philosophische Aufgabe in der „Umwertung aller Werte" (vgl. im Vorwort der *Götzen-Dämmerung*) sieht (dazu Wolf, 1999, S. 123 ff.; Joas, 1999, S. 37 ff.). Dennoch bleibt die Line der wissenschaftlichen Ethik klar: Sie denkt von den Prinzipien her. Prinzip für die Ethik ist ihr der Mensch (Aristoteles, *Nikomachische Ethik,* 1139 b 5). Dessen Grundanliegen, auf Leben, auf Praxis, auf Sein bezogen, zeigen sich im Streben nach Erkenntnis (Antike), in der Suche nach Sinn und Glück (Mittelalter) und im Verlangen nach Selbstfindung (Neuzeit). Philosophische Ethik bestimmt Bezugspunkte – als Werte – nach Maßgabe dieser Motivationskräfte. Das Gute ist ihr „Leitidee" und „Maßstab" (Vossenkuhl, 2006, S. 255); das meint: das Gute zu *erkennen,* das Gute zu *begreifen,* das Gute zu *verinnerlichen* – auch wenn klar ist, dass die Wirklichkeit nur Gutes bereithält, das „auf Zukunft" gerichtet und daher „nicht wahrheitsfähig" ist (ebd., S. 259).

Werte und Normen

Werte ordnen und qualifizieren die menschliche Lebenswirklichkeit. Nicht alle entstammen der Ethik; aber die Ethik umgreift sie ihrem Interesse für die Moral. Moral, zu denken als Bereich der individuellen Lebensgestaltung und der dort gültigen sozialen Regeln, zielt auf die „Alltagserfahrung" (Pieper, 2007a, S. 30). Werte entfalten dort handlungsgestaltende Wirkung. Vor allem aber setzen sie Marken, die zu Vorschriften und Regeln *präskriptiv* ausgeformt werden (Düwell/Hübenthal/Werner, 2011, S. 474), als „Aufforderung zu einem bestimmten Verhalten" (Hoerster, 2003, S. 43). So entstehen aus Werten Normen. Der Kernbereich ist hier in diesem Zusammenhang zu sehen, dass Normen über Werte begründet und legitimiert werden. Aber nicht alle Werte münden in Normen. Einfluss auf das menschliche Handeln nehmen sie auch *deskriptiv,* indem sie Erwartungen, Abläufe und Mechanismen erklären. Das Streben nach dem Guten zeigt dies beispielhaft, denn als Wert bezieht es sich auf die Erwartung, bestimmt die Handlungsentscheidung und ist in der Umsetzung doch von Umständen abhängig, die in unterschiedlicher Weise Einfluss haben. Normen wiederum sind nicht ausschließlich über Werte gehalten. Vorstellbar sind auch willkürlich gesetzte Regeln, die präskriptive Wirkung haben, Begründung aber nur über den Willen – und die Macht – der sie setzenden Person erfahren.

Aus Sicht der Ethik geht es um ein Zusammenspiel von Werten und Normen dergestalt, dass keine Norm – kein *Gesetz* – ohne nachvollziehbare und akzeptable Begründung bleibt und dass kein Wert die Bindung an ein Menschenbild verliert, von dem her Handlungs- und Lebensziele erfasst und bestimmt werden. An der Schnittstelle von Werten und Normen steht also der Mensch mit seinen zentralen Interessen – Erkenntnis, Lebenssinn und Selbstgewissheit; die Klammer liegt in einer Legitimation durch die Vernunft. Normen sind nicht immer vernünftig, und Werte widersprechen bisweilen dem gesunden Menschenverstand; die Ethik aber nimmt Anstoß überall dort, wo Handlungsweisen, Regeln, Sanktionen und vorgebrachte Begründungen ein vernünftiges Maß nicht erkennen lassen.

Soziale Arbeit

Es ist an dieser Stelle aufschlussreich, einen Blick auf die Soziale Arbeit zu werfen. Sie ist von der Wertefrage in dreifacher Weise betroffen:

1. Zum einen hinsichtlich ihrer Adressaten: Die berufliche Arbeit und auch die wissenschaftliche Analyse sozialer Problematiken richten sich auf Menschen, die den Werte- und Normerwartungen der Öffentlichkeit oft nicht entsprechen. Hilfebedarf entsteht, weil der normierte gesellschaftliche Rahmen einer Lebenssituation nicht gerecht wird; nicht selten sind auch Verstöße, die zu Sanktionen führen, Anlass für berufliches Handeln. Menschen brauchen, in ethischer Hinsicht gesehen, doppelte Unterstützung: in Form einer Handlungs- und Lebensorientierung, die sie, so weit möglich, eigenständig Lebensaufgaben bewältigen lässt; und als Unterstützung bei der angemessenen Wahrnehmung ihrer Interessen gegenüber der Gesellschaft.
2. Zum andern hinsichtlich ihrer Akteure: Die beruflich Arbeitenden sind selbst Teil des gesellschaftlichen Werte- und Normsystems. Sie haben ihre eigenen Erfahrungen damit, und es ist nicht immer davon auszugehen, dass sie allen darin formulierten Erwartungen zustimmen. Hinzu kommt, dass in der gesellschaftlichen Wirklichkeit unterschiedliche Wertesysteme, soziologisch gesehen in Form von Milieus, nebeneinander bestehen. So kommt es zu unterschiedlichen persönlichen Voraussetzungen, die einer in den Beruf mitbringt. Es ist wichtig, dass Akteure in der Lage sind, nach ethischen Gesichtspunkten wiederum, ihre eigene

Herkunft zu sehen und angemessen zu reflektieren. Darüber hinaus stellt der Beruf ethische Anforderungen, die nicht ohne Einweisung und Übung zu bewältigen sind: wenn sich Hilfe über Disziplinierung ausgestaltet; wenn Hilfeziele verfehlt werden, weil sich Klienten „verweigern“; wenn Wertekonflikte begegnen.

3. Und schließlich auch hinsichtlich des Anspruchs der Profession, berufliches Handeln *nicht* dem Belieben des Einzelnen zu überlassen, sondern Standards zu setzen und den gesamten Einflussbereich Sozialer Arbeit – von der Wissenschaft bis in den beruflichen Alltag hinein – ethisch abzustimmen. Dabei geht es, leicht nachvollziehbar, darum, Sozialarbeitshandeln so zu optimieren, dass es für alle Kontexte und Situationen anzugeben vermag, wie jemand angemessen – *richtig* – handeln und wie es ihm gelingen kann, einen Zuwachs an Lebensqualität für sich zu erreichen. Zugleich soll es in der Lage bleiben, ohne Bevormundung individuelle Erwartungen von Adressaten aufzugreifen. Hier geht es um Wertebezüge *in* der Sozialen Arbeit, die mit Hilfe philosophischer Ethik entwickelt werden und die an der gesellschaftlichen Wirklichkeit ausgerichtet sind.

Der hier beschriebene Anspruch der Profession wirkt auch auf die Beurteilung der Situation von Klienten; denn er gibt die Linien vor, entlang derer Wertebezüge gesehen und eingefordert werden. Er wirkt ebenso auf die ethische Haltung der Akteure; denn bei aller Relevanz biographischer Ausprägung gibt es Erwartungen an das Werteverständnis, die von der Sozialen Arbeit formuliert werden. Soziale Arbeit formt den Zugang zu den ethischen Implikationen auf allen Bezugsebenen. Sie benennt die zentralen Werte, nach denen ihre Arbeit am Menschen geschehen soll – zuletzt über ihr begriffliches Verständnis, als Profession selbst an der Qualität gesellschaftlichen Lebens ausgerichtet zu sein. Welches Werteverständnis in der Sozialen Arbeit aber zur Geltung kommen soll, klärt sich weiter über den philosophischen Diskurs.

Kapitel 4
Zugänge

Die Ethik, wie sie sich heute präsentiert, zeigt unterschiedliche Ausprägungen und Facetten. Es gibt eine Reihe von Konzepten, die sich zum Teil aufeinander beziehen und sich ergänzen, die zum Teil aber auch miteinander konkurrieren. Hier soll ein systematisierender Einblick gewährt werden.

4.1 Strukturhinweise für das Ethikverständnis

Die Überlegungen in den nachfolgenden Abschnitten zur Struktur, zur Vielfalt und zu ausgewählten Akzentsetzungen in der Ethik sind als Annäherung zu verstehen. Die Diskussion vollständig zu erfassen, kann nicht gelingen, weil sie sich, wenn man es auf der Zeitschiene betrachtet, auf unterschiedliche wirkungsgeschichtliche Zusammenhänge bezieht, und, sieht man es im Querschnitt, dabei auch immer wieder zu unterschiedlichen Positionen findet. Es ist hilfreich, den Ausgangspunkt und die Grundideen der Ethik zu kennen (siehe dazu oben Teil 1, Kapitel 2). Es hilft auch, wie oben ebenfalls dargelegt, die Verläufe in den Epochen der Geistesgeschichte aufeinander beziehen zu können. Damit gelingt es, differierende Konzeptansätze Kontexten zuzuordnen und insgesamt in das philosophische Ethikanliegen einzugliedern. Was aber bleibt, ist eine *Fülle* ethischer Überlegungen, die auf der Grundlage philosophischer Betrachtungen angestellt wurden (siehe Celikates/Gosepath, 2009; auch Höffe, 2012).

Einige dieser Überlegungen verstehen sich als Ausdrucksformen eines jeweiligen philosophischen Ansatzes, darunter auch die bedeutenden Überlegungen von Kant, der seine ethische Grundlegung in Konsequenz seines kritischen Metaphysikverständnisses vornimmt. Andere liegen als explizite ethische Entwürfe vor, darunter etwa Mills Schrift zum Utilitarismus. Als Konzepte wirken beide Formen. Eine Tendenz ist darin zu erkennen, dass moderne Autoren in der Philosophie dazu neigen, ethische Positionsbestimmungen in ein grundsätzliches Verständnis zu fassen. Hier werden Pakete teilweise neu geschnürt und als Position akzentuiert, die Anleihen bei verschiedenen Autoren nehmen. Dazu gehören etwa die Konzepte der Tugendethik, der Vertragsethik und der Diskursethik. Auch wenn das Ganze der

Ethik, mit seiner Vielfalt an größeren und kleineren Deutungen, dabei ein wenig in den Hintergrund tritt, eignen sich diese Konzepte wiederum, die Aufmerksamkeiten und Dynamiken im gegenwärtigen Ethikdiskurs zu erfassen (dazu siehe unten Abschnitt 2 dieses Kapitels).

Formen ethischer Wissenschaft

Ein Vorschlag für das Herangehen an das Spektrum der ethischen Standpunkte – und damit auch für die Annäherung wiederum an diese Konzepte – besteht darin, für die philosophische Ethik, je nach Ausrichtung und Zielstellung, im Ganzen vier Konzeptbereiche zu unterscheiden. Ansätze, die sich auf eine Erhebung bestehender Regelungen in Gruppen, Gesellschaften und Kulturen beziehen, werden als *deskriptive* oder auch *empirische* Ethik verstanden (dazu Höffe, 2008, S. 72; Düwell/Hübenthal/Werner, 2011, S. 11). Zur deskriptiven Ethik zählen auch phänomenologische Zugangsweisen, sofern sie „die Bedeutung des Moralischen aus dem Handlungskontext" zu erschließen suchen (Pieper, 2007a, S. 242). Ihr tritt die *normative* Ethik als der Bereich gegenüber, in dem „allgemeine Regeln des moralisch richtigen Verhaltens" (Düwell/Hübenthal/Werner, 2011, S. 15) ergründet werden. Wenn die entsprechenden Konzepte in ihrem imperativen Duktus auch als *präskriptive* Ethik gesehen werden (Höffe, 2008, S. 72), geschieht das in Analogie zu der oben in Kapitel 3, Abschnitt 2 dargelegten normbegründenden Wirkweise von Werten; aber eine solche Wirkweise wird – das ist zu beachten – auch in der empirischen Ethik erfasst. Ein dritter Bereich zeigt sich in den Ansätzen, die die Anlage einer Fähigkeit im Menschen zu Werturteilen untersuchen. Er wird gemeinhin als *Metaethik* bezeichnet und seinerseits nach ontologischen, erkenntnistheoretischen und allgemein logischen Gesichtspunkten weiter unterteilt (dazu Andersen, 2005, S. 331). Breiten Raum nehmen hier sprach- und aussagenlogische Überlegungen ein, über die so etwas wie eine „Sprache der Moral" betrachtet wird (dazu Hare, 1997, S. 37 ff.). Auch wenn dabei die Bedingungen für die Möglichkeit zur Präskription offengelegt werden, kümmert sich die Metaethik ausdrücklich nicht um die „Begründung von Kriterien für richtiges moralisches Handeln" (Düwell/Hübenthal/Werner, 2011, S. 11).

Die drei genannten Bereiche: empirisch-deskriptive Ethik, normativ-präskriptive Ethik und Metaethik, werden auch zur *Grundlagenethik* zusammengefasst (Großmaß/Perko, 2011, S. 22). Ihr im Ganzen wird als eigener (und vierter) Bereich – und weiteres wichtiges Feld der philosophischen Ethik – die *angewandte* Ethik gegenübergestellt (ebd.), als deren Kennzeichen wiederum die Umsetzung und Realisierung normativer Ansätze anzusehen ist. Das Gebiet selbst ist allerdings unspezifisch und erstreckt sich über verschiedene Bezugsfelder von Ethik, sogenannte „Bereichsethiken", bis hin zur Tätigkeit der ethischen Beratung und Entscheidung in Ethikkommissionen (dazu Vieth, 2006, S. 19 ff.). Deutlich freilich ist der Schnittbereich angewandter Ethik mit den Konzepten der normativen Ethik, so dass man sie durchaus, als Teildisziplin, auch dieser zugeordnet sehen könnte. Entscheidend ist, dass es hier nicht um die Bestandsaufnahme, sondern um die Gestaltung des Handelns in bestimmten sensiblen Praxisbereichen – Medizin, Tierschutz, Ökologie – geht (Vieth, 2006). Auch die Ethik in der Sozialen Arbeit reiht sich hier ein.

Individualethik und Sozialethik

Die komplexe Landschaft der ethischen Betrachtungen erhält über die beschriebenen vier Formen Kontur. Die Einteilung wirkt wie eine Lesehilfe (vgl. die Zuordnung bei Horster, 2012). Allerdings sind Überschneidungen deutlich geworden, die Unschärfen erzeugen: die Formen überlagern sich. Der Sinn der Unterscheidung liegt daher nicht einfach in der Einteilung; vielmehr zeigt diese – im Verständnis, dass auch die deskriptive Ethikbetrachtung normative Vorstellungen freilegt, dass auch der metaethische Ansatz den normativen Gehalt von Aussagen untersucht und dass schließlich auch angewandte Ethik normativ agiert – etwas anderes: Sie zeigt die normative Ethik als Kernbereich der philosophischen Ethik (dazu siehe auch Fischer u. a., 2008, S. 89).

Worauf Ethik aber zielt, ist der Mensch. Sie zielt auf den Menschen als Einzelnen und als Gemeinschaft. In der aristotelischen Bestimmung des Menschen als vernunftorientiertes *und* soziales Wesen, als das *animal rationale et sociale,* als *zōon logon echon* und *zōon politikon,* wird dieser Doppelbezug bereits deutlich (vgl. Aristoteles, *Politik,* 1253 a und 1332 b). Im Menschen sind beide Merkmale verbunden, und so hat in der Ethik immer die Vorstellung eine Rolle gespielt, dass individuelles Handeln eine soziale Dimension ausweist. Für die Antike und für das Mittelalter kann pauschal gesagt werden, dass die richtige ethische Haltung – mit Ausrichtung an der Vernunft oder mit Ausrichtung am Willen Gottes – sowohl in Bezug auf den Menschen als Einzelnen als auch in Bezug auf seine sozialen Belange in gleicher Weise Erfolg erwarten ließ. In der Neuzeit ändert sich das Verständnis, denn alles Denken geht nun vom Individuum aus. Sofern aber das soziale Leben auch im individuellen Lebenskonzept weiter ein wichtiger Bezugspunkt bleibt, zeigt die philosophische Ethik auch in der Neuzeit ein Interesse für die sozialen Belange des Menschen (dazu vgl. auch Fischer u. a., 2008, S. 90 ff.).

Ein Unterschied aber ist festzustellen: Neuzeitliche und moderne Ethik erfassen Optionen, erzeugen jedoch keine Verbindlichkeit. Für den antiken und den mittelalterlichen Menschen stellte sich das noch anders dar, indem er davon ausgehen konnte, dass ihm ein rechter Weg offen stand, den zu beschreiten Erfolg versprach und den zu meiden Scheitern befürchten ließ.

Die Verbindlichkeit der Ethik lag darin, dass die Gemeinschaft, die *ihren* Erfolg wiederum an diesem Weg bemaß, keinen Anlass hatte, den Einzelnen nennenswert Sonderwege gehen zu lassen. Das ist in der Neuzeit und der Moderne anders: Es gibt – mit und ohne Ethik gesehen – ein umfängliches – manchem gar grenzenlos erscheinendes – Recht des Einzelnen, Sonderwege einzuschlagen. Ein Königsweg ist nicht in Sicht; die Ethik weiß sich aufgerufen, ihre Grundideen von Erfolg und Glück auch auf den Einzelnen im Selbstbezug zu münzen. Umgekehrt besteht der Anspruch weiter, Zusammenleben zu ermöglichen. Dessen maßgebliches Prinzip liegt für den Menschen der Neuzeit und der Moderne aber darin, dass der Einzelne angemessen Geltung erfährt.

Auf diese Weise trennen sich die Perspektiven der Individualethik und der Sozialethik. Für den modernen Menschen bedeutet Ethik, wieder neu zu klären, warum er „überhaupt moralisch" sein soll (Bayertz, 2006) – vor allem wenn Moral bedeutet, dass er sein Handeln an den Ansprüchen Anderer messen lassen soll (ebd., S. 14ff.). Und es gilt, weil es sich nicht länger von selbst versteht, zu klären, wie einer überhaupt „uneigennützige Interessen entwickeln kann" (Harman, 1981, S. 170). Diese Fragen nach Moral und sozialem Denken sind in der Ethik der Neuzeit reichlich beantwortet. Aber es bleibt als Fazit festzuhalten, dass es für den Menschen der Moderne keine Einheit von Individualinteresse und Gemeinschaftsinteresse mehr gibt. Es ist als eine besondere Herausforderung der Ethik anzusehen, die beiden Kategorien zu verbinden. Wenn Normen im gesellschaftlichen Alltag vielfach auf soziales Handeln hin angelegt sind, so nicht zuletzt deswegen, weil es gelungen ist, den für sich lebenden Menschen mit einem überzeugenden, sozialethischen Konzept dafür zu gewinnen.

Die Grundfigur des Handelns

Ganz gleich, ob Menschen eigene oder soziale Interessen verfolgen, und ganz gleich, ob sich individualethische oder sozialethische Ansätze darauf beziehen: der Ausgangspunkt für die Ethik bleibt das menschliche Handeln. Die überkommene Perspektive, die den Menschen heute nicht weniger betrifft, ist, wissen zu wollen, wie Handeln zum Erfolg führt (und Misserfolg vermieden werden kann) und wie und in wie weit es möglich ist, Leben grundsätzlich so einzurichten, dass es als gelungen angesehen werden kann. Der unstrittige Ansatz der Ethik ist hier, deutlich zu machen, dass es für diese Anliegen wichtig ist, sich um eine Moral zu bemühen, und dass für eine solche Moral wiederum ein Verständnis von Sittlichkeit die Grundlage ist. Sittlichkeit bedeutet, kurz gesagt, ein Wertekonzept für das Handeln. Dieser Ansatz also gilt weiter und damit auch die Einsicht, dass erst die Orientierung an Werten menschlichem Tun die Qualität *Handeln* verleiht.

Die moderne Perspektive, weniger am einheitlichen Konzept als an denkbaren Varianten interessiert, führt den Gedanken weiter und sieht im Handeln, so es den Blick ethischer Wissenschaft auf sich zieht, nur noch bedingt eine Einheit. Vielmehr begegnet es als ein Prozess, der einen Auslöser, ein Mittel und einen Abschluss hat. Als Auslöser ist der Wille (das Motiv) im Menschen anzusehen, als Mittel die jeweilige Handlung und als Abschluss die Folge (der Nutzen). Handeln gliedert sich also strukturell in den folgenden Dreischritt:

Abb. 3: Handeln als Dreischritt

Wille / Motiv ⟶ **Handlung** ⟶ **Folge(n) / Nutzen**

Das Entscheidende für die Ethik ist nun, dass jeder dieser drei Schritte zum Kriterium für die Qualität menschlichen Handelns werden kann. Denkbar ist demnach, Handeln über das auslösende Motiv zu qualifizieren. Denkbar ist auch, die Qualität des Handelns an der Handlung zu messen. Und schließlich ist auch denkbar, diese Qualität ganz aus den Handlungsfolgen zu bestimmen. Die Varianten führen zu jeweils anderen Konzepten. Für die ethische Konzeptarbeit ist es darüber hinaus interessant, die Schnittstellen und Zusammenhänge zu betrachten und Wille und Handlung sowie Handlung und Handlungsfolgen aufeinander zu beziehen. Auch der Zusammenhang von Wille und Nutzen spielt eine Rolle. Und schließlich geht in der Ethik auch der Blick auf das Ganze des Handelns nicht verloren.

In diese Struktur und diese Ausfaltung denkbarer Bezugspunkte reihen sich die ethischen Konzepte ein. Hier kann eine Systematik ansetzen, die nicht nur das Verbindende, sondern auch das Trennende in den verschiedenen wissenschaftlichen Zugangsweisen in der Ethik strukturell erfassen will. Eine Idee, wie eine solche Zuordnung aussehen könnte, ist dem Lehrbuch im Anhang als Skizze beigegeben (vgl. Abb. 10).

4.2 Die Vielfalt der Zugänge und Themen

Das Viele und das Ganze

Es gibt für das augenfällige Allerlei in der Ethik unterschiedliche Gliederungsansätze. Verbreitet ist der oben angesprochene Versuch, das Ganze ethischer Wissenschaft als philosophische Ethik entlang von vier Formen – empirische Ethik; normative Ethik; Metaethik; angewandte Ethik – zu erfassen. Hier werden plausible Aussagen zur Systematik gemacht; vor allem wird der Anspruch deutlich, Ethik nicht ins Belieben jeglicher Interessenregung zu geben, sondern als ein seriöses, wissenschaftliches Geschäft zu betreiben. Der Ansatz greift, aber es gibt auch Lücken und offene Fragen.

Deutlich wurde schon, dass die Aufteilung nicht ohne Überschneidungen gelingt. Mein Vorschlag war hier, die normative Ethik als Kernbereich der philosophischen Ethik zu benennen. Weitere Inkonsistenz zeigt sich dort, wo die Sozialethik unter die angewandte Ethik subsumiert wird (vgl. Großmaß/Perko, 2011, S. 22; Pieper, 1998, S. 22): Dort verschwindet ein maßgebliches Kriterium für das moderne Ethikverständnis überhaupt in der Versenkung partikularer Feldbezogenheit. Ein weiterer Punkt ist, dass die inhaltliche Arbeit in der Ethik keine eigene Systematisierung erfährt. Wenn sich das ethische Anliegen nicht im Nebeneinander gleichwertiger Zugänge verlieren soll, bedarf es weiterer Gliederungselemente, die deuten und verstehen helfen.

Die oben angesprochene Skizze im Anhang zu diesem Lehrbuch (Abb. 10) zeigt eine Möglichkeit, wie die Vielfalt der Zugänge und Themen in der Ethik am Grundanliegen ethischer Wissenschaft ausgerichtet werden kann. Nicht alle Ansätze und Impulse sind abgebildet, aber die dargestellte Auswahl illustriert eine Zuordnungsperspektive, die von drei maßgeblichen Faktoren gehalten wird:

1. vom normativen Grundcharakter aller ethisch relevanten Vorstellungen;
2. von dem für die Ethik konstitutiven Zusammenspiel von Individuum und Gemeinschaft;
3. vom Grundbezug auf das menschliche Handeln.

In der Zuordnung werden über die Verortung einzelner Zugänge hinaus Gemeinsamkeiten, thematische Überschneidungen und ebenso signifikante Unterschiede deutlich. Zu sehen ist auch, wie in der Ethik alle möglichen Perspektiven betrachtet und konzeptionell bearbeitet werden und wie weitere Themen angeschlossen werden können, die entweder, wie die Anliegen der feministischen Ethik, quer zu den Ansätzen liegen oder die, wie die theologische Ethik, Berührungspunkte zu einzelnen Konzepten haben.

Dieser Gliederungsansatz kann als Ergänzung zur gängigen formalen Einteilung philosophischer Ethik gesehen werden. Er ergänzt diese nicht zuletzt auch in Hinblick auf die Grundidee von Ethik, ihren Begriff, wenn man so will, denn sie bleibt, auch wenn sie in der Breite und in der Tiefe viele Themen und Fragestellungen aufwirft, vom Anliegen getragen, *das Richtige* zu tun. Ins Zentrum rückt das Handeln als Prozess, der zeigt, wie Segmente unterschiedlich Bedeutung erhalten. Die jeweilige Bedeutung ist wiederum Bestandteil des Handelns insgesamt. Die wissenschaftliche Legitimation dafür, die Teile immer auf das Ganze des Handelns zu beziehen (und dafür, dass ethische Konzeptarbeit in der Hinwendung zu einem Segment dieses Ganze im Blick hat), stiftet der aristotelische Ursachenbegriff.

Den Zusammenhang zu sehen, ist wichtig: Denn so, wie Aristoteles den Begriff der Ursache bestimmt (vgl. dazu Aristoteles im 5. Buch der *Metaphysik*) zeigt sich, dass „Ursache" unterschiedlich aufgefasst werden kann. Das *vierfache Ursachenverständnis,* das sich von Aristoteles herleitet (dazu ebd., 1013 b 16ff.), unterscheidet für die Dinge Form, Stoff, Werk und Ziel als kausale Faktoren. Am Beispiel des Schaffens einer Marmorstatue gesehen liegt die Form in der umzusetzenden Idee *(causa formalis),* der Stoff im Marmor *(causa materialis),* das Werk in der Ausführung des Bildhauers *(causa efficiens)* und das Ziel im Anlass und Zweck der künstlerischen Arbeit *(causa finalis).* Für die Statue ist also sowohl die Idee, als auch das Material, als auch das handwerkliche Können als auch die Bestimmung jeweils als Ursache anzusehen. Das gilt nun analog auch für das menschliche Handeln. Sucht die Ethik nach dem richtigen Handeln, zielt sie auf dessen Begründungsstruktur. Als Ursachen des Handelns können aber der Wille, die Handlung selbst wie auch deren Zielstellung und Folge angesehen werden. Der Wille wird zur *causa formalis,* die Handlung zur *causa efficiens,* die Folge, als Zweck verstanden, zur *causa finalis* dessen, was prozesshaft zwar, aber zuletzt als Einheit begegnet.

Das Ganze und das Viele

Die unterschiedlichen Zugänge in der Ethik, die einzelnen Ebenen und die verschiedenen Konzepte, werden über dieses Kausalverständnis gehalten und verbunden. Anders ausgedrückt: Es passt, dass in der Ethik so viele unterschiedliche und zum Teil in Spannung zueinander stehende Wege aufgezeigt werden, weil der Grund, der das Handeln ausmacht – das Merkmal, in dem Handeln kulminiert –, jeweils anders bestimmt wird. Zusätzlich gibt es Diskussion. Die Ethik ist nicht fertig, sondern weiter *unterwegs.* Den Weg der modernen Ethik prägen all die Zugänge, die hier die Motivation, dort die Folgen beleuchten, die hier das Sittliche fokussieren, dort die Moral – und die über Zugänge und über den Diskurs um ein adäquates Ethikverständnis ringen.

Das muss man wissen, wenn Ethik heute der Entscheidungsfindung zugeordnet wird (Hauskeller, 2001, S. 78f.), zugleich das Handeln in unterschiedlichen Handlungskontexten rahmen soll (Vieth, 2006) und dann doch auch wieder als die Idee vom guten Leben erwogen wird (Wolf, 1999); wenn ein Konzept, das, wie der Utilitarismus, jede Handlung gerechtfertigt sieht, die den Nutzen maximiert, gegen ein deontisches Konzept steht, in dem bestimmte Handlungen auch dann zur Pflicht gemacht werden, wenn sie Nachteile bringen; wenn hier diskursethische Ansätze verfolgt, dort tugendethische Fragen diskutiert werden; wenn weiter offenbar weder klar ist, wie der moderne Mensch überhaupt „in die Pflicht“ zu nehmen ist (Bayertz, 2006), noch ob solche Pflicht die „Überlebensfragen“ der Menschheit jemals „lösen“ kann (Bauman, 2009, S. 368f.); und wenn, davon abgesehen, schließlich auch die Erkenntniswege – und der Erkenntnisgehalt – der Ethik fortgesetzt kritischer Bewertung unterzogen werden (Harman, 1981). – Ungefähr so muss man den aktuellen Ethikdiskurs sehen, und ungefähr so lässt er sich auch handhaben.

4.3 Der deontische Akzent in der Ethik

Ethik und Freiheit

Bei aller Vielfalt und bei allem Gehalt der verschiedenen Argumentationslinien kreisen die Überlegungen doch immer wieder um ein Grundthema: die Frage, ob Handeln verpflichtet oder nicht. Die eine der Positionen, die darin deutlich werden, ist die, dass menschliches Handeln sehr wohl Verpflichtung bedeutet, weil es den Menschen als Menschen zeigt resp. zeigen soll; die andere Position besagt, dass Handeln als Mittel zum Zweck des Erfolgs anzusehen ist, weshalb der Erfolgreiche auch alles richtig gemacht hat. Niemand bestreitet, dass Handeln am Erfolg orientiert ist – nicht anders kam die Ethik einst auf den Weg; und niemand geht davon aus, dass menschliches Handeln *unmenschlich* sein darf. Dennoch dreht sich der ethische Disput um die Frage, wie viel an Beschränkung und Vorschrift notwendig ist, um den Menschen zum Erfolg zu führen; und wie wenig Bevormundung sein darf, um diesen Erfolg auch als Leistung zu erleben.

Der Aspekt der Pflicht soll hier als Erstes betrachtet werden. Im nächsten Abschnitt wird es dann um das andere Verständnis gehen, das den Wert des Handelns am Erfolg bemisst. Wie gesagt: das sind nicht alle Fragen, die in der Ethik gestellt und untersucht werden; aber es führt zum zentralen Punkt: die Ethik mit der Frage nach der menschlichen Freiheit in Verbindung zu bringen. Blickt man auf die Ausgangslage, so ist der Anstoß eindeutig: Ethik sollte den Menschen in die Lage versetzen, Entscheidungen so zu treffen, dass ihm sein Leben nicht entgleitet. Der ideale Weg führt, das ist die Konsequenz daraus, weg von Zufall und Zwang in eine Situation, in der einer die Kontrolle über sein Leben hat. Das zeigt: Ethik ist seit jeher daraufhin angelegt, den Menschen frei zu machen. Das Streben ist heute kein anderes. Doch für dieses Streben steht – heute wohl mehr denn je – fest, dass Freiheit nicht Willkür bedeutet. Freiheit und Pflicht schließen sich nicht aus. Freiheit und Pflicht bedingen sich. Und doch stehen beide Begriffe in einem Spannungsverhältnis: dem von Selbstbestimmung und Fremdbestimmung.

Es ist klar, dass der neuzeitliche, moderne Mensch nach Selbstbestimmung – Autonomie – strebt, und es ist klar, dass er Fremdbestimmung meidet. Aber man muss nicht lange überlegen, um auch zu sehen, dass der Autonomie suchende Mensch dieses Ziel nur erreichen kann, wenn er seine Kräfte richtig einschätzt. Begrenzung ist kein Gegensatz zum Autonomiegedanken, sondern dessen Antrieb. Der Zusammenhang wird weiter unten (Teil 3, Kapitel 5) noch genauer beleuchtet. Hier ist wichtig, in Betracht zu ziehen, dass das Streben nach Freiheit, das in der Ethik flankiert wird, den Gedanken an Verpflichtung, die man dazu eingeht, nicht ausschließt.

Ethik und Pflicht

Der Aspekt der Pflicht kommt bereits in der Antike in die Ethik. Wenn man Aristoteles als den Gewährsmann dafür nimmt, dass das „freie Leben" über das „theoretische Denken" erreicht wird (vgl. Aristoteles, *Protreptikos,* 53 B), so verbürgt er auch die Schlussfolgerung, dass menschliche Freiheit bedeutet, diesem Denken *zu gehorchen.* Was immer als das Richtige *erkannt* wird, bringt dem, der es zu seiner Freiheit nutzen will, die Pflicht, sich so und nicht anders zu verhalten. In besonderer Weise gilt das für das antike Tugendverständnis. Die Brücke in die Gegenwart wird über die Vorstellungen der Tugendethik geschlagen, die bei Aristoteles anknüpfen (dazu MacIntyre, 1995, S. 197ff.), die aber in neuzeitlicher Manier vom Individuum, das in der Charakterbildung unterstützt werden soll (Rippe/Schaber, 1998, S. 13; Birnbacher, 2007, S. 303), ausgehen.

Auf den tugendethischen Ansatz ist hinzuweisen, weil er für den Versuch steht, den genannten ethischen Disput um Vorschrift und Bevormundung im Sinne der *Freiheit* aufzulösen. Er rückt von der Linie der „vorgefertigten Normen, Regeln und Prinzipien" ab (Fischer u.a., 2008, S. 182) und drängt Bevormundung zurück; an ihre Stelle setzt er die Erwartung einer Haltung, der auch und gerade eine Gesellschaft bedarf, deren Regelwerk nur dazu dient „die Anarchie der Eigeninteressen zu begrenzen" (MacIntyre, 1995, S. 56). Richtiges Leben aber gelingt aus tugendethischer Sicht, weil sich der Einzelne – und jeder Einzelne – bestimmten Idealen *verpflichtet.*

Das Aufscheinen des Pflichtaspekts in der Ethik bringt ihr das Prädikat „deontisch" (von griechisch *deon:* das, was sein soll) ein (Fischer u.a., 2008, S. 34). Gemeint ist der Gedanke, dass richtiges Handeln und Leben nur möglich ist, wenn Menschen dabei die Grundsätze beachten, über die sie sich selbst als Menschen begreifen. Diese Grundsätze wirken als Pflichten, von denen abzuweichen wiederum das Sein als Mensch gefährdet. Entsprechende deontische Anforderungen hat maßgeblich Kant formuliert (dazu Bambauer, 2011, S. 196ff.). Seinen Ansatz hat sein Kritiker Bentham (1748–1832) schließlich programmatisch als „deontologisch" bezeichnet. Deontische oder deontologische Ethik geht also von wesenseigenen Pflichten für den Menschen aus. Die Pflichten ergeben sich auf recht einfache Weise aus dem Selbstverständnis des Menschen, der einsieht, dass er nichts beanspruchen kann, das er nicht zugleich als Anspruch auch anderen zubilligt. Damit ist ausgeschlossen, dass irgendeine Handlung zu Recht geschieht, die den Handelnden im Anspruch über denjenigen setzt, auf den sich die Handlung richtet. Kants Imperativ im zweiten Abschnitt der *Grundlegung zur Metaphysik der Sitten* fordert: „Handle so, daß du die Menschheit sowohl in deiner Person, als in der Person eines jeden andern jederzeit zugleich als Zweck, niemals bloß als Mittel brauchest."

Zu sehen war, dass, auch wenn der Gedanke der Pflicht in der Ethik gemeinhin mit dem kantschen Ethikansatz verbunden wird (vgl. Horster, 2009, S. 13; Düwell/Hübenthal/Werner, 2011, S. 465), dieser Standpunkt in der Ethik eine breite Basis hat. Es ist *schlüssig*, den nach verlässlicher und zielführender Handlungsstruktur suchenden Menschen – und den um sein Wohl besorgten Menschen – auf Pflichten hinzuweisen, die er sich selbst und anderen gegenüber hat. Aufs Handeln gewendet heißt das, dass davon auszugehen ist, dass nicht der Zweck der Handlung deren Wert bestimmt, sondern dass diese Bestimmung über die Frage erfolgt, ob es eine Pflicht gibt, diese Handlung zu tun oder zu lassen. Anders ausgedrückt meint das im Grundsatz: Eine Handlung kann ungeachtet ihrer Folgen gut sein (dazu Birnbacher, 2007, S. 113). Die ethisch gefasste Pflicht, entsprechend zu handeln, weist, weil sie auf das Gute – oder auf *etwas Gutes* – zielt, einen Weg in die Freiheit.

4.4 Konsequentialistische Ethik

Im Gefüge der diversen Zugänge zum ethischen Anliegen des Menschen lässt sich zu deontisch akzentuierten Ansätzen ein Gegenpol fassen: das Prinzip, den Wert einer Handlung ausschließlich in ihrem Beitrag zum erwünschten Handlungserfolg zu sehen. Die Reinform solcher Haltung, wenn man so will, kann im Utilitarismus ausgemacht werden, wie er als ethisches Konzept im 19. Jahrhundert in England beschrieben wurde (vgl. Mill, 1985). Der Utilitarismus (von lateinisch *utilitas:* Nutzen) reduziert die ethischen Grundannahmen auf einen einzigen Punkt: das Streben des Menschen nach Glück. Dieser Bezugspunkt zeigt sich wiederum reduziert gefasst in der Vorstellung, dass Glück als Glücks*gefühl (pleasure)* in der Abwehr von Schmerz und Leid *(pain)* erreicht wird (ebd., S. 13). Das Konzept sieht vor, dass jede Handlung richtig ist, die das Glück *(happiness)* aller, die von dieser Handlung irgendwie betroffen sind, maximiert: Angepeilt wird „das größte Glück der größten Zahl" (dazu Pieper, 2007a, S. 284).

Der Kontrapunkt zu den deontischen Zugängen zeigt sich darin, dass hier die Rechtfertigung im Handeln ganz und gar über die Handlungsfolgen geschieht. Eine Handlung wird immer dann akzeptiert, wenn in der Bilanz aller Handlungsfolgen ein Zuwachs an wünschenswerter Wirkung, hier als Nutzen bestimmt, auszumachen ist. Solche Ausrichtung ganz an den Folgen hat entsprechenden Ansätzen das Etikett teleologisch (von griechisch *telos:* Ziel) eingebracht. Es gab und gibt die Einschätzung, dass der Hauptspannungsbogen in der Ethik zwischen den deontischen resp. deontologischen und den teleologischen Zugängen zu sehen ist (dazu siehe bei Birnbacher, 2007, S. 113). Das ist nicht unproblematisch, wenn man sieht, dass auch das deontologische Ethikkonzept schlechthin, die Ethik Kants, eine Teleologie aufweist (dazu Bambauer, 2011). Auch für Kant – und im Grunde für jedes Konzept, das menschliches Handeln an Pflichten ausrichtet – spielt die Zielperspektive eine entscheidende Rolle. Ethik *soll* den Menschen zum Erfolg führen, die Frage ist nur, worin der Erfolg bestimmt wird.

Neuerdings spricht man, in Hinblick auf jene Ansätze, die jede deontische Rahmung ablehnen, von konsequentialistischer Ethik. Ausgemacht werden damit also „zwei fundamental verschiedene Sichtweisen" (Birnbacher, 2007, S. 119), die das Kontrapunktische in der Ethik „zwischen der deontischen Bewertung und der konsequentialistischen Bewertung einer Handlung" (Fischer u. a., 2008, S. 34) zu verstehen geben. Vorsicht aber bleibt geboten. Das liegt zum einen daran, dass die besagte Unterscheidung, wieder in Blick auf das Selbstverständnis deontischer Ansätze, weiterhin „nicht ganz trennscharf" (Birnbacher, 2007, S. 122) ist; zum anderen ist zu sehen, dass auch ein konsequentialistisch ausgerichteter Zugang eine deontische Perspektive enthalten kann. Ein Beispiel dafür ist die Verantwortungsethik, die sich an den Handlungsfolgen orientiert und daher als konsequentialistische Ethik zu gelten hat (vgl. Fischer u. a., 2008, S. 429), die aber nach dem Prinzip funktioniert, „daß man für die (voraussehbaren) *Folgen* seines Handelns aufzukommen hat" (Weber, 1992, S. 70f.). Die Nähe der Begriffe Pflicht und Verantwortung zueinander ist offenkundig (dazu Hauskeller, 2001, S. 233).

Um den mutmaßlichen Antagonismus in der Ethik, wenn es ihn denn gibt, am Ende nicht allein am Utilitarismus festzumachen, der ein Handeln aus Pflicht ablehnen mag, der aber, genau besehen, über Anleihen, die auf Platon zurückgeführt werden können, selber in einer ursprünglichen philosophischen Tradition gesehen werden kann (dazu siehe bei Horster, 2009, S. 40), sollte eine andere Form der Zuspitzung gesucht werden. Vieles deutet auf Polarisierung hin. Sie liegt aber nicht in einer Konkurrenz der Modelle, bis hin zur vermeintlichen Unversöhnlichkeit; vielmehr besteht sie in einer unterschiedlichen Auslegung zum Grundgedanken, der das moderne Menschenverständnis wie auch die Ethik von Anfang an beherrscht: das Verständnis menschlicher Freiheit. War für eine deontisch ausgerichtete Ethik festzuhalten gewesen, dass Verpflichtung und Bindung Wege in die Freiheit eröffnen, so gilt für die konsequentialistische Sichtweise – und für den Utilitarismus zumal – die Wendung der Freiheitsidee auf die „Herrschaft des Individuums über sich selbst“ (Mill, 2011, S. 106).

Die Vielfalt der Zugänge und Themen in der Ethik weist, wenn sie auf diesen Kerndiskurs bezogen wird, auf einen gemeinsamen Ausgangspunkt hin. Der ist in der Hinwendung zum Menschen als Individuum zu lokalisieren. Die Perspektiven unterscheiden sich insofern, als sie unterschiedliche Deutungs- und Verständniswege *zum Menschen* akzentuieren. Das gilt auch und nicht zuletzt für ethische Ansätze, die nicht dem westlichen Kulturbereich zuzurechnen sind. Für die Ethik insgesamt, einen interkulturellen Ethikansatz mit eingeschlossen (dazu Großmaß/Perko, 2011, S. 22), erhält das die Aussicht, dass sie auf den unterschiedlichen Linien und Wegstücken letztlich in dieselbe Richtung geht.

Kapitel 5
Menschenbild(er)

Für die Ethik zeigt sich das Menschenbild als der zentrale Zugang. Was für den Menschen als das Richtige anzusehen ist, hängt eng damit zusammen, als was der Mensch angesehen wird. Es gilt nun aufzuzeigen, von welchem Menschenverständnis die Soziale Arbeit ausgeht.

5.1 Der Wandel der Bilder vom Menschen

Was meint „Menschenbild"?

Der Begriff des Menschenbildes ist uns geläufig, und doch gelingt eine Verständigung darüber nicht ohne weiteres. Nicht nur, dass es verschiedene *Bilder* gibt; es gibt auch Vorbehalte. Das Bild, das wir uns vom Menschen, von *einem* Menschen machen, hat mit Beurteilung, mit Bewertung zu tun. Bewertung aber widerspricht dem Grundsatz, dass jeder den gleichen, genauer: denselben Wert haben soll. Wir alle bewerten Menschen. Aber wir tun es lieber in geschütztem Rahmen oder ganz für uns. Als Kriterien wirken Instinkte, Gefühle und Bezugspunkte aus der Erfahrung, die sich zu Stereotypen formen und Raster bilden, über die wir zu einem Menschen ins Verhältnis treten und die den Umgang mit ihm bestimmen. Das Sensorium, nach dem wir reagieren, hat stammesgeschichtliche Wurzeln, die nach wie vor wirksame Kanäle bilden. Nicht zu unterschätzen ist die Schutzfunktion, die ein rasches Urteil über ein Gegenüber bietet. Freilich sind wir dabei nicht weit entfernt von Mechanismen der Zuschreibung und der Herabsetzung.

Menschenbild – das ist die eine Seite der Medaille – meint die Struktur gebenden und Verhalten auslösenden Faktoren im unmittelbaren Miteinander: die Attraktion und die Bedrohlichkeit, die auf uns wirkt, die Erwartung und Befürchtung, die jemand in uns weckt, und zuletzt: die Offenheit und Selbstsicherheit, mit der wir anderen begegnen. So verstanden spielt das Menschenbild, spielen Menschenbilder auch im beruflichen Alltag der Sozialen Arbeit eine bedeutende Rolle, auch wenn klar ist, dass ihre Wirkung nicht Wertung sein darf. Die andere Seite dessen, was mit Menschenbild gemeint ist, wird durch genau diese Zurückhaltung angezeigt. Denn auch wenn Menschen unterschiedlich auf uns wirken, dürfen sie als Person doch uneingeschränkt Gleichrangigkeit und Gleichwertigkeit uns und mir gegenüber beanspruchen. Dass dies möglich ist und dass dies nach der Perversion in den Zeiten des nationalsozialistischen Rassismus wieder möglich ist, ist das Ergebnis einer *Einsicht*, zu der uns die Vernunft geführt hat.

Wieder wirkt die schlichte Erkenntnis – auch wenn sie nicht in jedem zur selben Entschiedenheit führt –, dass nicht sein kann und nicht sein darf, dass ich einen anderen für geringer ansehe, als ich selber in dessen Augen gelten will. Wertschätzung und Respekt, die ich anderen entgegenbringe, spiegeln nichts als den Wunsch, selbst genau so behandelt zu werden. Der kategorische Imperativ Kants zeigt hier als „Kriterium des Sittlichen" (Höffe, 1979, S. 84) durchaus wegweisende Wirkung; die Goldene Regel des Neuen Testaments bereits setzt diese Perspektive als Anspruch des Menschen an sich selber. Das zeigt: Menschenbild meint mehr als nur den Eindruck, den ein Mensch macht; Menschenbild meint im Grunde ein Konzept – *das* Konzept, das diesen Eindruck in seinem Kern ausprägt. Es sind die Seiten derselben Medaille. Wir dürfen davon ausgehen, dass jedes Urteil zu einem Gegenüber neben den individuellen Einflussfaktoren vor allem von der Möglichkeit bestimmt ist, wie wir überhaupt glauben, den Menschen sehen zu können. Unser Urteil bestimmen daher Muster, die uns von außen erreichen (dazu Schilling, 2000). Maßgebliche Musterarbeit hat dabei die Philosophie betrieben.

Das Bild vom Menschen in der Philosophie

Es ist, wie gesagt, nicht einfach, die Position eines philosophischen Menschenbildes zu vertreten. Ihm hängt, sofern es als Ausgangspunkt für das Selbstkonzept des Menschen verstanden werden will, der Geruch an, Vielfalt über den Kamm zu scheren und letztlich dort, wo die Besonderheiten individuellen Bewusstseins zutage treten, Denk- und Deutungsmuster vorzuschreiben. Darin liegt auch der Vorbehalt, dass es eine Wertung setzt, wo mutmaßlich keine Wertung stattfinden soll. Will man hier vorankommen, ist es wichtig, die Perspektive zu wechseln: Die Philosophie geht nicht den Weg des Sich-Andienens; sie geht ihren Weg im Denken und Ergründen – und es ist der Mensch, der ihr folgt, weil er (oder solange er) keine andere (oder keine bessere) Erklärung für seine *Existenz* findet. Der Mensch folgt ihr in der Wissenschaft, und er folgt ihr in der Politik. Beides wirkt sich zuletzt auch auf den Einzelnen aus, der den Zusammenhang nicht immer kennt, dem aber für sein Denken und Verstehen ein Rahmen gesetzt ist. Wenn derzeit der Eindruck herrscht, dass sich in Wissenschaft und Politik, in Theorie und Praxis Rahmen auflösen, der Mensch damit zur „Einsamkeit des moralischen Subjekts" (vgl. Bauman, 2009, S. 86) gedrängt ist, zeigt das – wir werden das weiter unten noch sehen – genau den Rahmen an, den das moderne philosophische Menschenbild vorgibt.

Zum Menschenbild der Philosophie ist hier schon viel gesagt worden (vgl. dazu vor allem Teil 1, Kapitel 2 zum Weg der Ethik in der Geistesgeschichte). Zwei Aspekte sind noch einmal herauszuheben. Der erste ist, dass die Philosophie zu ihrem Bild vom Menschen kommt, weil sie sich mit den Möglichkeiten des Erkennens befasst. Ein erster großer Entwurf ist in dem Moment fertig, als klar wird, dass und wie Menschen Denken zu Lebensgestaltung einsetzen können. Ich spreche hier vom Menschenbild der Antike, das maßgeblich von der Überzeugung bestimmt wird, dass dem Menschen durch seine Begabung zu denken die Welt offen steht. Er rückt selbst in die Nähe der Gottesvorstellung, die ihrerseits nichts anderes verbürgt als die Möglichkeit für den Menschen, entlang der kausalen Strukturen in allem Einsicht in alles zu erhalten. Formelhaft zeigt sich der Mensch als rationales (und soziales) Wesen. Im Mittelalter ist das Verständnis dann ein anderes: Der Wandel hängt, wie gesehen, vor allem mit einem anderen Verständnis von Gott zusammen, der als absolute Einheit menschlicher Einsicht entzogen ist, diese Einsicht aber an sich zieht. Die Formel lautet hier: Der Mensch ist Geschöpf – und Ebenbild Gottes. Neuzeitliches und modernes Denken schließlich setzen wieder anders an. Gottesverständnis und menschliche Einsicht treten hinter den Selbstbezug des Individuums zurück, einen Selbstbezug, der Denken – kritisches Denken – in den Dienst der Selbstvergewisserung stellt und der den Menschen so als Einzelnen in den Blick rückt. Es ist nicht falsch, die Formel hier im *cogito ergo sum* zu sehen.

Der zweite Aspekt betrifft die Theologie. Die „mittlere Epoche" (Boeder, 1980, S. 170) der abendländischen Geistesgeschichte hat „das christliche Wissen" (ebd., S. 205) auf den Plan gerufen und der christlichen Theologie zur wissenschaftlichen Entfaltung verholfen. Die Dominanz theologischer Beweisführung ist heute verschwunden; aber das theologische Anliegen kann nach wie vor vermittelt werden (dazu siehe auch unten in Abschnitt 3 dieses Kapitels). Das bedeutet, dass auch und gerade christlich-theologische Ethik – und hier ist zu sehen, dass sie nicht dem Randdasein irgendeiner religiösen Idee entstammt, sondern im Wortsinn in der Mitte des abendländischen, philosophischen Wissens hervorgetreten ist – im Konzert der ethischen Konzepte Beachtung finden muss. Das heißt zum einen: Das ethische Konzept, das die christliche Religion in den Diskurs einbringt, beansprucht mit seinen deontischen Akzenten (Gebotslehre) *und* seiner konsequentialistischen Ausrichtung (Heilserwartung) durchaus wissenschaftliche Aufmerksamkeit. Zum andern heißt das, dass im Menschenverständnis der Moderne weiterhin das Menschenbild der Religion vermittelt ist, das den Einzelnen in seinem Streben und zuletzt auch in seinem Selbstbezug von Gott gehalten sieht (siehe dazu den Ansatz der „Freundschaft des Menschen mit Gott" bei Schockenhoff, 2007, S. 499 ff.).

5.2 Der Zusammenhang von Menschenbild und Kultur

Menschenbild und Menschenbilder entstehen vor dem Hintergrund, dass Menschen zusammenleben und miteinander umgehen. Sie entstehen als Formen, in die hinein sich Erwartungen, Lebensweisen, und Beziehungen entfalten und ausgestaltet werden. Deshalb ist davon auszugehen, dass ein jeweiliges, gültiges Menschenbild entscheidenden Einfluss auf die Ausprägung einer Kultur hat. Es ist aber, im Zusammenhang mit einem systemischen Kulturverständnis, auch davon auszugehen, dass andere Einflussfaktoren in einer Kultur wiederum auf die dort kommunizierte Vorstellung vom Menschen wirken. Diese Ausgangslage ist so zu verstehen, dass Menschenbilder innerhalb einer Kultur nicht feststehen und nicht eindeutig sind. Vielmehr scheint eine Vielfalt auf, die je nachdem, ob ein enger oder ein weiter Zuschnitt im kulturellen Verständnis gewählt wird, unterschiedlich gesehen und bestimmt werden kann. Und doch ist zugleich zu erwarten, dass zu den zentralen Merkmalen, über die sich eine Kultur definieren lässt, eine Rahmenvorstellung vom Menschen gehört, in die hinein sich auch die diversen kulturellen Formen im Menschenverständnis projizieren.

Wo immer also Kultur angetroffen wird, ist davon auszugehen, dass ihr ein Grundverständnis vom Menschen immanent ist. Das hat zum einen damit zu tun, dass die Menschen, die diese Kultur tragen, das gemeinsame Verständnis teilen, in der Regel, weil es plausibel erscheint; das hat aber auch damit zu tun, dass sie über die „deontische Macht“, die wiederum zu den Merkmalen der Herrschaft in einer Kultur gehört (vgl. Searle, 2012b, S. 244), gefestigt werden. Das verbindliche Menschenbild ist also das Menschenbild der Herrschenden – mit allen Problemen, die damit einhergehen; aber – und das ist entscheidend – es zieht seine Bestandskraft in der Kultur aus einer Idee, der auch Herrschaft folgt (vgl. näher dazu in Teil 3, Kapitel 2). Für den Rahmen einer Kultur und für die in ihr wirksamen Strukturen und Prozesse kann ein solcher Rückbezug auf die *Idee* leicht mit Aristoteles begreifbar gemacht werden, der für alle Anstrengungen, das Leben zu ordnen und zu optimieren, festhält: *archē anthrōpos* – Prinzip ist der Mensch (Aristoteles, *Nikomachische Ethik,* 1139 b 5).

5.3 Das Verständnis vom Menschen in der Neuzeit

Der Ansatzpunkt

Es ist schon deutlich geworden, dass die europäische Neuzeit von einem neuen Erkenntnisansatz eingeleitet wird. Der Impuls, den Descartes mir seiner Erkenntniskritik setzt, führt eine Neuausrichtung herauf, die das Denken seither bestimmt. Das ist umso bemerkenswerter, als der Gedanke, dass sich einer darin, dass er existiert, unmöglich täuschen kann, schon klar und deutlich von Augustinus geäußert worden war. Augustinus notiert diese Aussage im Rahmen seiner Überlegungen zum freien Willen (vgl. Augustinus, *De libero arbitrio,* II, 7). Aber er formt daraus den Ausgangspunkt, der den Menschen auf Gott hinwendet, während Descartes kein anderes Ziel der Aufmerksamkeit mehr vor Augen hat, als den Menschen selbst. So ist der Gedanke des *cogito ergo sum* philosophiegeschichtlich gesehen nicht unbedingt spektakulär; spektakulär aber ist das, was er eröffnet.

Mit am markantesten bemerkbar macht sich die Verschiebung der Betrachtungsperspektive. Denn was den Menschen vormals zur Gotteserkenntnis drängte – das Streben nach grundsätzlichem Wissen –, legt ihm jetzt die Selbsterkenntnis nahe. Ein wenig scheint die Antike, in Form des Delphischen Orakels, wiederaufzuerstehen; aber der Weg geht nicht zurück. Vielmehr führt er den Menschen in die Aufklärung. Es sind in der Philosophie oft kleine Verschiebungen und unscheinbare Varianten zu Themen, die schon seit langem betrachtet werden, über die Weichen neu gestellt werden. Hier mag man das einschätzen, wie man will: Es kann kein Zweifel darüber bestehen, dass Descartes' *Ich denke also bin ich* die Wissenschaft und das Selbstgefühl des Menschen nachhaltig verändert hat. Wenn das Thema heute variiert wird und beispielsweise in Formen wie *Ich fühle, also bin ich, Ich liebe, also bin ich, Ich lerne, also bin ich* am Buchmarkt präsent ist, wird deutlich, dass es der Selbstbestimmung des Menschen in der Moderne nach wie vor zentralen Anhalt bietet. Die Spitze, die es etwa in der philosophischen Wendung *Ich denke, aber bin ich?* (Hauskeller, 2003) findet, zeigt auf, wie der von Descartes eingebrachte, grundlegende methodische Zweifel als eigentliche Triebkraft das Fragen bestimmt.

Entscheidender Frageinhalt ist gar nicht so sehr, ob und inwieweit überhaupt eine Wirklichkeit als Bezugspunkt für Erkenntnis greifbar wird – das wird freilich auch diskutiert –; oder welche Verlässlichkeit und Glaubwürdigkeit menschliche Deutungsarbeit, wenn überhaupt, zu erzeugen vermag. Entscheidend und bestimmend für alles andere ist, dass ein Mensch, der Existenz im eigenen Denken gewinnt, alles tun muss, um dieses sein Dasein auf jede „erdenkliche" Weise abzusichern. Das gilt grundsätzlich. Es geht dabei um den Vorgang der Selbstbestimmung und um das Ziel der Selbstbestimmtheit, beides gefasst in der aus dem Griechischen entlehnte Bezeichnung *Autonomie.* Sicherlich ist vorstellbar, dass den einen oder anderen jenes *Muss* nicht kümmert; dass Menschen also darauf verzichten, den damit verbundenen Anspruch zu setzen und einzulösen; aber es ist nicht vorstellbar, dass Menschen dieser Anspruch von anderen verwehrt werden kann.

Individualität und Autonomie

So kann man, kurz gefasst, das Verständnis vom Menschen in der Neuzeit akzentuiert sehen: Individualität (der einzelne Mensch) und Autonomie (der selbstbestimmte Mensch) erscheinen als die zentralen Bezugspunkte; auf das Handeln gewendet zeigen sie sich als die entscheidenden *Werte.* Kant bestimmt Autonomie als „oberstes Prinzip der Sittlichkeit" und zugleich als das „alleinige Prinzip der Moral" (vgl. *Grundlegung zur Metaphysik der Sitten,* zweiter Abschnitt). Darüber hinaus ist auf Hegel zu achten, dessen Konzept zum Selbstbewusstsein, dargelegt im 4. Kapitel der *Phänomenologie des Geistes,* den Einzelnen „in das einheimische Reich der Wahrheit" eintreten sieht, wo er sich nicht nur über die „Weise der sinnlichen Gewissheit", sondern auch über die „Begierde" nach Bewusstwerdung *als Mensch* erlebt. Die Anstöße von Kant und Hegel führen dazu, dass uns heute – und mutatis mutandis gilt das pauschal für das „westliche" resp. aufgeklärte Verständnis vom Menschen – das Lebensrecht und der Autonomieanspruch des Einzelnen zu einem Hohen Gut geworden sind. Mit Habermas gesprochen zeigt sich hier „der moderne Sinn eines Humanismus, der längst in den Ideen des selbstbewußten Lebens, der authentischen Selbstverwirklichung und der Autonomie seinen Ausdruck gefunden hat" (Habermas, 1992, S. 186).

Was hier den Rahmen für jede Weise, den Menschen zu sehen, setzt – und dabei das Lebensgefühl des Einzelnen zur Geltung bringt –, ist, wie Habermas auch deutlich macht, „kein Eigentum der Philosophie". Es ist als ein angestoßenes „Projekt" zu verstehen, das „weiterverfolgt oder entmutigt preisgegeben werden" kann (ebd.). Die Kraft des Projekts, als Idee Kultur auszuformen, liegt auf der Hand, weil sich jeder Einzelne angesprochen fühlen kann – und weil abseits der Idee so wenig Perspektive entsteht. Bei aller Verunsicherung des modernen Menschen, der befürchten muss, dass ihm die Kontrolle über den technischen Fortschritt abhanden kommt, und der im Zurückgeworfensein auf sich selbst Mühe hat, seine Kräfte zu sehen und richtig einzuschätzen, zeigt sich hier immerhin ein gangbarer Weg. Jede andere Wegweisung, die auf Gängelung und Entmündigung hinausläuft, scheidet aus. So erlebt der moderne Mensch seine *Begierde* nach Autonomie wie eine Bestimmung. Phasenweise erscheint sie ihm gar wie seine Haut, aus der er nicht kann, vor allem dort, wo er auf Kulturformen und Praktiken trifft, die eine Autonomieerwartung des Menschen offensichtlich ignorieren.

Vernunft und Religion

Nach innen, auf das neuzeitlich-abendländische Menschenverständnis geblickt und genauer betrachtet, ist festzustellen, dass die das Menschenbild einst prägenden Kriterien Vernunft (Denken) und Gott (Religion) weiter wirken. Denken (Logik und Wissenschaft) zeigt und entfaltet seine Bedeutung methodisch, als Instrument für den Menschen zur persönlichen Orientierung und zur Beziehungsgestaltung – bis hin zur Grundlegung und Absicherung sozialen Lebens. Religion wiederum demonstriert ihre Relevanz über ein Bedürfnis des Menschen nach Sinnstiftung (vgl. Anzenbacher, 2012, S. 163 f.). Eine aktuell zu konstatierende „Wiederkehr der Religion" kann und muss auf diese Bedürfnissituation des Menschen hin gedeutet werden (Schnädelbach, 2009, S. 132). Das heißt aber auch, dass der Ethik, bezogen auf den Menschen als Ausgangspunkt, die Argumentationslinien antiker wie auch theologischer Ethik als Optionen für die wissenschaftliche Betrachtung weiter zur Verfügung stehen. Das ist von nicht zu unterschätzendem Belang, wo es darum geht, Moralphänomene und ethische Ansprüche von außerhalb des westlichen Kulturbereichs aufzunehmen und zu interpretieren. Nicht zuletzt wird auf diesem Weg – und nur auf diesem Weg – der interkulturelle Dialog zu führen sein. Nur dort, wo es gelingt, auf Argumente und Sinnbedürfnisse, wie sie sich aus anders „gepolten" kulturellen Perspektiven ergeben, vorbehaltlos zu hören, kann der interkulturelle Austausch auf den Weg kommen und in einen konstruktiven *transkulturellen* Dialog überführt werden.

5.4 Das Menschenbild in der Sozialen Arbeit

Die Grundlagen

Für die Soziale Arbeit ergibt sich schlüssig, dass sie vom Rahmen des oben skizzierten neuzeitlichen Verständnisses vom Menschen ausgeht. Keine Wissenschaft nach westlichem Vorbild und kein gesellschaftliches Konzept, das auf dem Boden der abendländischen Geistesgeschichte steht, hat hier Spielraum für Sonderwege. Wie auch? Soziale Arbeit ist, wie neuzeitliche Wissenschaft und modernes Gesellschaftsverständnis insgesamt, von jenem Selbstbild angestoßen, das Lebensrecht und Selbstbestimmung zum Anspruch für den Menschen erhebt. Das eingangs gezeichnete Bild eines Berufes, der soziale Hilfe in säkularer Gestalt leistet (siehe oben Teil 1, Kapitel 1), geht mit diesem Anstoß zusammen. Das bedeutet: Soziale Arbeit sieht den Menschen als Individuum, und sie sieht seinen Anspruch auf Autonomie. Individualität versteht sie als die Gültigkeit einer Lebenssituation, Autonomie als das Recht des Menschen, selbst *Subjekt* des Hilfeprozesses zu bleiben. Weiter bedeutet das: Soziale Arbeit stellt sich in ihrem Wirken dem kritischen Blick der Vernunft, die ihr auch zu wissenschaftlicher Ausprägung verhilft; und Soziale Arbeit greift Sinnanliegen von Menschen auf und bindet sie in ihr Vorgehen in Theorie und Praxis ein. Hier wird die christliche Religion, die das Selbstbild des abendländischen Menschen bis heute durchwirkt, mit Deutungsangeboten in besonderer Weise anschlussfähig.

Das soll heißen: Es macht *Sinn,* das in der Sozialen Arbeit wirksame Menschenbild in einer Nähe zu christlich-theologischen Vorstellungen zu sehen. Zum einen trägt dies der geschichtlichen Tradition christlicher Armenfürsorge Rechnung, wie sie in Mittealter und früher Neuzeit das Sozialarbeitsgeschäft, wenn man so will, vorformuliert hat. Zum andern – und das ist das Wesentliche – gehört die Religion weiter zum gesellschaftlichen Bestimmungsrahmen. Über die rechtlich-formalen Regelungen – über die es Debatten gibt – hinaus legitimiert das Menschenverständnis in der Neuzeit weiter den individuellen Lebensweg in der Religion; das aber heißt auch, dass ein religiöses Verständnis vom Menschen, so es der Grundausrichtung an Individualität und Autonomieanspruch nicht zuwiderläuft, zum säkularen Ansatz in jeder Weise kompatibel bleibt – und für Sozialarbeitsbelange zur Verfügung steht (dazu Schockenhoff, 2007, S. 20; Anzenbacher, 2012, S. 163; Andersen, 2005, S. 276; s.a. Fischer u.a., 2008, S. 199).

Die Besonderheiten

Zur Ausformung ihres Menschenbildes geht die Soziale Arbeit von dieser Basis aus. Aber es gibt weitere Bezugspunkte, im Wesentlichen drei, über die ein inhaltlicher Ansatz einfließt. Der erste Punkt ist eben angesprochen worden: Soziale Arbeit wirkt in die Gesellschaft hinein. Zu ihrem Menschenbild gehört ein Verständnis vom Zusammenleben, wie es aus dem antiken Denken als „Grundformel" (Höffe, 1979, S. 23) überkommen ist. Das *animal rationale et sociale* kümmert die Soziale Arbeit insoweit, als sie vom menschlichen Zusammenleben her denkt. Primär zielt sie nicht auf den Menschen als Individuum (auch wenn feststeht, dass sie den Menschen nicht anders betrachtet), sondern sie zielt auf die Beziehungen und die sozialen Strukturen, die das Zusammenleben ermöglichen. Soziale Arbeit knüpft daher an Vorstellungen von einem gelingenden Zusammenleben an und reiht entsprechende Bedürfnisse des Einzelnen wie auch der Gemeinschaft in ihr Menschenbild ein. Es ist, an der Schnittstelle von Individuum und Gesellschaft, der wechselseitige Bezug der Interessen, der die sozialarbeiterische Theorie und Praxis trägt; aber es ist das Bild, das den Menschen als Einzelnen *und* als Teil von Gesellschaft sieht, von dem die Betrachtungsweise Sozialer Arbeit ausgeht (dazu auch Schmid Noerr, 2012, S. 20).

Der zweite Punkt berührt die Fachlichkeit. In ihrem Blick auf Beziehung und Struktur als die Faktoren, die Zusammenleben *ermöglichen,* interessiert sich Soziale Arbeit letztlich für die Frage, was es *gefährdet.* Belastungen für das Miteinander im Kleinen wie im Großen, bei denen Soziale Arbeit ansetzt, zeigen sich als soziale Schwächen des Menschen. Im Menschen*bild* erfährt das *animal sociale* entsprechend kritische Würdigung. Ist auf der einen Seite von Bedeutung, dass auch vom Individuum her soziales Leben weiterhin gedacht und vermittelt werden kann, steht auf der anderen Seite die Einschränkung, dass das Soziale nicht zu den Prinzipien menschlicher Individualität rechnet. Egoismen bilden diese Prinzipien, wie es scheint, eher ab als Altruismen, die als Phänomen entsprechend eigener Erklärung bedürfen (dazu Harman, 1981, S. 170). – In Teil 3, Kapitel 5 des Lehrbuchs wird allerdings ein Ansatz vorgestellt, der diese Dichotomie sozialen Handelns im Menschenbild aufzulösen vermag.

Zur Fachlichkeit gehört noch ein weiterer Aspekt, der das Menschenbild Sozialer Arbeit mit ausprägt: die Hinwendung zum „leidenden Menschen" (Gruber, 2009, S. 92). Es spielt eine Rolle, dass sich der Sozialarbeitsberuf vor allem mit Menschen beschäftigt, die Lebensentscheidungen getroffen haben, durch die sie in die Enge geraten sind. Es gehört zur beruflichen Erfahrung zu sehen, dass solche prekären Zuspitzungen als Unglück erlebt werden. Von Bedeutung ist weiter, dass Soziale Arbeit auch in dieser Berührung auf den ganzen Menschen blickt (dazu auch Buchkremer, 2009, S. 163 ff.). Das im beruflichen Alltag erlebte Scheitern von Adressaten in ihren sozialen Lebensbezügen ist das eine, das Handlungsziel eines, daran gemessen, besser gelingenden Lebens das andere. So fokussiert das Menschenbild in der Sozialen Arbeit in besonderer Weise die Gefährdungssituation des Menschen, der in sozialen Belangen oft hilflos und tragisch agiert, nicht zuletzt, weil die individuelle Perspektive, von der er ausgeht, zu konstruktiver sozialer Orientierung erst einmal wenig Anhalt bietet.

Als dritter Punkt inhaltlicher Ausrichtung ist eine Eigenart im Sozialarbeitsverständnis zu beachten. Denn obwohl der Beruf, weil jede Gesellschaft anders ausgefaltet ist, immer nur im Rahmen nationaler Gegebenheiten arbeitet – was wiederum zu ganz unterschiedlichen Formen der Setzung und Realisierung von Sozialer Arbeit (Social work; Travail social; Trabajo social) führt –, ist doch nicht zu übersehen, dass er sich zugleich an globalen Aufgabenstellungen misst (vgl. www.dbsh.de zu einer *International Definition of Social Work*). Sich zu einer internationalen Bedeutung zu strecken, ist dem Sozialarbeitsverständnis immanent; denn auch wenn die Praxis entlang nationaler Regelungen geformt wird, gehört es doch zum Anspruch der Profession, Gesellschaft, in die hinein sie wirkt, so mitzugestalten, dass sie im Sinne der neuzeitlichen, humanistischen Vorstellungen lebenswert ist. Daraus resultiert im Menschenbild der Sozialen Arbeit ein Fokus auf das Thema Menschenrechte. Die Dimension solcher Fokussierung wird weiter unten noch betrachtet (Teil 2, Kapitel 5); hier aber ist klar, dass das Menschenbild der Sozialen Arbeit die abendländisch-neuzeitliche Vorstellung vom Menschen so auslegt, dass sie an den Schnittstellen zu anderen Kulturtraditionen auf der Grundlage einer globalen Idee handlungsfähig bleibt.

Kapitel 6
Das ethische Urteil in der Sozialen Arbeit

Das ethische Basiswissen bringt Soziale Arbeit in die Lage, fachliches Wissen so zu ordnen, dass ethische Belange sichtbar werden. Die Vielschichtigkeit sozialarbeiterischer resp. sozialpädagogischer Theorie erfordert eine Klärung der Linie, entlang der ethische Beurteilung in der Sozialen Arbeit stattfindet.

6.1 Sozialarbeiterisches Wissen

Wissen als Voraussetzung

Soziale Arbeit geht vom Wissen aus. Das gilt für jede Art der helfenden und unterstützenden Zuwendung, denn nur wer weiß, welche Art von Hilfe passt, und nur wer seine Hilfe bewusst und frei von persönlichen Anteilen einbringt, wird maximalen Erfolg erzielen. Schon für die ehrenamtlich geleistete soziale Hilfe ist es wichtig, auf die Mechanismen einer Situation, auf Wirkung und Nebenwirkung und auch auf die Motive zu achten, die das eigene Handeln in Gang bringen. Es ist bereits ein Ansatz im Sinne der Ethik – der *Sozialarbeitsethik* –, sich darüber im Klaren zu sein, dass Hilfe, wenn sie falsch angelegt ist, auch schaden kann – schaden *wird,* wenn sie die Integrität des Menschen, auf den sie sich richtet, missachtet und Mittel der Hilfe nicht passen. Es ist weiterhin der falsche Weg – und im Übrigen als menschenunwürdig anzusehen –, den Hilfeerfolg, möglicherweise gar noch mit dem Argument, dass jede Lage eine besondere und nicht nach einem Muster zu erfassen sei, nach dem Prinzip von Versuch und Irrtum zuletzt dem Zufall zu überlassen.

Zu sehen ist hier, wie das berufliche Handeln als klare Linie im Wissensanspruch entsteht; zu sehen ist darüber hinaus, wie dieser Anspruch zur Etablierung praktischer Routinen geradewegs nach Konsolidierung strebt und einen wissenschaftlichen Ansatz begründet. Angelegt sind auch die Notwendigkeit, eine Handlungssituation in ethischer Klarheit wahrzunehmen, sowie die Konsequenz, dass das daran ansetzende Handeln und die in ihm liegenden Entscheidungen eine Fähigkeit verlangen, die ich als Fähigkeit zum ethischen Urteil verstehe.

Wenn also Wissen das Handeln in der Sozialen Arbeit begründet, geschieht das umfassend: Es beginnt beim Erfahrungswissen – wissen, *wie es ist* –, das einer entsprechenden Praxis stets das Einstiegsniveau bezeichnet; es drängt nach technischem Wissen – wissen, *warum es so ist* –, das Ansatzpunkte zur Hilfe liefert und das zugleich die Fertigkeit dessen begründet, der helfend agiert; und es sucht wissenschaftliches Wissen – wissen, welche *Gesetzmäßigkeit* herrscht –, das den Ausgangspunkt dafür bietet, Formen der Hilfe und Formen des Handelns adäquat zu entwickeln und zu optimieren. Die schon weiter oben skizzierte, aristotelische Unterscheidung zum Wissen ist hier zu erinnern (dazu siehe oben Teil 1, Kapitel 2, Abschnitt 2), denn sie entfaltet diesen Zusammenhang, der die Bedeutung des Wissens in der Sozialen Arbeit anzeigt, prägnant.

Mit Aristoteles lässt sich diese Bedeutung auch weiter noch greifen, wenn man das hier ebenfalls schon angesprochene vierfache Ursachenverständnis (siehe dazu oben Teil 1, Kapitel 4, Abschnitt 2) betrachtet. Wissen *wirkt* in der Sozialen Arbeit auf allen vier Ursachenebenen: als *causa formalis,* weil erst die fachliche Theorie ein Problem als Problem sehen und erfassen und eine Lösung vorstellbar werden lässt; als *causa materialis,* weil und insofern Methodenbausteine und bestimmte Kompetenzen wie Kommunikationsfähigkeit Handeln ausformen; als *causa efficiens,* weil das fachliche Wissen und Können der Akteurin und des Akteurs dieses Handeln voranbringen; und schließlich auch als *causa finalis,* denn das Ziel liegt in der Idee eines besser gelingenden sozialen Alltags (dazu auch Schmid Noerr, 2012, S. 191 ff.).

So begründet und formt Wissen die sozialarbeiterische Praxis. Vor allem begründet und formt es die sozialarbeiterische Theorie, der Praxis folgt. Die ethische Perspektive ist von vorne herein gesetzt und eingebunden. Sie realisiert sich über das Wissen zum ethischen Selbstverständnis des Menschen in der Gesellschaft sowie über die Kompetenz, ethisch verantwortete Handlungsentscheidungen und -wege zu generieren. Das beginnt bereits bei ehrenamtlich geleisteter Sozialer Arbeit, wie sie in vielfacher Weise das berufliche Handeln strukturell unterstützt, und das reicht bis in das wissenschaftliche Gewebe der Profession. Wissen zeigt sich programmatisch auch dort, wo Soziale Arbeit ihren Anspruch als Beruf vertritt. Das geschieht auf der einen Seite über den Anspruch der Fachlichkeit, die vor allem als die Fähigkeit – zu sehen als Kompetenz ihrer Akteure – in Erscheinung tritt, Situationen, die einer sozialarbeiterischen resp. sozialpädagogischen Lösung bedürfen, zu erkennen und richtig einzuschätzen; auf der anderen Seite über den Anspruch der Professionalität, der als die Routine zu verstehen ist, Lösungsansätze und Handlungsschritte nachvollziehbar zu begründen.

Wissen als Instrument

Für das problemlösende, helfende Handeln in der Sozialen Arbeit hat Silvia Staub-Bernasconi auf eine Reihung und eine Struktur hingewiesen, über die es möglich ist, es in logisch sinnvolle Schritte zu gliedern. Vor allem zeigen diese Schritte Handeln – als Expertenhandeln, als professionelles Handeln – wiederum über Schritte der Wissensentfaltung. So beginnt die erfolgreiche Lösung einer Problematik mit dem Problemverständnis – und sie steht und fällt mit der Genauigkeit, die darauf verwandt wird. Es geht darum, ein „Beschreibungswissen" bzw. „phänomenologisches Wissen" (Staub-Bernasconi, 1998, S. 11) auszubilden, an das sich, als zweiter Schritt, „Erklärungswissen" (ebd.) anschließt. Problemerfassung und Problemerklärung bilden die Grundlage für den Lösungsansatz; allerdings sind sie mit einem weiteren Wissensbereich verschränkt zu sehen, der, als dritter Schritt, die Bewertung der Lage ermöglicht. Ausdrücklich braucht es „Wertewissen" (ebd., S. 72), wenn eine Situation als problematisch dargestellt werden soll; vor allem aber bringt solches Wertewissen das Ziel einer anzustrebenden Veränderung in den Blick. Der vierte Schritt liegt dann darin, geeignete methodische Elemente auszuwählen, die ein „Handlungswissen" im eigentlichen Sinn in Ansatz bringen (dazu Staub-Bernasconi, 1994, S. 97). Ein fünfter und letzter Schritt schließlich liegt in der „Überprüfung der Zielerreichung" sowie in der „Ermittlung derjenigen Faktoren, die zur Zielerreichung beigetragen haben" (dazu Staub-Bernasconi, 1998, S. 99). Solches Funktionswissen dient der Evaluation und stellt sicher, dass sich berufliches Wissen insgesamt weiter etabliert.

Ernst Engelke hat im Rückbezug auf Staub-Bernasconi diese fünf Wissensschritte als „Konstruktionselemente einer komplexen Handlungstheorie" gefasst (vgl. bei Engelke/Borrmann/Spatscheck, 2009a, S. 449). Das steckt noch einmal den Rahmen dafür ab, innerhalb dessen Gegenstandswissen, Erklärungswissen, Werte- und Kriterienwissen, Verfahrenswissen und Evaluationswissen so zusammenwirken, dass der Einsatz von Wissen insgesamt als ein zentrales Instrument, über das Soziale Arbeit Praxis in Gang bringt, verstanden werden kann (ebd.). Diesen Anstoß für die Praxis: den Mechanismus, wie aus Theorie Handeln wird, beschreibt Staub-Bernasconi ihrerseits mit dem Konzept des *transformativen Dreischritts* (vgl. Staub-Bernasconi, 2007, S. 206 ff.). Damit zeigt sie modellhaft, wie theoretisch gefasstes und methodisch ausgerichtetes Wissen wiederum schrittweise ineinander übergehen. Als Schlüssel wirken „nomopragmatische Hypothesen" und „normative Aussagen", durch die ein „für ein bestimmtes soziales Problem" erhobenes Wissen auf eine Handlungs- und Lösungsperspektive hin bezogen wird (vgl. ebd., S. 208 f.). Der Mechanismus ist hier nicht zu vertiefen, aber darauf hinzuweisen, dass der Schlüssel zuletzt wiederum in der Fähigkeit Sozialer Arbeit liegt, eine Werteperspektive zu eröffnen (dazu siehe auch Staub-Bernasconi, 2012, S. 169 ff.).

6.2 Ethisches Wissen

Der hohe Stellenwert, der dem Wissen in der Sozialen Arbeit zukommt, ist zu einem großen Teil über das ethische Anliegen begründet. Dieses Anliegen zeigt sich in einem wertschätzenden, respektvollen Umgang mit dem Menschen. Es entspricht in dieser Form der Auslegung des Berufes, der die ihm übertragene Aufgabe der sozialen Problemlösung – der *Befriedung* – durchaus auch anders verstehen könnte: als autoritäre, hierarchieorientierte Maßregelung normverletzenden Verhaltens. Zu den Grundimpulsen Sozialer Arbeit gehört aber nicht der autoritäre, restriktive Staat, sondern die Idee einer offenen, den Einzelnen achtenden, und in der Breite demokratischen Gesellschaft (dazu Schumacher, 2007, S. 176). Grundmuster für die Praxis ist weiterhin nicht der die öffentliche Ordnung sabotierende Mensch, sondern das nach Lebenswert strebende Individuum, dem allerdings Orientierung und vielfach Kraft fehlen, eigene Interessen angemessen zu realisieren und das sich gesellschaftlichen Strukturen gegenüber sieht, die nicht immer förderlich sind.

Nicht weil die Gesellschaft den Sozialarbeitsberuf so will, sondern weil er sich selber so sieht und versteht, erfährt der Mensch als Zielpunkt sozialpädagogischen Handelns die besagte Wertschätzung. Hier setzt das ethische Wissen der Sozialen Arbeit an. Es richtet sich auf den Hilfebedürftigen – den psychisch kranken Menschen, das gefährdete Kind, den traumatisierten Flüchtling, den Drogenkonsumenten, den Straftäter – ebenso wie auf jeden Menschen in der Gesellschaft, weil es für das Zusammenleben – darum geht es – nach richtigen Entscheidungen Ausschau hält und vor allem – daraus ist Qualität zu gewinnen – zur „Menschendienlichkeit“ (Lob-Hüdepohl, 2008) aufgelegt ist.

Wenn es in der Sozialen Arbeit also um die Lösung sozialer Probleme geht, geht es um ethisches Wissen schon bei der Problemanalyse. Probleme im sozialen Bereich werden als Störungen wahrgenommen, aber als Hilfebedarf *bestimmt.* Das zum Einsatz kommende Menschenbild ist ebenso entscheidend wie ein ethisches Verständnis zu möglichen Handlungs- und Lösungswegen. Es spielt bereits für die Erhebung eines Hilfebedarfs eine Rolle, ob ethisches Wissen in der Sozialen Arbeit eine eher deontische oder eine eher konsequentialistische Ausrichtung hat. Von eigener Bedeutung aber – auch hier spielt die Frage der Ausrichtung freilich eine Rolle – ist die Entscheidung, welche Veränderung durch die Hilfe angestrebt werden soll. Das zur Praxis führende Handlungswissen soll „Veränderungswissen“ sein (Staub-Bernasconi, 1995a, S. 133). Das ist nicht anders zu denken. Der Zielpunkt aber der Veränderung: ob ein Drogenkonsument „clean“, ein gefährdetes Kind aus der Familie genommen, ein psychisch kranker Mensch stationär untergebracht werden soll, ob ein Straftäter überhaupt noch Unterstützung „verdient“, wird über eine ethische Einschätzung zur Lage festgelegt.

Das angesprochene Wertewissen steht für diese Orientierung beim Lösen sozialer Probleme. Es steht aber auch für die grundsätzliche Fähigkeit einer Sozialpädagogin und der Sozialen Arbeit überhaupt, das, was für jemanden, und das, was für eine Gemeinschaft zuträglich ist, eruieren zu können. Was hier gespiegelt wird, ist: Es geht in Sozialarbeit und Sozialpädagogik nicht nur um das Lösen sozialer Probleme; ebenso wenig geht es nur um Hilfe; vielmehr ist Soziale Arbeit auch dort im Einsatz, wo es gilt, Probleme und Hilfebedarf zu verhindern. Das Wertewissen zielt auch auf die bessere, die lebenswertere Gesellschaft. Es zielt auch auf eine lebenswertere Welt.

Der Begriff des Wertewissens ist freilich auch irreführend. Seine Kraft und Bedeutung sind nicht annähernd erfasst, wenn man darin nur die Darreichung eines Wertepakets mit Sozialarbeitspassung aus dem Wertefundus der Ethik erkennt, die „ihre wissenschaftlich fundierten Einsichten … zur Verfügung stellt“ (Gruber, 2009, S. 22). Vielmehr meint Wertewissen in der Sozialen Arbeit vor allem ein *Konzept,* das den gesamten Theorie- und Praxisansatz trägt. Es ist daher besser als „ethisches Wissen“ benannt bzw. ins ethische Wissen der Sozialen Arbeit eingebunden und damit so gesetzt, dass die Orientierung an Wertebezügen und besonders die ethische Durchdringung der Denk- und Handlungszusammenhänge keinem geliehenen Kriterienwissen, sondern dem Sozialarbeitswissen zugeordnet bleibt. Zu diesem ethischen Wissen formen sich sozialarbeiterische Ethikanliegen auf allen Wissensebenen. Das Erfahrungs- und Lebenswissen der Praktiker fließt ebenso ein wie der kritische Reflex auf den philosophischen Ethikdiskurs, die transformative Arbeit im Übergang vom Erklärungs- zum Handlungswissen und das gestaltende, sozialarbeiterische Wirken in die Gesellschaft hinein.

Soziale Arbeit erreicht in all diesen Wirkungsfeldern eine eigene ethische Sicht der Dinge. Das betrifft die Einschätzung zu einer Fallsituation, das Durchleuchten des verfügbaren ethischen Instrumentariums, den Handlungsansatz und die großen, leitenden Ideen. Jede Beurteilung zur Lage setzt in der Sozialen Arbeit auch auf eine Fähigkeit zum ethischen Urteil. Das hat zwei weitere Implikationen: Einerseits ist deutlich, dass die als Urteilsfähigkeit gefasste, ethische Kompetenz ein eigenständiges ethisches Denken in Profession und Wissenschaft indiziert; andererseits zeigt sich, dass nicht erst und nicht nur der Praktiker ethische Einschätzungen vornimmt, sondern letztlich jeder, der Sozialarbeitshandeln konzipiert und verantwortet.

6.3 Der Lebensweltansatz

Der Mensch im Blickpunkt

Die Soziale Arbeit kennt eine Reihe konzeptioneller und methodischer Zugänge. Alle richten sich auf dasselbe Anliegen: das soziale Leben in der Gesellschaft abzusichern. Letztlich zielt dieses Anliegen auf eine Art der Stabilisierung, die beim Menschen und bei den sozialen Strukturen ansetzt. Die Umsetzung erfolgt entsprechend und in aller Regel über die Gewährung von Hilfe und in Form der sozialen Problemlösung. Das ist der unmittelbare Handlungsbezug. Der Anspruch, der zugrunde liegt, weist aber weit darüber hinaus: Soziale Arbeit, die hilft, weil Menschen Hilfe brauchen, und die soziale Probleme bearbeitet, weil stabile und zuträgliche Verhältnisse in Gefahr sind, sucht, mit Amartya Sen gesprochen, nach den „Verwirklichungschancen" für den Menschen im Kontext der ihn bestimmenden sozialen Verhältnisse (vgl. Sen, 2002, S. 110ff.). Gleich, welcher Zugang gewählt wird: es geht immer darum, Schwächen so aufzufangen und Konflikte so zu lösen, dass der Mensch Lenker seiner Lebenssituation bleibt und ausreichend Einfluss auf die sozialen Strukturen, die ihn bestimmen, erhält.

Der Gedanke einer Hilfe zur Selbsthilfe ist zentral. Er beherrscht und leitet die ethische Beurteilung der Lage (dazu Schmid Noerr, 2012, S. 19f.). Er sucht Schwächen aufzufangen, indem er Stärken zu vermitteln sucht, und er betreibt die Konfliktlösung, indem er tragfähige Netzwerke zu schafft. Soziale Arbeit ist mehr an dieser Stärkung und an selbsttragenden Ordnungen interessiert als an Hilfe und Problemlösung im unmittelbaren Sinn. Von einer anthropologischen Warte aus gesehen rückt damit gerade *nicht* die „Frage der Hilfsbedürftigkeit" (Baum, 2000, S. 34) ins Zentrum der Aufmerksamkeit – abgesehen davon ist die von Hans Scherpner verwendete Bezeichnung der „Hilfebedürftigkeit" (Scherpner, 1962, S. 139) vorzuziehen –, sondern der, wenn man so will, heile oder geheilte Mensch. Hier, an dieser Vorstellung, setzt Soziale Arbeit an. Hier *findet* sie ihren Zugang zum Menschen. Hier entfaltet sie ihre Kraft zur Integrität. Hier demonstriert sie ihre ethische Stärke – als Stärke des ethischen Urteils – letztlich über die „unbedingte Achtung des Menschen als Person" (dazu Schumacher, 2007, S. 252).

Die Lebensweltperspektive

Die geschilderte Ausrichtung *am Menschen,* an seinen Hoffnungen wie an seinen Bemühungen, sich im Feld der sozialen Triebkräfte eine eigene Wirklichkeit zu errichten, weist Sozialer Arbeit den Weg in die Lebensweltperspektive. Der in dieser Perspektive begründete Denk- und Handlungsansatz kann, neben einer systemtheoretisch argumentierenden Herangehensweise, als die eine von den beiden maßgeblichen Akzentsetzungen gelten, über die sich das Selbstverständnis der Sozialen Arbeit ausprägt. Die beiden Ansätze schließen einander nicht aus; sie werden auch verbunden (vgl. Geiling, 2006) – und in der Praxis, je nach Erkenntnisbedarf, auch abwechselnd herangezogen; aber es gibt bestimmte Merkmale, die die Möglichkeit Sozialer Arbeit zum ethischen Urteil jeweils unterschiedlich fassen lassen.

Für die Lebensweltperspektive gilt die Devise einer Ausrichtung am Lebensalltag von Adressaten. Lebenswelt, verstanden als „alltägliche Wirklichkeitserfahrung“ (Deutscher Verein, 2011, S. 561), lenkt den Blick auf den konkreten Lebensvollzug; zugleich wirkt die Vorstellung eines festen Rahmens mit, der nicht verfügbar ist, weil „Modi des Handelns nicht zur freien Disposition“ stehen (Habermas, 1983, S. 112). Der als alltägliche Lebenswelt zu sehende „Wirklichkeitsbereich“ ist in den Augen des Menschen, den er involviert und dessen Aufmerksamkeit er auf sich zieht, „schlicht gegeben“ (Schütz/Luckmann, 2003, S. 29). Für eine lebensweltorientierte Soziale Arbeit geht es entsprechend darum, sich auf die „gegebenen Lebensverhältnisse der Adressaten“ zu beziehen (Thiersch, 2012a, S. 5). Ausdrücklich meint das aber „den Bezug auf individuelle, soziale und politische Ressourcen“ *und* „den Bezug auf soziale Netze und lokale/regionale Strukturen“ (ebd.).

Die in der lebensweltlich orientierten Arbeit angelegte „Hilfe zur Lebensbewältigung“ (ebd.) trägt so vor allem Züge der Stärkung und der Sicherung. Für ein *Grundwissen Ethik* ist von Bedeutung, dass die so angelegte Denk- und Arbeitsweise eine Form der Wertschätzung praktiziert, die ganz den aufgezeigten Besonderheiten im Menschenbild der Sozialen Arbeit entspricht. Das berufliche Handeln wirkt am Konfliktpunkt individueller und gesellschaftlicher Interessen. Es nimmt die Mühen ernst, die es braucht und kostet, dass einer für das subjektive Weltverständnis, von dem er zu Recht ausgeht, soziale Perspektiven, in denen die Erwartungen der Anderen gespiegelt sind, entwickelt. Und sie orientiert sich an dem großen Anliegen der Profession, die soziale Welt des Menschen so zu formen, dass sie für den Einzelnen lebenswert erscheint – und lebenswert bleibt. Wichtig sind zwei Merkmale, die diese Wertschätzung vermitteln: Das eine ist, dass lebensweltorientierte Soziale Arbeit „Leben in seinem Eigensinn“ (Thiersch, 2012a, S. 53) betrachtet, das andere, dass sie nicht zwingt. Bei aller Entschlossenheit zur Hilfe rückt der Gedanke der Selbstverantwortung ins Zentrum (dazu Schumacher, 2007, S. 93). Es gilt, diese Verantwortung zu stärken, aber es gilt auch, sie von Adressaten einzufordern.

Lebensweltorientierte Soziale Arbeit demonstriert ihre Fähigkeit zum ethischen Urteil in diesen Eckpunkten ihres Hilfehandelns. Darin mündet ein ethisches Wissen ein, das seine Richtung über die Kennzeichen Verantwortung und Eigensinn erhält und das sich, mit Hans Thiersch gesehen, auf das Verständnis gründet, „dass Menschen sich als Personen in der Eigenart individueller Lebensgestaltung aufeinander einlassen“ (Thiersch, 2009, S. 243). Dieses Wissen dokumentiert die Eigenständigkeit der Profession, weil es die Eigenständigkeit des Menschen, auf den es sich richtet, zum Grundsatz erhebt. Zugleich ist deutlich, dass der alltagbezogene Rahmen lebensweltlichen Vorgehens darauf hinausläuft, auch die den Alltag prägenden Strukturen – und das sind zuerst Wertestrukturen – mit ins Kalkül zu nehmen. Im Klartext, um auch das mit Thiersch zu sagen, heißt das, „Alltäglichkeit als normatives Konzept“ (Thiersch, 2000b, S. 301) anzuwenden.

6.4 Der systemische Ansatz

Der Fokus Gesellschaft

Für das Handlungsziel der Absicherung des sozialen Leben in der Gesellschaft – immer auch als Ziel der wissenschaftlichen Arbeit gedacht – setzten die Bemühungen um Stabilisierung auch bei den sozialen Strukturen an. Der lebensweltbezogene Rahmen erstreckt sich, wie zu sehen war, auch dorthin; aber er geht vom Einzelnen und nicht von der Gemeinschaft aus. Diesen Akzent wiederum setzt eine systemtheoretisch argumentierende Herangehensweise. Der Bezug geht hier auf die *Systemtheorie,* die paradigmatisch Geltung erlangt (dazu Miller, 2001, S. 26 ff.); zugleich kann für die Soziale Arbeit, die ihr Wissen hier fundiert, aber weitere Wissensquellen und -bestände integriert, ein „Begriffswechsel … von systemtheoretisch zu systemisch“ (ebd., S. 25) vorgenommen werden. Die „systemische Sozialarbeit“ (Lüssi, 2008), von der in solchem Zusammenhang die Rede ist, fokussiert das „soziale Problem“ (ebd., S. 79). Die Grundidee dabei entfernt sich insofern vom Lebensweltgedanken und dessen Aufmerksamkeit fürs Individuum, als Belastungen – Probleme – als Störung in der Funktionalität eines sozialen Systems oder als Störung in der Beziehung zwischen Systemen abgebildet werden (ebd., S. 69 ff.). Das eröffnet die Perspektive, den Menschen von der Gesellschaft her zu denken.

Der systemische Ansatz in der Sozialen Arbeit wird unterschiedlich gehandhabt. An seiner Oberfläche scheint durchaus der Anspruch des Menschen, „autonom zu leben und Welt zu gestalten“ (Miller, 2001, S. 13) auf; aber es gibt auch Vorschläge wie den, zu einem Verständnis des Menschen über die „Dekonstruktion der Identität Mensch“ zu finden (Kleve, 2008, S. 144). Im ethischen Sinn greifbarer erscheint der Ansatz bei Staub-Bernasconi, im Zugriff auf das „systemische Paradigma“ den Menschen jedenfalls als ein Wesen mit vitalen Bedürfnissen zu sehen, denen nachzukommen einer Ausrichtung an „inneren ‚Soll-Werten‘“ entspricht (vgl. Staub-Bernasconi, 2007, S. 170). Der tragende Zusammenhang aber ist, den sozialen Rahmen für den Menschen als konstitutiv anzusehen und das Kräftespiel dort nach systemischen Gesichtspunkten zu beschreiben.

Für das ethische Urteil wird so der Blick ganz auf den sozialen Zusammenhang bzw. auf das Gebilde Gesellschaft gelenkt. Die Probleme und der Hilfebedarf, die dort aufscheinen, zeigen sich auch und nicht zuletzt als Strukturprobleme. Als solche wiederum verweisen sie darauf, dass sich der Praxisansatz der Sozialen Arbeit keinesfalls darin erschöpft, dem – hilfebedürftigen – Individuum beizustehen. Vielmehr muss es als Verantwortung des Menschen benannt werden, für soziale Strukturen zu sorgen, die Hilfebedarf möglichst nicht entstehen lassen. Das Verständnis von *Gesellschaft,* das hier Anwendung findet, ist allerdings notwendig eines, das individuelles und sozial gefügtes menschliches Leben in wesenhafter Verschränkung sieht (vgl. Elias, 1987, S. 125; dazu Schumacher, 2011a, S. 17f.). Darin liegt ein Verständnisansatz, der nicht einfach Atomismus durch Kollektivismus ersetzt, sondern der sich vom Bild der „Menschen-in-der-Gesellschaft" (Staub-Bernasconi, 1995a, S. 127) leiten lässt.

Das soziale Handeln als Zielpunkt

Zweierlei wird hier deutlich: Das eine ist, dass zwischen dem Lebensweltansatz und dem systemischen Ansatz eine Brücke zu bauen ist. Als Widerlager und Befestigung dient auf der einen Seite das Interesse lebensweltlicher Konzepte am normativen Charakter des Alltags und auf der anderen Seite der Befund, dass der systemische Blick den Menschen auch als Individuum erreicht. Die Stärke, die jeder der beide Ansätze über seine jeweilige Akzentuierung für das ethische Urteil in der Sozialen Arbeit bedeutet, sollte immer zusammengeführt betrachtet werden, geformt gleichsam zu den zwei Beinen, durch die das ethische Sozialarbeitswissen Standkraft und Beweglichkeit erhält. – Das andere ist, dass auch im systemischen Ansatz die Eigenständigkeit der Profession hervortritt. Das zeigt sich daran, dass die Veränderungsperspektive im beruflich ausgerichteten Handeln nicht nur auf den Einzelnen, den Adressaten bezogen wird, sondern auch auf die Gesellschaft insgesamt. Als Auftraggeberin – und als Geldgeberin – für die Soziale Arbeit gerät sie, anders, als man es vielleicht vermuten möchte, selbst ins Visier der kritischen Bewertung. Der Zusammenhang wäre skurril, würde da nicht gelten, dass die Gesellschaft selbst kein handelndes Subjekt ist. Sie ist ein Konstrukt und als solches der Rahmen, in den hinein Menschen individuelles und soziales Leben gestalten. Sie bleibt von den Menschen gehalten, die sich in ihr zu Gesellschaft verbinden.

Der systemtheoretische resp. systemische Ansatz steht also dafür, Belastungen, denen Menschen ausgesetzt sind und durch die sie in ihrem sozialen Handeln beeinträchtigt werden, als strukturelle Mängel oder Fehlstellungen im sozialen Referenzsystem zu verstehen. Er zielt damit auf Korrekturen im System. Die Korrekturen treten als „soziale Problemlösung" (Lüssi, 2008, S. 119) in Erscheinung. In den Händen der Akteurinnen und Akteure in der Sozialen Arbeit – das gilt für die Praxis ebenso wie für die Theorie – formt sich der systemische Zugang allerdings stets auf den Menschen, der als Einzelner Rat sucht oder keinen Ausweg weiß, hin aus. In einem Abgleich mit dem abendländischen Menschenbild, das uns das Individuum nahelegt, sollte es Sozialer Arbeit gelingen, der „Entpersonifizierungsfalle" (Miller, 2001, S. 236) zu entgehen, die darin liegt, im systemischen Herangehen zu *übersehen,* dass der Zusammenhang der Rollen, die Menschen zugedacht sind, keine Notwendigkeit beinhaltet. Als Notwendigkeit und als Wirklichkeit aber begegnet der Mensch: als Einzelner, als Individuum, als *Person.* So gesehen liegt in der Sozialen Arbeit auch ein Bekenntnis zu dieser Wirklichkeit. Die ethische Anstrengung – *jede* ethische Anstrengung, die unternommen wird, bezeugt nichts anderes als den Wert des Menschen. Dieser Wert zeigt sich als Anspruch wie als Verpflichtung im System des sozialen Handelns.

Zusammenfassung und Überblick

Die sechs Kapitel des ersten Teils haben ein Grundwissen vermittelt, von dem her sich Ethik in der Sozialen Arbeit fassen lässt. Das wichtigste Ergebnis ist: Die Ethik ist ein konstitutiver Bestandteil von Beruf, Profession und Wissenschaft. Es ist deutlich geworden, dass der Blick auf die Ethik in der Sozialen Arbeit bei einem Sozialarbeitsverständnis ansetzen muss. Es braucht gewisse Klarheit über einen ethischen Bedarf, der sich in der Praxis, aber ebenso in der Theorie abzeichnet; und es braucht eine Vorstellung davon, wie Ethik in der Sozialen Arbeit wirksam werden kann. Der ethische Bedarf entsteht von Grund auf: bei der Problemerfassung und der Abklärung eines Hilfebedarfs; er erstreckt sich über den gesamten Handlungsprozess: bezogen auf die Definition der Handlungsziele und die Auswahl der Mittel; und er rahmt das sozialarbeiterische Selbstverständnis: über das Menschenbild und über die Vorstellungen von einem gelingenden Alltag. *Darüber hinaus* stützt ethisches Wissen Handlungsentscheidungen in der Praxis, aber ohne Rezeptcharakter und stets so, dass in gleicher Weise alle Entscheidungsebenen, bis hinauf in Trägerstrukturen, betroffen sind.

Es ist weiterhin deutlich geworden, dass Ethik als Wissenschaft – im Kern die philosophische Ethik – und das ethische Sozialarbeitsverständnis zusammenspielen. Daraus entstehen Ordnung und Struktur. Das zeigte sich vor allem beim Menschenbild, für das die Philosophie, in Durchdringung der menschlichen Erkenntnissituation, einen Weg vorzeichnet, der, als geistesgeschichtlicher Prozess angelegt, zum Individuum und dessen Autonomieanspruch führt; und für das die Soziale Arbeit weitere Kriterien heranzieht, die *ihrem* Wirken gerecht werden. Die besondere Akzentuierung, auch das hat sich gezeigt, geht nicht am philosophischen Verständnis vorbei; aber sie pointiert anders – vor allem setzt sie beim Menschen als soziales Wesen an.

Die wissenschaftliche Ethik ist ein weites Feld. Sie kann und muss im Studium der Sozialen Arbeit nicht abgebildet werden. Aber ohne einen Begriff dessen, was da geschieht, beforscht und diskutiert wird, bleibt zuletzt auch die Sozialarbeitsethik stumm. In dem Maß, wie es gelingt, Ethik vom Anliegen und von ihren Möglichkeiten her zu verstehen, kann sich dieses Anliegen und können sich Einflusslinien auch in der Sozialen Arbeit artikulieren und etablieren. Zum Grundwissen Ethik gehört zu wissen, was Ethik heißt, wofür sie steht und welche Relevanz ihr zukommt. Dazu war eine Begrifflichkeit zu klären, eine geschichtliche Spur aufzunehmen und die Lage zu sondieren, wie sie sich für den Menschen aus heutiger Sicht darstellt.

Ethik interessiert sich für das Handeln, für *richtiges* Handeln, für *erfolgreiches* Handeln. Aus Sicht Sozialer Arbeit geht es um das Handeln von Klienten ebenso wie um die berufliche Praxis. Ethik interessiert sich weiter für das *gute Leben,* für Fragen nach Glück und Lebenszufriedenheit. In der Ethik geht es auch um Sinnperspektiven. Nicht zuletzt interessieren in der Ethik auch die Grundlagen, die Vorstellungen von Qualität überhaupt möglich machen. Das ist durchaus komplex, und entsprechend vielfältig – und vieldeutig – zeigt sich das vorhandene Repertoire an Entwürfen, Programmen und Konzepten. Die zurückliegenden Kapitel haben aufgezeigt, wie hier eine Ordnung entsteht:

1. indem man sieht, dass von der Antike bis heute für die Ethik drei Positionen markiert worden sind: Ethik als Sache der Vernunft; Ethik als Verlangen nach Sinnstiftung; Ethik als Orientierung im Widerstreit der Interessen;
2. indem man versteht, dass die Vielfalt der Ideen und Ansätze in der Ethik einer Grundfigur des Handelns zugeordnet werden kann, die als Dreischritt von *Motiv, Handlung und Folgen* unterschiedlich Akzentsetzungen, darunter maßgeblich eine deontische und eine konsequentialistische, möglich macht;
3. indem man begreift, dass Ethik als abendländische Idee entstanden ist, zwar mit einem universellen Anspruch, aber eben so, dass Ansätze in anderen Kulturen nicht ohne weiteres vereinnahmt oder beurteilt werden können.

Herzstück der Ethikdiskussion aber ist die Frage nach dem Wert des Menschen. Die Frage ist auch für die Soziale Arbeit von großer, von *entscheidender* Bedeutung. Soziale Arbeit – das kann jetzt schon festgehalten werden – steht und fällt mit der Möglichkeit, den Menschen ohne Ansehen der Person wertzuschätzen und *gleichwertig* zu behandeln. In der Ethik präsentiert sich die Frage wiederum vielschichtig. Das eine sind Anthropologien, die nach unterschiedlicher Anbindung und Maßgabe – kulturbezogen, wissenschaftsgebunden, zielorientiert – formuliert werden, die hier allerdings nicht betrachtet wurden, weil sie zu einem ethischen Grundverständnis in der Sozialen Arbeit nichts beitragen.

Das andere ist die Diskussion um Wert und Wirklichkeit und dabei die Ausgangslage, dass es nicht gelingen wird, in und mit Ethik auch nur einen einzigen Wert verbindlich vorzuschreiben. Die Abstimmungsprozesse verlaufen vielmehr anders: über Diskurse, Lobbyarbeit, Mehrheitsentscheid. Dennoch *hat* die Ethik Wertideen, und es ist hilfreich, sich auf die wissenschaftliche Diskussion einzulassen. Hier lassen sich Themen wie Tugend, Pflicht und Glück betrachten; hier finden sich Vorstellungen zum Guten und zur Moral, über die sich Wirklichkeit setzen und gestalten lässt.

Ein drittes Feld schließlich erstreckt sich über die Debatte zum Menschenbild. Ein Kern, abendländisch platziert, konnte freigelegt werden: der Autonomieanspruch des Menschen; darüber hinaus aber gilt es zu prüfen, welche Implikationen dieser Anspruch hat. Für die Soziale Arbeit und ihre Ethik zeigt sich ein Weg, die Fragestellungen rund um den Wert des Menschen eigenständig weiter zu verfolgen. Vor allem bietet der berufliche Handlungskontext eine Möglichkeit, die in der Ethik ansonsten nicht gegeben ist: einen passend erscheinenden Wertebezug zu definieren und, insofern er dem Selbstverständnis der Sozialen Arbeit entspricht, für deren gesamtes Aktionsfeld vorzuschreiben. Dieser Zusammenhang wird im zweiten Teil des Lehrbuchs betrachtet.

Literaturhinweise zu Teil 1

Lexika, Einführungen, Überblick

Ach, Johann S./Bayertz, Kurt/Siep, Ludwig (Hg.) (2008–2011): Grundkurs Ethik, 2 Bde., Paderborn.

Anzenbacher, Arno (2012): Ethik. Eine Einführung, 4. Aufl. Ostfildern.

Birnbacher, Dieter (2007): Analytische Einführung in die Ethik, 2. Aufl. Berlin.

Blackburn, Simon (2009): Gut sein. Eine kurze Einführung in die Ethik, 2. Aufl. Darmstadt.

Düwell, Marcus/Hübenthal, Christoph/Werner, Micha H. (Hg.) (2011): Handbuch Ethik, 3. Aufl. Stuttgart.

Dungs, Susanne/Gerber, Uwe/Schmidt, Heinz/Zitt, Renate (Hg.) (2006): Soziale Arbeit und Ethik im 21. Jahrhundert. Ein Handbuch, Leipzig.

Hauskeller, Michael: Geschichte der Ethik (1999): Mittelalter, München.

Höffe, Otfried (Hg.) (2008): Lexikon der Ethik. 7. Aufl. München.

Höffe, Otfried (Hg.) (2012): Lesebuch zur Ethik. Philosophische Texte von der Antike bis zur Gegenwart, 5. Aufl. München.

Horster, Detlef (2009): Ethik, Stuttgart.

Horster, Detlef (Hg.) (2012): Texte zur Ethik, Stuttgart.

Knoepffler, Nikolaus (2010): Angewandte Ethik. Ein systematischer Leitfaden, Wien-Köln-Weimar.

LaFollette, Hugh (Hg.) (2000): The Blackwell Guide to Ethical Theory, Oxford.

Pauer-Studer, Herlinde (2010): Einführung in die Ethik, 2. Aufl. Wien.

Pieper, Annemarie (2007a): Einführung in die Ethik, 6. Aufl. Tübingen.

Quante, Michael (2011): Einführung in die allgemeine Ethik, 4. Aufl. Darmstadt.

Vieth, Andreas (2006): Einführung in die Angewandte Ethik, Darmstadt.

Anthropologie und Menschenbild

Elsner, Norbert/Schreiber, Hans-Ludwig (Hg.) (2003): Was ist der Mensch?, 2. Aufl. Göttingen.

Fromm, Erich (1992): Die Seele des Menschen. Ihre Fähigkeit zum Guten und zum Bösen, München.

Fuchs, Thomas (2000): Leib, Raum, Person. Entwurf einer phänomenologischen Anthropologie, Stuttgart.

Haeffner, Gerd (2005): Philosophische Anthropologie, 4. Aufl. Stuttgart-Berlin-Köln.

Höffe, Otfried (1991): Transzendentale Interessen. Zur Anthropologie der Menschenrechte, in: Menschenrechte und kulturelle Identität. Ein Symposion, hg. v. W. Kerber, München, S. 15–36.

Honneth, Axel/Joas, Hans (1980): Soziales Handeln und die menschliche Natur, Frankfurt a. M.

Kaufmann, Jean-Claude (2005): Die Erfindung des Ich. Eine Theorie der Identität, Konstanz.
Lenk, Hans (2010): Das flexible Vielfachwesen. Einführung in die moderne philosophische Anthropologie zwischen Bio-, Techno- und Kulturwissenschaften, Weilerswist.
Reber, Joachim (2005): Das christliche Menschenbild, Augsburg.
Schmid, Hans Bernhard/Schweikard, David P. (Hg.) (2009): Kollektive Intentionalität. Eine Debatte über die Grundlagen des Sozialen, Frankfurt a. M.
Searle, John R. (2012b): Wie wir die soziale Welt machen. Die Struktur der menschlichen Zivilisation, Berlin.
Stein, Edith (2004): Der Aufbau der menschlichen Person. Vorlesung zur Philosophischen Anthropologie, neu bearb. u. eingel. v. B. Beckmann-Zöller, Freiburg i. Br.
Thies, Christian (2009): Einführung in die philosophische Anthropologie, 2. Aufl. Darmstadt.
Tugendhat, Ernst (2010): Anthropologie statt Metaphysik, München.

Auswahl zu Grundthemen der Ethik: Freiheit, Würde, Glück

Baldermann, Ingo (Hg.) (2001): Menschenwürde, Neukirchen-Vluyn.
Fischer, Johannes/Gruden, Stefan/Imhof, Esther/Strub, Jean-Daniel (2008): Grundkurs Ethik. Grundbegriffe philosophischer und theologischer Ethik, 2. Aufl. Stuttgart.
Forschner, Maximilian (1994): Über das Glück des Menschen. Aristoteles, Epikur, Stoa, Thomas von Aquin, Kant, 2. Aufl. Darmstadt.
Hare, Richard M. (1983): Freiheit und Vernunft, Frankfurt a. M.
Höffe, Otfried (2007): Lebenskunst und Moral oder: Macht Tugend glücklich?, München.
Janke, Wolfgang (2002): Das Glück der Sterblichen. Eudämonie und Ethos, Liebe und Tod, Darmstadt.
Kerber, Walter (Hg.) (1991b): Das Absolute in der Ethik. Ein Symposion, München.
Lenk, Hans (1998): Konkrete Humanität, Vorlesungen über Verantwortung und Menschlichkeit, Frankfurt a. M.
Levinas, Emmanuel (1989): Humanismus des anderen Menschen, übers. u. eingel. v. L. Wenzler, Hamburg.
MacIntyre, Alasdair (1995): Der Verlust der Tugend. Zur moralischen Krise der Gegenwart, Frankfurt a. M.
Meck, Sabine (2003): Vom guten Leben. Eine Geschichte des Glücks, Darmstadt.
Nida-Rümelin, Julian (2005): Über die menschliche Freiheit, Stuttgart.
Pannenberg, Wolfhart (1991): Christliche Wurzeln des Gedankens der Menschenwürde, in: Menschenrechte und kulturelle Identität. Ein Symposion, hg. v. W. Kerber, München, S. 61–76.
Ricken, Friedo: Gemeinschaft – Tugend – Glück. Platon und Aristoteles über das gute Leben, Stuttgart 2004.
Safranski, Rüdiger (1997): Das Böse. Oder Das Drama der Freiheit, München-Wien.
Schockenhoff, Eberhard (2004): Beruht die Willensfreiheit auf einer Illusion? Hirnforschung und Ethik im Dialog, in: Erwachsenenbildung 50, S. 111–115.
Seel, Martin (2009): Versuch über die Form des Glücks. Studien zur Ethik, Frankfurt a. M.
Tiedemann, Paul (2006): Was ist Menschenwürde? Eine Einführung, Darmstadt.
Watzlawick, Paul (2012): Anleitung zum Unglücklichsein, 12. Aufl. München.

Moral und moralisches Handeln

Adorno, Theodor W. (1951): Minima Moralia. Reflexionen aus dem beschädigten Leben, Frankfurt a. M.

Bayertz, Kurt (2006): Warum überhaupt moralisch sein?, München.

Celikates, Robin/Gosepath, Stefan (Hg.) (2009): Philosophie der Moral. Texte von der Antike bis zur Gegenwart, Frankfurt a. M.

Habermas, Jürgen (1983): Moralbewußtsein und kommunikatives Handeln, Frankfurt a. M.

Hare, Richard M. (1997): Die Sprache der Moral, Frankfurt a. M.

Harman, Gilbert (1981): Das Wesen der Moral. Eine Einführung in die Ethik, Frankfurt a. M.

Hauskeller, Michael (2001): Versuch über die Grundlagen der Moral, München.

Hoerster, Norbert (2008): Was ist Moral? Eine philosophische Einführung, Stuttgart.

Hoerster, Norbert (Hg.) (2002b): Recht und Moral. Texte zur Rechtsphilosophie, Stuttgart.

Joas, Hans (1999): Die Entstehung der Werte, Frankfurt a. M.

Matsumoto, Dairi (2011): Moralbegründung zwischen Kant und Transzendentalpragmatik. Von der transzendentalen Begründung zur Faktizität des Moralischen, Marburg.

Nunner-Winkler, Gertrud/Edelstein, Wolfgang (Hg.) (2000): Moral im sozialen Kontext, Frankfurt a. M.

Nussbaum, Martha C. (2000): Vom Nutzen der Moraltheorie für das Leben, Wien.

Spaemann, Robert (2009): Moralische Grundbegriffe, 8. Aufl. München.

Stemmer, Peter (2000): Handeln zugunsten anderer. Eine moralphilosophische Untersuchung, Berlin-New York.

Ausgewählte Zugänge und Perspektiven in der Ethik

Bauman, Zygmunt (2009): Postmoderne Ethik, Hamburg.

Birnbacher, Dieter (2008): Heiligen die Zwecke die Mittel? Einführung in die Konsequentialistische Ethik, in: Grundkurs Ethik, hg. v. J. Ach u. a., Bd. 1, Paderborn, S. 91–106.

Demele, Markus/Hartlieb, Michael/Noweck, Anna (Hg.) (2011): Ethik der Entwicklung. Sozialethische Perspektiven in Theorie und Praxis, Münster.

Gesang, Bernward (2003): Eine Verteidigung des Utilitarismus, Stuttgart.

Hepfer, Karl (2008): Philosophische Ethik. Eine Einführung, Göttingen.

Hoerster, Norbert (2003): Ethik und Interesse, Stuttgart.

Jonas, Hans (1979): Das Prinzip Verantwortung. Versuch einer Ethik für die technologische Zivilisation, Frankfurt a. M.

Kerber, Walter (1998): Sozialethik, Stuttgart-Berlin-Köln.

Kerber, Walter/Ertl, Heimo/Hainz, Michael (Hg.) (1991): Katholische Gesellschaftslehre im Überblick – 100 Jahre Sozialverkündigungen der Kirche, Frankfurt a. M.

Krämer, Hans (1992): Integrative Ethik, Frankfurt a. M.

Küng, Hans (2011): Projekt Weltethos, 13. Aufl. München.

Mill, John Stuart (1985): Der Utilitarismus, Stuttgart.

Müller, Wolfgang Erich (2011): Evangelische Ethik, 2. Aufl. Darmstadt.

Pannenberg, Wolfhart (2003): Grundlagen der Ethik. Philosophisch-theologische Perspektiven, 2. Aufl. Göttingen.

Pieper, Annemarie (1998): Gibt es eine feministische Ethik?, München.

Rippe, Klaus Peter/Schaber, Peter (Hg.) (1998): Tugendethik, Stuttgart.

Schockenhoff, Eberhard (2007): Grundlegung der Ethik. Ein theologischer Entwurf, Freiburg i. Br.
Schulz, Walter (1981): Ethisches Handeln – heute, in: ders., Vernunft und Freiheit, Stuttgart, S. 79–104.
Sedmak, Clemens (2003): Theologie in nachtheologischer Zeit, Mainz.
Vossenkuhl, Wilhelm (2006): Die Möglichkeiten des Guten. Ethik im 21. Jahrhundert, München.
Weber, Max (1992): Politik als Beruf, Stuttgart.
Wilhelms, Günter (2010): Christliche Sozialethik, Paderborn.
Wolf, Ursula (1999): Die Philosophie und die Frage nach dem guten Leben, Reinbek b. Hamburg.

Der Blick auf den Ethikbezug Sozialer Berufe

Baum, Hermann (1996): Ethik sozialer Berufe, Paderborn.
Baum, Hermann (2000): Anthropologie für soziale Berufe, Opladen.
Diezinger, Angelika/Mayr-Kleffel, Verena (2009): Soziale Ungleichheit. Eine Einführung für soziale Berufe, 2. Aufl. Freiburg i. Br.
Garhammer, Erich (1989): Menschen-Bilder. Impulse für helfende Berufe, Regensburg.
Geißler, Karlheinz A./Hege, Marianne (2006): Konzepte sozialpädagogischen Handelns. Ein Leitfaden für soziale Berufe, 11. Aufl. Weinheim-Basel.
Großmaß, Ruth (2006): Die Bedeutung der Care-Ethik für die Soziale Arbeit, in: Soziale Arbeit und Ethik im 21. Jahrhundert. Ein Handbuch, hg. v. S. Dungs u. a., Leipzig, S. 319–338.
Großmaß, Ruth/Perko, Gudrun (2011): Ethik für soziale Berufe, Paderborn.
Müller, Burkhard (1991): Die Last der großen Hoffnungen. Methodisches Handeln und Selbstkontrolle in sozialen Berufen, Neuausgabe Weinheim-München.
Schneider, Johann (1999): Gut und Böse – Falsch und Richtig. Zu Ethik und Moral der sozialen Berufe, Frankfurt a. M.

Hinweise für das Ethikverständnis in der Sozialen Arbeit

Babo, Markus (2011): Um des Menschen willen. Zur Relevanz des christlichen Sinnhorizonts in der Sozialen Arbeit, in: Die Soziale Arbeit und ihre Bezugswissenschaften, hg. v. T. Schumacher, Stuttgart, S. 125–144.
Bauer, Edith (2008): Entwicklungslinien ethischer Paradigmen der Sozialen Arbeit. Hegel, das Judentum und die Postmoderne, in: Soziale Arbeit 57, S. 282–292.
Eisenmann, Peter (2012): Werte und Normen in der Sozialen Arbeit, 7. Aufl. Stuttgart.
Hill, Burkhard/Hönigschmid, Cornelia/Kreling, Eva/Eisenstecken, Erich/Grothe-Bortlik, Klaus/Zink, Gabriela (Hg.) (2012): Selbsthilfe und Soziale Arbeit. Das Feld neu vermessen, Weinheim.
Kleve, Heiko (2008): Der Mensch der Sozialarbeit. Zur Unbestimmtheit eines Platzhalters – eine systemtheoretische Reflexion, in: Soziale Arbeit 57, S. 140–145.
Leupold, Michael (2007): Ethische Grundlagen in der Sozialen Arbeit. Ein Plädoyer für eine stärkere Berücksichtigung der Strebensethik, in: Neue Praxis 37, S. 265–277.
Lob-Hüdepohl, Andreas/Lesch, Walter (Hg.) (2007): Ethik Sozialer Arbeit. Ein Handbuch, Paderborn.
Schilling, Johannes (2000): Anthropologie. Menschenbilder in der Sozialen Arbeit, Neuwied.

Schmid Noerr, Gunzelin (2012): Ethik in der Sozialen Arbeit. Eine Einführung, Stuttgart.

Schnabl, Christa (2005): Gerecht sorgen. Grundlagen einer sozialethischen Theorie der Fürsorge, Freiburg (Schweiz).

Schumacher, Thomas (2006b): Sozialarbeitsethik in der Krise – Der systematische Ort der Ethik in der Sozialen Arbeit, in: Theorie und Praxis der Sozialen Arbeit 57, Heft 1, S. 55–62.

Schumacher, Thomas (2007): Soziale Arbeit als ethische Wissenschaft. Topologie einer Profession, Stuttgart.

Schumacher, Thomas (2011): Grundlagen des Erkennens in der Sozialen Arbeit, in: ders. (Hg.), Die Soziale Arbeit und ihre Bezugswissenschaften, Stuttgart, S. 145–163.

Thiersch, Hans (1995): Lebenswelt und Moral. Beiträge zur moralischen Orientierung Sozialer Arbeit, Weinheim-München.

Teil 2
Anhaltspunkte ethischer Praxis

Vorbemerkung

Der zweite Teil des Lehrbuchs der Ethik in der Sozialen Arbeit arrangiert den Leitfaden für die zweite Ethikeinheit im Studium. Es gibt dafür zwei Anknüpfungspunkte: zum einen das im ersten Teil dargelegte Grundwissen; zum andern die sozialarbeiterische Praxis. Die Empfehlung ist, diesen Teil nach dem praktischen Studiensemester zu lehren, weil Studierende die eigenen Praxiserfahrungen einbringen und in Bezug setzen können. Dennoch ist diese Praxiserfahrung nicht Voraussetzung. Was gelehrt und gelernt werden soll, ist die Seite der Anwendung ethischen Wissens in der Sozialen Arbeit. Die Anwendung bezieht sich auf die Theorie genauso wie auf die Praxis. Was deutlich werden soll, ist vor allem, *warum* Soziale Arbeit als Beruf, Profession und Wissenschaft ethische Kompetenz ausbilden muss.

Das zum Grundwissen gefasste Schema im ersten Teil des Lehrbuchs hatte vor Augen geführt, welche enge Verbindung zwischen dem Grundanliegen der Ethik und dem Selbstverständnis Sozialer Arbeit besteht. Zu sehen war auch, dass die Ethik im sozialarbeiterischen Zusammenhang nicht peripher, nicht zugeordnet agiert, sondern über Theoriezugänge und entsprechende Handlungsimpulse – gefasst im schönen Wort der Handlungstheorie – angestoßen wird. Ethik folgt als Wissen dem in der Sozialen Arbeit angelegten Fachwissen. Sie folgt analog auch dem wissenschaftlichen Wissen, besonders dort, wo es darum geht, ein Sozialarbeitsverständnis auszuprägen. Zwei maßgebliche Bezugspunkte wurden herausgestellt: zum einen das Gegenstandverständnis – geeignet auch zur Definition –, wonach das Bestreben auf allen Denk- und Handlungsebenen darauf geht, die Qualität des Zusammenlebens in der Gesellschaft abzusichern und, wo möglich, zu verbessern; zum andern das Menschenbild, das, im Abgleich mit der geistesgeschichtlichen Tradition und mit dem fachlichen Anspruchsprofil, das Denken und Handeln in der Sozialen Arbeit ordnet.

Auf dieser Grundlage werden nun die Belange der Praxis betrachtet. Die Praxis ist das Feld, in dem die Ethik in der Sozialen Arbeit zu ihrer Gestalt findet. Sie ist außerdem der Bereich, in dem Sinn und Bedeutung der ethischen Anstrengung greifbar werden. Für den Beruf geht es darum, das initiierte Beratungs- und Hilfehandeln zu legitimieren; für die Profession, die Handlungswege und -ansprüche zu verifizieren; für die Wissenschaft, das Veränderungspotential zu optimieren. Die drei Anliegen zusammen tragen und formen Praxis. Diese *beginnt,* wo berufliches Handeln Veränderung anstößt und dabei weiß, dass solche Veränderung erforderlich ist (Kapitel 1). Die in Gang gekommene Praxis wird von ethischen Positionen bestimmt, die das Berufshandeln justieren (Kapitel 2), und von Wertebezügen getragen, die den beruflichen Handlungsanspruch repräsentieren (Kapitel 3). Praxis zeigt sich dann in der Fallarbeit, die ethischen Prinzipien folgt (Kapitel 4). Zu sehen ist darüber hinaus, dass zu solcher Praxis die Erwartung besteht, dass sie über eine *einschlägige Tendenz* programmatisch *definiert* werden kann (Kapitel 5).

Die Ausführungen hier im zweiten Teil des Lehrbuchs münden in ein Kapitel zur Berufsethik (Kapitel 6). Damit wird ein Betrachtungsweg ins Ziel geführt, auf dem Ethik als Bestandteil und Kennzeichen Sozialer Arbeit erfasst wird. Das Bachelorstudium qualifiziert umfänglich für den Beruf. Die in diesem Studium gelehrte Ethik qualifiziert dafür, den spezifischen Bedarf an ethischer Aufmerksamkeit in der beruflichen Arbeit zu sehen, die ethischen Rahmenpunkte, die diese Arbeit lenken und voranbringen, zu beachten und mit den ethischen Instrumenten Ergebnisqualität sicherzustellen. Für die auf der Grundlage der Bachelorausbildung geleistete Berufsarbeit meint das zuletzt, als Sozialpädagogin auch in der Lage zu sein, den Beruf in Teilen wie im Ganzen anhand und vermöge seiner Ethik weiterzuentwickeln.

Kapitel 1
Normatives Handeln in der Sozialen Arbeit

Die ethische Praxis der Sozialen Arbeit ist nicht leicht zu erfassen. Die Vielfalt der Handlungsfelder trägt zur Komplexität ebenso bei, wie die Bandbreite der Leitbilder und, nicht zuletzt, der persönlichen Zugänge. Klärung bringt eine Besinnung darauf, dass Praxis in aller Regel von einer Bewertung ausgeht.

1.1 Der normative Anspruch

Helfen oder verändern?

Auf den ersten Blick scheint ein normativer Anspruch in der Sozialen Arbeit nicht zu bestehen. Hilfe reagiert auf Hilfebedarf. Zieht man den Traditionsstrang der Armenfürsorge mit heran und geht ihn dorthin zurück, wo die Anfänge auch für ein berufliches Verständnis gesehen werden: zur Bewältigung der Armutproblemantik im späten Mittelalter (dazu Sachße/Tennstedt, 1998), scheint überdeutlich, dass von Sozialer Arbeit nicht Normativität ausgeht, sondern schlichtweg helfendes Handeln – „Wohltätigkeit" – auf des Basis gelebter Nächstenliebe (vgl. Müller, 2009, S. 11; Sachße/Tennstedt, 1998, S. 67). Das ist nicht von der Hand zu weisen. Denn auch wenn das moderne Wirken des Berufes Armut nur mehr als Hintergrundthema anvisiert, im Vordergrund dagegen Handlungsfelder und Tätigkeitsprofile hält, ist doch klar, dass Armut als Faktor in der Ursachenanalyse immer wieder auftaucht. Das ist weiter zuzuspitzen: Einzelpersonen und Familien, die von Sozialer Arbeit als Klienten angesprochen werden und die in der einen oder anderen Form Unterstützung – Hilfe – in Anspruch nehmen, leben häufig an oder unter der Armutgrenze.

Das Thema Armut, daran kann es keinen Zweifel geben, steht weiter im Fokus der Sozialen Arbeit. Es bedarf auch keiner großen Anstrengung, um zu sehen, dass Menschen soziale Hilfe brauchen, *weil* sie arm sind. Aber heißt das, dass es berufliches Helfen letztlich vor allem mit Schwierigkeiten zu tun hat, die durch materielle Not entstanden sind? Würde das nicht darauf hinauslaufen, soziale Probleme dadurch zu lösen, dass Armut beseitigt wird? So einfach ist die Lage nicht. Soziale Arbeit betreibt heute *keine* Armenfürsorge mehr. Auch wenn ein Wissen über Armut mit zum Erklärungswissen gehört – weil Armut bei der Problemerfassung ursächlich in Erscheinung tritt –, ist der kausale Zusammenhang einer Problemlage in aller Regel als mehrgleisig anzusehen. Darüber hinaus ist auch das Verständnis zur Armut nicht frei von Ambivalenzen. Um das rechte Maß – Stichwort: relative vs. absolute Armut – wird in der öffentlichen Debatte gerungen, und es bleibt auch die Irritation darüber, dass es „Armut in einem reichen Land" (Butterwegge, 2011) überhaupt gibt.

Das nun zusammengenommen bedeutet, dass der sozialarbeiterische – und zumal, wenn man hier differenzieren möchte, der sozialpädagogische – Hilfeansatz nicht (mehr) von geklärten, von herandrängenden, von *augenfälligen* Bedarfen ausgeht (wenn er das überhaupt je getan hat), sondern über Symptome und Indizien Hilfebedarf vermutet. Die Vermutung – den *Verdacht* – gilt es über eine genaue Problemerfassung und die Anwendung von Erklärungswissen zu bestätigen, um entsprechend Hilfe in Gang zu bringen. Das wiederum bedeutet, dass am Anfang des Hilfeprozesses eine Bewertung steht, die von der Sozialen Arbeit zu leisten ist. Sie kann leichtfallen und dabei so etwas wie Selbstevidenz demonstrieren; doch sie kann auch Mühe kosten, nicht zuletzt zur Rechtfertigung einer Maßnahme, die aufwendig und teuer ist. So oder so aber ist einsehbar, dass, bevor Hilfe anlaufen kann, ein Abgleich der in Frage stehenden Situation mit Vorstellungen, wie es sein soll, stattfinden muss. Helfen zeigt sich darin maßgeblich als Anstoß *zu verändern.*

Für das Hilfeverständnis ist das entscheidend. Denn kein Hilfebedarf steht von vorne herein fest. Augenfällig mag die *Not* sein, die solchen Bedarf indiziert (dazu Lüssi, 2008, S. 84); aber was zu tun ist, was getan werden *kann,* legt die Soziale Arbeit über eine Analyse fest,

- die möglichst alle Faktoren, die diese Not bedingen, erfasst;
- die Not auf solchem Weg als *Problem* bestimmt;
- die Ansatzpunkte ins Auge fasst, dem Problem beizukommen;
- die Ressourcen prüft, die zur Hand sind;
- die am Ende – und das ist der Anfang der eigentlichen Hilfegewährung – den Weg beschreibt, der zur Problemlösung führen soll.

Der Hilfeprozess zielt auf Veränderung; und er zielt auf die Mitwirkung der Betroffenen (dazu wiederum Thiersch, 2000a, S. 16f.). In beidem liegt ein normativer Anspruch: hinsichtlich darauf, was zu geschehen hat, und hinsichtlich darauf, was einer dazu beitragen muss.

Die Vorstellung, wie es sein soll

Soziale Arbeit gewinnt ihren Handlungsansatz daraus, dass sie weiß, was im Alltag eines Menschen (auch einer Familie oder eines Betriebes), bezogen auf die sozialen Erwartungen, schlecht läuft, und dass sie Ideen hat, wie dieser Alltag besser funktionieren würde. Daraus formt sich die klassische Beratungssituation, in der Lösungen entwickelt und offeriert werden. Das berufliche Setting umfasst diese Art der Dienstleistung, aber es spannt den Rahmen grundsätzlich weiter. In aller Regel geht es nicht einfach um Vorschläge, die einer annimmt oder nicht, sondern es geht um Lösungen für Probleme, die Wirkung auch auf andere, nicht selten auch auf die Gesellschaft insgesamt haben. Es geht also in der Praxis der Sozialen Arbeit – und das trifft auch für die meisten Situationen der Beratung zu – um einen Weg, unterschiedliche und nicht selten gegeneinander stehende Interessen zu bearbeiten. Der naive Weg, eine Lösung zu erwirken, läge darin, die Interessen auf Klientenseite durchzusetzen (und dabei das eigentliche Problem zu konservieren), der direktive Weg, Klienteninteressen zu ignorieren. Der Weg der Sozialen Arbeit aber führt über den Interessenausgleich (dazu siehe bei Wendt, 1995). Das eröffnet die Akzentsetzung in die eine oder die andere Richtung; aber das zeigt auch, worum es eigentlich geht: nämlich nicht um Ideen und Phantasien, wie es sein *kann*, sondern klar um die Frage, wie es sein *soll*. Die Lösung, die in der beruflichen Praxis gesucht wird, ist immer auch eine Entscheidung für die Zukunft.

Dieser Rahmen, der Lösungen nicht optional, sondern entschieden anstrebt, der immer den Einzelnen *und* die soziale Gemeinschaft im Blick hat, weist zuletzt weit über den Hilfeprozess hinaus. Auch wenn in der Hilfe die Kernfunktion Sozialer Arbeit gesehen wird, zeigt doch schon die Formel der sozialen Problemlösung an, dass für den Prozess, der Hilfe auf den Weg und voran bringt, ein Wissen entscheidend ist, das sich ganz an dem ausrichtet, was für den Menschen gut ist. Soziale Arbeit ist ohne Wert und Nutzen, wenn sie darüber nicht Auskunft zu geben vermag. Das heißt, dass es zur beruflichen Praxis auch – und maßgeblich – gehört, eine Vorstellung, wie es sein soll, zu entwickeln. Eine solche Vorstellung ist wichtig und genau besehen auch unentbehrlich zur Problemerfassung; und sie ist die Grundlage für die Lösungsorientierung. Dass entsprechende Ideen nicht beliebig und nicht willkürlich entwickelt und gesetzt werden können, liegt auf der Hand. In der Praxis der Sozialen Arbeit greifen sie nur, wenn sie als Konzept eingebracht werden. Darin liegt auch, dass es notwendig ist, solche Ideen – solches *Wissen* – zu kommunizieren. Das beinhaltet zugleich, den Kampf um Plausibilität anzunehmen und – zuletzt – mit Argumenten des sozialarbeitlichen Selbstverständnisses zu streiten.

Die Vorstellung, wie es sein soll, bringt Soziale Arbeit in allen ihren Praxisbezügen auf einen normativen Weg. Sozialarbeiterisches und sozialpädagogisches Handeln, Ansätze der Hilfe, der Problemlösung, der Prävention und Gestaltung, entfalten ihre Stärke über die Klarheit und Entschiedenheit der ethischen Zielstellung. Was gesetzt wird, ist die Idee vom Menschen, wie sie als Leitidee auch das moderne Gesellschaftsverständnis trägt. Man könnte das Verständnis auch anders anlegen: Soziale Arbeit, die als Beruf nicht selber denkt und rein als Verwaltungsinstrument dient, um zu tun, was man ihr sagt, um auszuführen, was man ihr anschafft. Dagegen steht allerdings die zu erwartende, geringe Effizienz, wenn die Erfahrung aus der beruflichen Praxis nicht zur Entwicklung genutzt wird; darüber hinaus würde Soziale Arbeit zum Spielball politischer Interessen – und wäre gefährdet bis hin zu den Formen der Entartung, die ihr im nationalsozialistischen Unrechtsstaat zugedacht waren.

Damit wird deutlich, dass nur eine Soziale Arbeit, die selber denkt, die Aufgaben, die ihr im modernen Gesellschaftsgefüge übertragen sind, angemessen zu erfüllen vermag. Das beinhaltet auch ein kritisches Potential, mit dem sie sich als schwierig erkannten gesellschaftlichen Entwicklungen entgegenstellt. Genauer gesagt: normativ entgegenstellt. Freilich liegt auch hier noch eine Schwierigkeit. Denn vorstellbar wäre auch eine Soziale Arbeit, die sich pragmatisch orientiert und sich nicht von einem Ideal und einem festen Wertebestand her agieren sieht. Wäre sie nicht flexibler in der Lage, einer Gesellschaft zu nützen, der Ideal und Leitvorstellungen zur Lebenspraxis zunehmend abhanden kommen und die selbst in Frage stellt, was sie als Gesellschaft ausmacht? Muss nicht eine Soziale Arbeit, die angesichts solcher Dynamik vermeintlich stur an antiquierten Konzepten festhält, am Ende sogar scheitern? Die Antwort ist jedes Mal nein: Soziale Arbeit nützt nicht, wenn sie ihr Fähnchen nach dem Wind gesellschaftlicher Veränderung hängt, weil sie dann vielleicht helfend und problemlösend, aber nicht gestaltend in Erscheinung tritt. Und Soziale Arbeit vermag gerade dann zu bestehen, wenn sie sich nicht von einer Dynamik mitreißen lässt, die vom „Durcheinander menschlicher Grundverfassung" (Bauman, 2009, S. 365) ausgeht; Scheitern droht dagegen dort, wo sie mit ihren ethischen Konzepten – als vermeintlichen „Illusionen" (ebd., S. 55) – vor allem ihre Vorstellung vom Menschen über Bord wirft.

So steht die „Sozialarbeitsidee", wenn man das so sagen möchte, eigensinnig und eigenmächtig gegen naives wie gegen restriktives Vorgehen. Vor allem sucht sie nach Haltepunkten, die zuletzt auch einer Gesellschaft Halt verleihen, die andeutet, sich der Strömung von Kontingenz und Ambiguität (vgl. ebd., S. 57) überlassen zu wollen. Sie wird dabei von der Überzeugung angetrieben, dass Individualität und Autonomie als Grundbezug und Anspruch auch für den modernen Menschen gesetzt sind, und sie weiß, aufs Große und Ganze gesehen, dass das Überleben der Menschheit auf dem Spiel steht. Aber ihr stärkstes Argument liegt in ihrer praktischen Erfahrung, in der Arbeit mit den Menschen, die unter den Unwägbarkeiten der gesellschaftlichen Entwicklung leiden und die mit einem Verständnis von Autonomie, das auf restlose Freisetzung hinausläuft, überfordert sind.

1.2 Das normative Konzept

Der Rahmen

Die oben angedeutete Diskussion wird in der Sozialen Arbeit nicht wirklich geführt. Aber es gibt Verunsicherung, auch weil die Gestalt, unter der sich Beruf, Profession und Wissenschaft fassen ließen, nicht geklärt ist; und so findet sich der eine oder andere Akzent, der Soziale Arbeit hier dazu auffordert, sich stärker als Sachwalterin von Klienteninteressen zu sehen (vgl. Rieger, 2003), und dort in Schranken weist, wo sie einer „Sozialstaatstransformation" offensichtlich nichts entgegenzusetzen hat (Kleve, 2005). Doch auch diese Zugänge halten an einem Grundverständnis fest, Menschen in der Gesellschaft darin zu unterstützen, „dass sie ihre Belange wieder in die eigenen Hände nehmen können" (Kleve, 2005, S. 42), bzw. Hilfe am individuellen Bedarf auszurichten, wenn es um die „Bewältigung von Situationen" geht, „die man nicht selbst meistern kann" (Brumlik, 1992, S. 201). Anwaltschaftliches Handeln – das ich wegen seiner paternalistischen Haltung ansonsten weitgehend kritisch sehe – bietet hier einen Anhaltspunkt, weil es die Asymmetrie der Hilfesituation aufgreift und darin nicht zuletzt einen „Gemeinschaftsbezug" generiert (vgl. Brumlik, 2000, S. 284). Das zusammengenommen skizziert eine Grundintention, von der her auch der normative Anspruch in der Sozialen Arbeit aufrecht zu erhalten ist (dazu näher Otto/Scherr/Ziegler, 2010; auch schon Brumlik, 1992, S. 207).

Wir dürfen davon ausgehen, dass Normativität den Alltag und damit auch das Denken in der Sozialen Arbeit bestimmt. Für ein derart „explizit normatives Unternehmen" (Otto/Scherr/Ziegler, 2010, S. 138) ist es wesentlich, dass die Konzepte, über die sich Wertevorstellungen verbreiten, sorgsam erwogen werden. Die beiden großen Linien sind schon deutlich geworden: Das Lebensweltmodell agiert zurückhaltend und sucht die Eigenverantwortung der Adressaten. Normativität tritt hier in einen klaren Bezug zum Autonomiegedanken, der, wie gesehen, die Grundlage für das Sozialarbeitsverständnis bildet. Ein „normatives Konzept" wird aber aus der Alltagsorientierung gewonnen, indem der Bezugsrahmen auch über die den Alltag prägenden Wertestrukturen gesetzt wird (vgl. Thiersch, 2012a, S. 52). Das erklärte Ziel „gelingenderer Lebenswelt" (ebd., S. 27) wird innerhalb dieser Strukturen erreicht; als Paradigma der „Lebensbewältigung" pointiert (Böhnisch, 2012), beinhaltet es auch den Anspruch, den strukturell-normativen Rahmen für die Lebenswelt förderlich zu gestalten (dazu Böhnisch, 2012, S. 229 f.). – Zum systemischen Modell ist zu sagen, dass der Gedanke der Systemfunktionalität, an dem sich die Problemlösung ausrichtet, ein normatives Verständnis begünstigt. Über den Blick auf die Wirkungszusammenhänge wird, wenn dort Störungen aufgetreten sind, eine präzise Analyse möglich, wie ein *Problem* genau zu bestimmen ist (vgl. bei Staub-Bernasconi, 2007, S. 204f.). Entsprechend tritt dieses Konzept, deutlicher noch als der Lebensweltansatz, als eine „normative Handlungstheorie" (Staub-Bernasconi, 2007, S. 202) in Erscheinung.

Akzente

Normatives Handeln in der Sozialen Arbeit zeigt auch über verschiedene programmatische Aspekte Konzeptcharakter. Das beginnt schon dort, wo dieses Handeln auf „anthropologische Vorgaben" bezogen wird (vgl. Buchkremer, 2009, S. 163ff.). Dabei ist zunächst egal, ob berufliches Handeln in seiner ethischen Ausrichtung auf eine „anthropologische Ausstattung" (ebd., S. 163) gewendet wird, oder ob der einzelne Akteur „Entscheidungshilfen bei der Findung seines persönlichen Menschenbildes" (Schilling, 2000, S. 1) erhalten soll. Das Programm ist jedes Mal klar: Soziale Arbeit handelt über und durch ein Menschenbild, das ihr Anhalt gibt, Bedarfe zu sehen und Handlungsbedarf zu definieren. Die Anthropologie selbst ist nicht das Entscheidende. Zwar hilft es, wenn man sieht, von wie vielen Seiten aus der Mensch betrachtet und dem Sozialarbeitsanliegen zugeführt werden kann. Aber es ist zuletzt das Grundverständnis vom Menschen, das die Zugänge trägt und das in ihnen in immer gleicher Weise aufscheint. Die normative Programmatik eines anthropologischen Ansatzes interessiert vor allem im Zusammenhang mit der Wertschätzungs- und Autonomieerwartung des Menschen.

Ein anderer Aspekt ist in der Entschlossenheit zu sehen, mit der Soziale Arbeit am Thema der sozialen Gerechtigkeit ausgerichtet wird. Das berufliche Handeln soll nicht nur helfen, nicht nur für Problemlösung sorgen; es soll Hilfe und Problemlösung möglichst so anlegen, dass über die erreichten Ziele Vorstellungen von Gerechtigkeit erfüllt werden. Anders formuliert: Die Qualität der sozialpädagogischen Hilfe scheint im Erwirken einer gerechten Lösung zu liegen. Gerechtigkeit ist für die Ethik ein zentraler Begriff; für die Soziale Arbeit wird sie zu einem zentralen Wert. Es ist in diesem Zusammenhang plausibel, das beruflichen Wirken und die Konzepte, die es tragen, als „Gerechtigkeitsarbeit" zu apostrophieren (vgl. Kleve, 1999, S. 72). Der besondere normative Akzent, den ein solches Konzept in die Gesellschaft trägt, wird weiter unten (Teil 2, Kapitel 3) genauer betrachtet.

Nicht übersehen werden darf auch ein Zusammenhang, der für sich genommen bereits Normativität begründet: Soziale Arbeit mischt sich ein. Es ist ihr Geschäft, das Leben von Menschen zu verändern. Die Ausgangslage ist asymmetrisch, denn der Einfluss geht nur in Richtung Adressaten. Die Einmischung beginnt bereits in der Beratung, wenn klar wird, was zu verändern ist. Sie reicht über Vereinbarungen mit der Verpflichtung zu Wohlverhalten weiter bis hin zu Formen einer Intervention, die gegen den Willen einer betroffenen Person geschieht. All dies kann und darf nicht ohne eine Legitimationsgrundlage erfolgen (dazu Schumacher, 2007, S. 222 ff.). Die Praxis der Einmischung ist umfassend, und Soziale Arbeit, die genau darin ihren Beruf ausübt, muss Sorge tragen, dass sie nicht unzulässig Grenzen überschreitet. Sie erreicht das beispielsweise, indem sie sich so etwas wie eine „Ethik der Intervention" vor Augen führt (dazu siehe bei Schlüter, 1995, S. 167 ff.). Aber man kann auch hier sehen, wie wenige Prinzipien genügen, den normativen Rahmen passend abzustecken. Im Kern geht es bei der Intervention stets um Indikation, Klarheit, Verhältnismäßigkeit und Wertschätzung. Wenn man will, auch um Gerechtigkeit.

Ein weiterer *Akzent* kann in einem für die Soziale Arbeit noch relativ neuen Thema gesehen werden, das mit dem Begriff „Befähigungsgerechtigkeit" (Otto/Scherr/Ziegler, 2010) gefasst werden kann. Der Gedanke folgt dem Capability Approach, der als Ansatz der „Verwirklichungschancen" von Amartya Sen entwickelt wurde (dazu Sen, 2002). Für die Sozialarbeitsperspektive ergibt sich die Idee, die normativen Vorstöße über einen Katalog von *Capabilities* auszurichten (Otto/Scherr/Ziegler, 2010, S. 158). Befähigung als Schlüsselbegriff wiederum entfaltet in diesem Konzept seine normative Kraft über den Gleichheitsgedanken – letztlich als „Befähigungsgleichheit" gesehen –, der seinerseits das Gerechtigkeitsanliegen repräsentiert (ebd., S. 147 f.). Gerechtigkeit ist auch hier als Wert die eigentliche Triebkraft; doch der Ansatz eignet sich, um eine entsprechende normative Wirkung in die Situation sozialer Ungleichheit weltweit hinein anzustreben, gemünzt auf die „Gewährleistung menschenwürdiger Existenz" (ebd., S. 149).

Das nun sind wichtige Impulse, über die Soziale Arbeit Gestalt als normatives Konzept erhält. Schattierungen werden deutlich, aber die Basis liegt auf ganzer Breite in der Überzeugung, dass das philosophische Menschenbild, das dem Menschen Individualität und Selbstbestimmung zubilligt, auch das Sozialarbeitshandeln leitet. Am Ende zeigt sich, dass auch der Befähigungsansatz Autonomie „als Kerndimension" wahrnimmt (ebd., S. 160). Bleibt noch darauf hinzuweisen, dass in der Sozialen Arbeit auch die Situation kultureller „Diversitäten von Menschen" Abbildung findet (vgl. Großmaß/Perko, 2011, S. 22), nicht als Gegenentwurf, sondern als Raum interkultureller Betrachtung, der sich – so ist zu verstehen – dann öffnet, wenn der Dialog der Kulturen nicht länger von Merkmalen der Benachteiligung und der Ungleichheit beherrscht ist. Schließlich stößt auch ein feministischer Ethikansatz hier in die Soziale Arbeit hinein vor (vgl. ebd.) und setzt normative Akzente, die das gesamte Handlungsverständnis durchwirken und auf den Anspruch der Geschlechtergerechtigkeit hin ausrichten (dazu ebd., S. 63; siehe auch Miller, 2012, S. 38 f.).

Kapitel 2
Ethische Positionen

Für die Soziale Arbeit ist keine eindeutige ethische Position zu erwarten, weil sich die Ethik selbst in ein Spektrum von Positionen hinein entfaltet, aber auch, weil dem Sozialarbeitsberuf eine direktive Haltung fremd ist. Orientierung entsteht im Abgleich von Bezugspunkten und Argumenten.

2.1 Die Möglichkeit Sozialer Arbeit zu einer ethischen Position

Die Frage nach der Verbindlichkeit

Die Ausführungen im vorangegangenen Kapitel haben noch einmal vor Augen geführt, dass Soziale Arbeit, weil sie normativ agiert, bei dem, was sie tut, die Dynamik ethischer Anliegen nicht ignorieren darf. Nach wie vor und auch weiterhin aber ist das Erscheinungsbild solcher Anliegen als vielschichtig und komplex anzusehen. Eindeutigkeit ist die Sache der Ethik nicht. Zuletzt liegt das daran, dass die Ethik davon abgerückt ist, das Wünschenswerte vorzuschreiben. Wir haben weiter oben gesehen, dass auch Anderes propagiert worden ist, allem voran der Ansatz, dass etwas, das als wahr erkannt wurde, nicht ohne Folgen für das Handeln – und den Handelnden – bleibt. Die Wahrheit zwingt – jedenfalls denjenigen, der sein Tun über Wissen absichert. Das Problem freilich ist die Sache mit der Wahrheit. Seit Descartes' Darlegung zum methodischen Zweifel ist nur eines gewiss und damit wahr: dass *ich bin.* Ethik kann fortan nicht mehr erwarten, dass sie, über diesen *Ansatzpunkt* hinaus, Wahrheit zu verkünden vermag. Im Gegenteil: Sie macht sich verdächtig und angreifbar – grundsätzlich, und nicht erst dem postmodernen Geist –, wenn sie auf ein immer schon Richtiges setzt, wenn sie Gewissheit behauptet. Gewissheit erweist sich als die „größte Feindin der Ethik" (Vieth, 2006, S. 7), weil sie nicht zu demonstrieren ist.

Es ist eine interessante Frage, ob das Normative, ob *Normativität* ein *Sollen* oder ein *Müssen* in sich birgt. Vom *Sollen* ist gemeinhin die Rede; aber es gibt auch die Gegenrede, dass über „normative Wirklichkeit" ein schärferer Anspruch herandränge (dazu Stemmer, 2008, S. 12 f.). Ein *Müssen* liege von, wenn Kausalitäten erkannt sind (ebd., S. 18); ebenso in der Norm selbst, mit der es „in die Welt kommt" (ebd., S. 20). Diese Perspektive ist allerdings schwer zu halten – auch wenn es von Peter Stemmer als „schwerwiegender Fehler" gesehen wird, sie zu ignorieren (vgl. ebd., S. 12). Aber dass Kausalitäten den zwingen, der ein Ziel erreichen will und das richtige Mittel erkannt hat, ist genau die Sicht, die mit Descartes verlassen wurde. Es kann als ein Gebot der Klugheit gelten, sich so oder so zu verhalten; es kann sich ein hoher Realisierungsdruck für eine bestimmte Vorgehensweise aufbauen; aber eine unausweichliche Notwendigkeit, ein wirklicher Zwang zur Umsetzung entsteht nicht. Zu erkennen ist das besser noch dort, wo für eine Norm ein Müssen als inhärent angesehen wird. Wenn es auf den ersten Blick im Wesen einer Norm zu liegen scheint, dass sie erfüllt wird, ist dennoch klar, dass dieser Anspruch in der *Setzung* der Norm begründet wird. Der vermeintlich inhärente Zwang ist ein äußerer und wird durch Machtmittel begründet. Bezogen auf die Norm – und bezogen auf die Ethik – tritt eine grundsätzliche Ambivalenz des Müssens und Nichtmüssens zutage. Der Begriff, der dies passend charakterisiert, ist das Sollen.

Mit seinem Hinweis auf die erkannte Kausalität fasst Stemmer allerdings einen Sonderfall ins Auge, der zeigt, auf welchem Weg in der Ethik so etwas wie Zwang – *Müssen* – überhaupt noch entstehen kann: Eines von Stemmers Beispielen lautet, dass einer, der nicht wieder an der Lunge erkranken will, mit dem Rauchen aufhören muss. Es geht hier um eine Kausalität, die offensichtlich zutrifft; aber der Zwang entsteht nur kraft der Voraussetzung, die selbst als hinreichende Bedingung dafür anzusehen ist, das Rauchen bleiben zu lassen. Die Norm liegt nicht in dem Verbot zu rauchen, sondern im Anspruch, gesund zu bleiben. Dass dieser Anspruch Konsequenzen hat, vor allem die, keinen Widerspruch zu produzieren, ist klar; aber der in der Norm vermutete Zwang ist keiner, der zur Einhaltung verpflichtet, sondern der von Ursache und Wirkung. Die Norm selber – das Gesundbleiben – kann auch wieder zurückgenommen werden. Richtig aber ist: so lange sie aufrechterhalten wird, so lange Ansprüche formuliert werden, ist darin auch der Zwang angelegt, die entsprechende Kausalität zu beachten. Der Zusammenhang schwächt sich ab, wo einer Ansprüche an sich selber setzt; aber er ist dort voll ausgeprägt, wo solche Ansprüche gegenüber anderen vorgetragen werden.

Ansätze zur Positionsfindung

Auf zweierlei Weg wird es für die Soziale Arbeit nun möglich, zu einer ethischen Position zu finden. Der eine ist – um Stemmers Anregung gleich aufzugreifen – der, eine Voraussetzung, einen Ausgangspunkt zu benennen, von dem her weitere Schritte zwingend erscheinen. Der Ausgangspunkt kann weder beliebig noch von Feld zu Feld unterschiedlich gefasst sein, sondern er muss für das Ganze Sozialer Arbeit stehen: für ihren Anspruch, durch Wissensbildung und durch berufliches Handeln ein Proprium zu realisieren, anhand dessen sie selbst in ihrem Wesen und in ihrer Leistungsfähigkeit erkannt wird. Mit anderen Worten: In dem Maß, wie es Sozialer Arbeit gelingt, anzugeben, was sie ausmacht, in dem Maß wird es ihr auch möglich, Handlungsschritte als kausale Folgen eindeutig und zwingend zu setzen. Da diese Handlungsschritte aber normativen Linien folgen, bildet sich über das Selbstverständnis von Sozialer Arbeit eine ethische Position aus, die gemäß der Kausalität auch Verbindlichkeit nach sich zieht.

Das bedeutet: Wenn Soziale Arbeit ihren Anspruch darin sieht, den hilfebedürftigen Menschen zur Selbsthilfe zu führen, *muss* sie alles unterlassen, das den Prozess gefährdet oder auch nur verzögert. Wenn sie ihre Aufgabe darin sieht, Menschen wieder in ihre gesellschaftlichen Pflichten einzubinden, *muss* sie klären, worin diese Pflichten bestehen und wiederum entsprechend agieren. Wenn sie sich als Sachwalterin der Menschenrechte versteht, *muss* sie dafür sorgen, dass Menschenrechte respektiert werden. Das sind drei Beispiele, die zeigen, welche ethische Bestimmtheit in der Sozialen Arbeit möglich ist. Aber man kann auch erkennen, dass die Bestimmtheit steht und fällt mit der Identifizierung jenes Propriums, über das Beruf, Profession und Wissenschaft zuletzt als Soziale Arbeit sichtbar werden. Das Proprium – das ist der Schluss daraus – setzt eine grundlegende, ethische Norm. Ihr selbst wohnt ein Sollen, kein Müssen inne; aber das Interessante ist, dass, wenn jemand wiederum akzeptiert, dass Soziale Arbeit an dieser Norm gemessen wird und über diese Norm berufliche Aufgaben wahrnimmt, er sich auf eine ethische Position einlässt, die in und von Sozialer Arbeit mit Klarheit und Bestimmtheit vertreten wird.

Der andere Weg zu einer ethischen Position führt über die Auseinandersetzung mit den vorliegenden Ethikkonzepten. Wenn in der Ethik selbst kein Konzept als Position herausragt, könnte das dazu verleiten, in der philosophischen Arbeit nur eine Art Wettstreit zu sehen – oder zu vermuten, dass sich jeder mehr oder weniger ein eigenes Süppchen kocht; die Außenseite und Oberfläche der Ethik mag hier durchaus berührt sein, nicht aber ihr Selbstverständnis. Im Zentrum des ersten Teils des Lehrbuchs stand diese Sicht nach innen und das Ergebnis, dass unterschiedliche Ansatzpunkte zu einem Grundverständnis zu den verschiedenen Auslegungen führen. Das vorausgesetzt und ihre eigene Normativität im Blick macht es der Sozialen Arbeit möglich, eine eigene ethische Position, in der sich die fachlichen Anliegen und die spezifischen Anforderungen zum Menschenbild abbilden lassen, zu finden. Zu dieser Position vermag sie Merkmale zusammenzuführen, die aus einzelnen Konzepten genommen sind. Wenn das geschieht (denkbar wäre auf der anderen Seite auch, dass sich die Soziale Arbeit einem ethischen Konzept umfassend anschließt), dann ganz im Sinne jener gesuchten Position und ausgeformt wiederum als ein eigenständiges Konzept, das seinen Platz in der Ethiklandschaft einnimmt. Meine Vorstellung von einer Ethik in der Sozialen Arbeit geht dahin, dass sie ein solches eigenes Konzept entwickelt – in dem es unterschiedliche Schwerpunkte geben kann, das aber nicht länger in einem Sammelsurium von Zugängen besteht – und in den wissenschaftlichen resp. gesellschaftlichen Ethikdiskurs einbringt.

Die beiden skizzierten Wege sind – das ist deutlich – eng aufeinander bezogen. Der Ansatz über die philosophische Diskussion ist geeignet, ein Themenprofil freizulegen; daraus ist jene Norm zu gewinnen, die dann über Kausalitätsargumente ihre gestaltende Kraft entfaltet. Aber wohl gemerkt: Verbindlichkeit erzeugt eine Ethik Sozialer Arbeit nur in Hinblick auf ihre Bezugspunkte und Entscheidungsformen. Ein Sollen wird zum Müssen hier nur unter der Voraussetzung, dass sich ein Adressat auf das berufliche Handeln, das sich an ihn wendet, einlässt – und dass Rahmung und Füllung für das, was als Ethik in der Sozialen Arbeit Ansprüche formuliert, gefunden sind. Genau besehen betrifft dieser Verpflichtungscharakter die Akteure, die in Praxis und Theorie das Sozialarbeitsgeschäft betreiben. Für die Adressaten bleibt es bei einem Deutungsangebot, das unterbreitet wird und das einer annehmen, aber auch ablehnen kann.

2.2 Deontologische und utilitaristische Argumente

Die Suche nach der Grundausrichtung

Die Ethik in der Sozialen Arbeit findet ihre Ausprägung entlang der entsprechenden fachlich begründeten Bedarfe. Aber sie entfernt sich in ihrem Konzept nicht von dem Menschenbild, das in der Öffentlichkeit, in Wissenschaft und Gesellschaft realisiert wird. Darüber hinaus bleibt sie auf den philosophischen Ethikdiskurs bezogen, der den Denkrahmen im Großen und Ganzen absteckt. Hier ist sie aufgefordert, nach passenden Bezugspunkten und Argumenten zu suchen und umgekehrt auch ihre eigene Perspektive in einen stimmigen Zusammenhang dazu zu bringen. Die Bedeutung einer solchen wissenschaftlichen Arbeit kann nicht hoch genug veranschlagt werden, wenn man für die Soziale Arbeit die breite Wirkung in die Gesellschaft hinein bedenkt und dabei auch sieht, dass sie in ihrer Zielvorstellung einer lebenswerten Gesellschaft öffentliche Aufmerksamkeit auf sich zieht. Daraus ergibt sich durchaus die Erwartung, dass Soziale Arbeit mit ihrer Ethik für die moderne, offene Gesellschaft, die in ethischen Fragen lieber skeptisch als entschieden agiert, Entscheidungshilfe zu geben vermag. Solche Aussicht – sie ist freilich mit dem Sozialarbeitsverständnis eng verknüpft – wird im dritten Teil des Lehrbuchs noch weiter betrachtet (vgl. Teil 3, Kapitel 4). Hier aber geht es um die argumentative Grundlage, auf der ein berufliches Handeln, das eine ethische Position beziehen will, aufbauen kann.

Eine solche Grundlage ist wiederum die Voraussetzung dafür, den einen oder anderen ethischen Blickwinkel einnehmen oder bestimmte Themen einbringen zu können. Sie ergibt sich über ein Grund- oder Gesamtverständnis von Ethik, wie es oben (Teil 1, Kapitel 4) dargelegt wurde. Einzuordnen war dabei vor allem die Einschätzung, dass, aufs Ganze gesehen, so etwas wie eine Dichotomie von deontischer und konsequentialistischer Orientierung in der Ethik festgestellt werden kann (Fischer u. a., 2008, S. 34). In Hinblick darauf, dass sich der ethische Diskurs an einer Grundfigur des Handelns festmachen lässt, die nach Motiv, Handlung und Handlungsfolgen unterscheidet (vgl. dazu auch die Skizze weiter unten im Anhang), zeigte sich, dass hier „zwei fundamental verschiedene Sichtweisen" (Birnbacher, 2007, S. 119) dennoch im Ansatz verbunden sind.

Für die Soziale Arbeit ist das ein guter Anknüpfungspunkt. Wenn das ethische Anliegen – *ihr* ethisches Anliegen – auf die eine oder andere Weise betrachtet werden kann und wenn diese beiden Weisen den Rahmen bilden, innerhalb dessen sich ethisches Denken bewegt, muss auch sie zunächst erwägen, ob sie ihr Handeln eher deontisch oder eher konsequentialistisch legitimiert sieht. Deontische Merkmale (d.h. einen Pflichtbezug) weisen wiederum unspezifisch – auch das ist schon deutlich geworden – verschiedene Konzepte auf. Nichts anderes gilt für den Bezug auf die Folgen einer Handlung. Für eine pointierte Anschauung empfiehlt es sich, zwei Konzepte einander gegenüberzustellen, die das deontische und das konsequentialistische Moment jeweils nachhaltig vertreten. Entsprechend geht der Blick zum einen auf den Ansatz Kants, der als Muster einer deontologischen Ethik gelten kann (vgl. Bambauer, 2011; Birnbacher, 2007, S. 120f.), zum andern auf den Utilitarismus, bei dem es sich um die „am weitesten ausgearbeitete … Variante einer konsequentialistischen Ethik" handelt (Birnbacher, 2007, S. 217).

Der deontologische Ansatzpunkt

Für die deontologische Ethik lässt sich der Kerngedanke so fassen: Eine Handlung kann ungeachtet ihrer Folgen gut sein. Dieser Grundsatz steht programmatisch gegen ein Verständnis, das den Wert einer Handlung rein nach dem bemisst, was sie bewirkt. Deontologisch gesehen geht es also immer darum, in die Handlungsentscheidung eine Abwägung zur Wahl der Mittel mit einzubeziehen. Das richtet sich darauf, Handlungsweisen kritisch zu sehen; vor allem aber ist der Vorstoß der, auf ein am Guten orientiertes Handeln zu verpflichten. Kants Blick geht *grundsätzlich* auf den Pflichtaspekt, wenn er im ersten Abschnitt der *Grundlegung zur Metaphysik der Sitten* notiert: „Es ist etwas anderes, aus Pflicht wahrhaft zu sein, als aus Besorgnis der nachteiligen Folgen." Das Deontische, wenn man so will, drängt sich nach solchem Dafürhalten menschlichem Handeln umfassend als Leitidee auf. Anders als über die Pflicht – und den in ihr verwahrten *guten Willen* (vgl. Kant, ebd.) – lässt sich für eine Handlung eine „moralische Qualität“ auch nicht bestimmen (dazu vgl. Fischer u. a., 2008, S. 35).

Das nun bedeutet für die Ethik – wohl gemerkt: für das Anliegen, erfolgreich zu handeln –, dass die Basis für den Erfolg in der Erfüllung der Pflicht liegt. Wie aber führt Handeln zum Erfolg, zu dem ich verpflichtet sein soll, auch wenn es mir selber Nachteile bringt? Ein Beispiel dafür wäre die allgemein gesetzte Pflicht, im Straßenverkehr an einer Unfallstelle anzuhalten und Erste Hilfe zu leisten, auch wenn ich dadurch einen wichtigen Termin, zu dem ich unterwegs bin, versäume. Der Erfolg stellt sich, kurz gesagt, über die in der allgemeinen Verpflichtung gegebene Zusage ein, dass mir selbst als Unfallopfer in gleicher Weise Hilfe zuteil werden wird. Mein Handeln, das mir insofern schadet, als es meine Pläne durchkreuzt, verbleibt im Horizont meines Eigeninteresses. Und mehr noch: Ich erweitere, indem ich anderen helfe, meine eigenen Handlungsmöglichkeiten, die dort zu Ende wären, wo mir nach einem Verkehrsunfall niemand Hilfe leistete.

Die gängige Formulierung des kategorischen Imperativs von Kant (aus der *Kritik der praktischen Vernunft*) scheint hier durch: stets so zu handeln, dass die Maxime meines Willens „jederzeit zugleich als Prinzip einer allgemeinen Gesetzgebung gelten könne“. Es ist deutlich, dass dieses „Kriterium des Sittlichen“ (Höffe, 1979, S. 84) seinen besonderen Wert darin hat, dem Menschen mehr und nicht weniger Freiheit zu verschaffen. Das Verdienst Kants ist und bleibt es, den Anstoß zur Neuzeit, der die Philosophie und ihre Wahrheitssuche durchaus in Schwierigkeiten gebracht hat, in ein „Postulat der Freiheit“ (Schnädelbach, 2000, S. 63) ausgeformt zu haben. Dabei steht für Kant fest, dass nur ein Verständnis vom Menschen, bei dem jeder Einzelne jedem Anderen einen identischen Selbstbestimmungsanspruch zubilligt – und ihm genau darin Wert und Würde zuspricht –, zur richtigen Orientierung im Handeln führt. Menschenwürde heißt mit Kant verstanden: „die Menschheit selbst ist eine Würde“ (vgl. Kant in der *Metaphysik der Sitten*).

Für die Soziale Arbeit ergibt sich daraus eine Grundlage, ihr Problemverständnis, ihren Problemlösungsanspruch, ihr Hilfehandeln und zuletzt ihre Idee von einer solidarischen Gesellschaft ethisch anzubinden. Diese Art Pflicht, die Wertschätzung im Handeln gewährt, ist es, was einen Beruf zu tragen in der Lage ist, der den bedrängten, den alleingelassenen, den marginalisierten Menschen zu sozialer Geltung verhelfen will. Das gilt nicht nur in den Bezügen des beruflichen Alltags, sondern das gilt grundsätzlich und nicht zuletzt in Blick auf ein Sozialarbeitsverständnis, das eine Kommunikationsbasis für den globalen Dialog sucht. Denn das *Kriterium* scheint in vielen anderen Bezügen auf: Aristoteles hat es benannt, was den philosophischen Anspruch ausweitet und bekräftigt (vgl. dazu bei Diogenes Laertios, *Leben und Meinungen,* V, 21); das Christentum findet es im Kontext der Bergpredigt Jesu als *Goldene Regel* (vgl. Mt 7, 12); und die anderen Weltreligionen kennen vergleichbare Formulierungen, an die eine „Erklärung zum Weltethos", die das seit 1893 bestehende *Parlament der Weltreligionen* zu seinem 100-jährigen Bestehen 1993 in Chicago abgegeben hat, anknüpft (vgl. Küng/Kuschel, 1993, S. 27f.). Nicht übersehen werden darf schließlich, dass, auf Deutschland bezogen, auch die Gesellschaft so etwas wie ein Bekenntnis zu einem deontologischen Ethikverständnis abgibt, wenn sie alles Recht und damit ihr gesamtes Normverstehen im Grundgesetz darauf ausrichtet, die Menschenwürde nirgends anzutasten (vgl. Art. 1 GG) – und Verweigerung der Hilfe in Unglücksfällen als *unterlassene Hilfeleistung* unter Strafe stellt (§ 323c StGB).

Der utilitaristische Anspruch

Anders nun ist der Utilitarismus einzuschätzen. Indem es sich hier „um eine konsequentialistische Theorie handelt" (Fischer u.a., 2008, S. 34), geht der Ansatz zum ethischen Urteil über die Handlungsfolgen. Der Pflichtaspekt und die Frage nach dem Wert einer Handlung sind insofern ausgeblendet, als nur die Konsequenz *Nutzen* in Betracht gezogen wird. Der Ausgangspunkt ist ganz im Sinne neuzeitlichen Denkens zu verstehen, wenn das Freiheitsstreben des Menschen zum Argument genommen wird, dem Menschen hinsichtlich seiner Handlungsoptionen keine Beschränkung aufzuerlegen. Für den sozialen Zusammenhang – der freilich gehalten werden soll – greift eine einzige Regel: Eine Handlung soll immer dann richtig sein, wenn sie der Gemeinschaft nützt. Da aber nach menschlichem Ermessen nie alle in derselben Weise profitieren werden, wird als dieser Nutzen „das größte Glück der größten Zahl" definiert (dazu siehe oben Teil 1, Kapitel 4, Abschnitt 4).

Die Grundfigur sieht also vor, in einer Entscheidungssituation diejenige Handlung zu favorisieren, bei der mehr herausspringt. Auf den ersten Blick scheint das mehr Qualität (mehr „Glück") zu bedeuten; aber der zweite Blick zeigt, dass es für die Entscheidung immer darum geht, die in Frage stehenden Optionen aussagekräftig zu *quantifizieren.* Zwei Schwierigkeiten entstehen damit: Die eine besteht darin, dass häufig Äpfel mit Birnen verglichen werden müssen, was dazu führt, den Vergleich über den Preis zu suchen, der wiederum einer Marktdynamik unterworfen ist; die andere, dass für das Kalkül die Folgen einer Handlung *restlos* erfasst werden müssen, was in aller Regel nicht ohne Aufwand und nicht ohne prophetische Gabe möglich ist. Auch dann, wenn, um Entscheidungen überhaupt treffen zu können, hier Einschränkungen in Kauf genommen werden, so bleibt doch die Tendenz, den utilitaristischen Ethikansatz als monetär ausgerichtete Handhabe heranzuziehen, wenn Gruppenentscheidungen Einzelinteressen nicht in gleicher Weise berücksichtigen lassen.

Utilitaristisches Denken scheint sich trefflich für die Ausgestaltung von marktwirtschaftlichen Prozessen zu eignen. Denn wo der Profit, wo die Gewinnmaximierung das Handeln bestimmt und wo darüber hinaus Kennzahlen – zuletzt die Gewinnmargen – die Vergleichbarkeit optimieren, wirkt jedes Handeln wie ein Fehler, das, aus welchem Grund auch immer, Beschränkung produziert. Aber auch wenn die wirtschaftsethische Diskussion Themen wie Ökologie, Nachhaltigkeit und Wertorientierung durchaus abbildet und auch wenn andere Akzente zu „Fragen der Lastenverteilung" aufscheinen (vgl. Herold, 2012, S. 88), bleibt doch ein Kernproblem der Neigung zur monetären Quantifizierung bestehen. Es zeigt sich überall dort, wo Menschen von Entscheidungen betroffen sind. Eine Pointe, die das verdeutlicht, kann in Begehrlichkeiten gesehen werden, das kostspielige öffentliche Gesundheitssystem dadurch zu entlasten, dass Altersgrenzen für bestimmte Leistungen eingeführt werden. Entsprechende Debatten werden – davon ist auszugehen – in Anbetracht weiter steigender Gesundheits- und vor allem Pflegekosten in einer alternden Gesellschaft noch zu bestreiten sein.

Wenn hier utilitaristisch argumentiert wird, geht es vor allem um den – gegen das deontologische Menschenbild gesetzten – *Anspruch,* den Menschen und seine Interessen *nicht* als Zweck sehen zu müssen. Die anders lautende Haltung Kants ist hier schon aufgezeigt worden (dazu siehe oben Teil 1, Kapitel 4, Abschnitt 3). Für den Utilitarismus ist es, im Sinne der Quantifizierung, in jeder Weise denkbar, Menscheninteressen gegen Menscheninteressen auszuspielen. Das hat, weil es als Kalkül begegnet, nichts Anrüchiges; im Gegenteil: Wer könnte nicht der Argumentation etwas abgewinnen, dass ein von Terroristen entführtes Flugzeug, das offenkundig in ein Hochhaus gesteuert wird, in dem Tausende von Menschen arbeiten, abgeschossen werden darf, auch wenn das das Todesurteil für Hunderte unschuldiger Menschen bedeutet; warum also nicht das Leben von 300 Menschen opfern um das von 3000 Menschen zu retten? – Und doch hat das Bundesverfassungsgericht 2006 in Deutschland solches Handeln mit Verweis auf Art. 1 GG untersagt und argumentiert, Leben dürfe *nicht* gegen Leben aufgerechnet werden (dazu Birnbacher, 2008, S. 91 f.).

Wo es um die Grundlagen der Gesellschaft geht, wirken utilitaristische Vorstöße durchaus bedrohlich. Soziale Arbeit ist in ihrem Selbstverständnis unmittelbar betroffen, da es nicht in ihrem Interesse liegt, auch nur einen einzigen Klienten aufgrund einer Kosten-Nutzen-Rechnung oder eines ähnlichen Kalküls „abzuschreiben". Wirtschaftlichkeitsperspektiven sind dem Beruf nicht fremd, wohl aber eine Ökonomisierung um jeden Preis (vgl. Helmers, 2005). Darüber hinaus ist für einen Beruf, der seinen Auftrag zur sozialen Befriedung über die Aktivierung von Selbsthilfepotentialen erfüllt, kein Handeln vorstellbar, das zur Erreichung dieses Zwecks auch andere Mittel – jegliches Mittel, das wirkt – in Betracht zieht (zur Diskussion siehe Birnbacher, 2008).

Seine größte Schwäche zeigt der Utilitarismus darin, dass er außer Stande ist, eine Vorstellung von Menschenwürde zu entwickeln. Sie wäre entweder hinderlich, wo quantifizierende Unterscheidungen zum Menschenwert zu treffen sind; oder sie muss, in der Diskussion um Modifikationen der utilitaristischen Haltung (vgl. Gesang, 2003), von anderswoher genommen – und dann wiederum als *Pflicht* gesetzt werden. Für die Soziale Arbeit, die durch ihre Praxis Menschen Handlungschancen – Verwirklichungschancen – geben und damit Menschen aus unzulässigen und unzuträglichen Beschränkungen *befreien* will, ist der Pflichtgedanke nützlicher als ein Ansatz, der das Einzelinteresse nicht schützt. Utilitaristisches Denken hat deshalb mit den Vorstellungen in Sozialarbeit und Sozialpädagogik keine große Schnittmenge.

2.3 Positionen sozialarbeiterischer Ethik

Der normative Grundimpuls Sozialer Arbeit – die „Einsicht, daß eine nichtnormative, wertfreie Sozialarbeit unmöglich ist" (Brumlik, 1992, S. 207) – und die Einordnung im Spannungsfeld von deontischer und konsequentialistischer Schwerpunktsetzung zeigen eine ethische Positionierung an. Denkbar und weiter zu verfolgen sind unterschiedliche ethische *Standpunkte,* die sich zu einem Ganzen, das vom Denk- und Handlungsanspruch Sozialer Arbeit getragen ist, zusammenfügen. Eine Linie, der nachzugehen ist, liegt gleich in der Klarstellung, dass die Ablehnung eines reinen Nutzendenkens einen Konsequentialismus sozialarbeiterischer Ethik nicht ausschließt. Wie auch, wenn es in der Praxis selbstverständlich um das Stecken und das Erreichen fachlicher Ziele geht? Die Qualität Sozialer Arbeit wird auch an ihrer Effizienz gemessen. Freilich läuft das auf die schon beschriebene Variante hinaus, auch im Rahmen einer deontischen resp. deontologischen Akzentuierung eine teleologische resp. konsequentialistische Intention wahrzunehmen; und umgekehrt konsequentialistisches Denken in einem deontischen Zusammenhang zu halten. Letzteres trifft in besonderer Weise für den verantwortungsethischen Ansatz zu, der als das Postulat, Handlungsfolgen an ihrer Zuträglichkeit zu messen, auch für die Soziale Arbeit von Bedeutung ist. (Siehe dazu oben Teil 1, Kapitel 4, Abschnitt 4 und weiter unten Teil 3, Kapitel 6, Abschnitt 2)

Bezogen nun auf die in der Ethik vorgelegten Entwürfe und Konzepte lassen sich weitere Standpunkte erfassen. Herauszuheben ist der gerechtigkeitsethische Ansatz, der wiederum das *vertragsethische* Denken besonders prägt (dazu Düwell/Hübenthal/Werner, 2011, S. 175 ff.). Für die Soziale Arbeit führt die gesehene, normative Ausrichtung am Gerechtigkeitsanliegen in die Nähe zu diesem Ansatz und zuletzt zum rawlsschen Konzept von Gerechtigkeit (Rawls, 1975), das es erlaubt, Gerechtigkeit als Thema für die moderne Gesellschaft abzustecken. Als Thema erscheint Gerechtigkeit darüber hinaus auch im tugendethischen Ansatz (dazu MacIntyre, 1995, S. 325 ff.). Dessen Relevanz innerhalb der sozialarbeiterischen Praxislandschaft liegt auf der Hand. Denn es ist in Betracht zu ziehen, dass der Vorgang der moralischen Beurteilung – tugendethisch verstanden – einem „Primat der Tugend" bzw. einem „Primat des Charakters" folgt (vgl. Rippe/Schaber, 1998, S. 13) und auf diese Weise auch über die persönliche Haltung mit ausgeprägt wird. Das fachliche Selbstverständnis der Sozialpädagogin, das die ethischen Eckpunkte setzt, geht dabei eine fruchtbare Verbindung mit dem individuellen Reflexionsprozess ein und gewinnt signifikant Authentizität.

Hinzuweisen ist weiterhin, in der Weise, wie es oben deutlich geworden ist, auf eine interventionsethische Perspektive (dazu Schlüter, 1995, S. 167 ff.). Das ist nicht weiter spektakulär, aber doch ein wichtiger Akzent für die Sozialarbeitspraxis, die sich aufs Ganze gesehen nicht nur über das Einmischungsmoment bestimmt – und die dort, wo sie sich einmischt, weitere ethische Bezugspunkte mit heranzieht. Gerahmt werden sollte jeder ethische Standpunkt in der Sozialen Arbeit von der Genderperspektive und damit vom Ansinnen, berufliches Handeln ausdrücklich auch auf Geschlechtergerechtigkeit hin auszurichten. Entsprechende Anstöße feministischer Ethik sind dazu ebenso aufzugreifen wie, noch etwas weiter gedacht, Sichtweisen auf der Basis interkulturell ausgerichteter Ethik, die den Blick auf unterschiedliche kulturelle Zusammenhänge – und nicht zuletzt auf das normative Potential von *Kultur* – öffnen.

Last not least gehört auch die theologische Ethik zu den Positionen im sozialarbeiterischen Ethikverständnis. Das bezieht sich zum einen auf die Möglichkeit, dieses Verständnis über einen Deutungsansatz zu schärfen, der die Geschichte der Ethik mitgeprägt hat und der in der Gesellschaft auch weiterhin kommuniziert wird; zum andern aber eben auch darauf, dass der Beruf mit Menschen zu tun hat, die ihr Leben – ihre Lebenswelt – an Vorstellungen und Idealen der Religion ausrichten. Das meint die Adressaten ebenso wie die beruflichen Akteure.

Im Ganzen aber gesehen wird die Ethik in der Sozialen Arbeit maßgeblich von zwei Merkmalen bestimmt: Das eine ist der Gedanke der Verbindlichkeit, denn es hat sich gezeigt, dass in den beruflichen Denk- und Handlungszusammenhängen nichts beliebig und nichts willkürlich geschehen darf. Es gibt eine Bandbreite, einen Spielraum, sich einer ethischen Position anzunähern; aber es gibt klare Ansatzpunkte dabei: das Menschenbild, das Gesellschaftsverständnis, und es zeichnet sich ein Weg über das *Müssen* dort ab, wo Festlegungen über kausale Implikationen Entscheidungen und Handeln eindeutig vorgeben. Das andere ist der Gedanke der Freiheit, der keinem Klienten ein Muss auferlegt und der Leitidee auch dort bleibt, wo Moral und moralische Erwartung die Befürchtung von Fremdbestimmung heraufbeschwören. Der klare, hier auch das Denken der Sozialen Arbeit bestimmende Ansatz folgt der Einsicht, dass „Freiheits- und Moralfähigkeit … dasselbe" sind (vgl. Vossenkuhl, 2006, S. 30).

Kapitel 3
Werte(bezüge) in der Sozialen Arbeit

Das Sozialarbeitshandeln folgt fachlich-methodischen Erwägungen. Angeleitet wird es aber auch über Wertebezüge, die einerseits im Theorieprogramm verankert sind, andererseits als Rahmenlinien gesellschaftliches Handeln konturieren. Nicht zuletzt ist das dort wirksame Verständnis vom Menschen als *Wert* zu sehen.

3.1 Die Orientierung an Werten in Theorie und Praxis

Der Wertebezug in der Theorie

Im Handeln sich auf Werte zu beziehen ist nicht Außergewöhnliches. Befremdlich wäre, es nicht zu tun. Denn ein Handeln, das sich nicht von Ideen und Erwartungen leiten lässt, ein Handeln, das nicht weiß, was es meiden muss, ist so gut wie nicht vorstellbar. Das gilt für denjenigen, der religiöse Zuflucht sucht, ebenso wie für den Freigeist und den Nonkonformisten. Werte wirken allenthalben. Aber für die Ethik ist entscheidend, denjenigen Werten nachzuspüren, die nach menschlichem Ermessen Lebensqualität und Erfolg produzieren. Solche Werte haben sich in aller Regel im sozialen Alltag etabliert, nicht immer mit klarer Kontur und manchmal zweifelhaft; es gilt, sie freizulegen und auf ihren Zusammenhang hin zu betrachten. Zum Wertefundus ist auch dasjenige zu rechnen, an dem sich der Einzelne orientiert: individuelle Lebensziele und Glücksvorstellungen, die wiederum – davon ist auszugehen – bestimmten Moden und kollektiven Impulsen folgen. Das alles lässt auf eine Wertedynamik schließen, über die und an der sich Handeln jeweils so ausrichtet, dass es, im Großen und Ganzen, zu dem passt, was als das moderne Zeitverständnis, das moderne Bewusstsein und das Lebensgefühl einer Generation begegnet.

Soziale Arbeit bezieht sich auf diese dynamische Situation. Ein Bezugspunkt ist für sie das Wissen um Prozesse und Entwicklungen, die Klienten in ihrem eigenen Werteverständnis umfangen (Stichwort Jugendkultur). Ein anderer Bezugspunkt liegt im Handlungsrahmen, den die Gesellschaft setzt, indem sie Regeln formuliert (und sanktioniert) und Erwartungen an das soziale Handeln des Einzelnen lanciert. Daraus bildet sich so etwas wie eine öffentliche Moral, angelegt, um Verhalten *zu lenken* (vgl. Hoerster, 2003, S. 43), aber zugleich als Hinweis darauf zu sehen, dass *bestimmte* Wertekontexte sich zu einer Legitimationsbasis formen lassen, die solcher Moral wiederum zugrunde liegt. In der Ethik hat das immer wieder zum Nachdenken darüber geführt, ob „absolute" Werte (Hauskeller, 2001, S. 49; vgl. Kerber, 1991b) oder „vorpositive" Normen (Hoerster, 2003, S. 71) existieren. Vielleicht muss man davon ausgehen, dass nichts voraussetzungslos ist; aber die Gestalt und die Wirkung der Moral bildenden und das Handeln *letztlich* leitenden Werte kann festgestellt werden. Das unternimmt die Ethik, aber das geschieht auch in der Sozialen Arbeit, die Verhaltensweisen verstehen und förderliche wie hinderliche Zusammenhänge kennen will, um richtigen Rat erteilen zu können.

Der Wertebezug wächst, wenn man so will, Sozialer Arbeit von außen zu, weil sie dort agiert, wo die Menschen, auf die sie sich bezieht, leben; aber er gestaltet sich auch im beruflichen Denken und Handeln aus, weil eine Reflexion auf die Grundlagen der Moral, auf die Stimmigkeit gesellschaftlicher Normen und auf den Lebens- und Handlungsanspruch des Menschen Zuträgliches von Schädlichem unterscheiden lässt. Zuallererst ist es das berufliche *Denken,* das auf den Wertebezug – die Werte*bezüge* – der Sozialen Arbeit stößt. Zu jeder theoretischen Fundierung von Praxis gehört, im Kleinen wie im Großen, eine kritische Analyse der Situation, die Überforderung, die Hilfebedarf, die *Handlungsbedarf* erzeugt. Soziale Arbeit kennt durch solche Analyse Wertebindungen, die ihr zweifelhaft erscheinen, und sie entwickelt ihre Ideen für ein gelingenderes und ein weniger belastetes Zusammenleben über einen eigenen Wertebezug.

Werte in der Praxis

Das berufliche Handeln folgt den Anstößen der sozialarbeitlichen Theorie. Es wirkt, auf den ersten Blick gesehen, wie eine Schnittstelle, an der aus den Fugen geratenes, orientierungsloses und Schaden anrichtendes zwischenmenschliches Agieren auf eine Problemlösungs- und Unterstützungsperspektive trifft. Das würde bedeuten, dass mutmaßlich Werteverwirrung auf Werteklarheit stößt und Ordnung erfährt. Genau das aber findet nicht statt. Berufliche Akteure sind mitunter ebenso stark vom Phänomen der Werteverwirrung betroffen, wie ihre Klienten; und diese wiederum erfahren Unterstützung nicht einfach durch die Klärung von Wertebezügen; vielmehr finden Unterstützung, Hilfe und Problemlösung im Rahmen *eines Dreiecks* statt, das von folgenden Vektoren gebildet wird:

1. von der dynamischen und individuell unterschiedlich auf Menschen einwirkenden moralischen Erwartung;

2. von dem solche Erwartung erzeugenden – und kanalisierenden – gesellschaftlichen Selbstverständnis;
3. von den in der Sozialen Arbeit zu Entfaltung und Geltung gelangenden und am Wirkungsziel ausgerichteten Werteakzenten.

Diese Akzente trägt das Sozialarbeitshandeln in die Gesellschaft hinein und an den Menschen heran; es prüft, ob und inwieweit sich sie sich auf eine Verbesserung des Zusammenlebens auswirken; und es legt sie dem Menschen in der Überzeugung nahe, dass sie nicht den Verlust von Handlungsoriginalität, sondern einen Zuwachs an Freiheit bescheren. Aber das bleibt der Rahmen. Sozialarbeiterische Praxis, der *ihre* Werte Verpflichtung sind, wirkt, weil sie überzeugt und authentisch ist; aber sie erzielt Wirkung in der Lebenswelt des Menschen und in der Gesellschaft nur auf der Basis der jeweils dort gültigen Wertezusammenhänge. Eine Praxis, die das Selbstgefühl des Menschen und das Lebensgefühl einer Gesellschaft ignoriert, wird zur Doktrin, der niemand folgen mag. Das eine sind also die Werte und Wertebezüge, die das berufliche Handeln tragen und die in den praktischen Vollzügen aufscheinen; das andere ist die Sensibilität für die Nöte des Menschen und für die Bedingungen und Voraussetzungen, unter denen er lebt und von denen er für sich Verwirklichungschancen erwartet.

In dem genannten Dreieck sind die Kräfte – die Vektoren –, die den Einzelnen bestimmen und das soziale Handeln normieren, sehr stark. Es sind Kräfte, die Menschen zur Devianz drängen und die in der Gesellschaft Armut erzeugen. Es sind Kräfte, denen, wenn sie so wirken, Soziale Arbeit nicht immer leicht etwas entgegenzusetzen hat. Und doch ist auch deren Stärke nicht zu unterschätzen. Sie zeigt sich, womöglich, weniger im direkten Zugriff, sicher aber über Beharrlichkeit. Aus der Beharrlichkeit, mit der Soziale Arbeit ihre Wertevorstellungen einbringt: in jede Hilfesituation, in jede Stellungnahme zur Lage der Gesellschaft, in jede wissenschaftliche Analyse, erwachsen die entscheidenden Möglichkeiten der Erfahrung gelingenderen Alltags sowie der Einsicht, dass nur soziale Qualität das gesellschaftliche Gefüge stabilisieren kann.

3.2 Grundlegung zu einem Wertekatalog für die Soziale Arbeit

Profilbildung durch Werte

Das berufliche Sozialarbeitshandeln schöpft – und damit bewegt es sich in den Theorierahmen, der es formt, hinein – seine Klarheit und seine Kraft über Eckpunkte, die nicht in Zweifel gezogen werden. Es handelt sich vor allem um fachliche Kriterien, nach denen Handeln in Gang kommt und seine Richtung erhält. Zugleich ist davon auszugehen, dass Soziale Arbeit an diesen Eckpunkten erkannt wird: Die besagten Kriterien stehen für das Profil und das Leistungsvermögen der Profession. Wenn man, unter fachlichem Aspekt, solche Eckpunkte benennen möchte, ist nach den maßgeblichen Theorieanliegen ebenso zu fragen wie nach den einschlägigen Methoden und Arbeitsweisen. Zuletzt ist die Praxis selbst zu betrachten und auf die Akzente zu achten, nach denen Arbeitsfelder definiert und erschlossen werden. Beispielhaft zu nennen sind das lebensweltliche und das systemische Paradigma, die methodische Ausrichtung an der Situation des Einzelnen, an sozialer Gruppenarbeit und nicht zuletzt an Prozessen, über die Gemeinwesen gestaltet wird (dazu auch Rieger, 2012). In den Blick treten unterschiedliche Ansätze im Beratungshandeln, besondere Clearingverfahren, Casemanagement, Schnittstellen- und Netzwerkarbeit, transdisziplinäres Denken sowie verschiedene Praxiszugänge, über die niedrigschwellige wie anspruchsvolle Angebote entwickelt werden.

Die Liste ist fortzusetzen. Entscheidend ist zu sehen, dass das profilbildende Potential der Zugänge Wertecharakter hat. Wenn sich Soziale Arbeit auf Hilfe- und Problemlösungsprozesse einlässt; wenn ihr Ansatz eine Hilfe zur Selbsthilfe favorisiert; wenn Perspektiven des Empowerment zur Geltung kommen; wenn Vulnerabilitätsfragen einbezogen werden; wenn strukturelle Belastungsfaktoren Beachtung finden: dann wird deutlich, dass Fachlichkeit entlang bestimmter Grundlinien erzeugt wird. Als *Werte* sind sozialarbeiterische Ansätze und Verfahren insofern zu betrachten, als sie, gemessen am Grundanliegen gelingenden Zusammenlebens, die dorthin voranbringende Struktur-, Prozess- und Ergebnisqualität sicherstellen. Als Werte gehalten aber sind sie, sofern sie im Menschenbild gründen, das in dieses Zusammenleben hinein Gültigkeit entfaltet.

Nach Maßgabe dessen, was oben über dieses Menschenbild zu sagen war (siehe Teil 1, Kapitel 5), kann eine Reihe von Wertebezügen benannt werden, die in die Soziale Arbeit hineinwirken, dort deren Fachlichkeit anregen und zuletzt als Werte der Sozialen Arbeit in Erscheinung treten. Zwei Gruppen solcher Werte sind zu unterscheiden: auf der einen Seite jene Werte, über die sich das moderne Selbstbild des Menschen konstituiert bzw., weil dieses Selbstbild von vielerlei Dynamik überlagert wird, rekonstruieren lässt; auf der anderen Seite die Werte, denen sich der Sozialarbeitsberuf in besonderer Weise verpflichtet weiß oder zeigt.

Die Gruppe der allgemeinen Werte

Das Selbstbild des Menschen in der Moderne wird, das steht außer Zweifel, vom Autonomieanliegen bestimmt. Autonomie ist der Wert, der den Katalog der Werte auch in der Sozialen Arbeit anführt. Zu verstehen ist sie als ein Freiheitsstreben; zu fassen allerdings als ein *jedem* eignender Anspruch, der deshalb, auch wenn er pauschal gegen Fremdbestimmtheit steht, nicht ungerichtet diffundiert, sondern sich über elementare Grenzlinien ausformt. Deontische Ethik markiert diesen Prozess über das Symbol der Pflicht. Dennoch ist Augenmerk auch auf die Spannung zu legen, die der Pflichtbegriff dem Freiheitsmotiv gegenüber hervorruft (dazu auch Neumaier, 2012, S. 22). Nicht nur, dass, ohne damit von einer neuzeitlichen Grundausrichtung zu lassen, ein Pflichtenansatz auch verworfen wird: im Grundimpuls bleibt jene Skepsis wirksam, die der abendländischen Neuzeit in die Wiege gelegt ist. Es spricht vieles – beinahe *alles* – dafür, menschliche Freiheit über soziale Strukturen und über das Merkmal der Interaktion zu denken. Aber das Argument bleibt in Kraft, dass jede Verbindlichkeit, die hier errichtet wird, kritisch zu begleiten ist. So kommt immer auch ein Verständnis zur Geltung, das Autonomie vor allem auf die Wahrnehmung eigener Interessen bezogen sieht.

In diesem Spannungsfeld der Ansprüche und der Pflichten entsteht *der* zentrale Wertebezug im abendländischen Blick auf den Menschen: die allgemeine Zuschreibung von unverletzlichen und unveräußerlichen Menschenrechten. Dieser Wertebezug hat eine Logik, und er hat eine Geschichte. Das besondere Verhältnis, das seitens der Sozialen Arbeit auszumachen und abzubilden ist, wird weiter unten noch betrachtet (siehe Teil 2, Kapitel 5). Aber deutlich ist, dass, auch wenn Begriff und Geschichte verschränkt sind, nach der Katastrophe des Zweiten Weltkriegs und des Holocaust über den Menschenrechtsgedanken eine den Menschen als Einzelnen achtende Haltung besonders nachdrücklich eingefordert wird. Zugleich hat diese ihr Fundament in eben der Perspektive, nach der Autonomie Anspruch und Grenze zugleich markiert und, inhaltlich gesprochen, auf existentielle Bedürfnisse des Menschen rekurriert.

Ein wohl deontisch *gesetzter,* gleichwohl nicht aufzugebender Wert ist der Gedanke der Menschenwürde. Diese entsteht als Idee im Kontext der Akzeptanz der Interessen Anderer durch das Individuum – und sie wird im selben Zusammenhang, im Zuge der Missachtung solcher Interessen, verletzt und geraubt. Der enge Konnex der Vorstellungen von Menschenwürde und Menschenrechten, angezeigt beispielsweise auch in Artikel 1 des Grundgesetzes, bezieht Grundlegendes aufeinander. Es ist plausibel, im Ansatz der Würde des Menschen so etwas wie den Inbegriff der Menschenrechtsidee zu sehen, und ein Indiz dafür, dass diese den Ausgangs- und nicht erst den Zielpunkt für ein dem Menschen angemessenes Dasein markiert (dazu auch Schockenhoff, 2009, S. 227). Es ist freilich bezeichnend, dass kaum ein Wert so viel Übersetzungsarbeit erfordert wie der der Menschenwürde, und das nicht nur dort, wo westliche Kultur an ihren eigenen Ansprüchen gemessen wird – und so oft kläglich versagt, sondern auch innerhalb der Ethik, die in konsequentialistischer resp. utilitaristischer Akzentuierung auch gegen ein *unbedingtes* Menschenwürdegebot steht. Deutlich ist, dass selbst ein Utilitarismus, der „ein menschliches Gesicht zeigen" will, weniger an der Achtung von Interessen als an der „Interessenbefriedigung" ausgerichtet bleibt (vgl. Gesang, 2003, S. 132). So bleibt der Eindruck einer zuletzt *deontischen* Initiative bestehen (vgl. auch Schockenhoff, ebd.); doch zugleich ist deutlich, dass Menschenwürde als Wert „kein anderes Merkmal als das des Menschseins" (ebd.) vor Augen stellt.

Solche Perspektive eröffnet nicht zuletzt der Verfassungsrahmen in Deutschland. Soziale Arbeit kann gut anknüpfen und ist über ihr eigenes deontisches Grundverständnis in jeder Weise anschlussfähig. Zustimmung findet auch der dort notierte Bezugspunkt der menschlichen Gemeinschaft (vgl. Art. 1, Abs. 2 GG), der als weiterer *allgemeiner Wert* zu betrachten ist. Soziale Arbeit findet darin, wie schon deutlich wurde, ihre Grundorientierung. Die Ausrichtung darüber hinaus an „Frieden und Gerechtigkeit in der Welt", die das Grundgesetz ebenfalls einfordert (ebd.), komplettieren den allgemeinen Werterahmen und stellen einer Gemeinwohlorientierung die entscheidenden Ziele vor Augen: zum einen den Gemeinsinn, der Konfliktpotentiale dadurch minimiert, dass er *menschliche* Anliegen zur Geltung bringt; zum andern den Ausgleich, der Übervorteilungsprozesse stoppt, weil die vitalen Interessen jedes Einzelnen Gewicht erhalten.

Die Gruppe der besonderen Werte

Es gibt eine Übereinstimmung im Wertekatalog der Sozialen Arbeit mit den Basiswerten der Gesellschaft. Die Übereinstimmung rührt nicht daher, dass Gesellschaft, weil sie das berufliche Handeln finanziert, ihre Werte einspeist. Sie rührt vielmehr daher, dass ein identisches Menschenverständnis greift. Soziale Arbeit begreift sich hier durchaus als Hüterin der genannten Basiswerte. Sie ist bereit – jedenfalls sollte sie es sein –, auf gesellschaftliche Prozesse zugunsten dieser Werte einzuwirken. Das geschieht über die Aneignung der entsprechenden philosophischen Kriterien und über einen Abgleich mit den Aufgaben, die Beruf und Profession für sich definieren (dazu siehe auch Miller, 2012, S. 50 f.). Darin werden jene zunächst als allgemein zu charakterisierenden Werte zu spezifischen der Sozialen Arbeit, die Selbstbestimmtheit, Menschenwürde und ebenso Gemeinschaft, Frieden und Gerechtigkeit für ihre Adressaten – und das sind alle Menschen in der Gesellschaft – anstrebt. Nichts anderes als Lebensqualität und Teilhabe kommen hier in den Blick (vgl. Miller, 2012).

Zu den Zielen tritt der Modus der Umsetzung. Er wird bestimmt von einem wertschätzenden Umgang mit dem Menschen, der als Einzelner und als Teil der Gemeinschaft jeweils berechtigte Anliegen und Ansprüche hat. Für das Denken und Handeln in der Sozialen Arbeit heißt das, klar, bestimmt und verlässlich zu agieren. Erreicht wird das durch die Offenlegung der Bezugspunkte und die Entschlossenheit, das eigene Wirken in den öffentlichen Raum hinein vor dem kritischen Blick der Öffentlichkeit – zu der ist wiederum jeder Adressat zu rechnen – darzulegen. Zu fassen ist dies in den Wert der Transparenz. Für den Beruf, die Profession und die Wissenschaft ist die Plausibilität der in Erwägung gezogenen Maßnahmen in gleicher Weise Ausgangspunkt, den normativen Ansatz zu legitimieren.

Die diesen Ansatz weiter ausprägenden Werte zeigen sich zum einen als verbindlicher Standpunkt im Umgang mit dem Menschen, zum andern als entschiedene Position im Umgang mit der Gesellschaft. Dem Menschen gegenüber steht die wertschätzende Haltung und der Verzicht auf den Einsatz von Gewalt im Vordergrund. Der Respekt, der darin jedem gegenüber zum Ausdruck kommt, der Sozialarbeitshandeln *erlebt,* ermöglicht nicht zuletzt eine offene Sicht auch über Kulturgrenzen hinweg, die manchmal schon vor der eigenen Haustür beginnen. Adressaten erfahren eine Form der Unterstützung, die ihnen nichts als eine Hilfe zur Selbsthilfe offeriert. Das Anliegen *subsidiärer Hilfe* erweitert sich in Blick auf die Gesellschaft zum Problemlösungsanspruch: Die gebotene Zurückhaltung in der Hilfegewährung verpflichtet Soziale Arbeit zugleich darauf, dafür zu sorgen, dass Selbsthilfeprozesse im Rahmen der gesellschaftlichen Machtstrukturen möglich werden. Hier liegt eine Haltung der Machtkritik begründet; aber sie kanalisiert und konzentriert sich über den Gedanken gesellschaftlicher Solidarität. Nichts bringt Selbsthilfe besser auf den Weg als eine Struktur, die ihr Freiräume verschafft; und nichts sichert solche Freiräume besser ab als der Wille, dem Gemeinwohl zu dienen (dazu siehe auch Schumacher, 2010).

3.3 Besondere Wertebezüge

Autonomie und Menschenwürde

Für die Soziale Arbeit lassen sich viele Wertebezüge angeben, die ihr Denken und Handeln bestimmen. Der oben aufgezeigte Wertekatalog ist nicht vollständig, sondern nur ein Zugang. Ihn leitet das Anliegen, Schlüsselbegriffe zu benennen, an die weitere Wertebezüge anzuschließen sind. So wird auch sichtbar, dass ein Wertebestand nicht beliebig – individuell, einrichtungs- oder trägerspezifisch – generiert werden kann, sondern einer Systematik folgt. Anzuschließen sind beispielsweise Prinzipien wie Personalität, Verantwortung und Toleranz, die im Handlungs- und Hilfeansatz markant hervortreten (dazu siehe Gruber, 2009, S. 48 ff.):

- Personalität als die entscheidende Perspektive, den Menschen als „oberstes Ziel und Richtmaß“ (ebd., S. 49) zu nehmen – mit eingeschlossen der imperativische Gedanke Kants, den Menschen „jederzeit zugleich als

Zweck, niemals bloß als Mittel" zu brauchen. Anklang sucht dieser Begriff nicht zuletzt an die Akzentuierung von „Sozialprinzipien" durch die katholische Soziallehre, die sozialstaatliches Denken mit flankiert. Drei ihrer Prinzipien – Solidarität, Subsidiarität und Gemeinwohl – sind eben schon angeklungen. Personalität reiht sich hier mit ein. (Dazu auch Miller, 2012, S. 33)
- Verantwortung als Ausrichtung für den konsequentialistischen Blick, der den deontischen Tenor zur „Einlösung des ethischen Sinns von Freiheit" (Gruber, 2009, S. 57) voranbringt. Dieser Sinn liegt in der Fähigkeit des Einzelnen, „für sich und andere" Verantwortung zu übernehmen (ebd., S. 58); aber er liegt auch in der gesellschaftlichen Rahmenstruktur, wo durch diese Zuständigkeiten und Handlungserwartungen geklärt werden (dazu Fischer u. a., 2007, S. 431).
- Toleranz als Haltung im „Umgang mit Differenz" (Gruber, 2009, S. 68). Der Akzent liegt auf dem Konfliktlösungspotential einer Bereitschaft, die „Andersartigkeit des Anderen" anzuerkennen (ebd., S. 71). Erlaubnisgewährung, Koexistenzperspektive, Respekt und Wertschätzung fließen gleichermaßen aus einem entsprechenden Handlungsansatz, wenn diese Bereitschaft zum Konzept geformt wird (dazu Düwell/Hübenthal/Werner, 2011, S. 532).

Die hier zusätzlich gelisteten Werte zeigen, wie sich Soziale Arbeit zielstrebig ihren Aufgaben zuwendet; sie zeigen aber vor allem, wie der Schlüsselbegriff der Autonomie Werte formt und setzt. Aus ihm fließt der Menschenwürdegedanke, mindestens als zentrale Rechtskategorie, um die Legitimität von Interessen überprüfen zu können, im weitesten Sinn aber als zentrales Merkmal menschlicher Existenz überhaupt (dazu Schockenhoff, 2009, S. 249). Als grundlegende Idee für das Zusammenleben aber trägt er die Vorstellung von Personalität – vom Menschen als *Person,* die als Trägerin zuzuordnender Interessen zu sehen ist und das Individuum als Subjekt, mit je eigener Wissens- und Wollensdimension (vgl. Düwell/Hübenthal/Werner, 2011, S. 457), anderen Individuen mit formal identischen Ansprüchen gegenüberstellt. Dort, wo der Mensch als Person gesehen wird – und das ist mutatis mutandis überall dort der Fall, wo er als Mensch gesehen wird –, tritt er uns als Person gegenüber (dazu Gruber, 2009, S. 50).

Der Verantwortungsaspekt führt den Gedanken weiter und macht deutlich, dass „in der Autonomie, in der Eigenverantwortung die Freiheit des Menschen und damit seine spezifische Würde als Person zum Ausdruck kommt" (ebd., S. 63); so formuliert ist deutlich, dass nicht im Eigennutz – und nicht in einer reinen Nützlichkeitsdiktion –, sondern in der Abwägung von Handlungsmotiven und Handlungsfolgen, in der Fähigkeit des Menschen zum sozialen Denken die richtigen Pfade zu beschreiten sind. Und so, wie die Übernahme von Verantwortung die Menschenwürdeidee mit Leben erfüllt – und Sozialer Arbeit Zielperspektiven anzeigt –, ist auf der anderen Seite klar, dass nur eine Grundhaltung der Toleranz Erwartungen zu ordnen und Handlungsimpulse passend auszurichten vermag. Die Wertebasis von Autonomie und Menschenwürde kommt in diesen Leitbildern wirksam zum Ausdruck. Zuletzt ist es der Gedanke der Menschenwürde, der im Feld von Selbstbestimmungsforderungen und Menschenrechtsthematik Zugänge öffnet. Für die Soziale Arbeit kann der Zugang nur lauten: Es ist „keine Maßnahme zugelassen, die die Würde des Menschen verletzt" (Brumlik, 1992, S. 207).

Gerechtigkeit

Die Würde des Menschen zu achten, ist ein Akt der Gerechtigkeit. Der Konnex liegt auf der Hand (vgl. Miller, 2012, S. 37), Gerechtigkeit scheint damit als wichtiges Thema für die Soziale Arbeit auf (siehe dazu auch oben Teil 2, Kapitel 1, Abschnitt 2) – und dennoch kann der entsprechende Wert nicht einfach abgeleitet werden. Das sozialarbeiterische Gerechtigkeitsverständnis wäre mit dem Hinweis auf das Menschenwürdeargument nicht hinreichend erfasst. Dazu begegnet das Gerechtigkeitsanliegen in den verschiedenen Sozialarbeitskontexten zu eigenständig. Hinzu kommt aber auch, dass mit einem begrifflichen Verständnis zu arbeiten ist, das in der Antike, beginnend mit der Klärung durch Platon, bereits ausgeformt war (dazu Holzleithner, 2009, S. 21 f.). Das erfordert einen genauen Blick.

Für sozialarbeiterische Theorie und Praxis gibt es viele Gründe, Gerechtigkeit anzustreben. Das betrifft die Hinwendung zum Menschen, die nicht selektieren und nicht benachteiligen will; das betrifft die Ausrichtung an sozialen Problemlagen und den Ansatz, Benachteiligung zu beseitigen; und das betrifft nicht zuletzt auch die Vorstellung vom Menschen, der Gerechtigkeit zum Überleben braucht. Es ist plausibel, von einer „Intention auf Gerechtigkeit" (Thiersch, 2000a, S. 21) auszugehen; aber die Lage ist unübersichtlich. Was als schlüssiges Vorhaben und als klarer Weg erscheint, wird in der gesellschaftlichen Wirklichkeit vielfach blockiert und erschwert (vgl. ebd.). Zusätzlich ist der Sozialarbeitsansatz selbst nicht eindeutig, denn er transportiert nach wie vor auch ein Verständnis von Hilfe, die als menschliche Zuwendung gewährt wird. Wenn Hilfe als Verpflichtung um der Hilfe willen verstanden wird, tritt ein Verständnis von Hilfe als Mittel zur Gerechtigkeit beiseite.

Eine Begriffsklärung, die Hilfe an Gerechtigkeit bindet, führt hier weiter. Zunächst ist zu sehen, dass der Gerechtigkeitsbegriff selbst nicht eindeutig ist. Traditionell trägt er das Gleichheitsmerkmal vor sich her, aber er *weiß* auch, dass Gleichheit nicht zu erreichen ist. Drei allgemeine Formen, auch als „klassische Dreiteilung" apostrophiert, werden unterschieden (dazu Holzleithner, 2009, S. 26; Düwell/Hübenthal/Werner, 2011, S. 372): erstens die Form der Gleichbehandlung aller, ausgedrückt in der Vorstellung von für alle in gleicher Weise gültigen Regeln („iustitia legalis"); zweitens das Prinzip, dass jeder erhält, was ihm zusteht, auch als Verteilungsgerechtigkeit gesehen („iustitia distributiva"); drittens der Ansatz, Ungleichheiten zu beseitigen, indem ein Ausgleich stattfindet, verstanden auch als Austauschgerechtigkeit („iustitia commutativa"). Das berühmte Leitprinzip im Römischen Recht: das *suum cuique* – jedem das Seine, das dem Grundsatz der Verteilungsgerechtigkeit folgt, wird durch die hier angelegte Perspektive, jedem das Gleiche zu verschaffen, durchaus kontrastiert. Dennoch schließen sich die Formen nicht gegenseitig aus, sondern ergänzen einander zu einem Gesamtverständnis. Die nachfolgende Skizze bringt das zum Ausdruck:

Abb. 4: Zum Verständnis von Gerechtigkeit („Klassische Dreiteilung")

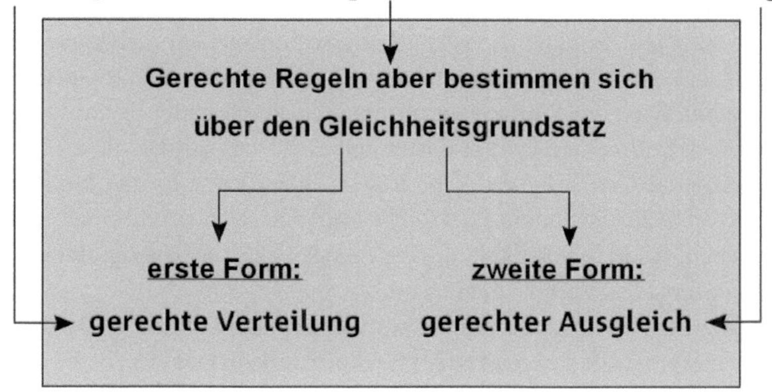

Ein Zugang Sozialer Arbeit zum Gerechtigkeitsverständnis besteht darin, alle drei Formen in den Blick zu nehmen. Es geht um das Einhalten von Regeln; es geht um besondere Zuwendung; und es geht um Solidarleistung. Damit ist aber auch deutlich, dass die Einlösung von Gerechtigkeit als Wert unterschiedlicher Maßgabe folgt. Es gibt weitere Formaspekte, die für die Soziale Arbeit eine Rolle spielen und über die sich die Komplexität zunächst weiter erhöht. Einen Aspekt bilden beispielsweise die Überlegungen zur Gerechtigkeit als *Tugend*. Diese reichen auf den Tugendkatalog Platons und das aristotelische Tugendverständnis zurück, auf die oben in Teil 1, Kapitel 2 schon Bezug genommen wurde. Zu sehen ist hier, dass sich auf solcher Grundlage ein modernes Verständnis entwickelt hat, das, als Tugendethik gefasst, auch die Tugend der Gerechtigkeit fokussiert (dazu siehe bei MacIntyre, 1995, S. 325). Soziale Arbeit wird von solchen Überlegungen mindestens hinsichtlich der Klärung der Haltung berührt, die Akteure nach dem Verständnis der Profession zeigen sollen. Allerdings birgt die Klage über den „Verlust der Tugend" (MacIntyre, 1995) auch eine gesellschaftskritische Note, die nicht übergangen werden sollte.

Das Nächste sind alle Vorstellungen zur *sozialen* Gerechtigkeit. Sie liefern den Bezugsrahmen für die sozialarbeiterische Position, aber es wird deutlich, dass die unterschiedlichen Ansatzpunkte jeweils Anlass zu Spezifikation und Vertiefung geben. Dazu gehören Forderungen nach Geschlechtergerechtigkeit (Großmaß/Perko, 2011, S. 63; Miller, 2012, S. 38f.), nach Generationengerechtigkeit (Holzleithner, 2009, S. 66; Höffe, 2010, S. 89), nach globaler Gerechtigkeit (Höffe, 2010, S. 96; Sen, 2012, S. 415) u.a.m. Als Handhabe dafür, Gerechtigkeit als grundlegendes Prinzip für das Zusammenleben zu denken, verdient schließlich der Entwurf von John Rawls (1975) besondere Beachtung (dazu Plewa, 2011, S. 241). Rawls fügt in seiner Theorie zur Gerechtigkeit die gegenläufigen Logiken von gerechter Verteilung („jedem das Seine") und gerechtem Ausgleich („jedem das Gleiche") zu einem schlüssigen Verständnis zusammen. In Pointierung der auseinander tretenden Grundformen fasst er Gleichheit und Ungleichheit als die „beiden Grundsätze der Gerechtigkeit" (vgl. Rawls, 1975, S. 81). Es gilt, kurz gesagt, nicht davon abzurücken, gleiches Recht und gleiche „Grundfreiheit" für alle anzustreben, und Ungleichheit, als gegebenes Faktum, so zu gestalten, dass sie „zu jedermanns Vorteil" dient (ebd.).

Für das Sozialarbeitsverständnis zur Gerechtigkeit ist die Auslegung dieses Ansatzes im Zuge der modernen Egalitarismusdiskussion wiederum aufschlussreich. Hier führen Egalitaristen Gerechtigkeit ganz auf das Gleichheitsprinzip, auch als „Equality-Norm" bezeichnet, zurück (dazu Holzleithner, 2009, S. 51ff.), während Non-Egalitaristen am Beitragsprinzip („Equity-Norm") festhalten (dazu ebd., S. 54ff.). Die hier wieder aufbrechende Polarisierung nach den beiden Grundformen – *Equality-Norm* als Ausdruck für die Austauschgerechtigkeit, *Equity-Norm* als Ausdruck für die Verteilungsgerechtigkeit verstanden – lässt sich klammern, indem ein für die Soziale Arbeit wesentliches Handlungsprinzip eingeordnet wird: die Orientierung am Bedarf. Soziale Arbeit strebt vordergründig nicht die Gleichstellung an und sie fragt auch nicht nach dem Verdienst, den sich jemand erworben hat. Sie fragt nach dem Hilfebedarf. Gerechtigkeit versteht sie über den Anspruch eines Menschen, in der sozialen Gemeinschaft die Zuwendung zu erhalten, die für ein menschenwürdiges und selbstbestimmtes Leben notwendig ist. Jeder, der hier Bedarf hat, ist „anspruchsberechtigt". Wer keine Unterstützung braucht, erfährt keinen Nachteil, wenn Soziale Arbeit Anderen Hilfe gewährt. Zugleich aber ist klar, dass er aufgefordert ist, die Unterstützung anderer im eigenen Interesse mitzutragen.

Solidarität

Zwischen Gleichheitsprinzip und Beitragsprinzip greift Soziale Arbeit also auf ein Bedarfs- oder Bedürfnisprinzip zurück, das zwischen den Grundsätzen Ungleichheit und Gleichheit einen vermittelnden Impuls setzt. Abb. 5 illustriert diesen Zusammenhang:

Abb. 5: Die Klammerfunktion des Bedürfnisprinzips im Gerechtigkeitsverständnis

Das Bedürfnisprinzip schließt niemanden aus, und es stellt sicher, dass Sozialarbeitshandeln im rawlsschen Sinn „zu jedermanns Vorteil" dient. Das Prinzip hat einen doppelten Bezug: den Einzelnen, der Bedarf anmeldet, weil und insofern er berechtigte Bedürfnisse nicht aus eigener Kraft befriedigen kann, und die Gesellschaft, die in der Pflicht steht, diesem Bedarf zu entsprechen. Das bedeutet für die Soziale Arbeit zweierlei Adressaten: Bedürftige zum einen, denen die fachliche Zuwendung gilt; Leistungsträger zum anderen, von denen Solidarität gefordert wird. Beide Anliegen umgreifen und bestimmen zuletzt das Gerechtigkeitsverständnis in der Sozialen Arbeit.

Der Gedanke der Solidarität ist, so gesehen, Teil im Gerechtigkeitskonzept (dazu auch Michel, 2011, S. 269). Als Forderung akzentuiert er den Anspruch Sozialer Arbeit, ihre grundlegende „Intention auf Gerechtigkeit" (Thiersch, 2000a, S. 21) zu realisieren. Als Perspektive greift er aber noch weit darüber hinaus. Wenn auf der einen Seite feststeht, dass Solidarität dem Willen einer Gesellschaft Ausdruck verleiht, den Wert des Einzelnen zu achten (dazu Schumacher, 2010, S. 16), ist auf der anderen Seite zu sehen, dass sie so auch der „Personwürde zugeordnet ist" (Miller, 2012, S. 40). In diesem Sinn – als „individuelle Haltung wie kollektive Handlungsregel" (Sedmak,

2010, S. 44) – ist Solidarität als Symbol für Gesellschaft zu begreifen (vgl. Schumacher, ebd.). Die oben angezeigte entsprechende Akzentuierung im Rahmen der Sozialprinzipien der Katholischen Soziallehre, zu denen Solidarität rechnet, hat hier ihre philosophische Anbindung. Und weiter: Als Wert gefasst wird Solidarität, nach der oben dargelegten Diktion, zum zentralen ethischen Bezugspunkt professioneller Sozialarbeitspraxis (dazu Schumacher, 2010, S. 17). Diese vermittelt den Einzel- und den Gemeinschaftsbezug über ein Verständnis, das Soziale Arbeit im Denken und im Handeln als *beruflich geleistete Solidarität* (vgl. ebd., S. 15; dazu auch Gruber, 2009, S. 7 ff.) zeigt.

Das Anliegen der Solidarität ist darüber hinaus auch Gradmesser für die Zukunftsfähigkeit einer Gesellschaft. Je weiter Entsolidarisierungsprozesse – national wie international – voranschreiten, desto mehr Hilfebedarf ist dort zu erwarten, wo menschliches Leben über Strukturen abgesichert wird; je klarer das Bekenntnis *für* Solidarstrukturen ausfällt, desto mehr Lebensqualität ist für Menschen in einem sozialen Verbund – und in der Welt – zu erreichen. Zuletzt markiert der Begriff der Solidarität auf diese Weise das bisher noch nicht berührte fünfte Prinzip innerhalb der Katholischen Soziallehre: den Gedanken der Nachhaltigkeit. Solidarität steht für die Zukunft des Menschen als Menschheit. Sie bildet kein Konzept neben anderen Konzepten, sondern greift als Forderung direkt auf das Anliegen zurück, als Mensch unter Menschen zu leben. Nichts ist nachhaltiger, als sich an diesem Anliegen auszurichten.

Kapitel 4
Fallbezogenes Handeln

Anhand der Fallarbeit ist nun aufzuzeigen, wie die normative Grundausrichtung, entlang einer ethischen Positionierung und über einschlägige, plausible Werte, in konkrete Praxis auszuformen ist. Deutlich wird auch, dass Praxis in fallbezogenem Handeln ihren Kern hat, sich aber weitläufiger erstreckt.

4.1 Handeln in der Sozialen Arbeit

Handlungsmotive

Der normative Charakter sozialarbeiterischen und sozialpädagogischen Handelns ist deutlich geworden. Das Handeln zeigt sich von Vorstellungen, geleitet, wie es *sein soll.* Zu diesen Vorstellungen gelangt es *notgedrungen,* denn ihm obliegt vornehmlich die Aufgabe, Situationen, die Menschen in ihrem sozialen Bezügen gefährdet zeigen, die weglos erscheinen und die für das Zusammenleben, für den *Alltag* der Gesellschaft eine Belastung sind, aufzulösen. Drei Perspektiven ergeben sich daraus:

1. Soziale Arbeit strebt danach, Menschen so handlungsbereit und handlungsfähig zu machen, dass sie Verhaltensweisen zu ihrem und zu anderer Wohl ausbilden;
2. Soziale Arbeit sucht Auswege aus verfahrenen Lebenssituationen;
3. Soziale Arbeit unterstützt Formen gesellschaftlichen Zusammenlebens, die für jeden förderlich sind.

Das zeigt: Nicht erst und nicht allein über diese Vorstellungen von gelingendem Leben und Zusammenleben entsteht Normativität, sondern bereits im Zuge der Problemerfassung. Zweierlei spielt hier zusammen: auf der einen Seite das offenkundige Leiden derer, die unter und in einer Situation großen, schwer zu bewältigenden Belastungen ausgesetzt sind; auf der anderen Seite die berufliche Einschätzung zu den Mängeln und Lücken, die am persönlichen Verhalten, aber auch an den gesellschaftlichen Bedingungen hervortreten.

Ethisch gesehen wird das berufliche Handeln von einer Empathie bewegt, die in der Überzeugung wurzelt, dass Gesellschaft die Pflicht hat, menschliches Leid, so weit sie das kann, zu verhindern. Das entscheidende Argument liegt im Menschenwürdegedanken, der nahelegt, niemanden sich selbst zu überlassen. Neben der gesellschaftlichen Pflicht ist auch eine persönliche Pflicht erkennbar, denn der Einzelne ist zuletzt Träger und Vollstrecker dieses gesellschaftlichen Anspruchs. Die persönliche Pflicht wirkt in die Soziale Arbeit hinein: als Anfrage an die persönliche Haltung; als Anliegen, aus Menschenliebe zu handeln. Sie stellt so unbestritten einen wichtigen Beweggrund dar – aber Soziale Arbeit ist keine persönliche, sondern eine gesellschaftliche Angelegenheit. Die gesellschaftliche Verantwortung gilt es zu sehen und einzufordern. Hier erst entsteht jene Empathie für den leidenden Menschen, die ein professionelles Handeln auf den Weg bringt.

Das zweite ethische Motiv liegt in dem Anspruch, die angesprochenen Mängel und Lücken mit analytischer Klarheit und ohne falsche Rücksicht offenzulegen. Der Anspruch beinhaltet und umfasst bereits Vorstellungen von idealer Funktionalität; doch er geht von dem Bewusstsein aus, dass es möglich und erlaubt ist, Menschen in ihren persönlichen und ihren politischen Entscheidungen zu beeinflussen. Der Vorhalt hinsichtlich begangener Fehler und zu erwartender Belastungen realisiert schließlich ein Menschenbild, das in der wohlwollenden Zuwendung sowohl in Bezug auf den Anderen wie auf die eigene Person sicherstellt, dass, ganz im Sinne Kants, „die Menschheit … jederzeit zugleich als Zweck, niemals bloß als Mittel" gebraucht wird (zum Imperativ Kants siehe auch oben Teil 1, Kapitel 4, Abschnitt 3).

Wenn man so will, verbinden sich im Zusammenwirken dieser beiden Motivlagen eine utilitaristische und eine deontische resp. deontologische Sicht; denn die Idee von einer Gesellschaft, der ein Interesse zugeschrieben werden kann, Leid und Schmerz vom Menschen abzuwenden, deckt sich mit der utilitaristischen Vorstellung vom Glück; die Hinwendung zum Menschen wiederum, der in seiner persönlichen Situation hilfeberechtigt ist, findet Rückhalt im Gedanken der sittlichen Pflicht, wie sie von Kant zu einem grundlegenden Kriterium erhoben worden ist. Entscheidend ist freilich, dass beide Deutungen zusammenwirken. Wenn dabei Ausdruck findet, dass eine Nutzenorientierung sozialarbeiterischem Bestreben nicht nur nicht fremd, sondern mit ein Leitmotiv ist, kann das nur Zustimmung finden; aber zugleich steht fest, dass ein wie auch immer zu bestimmender Nutzen nicht um jeden Preis zu haben ist. Und damit bleibt es bei der deontischen Grundausrichtung der Sozialen Arbeit.

Handlungsorientierung

Das berufliche Handeln setzt also bei und mit der Wertschätzung des Menschen ein. Das ist der Mensch, der als Klient Empfänger von Hilfe- und Unterstützungsleistung wird; das ist aber auch der Mensch, der Belastungen für sich und andere erzeugt, weil er Situationen falsch einschätzt, unüberlegt agiert, nur eigene Interessen verfolgt, anderen schaden will. Es geht darum, zu einer passenden Situationseinschätzung zu finden. Und es geht darum, den eigenen ethischen Ansatz als Haltung des Berufes zu kennzeichnen und so als Anspruch auch an Adressaten zu setzen. Nicht jede Verrücktheit und Verhaltensoriginalität sind dabei zu tadeln und zu richten. Das ist wichtig. Soziale Arbeit tritt nicht als Sachwalterin einer uniformen gesellschaftlichen Moral auf; nichts liegt ihr ferner, als Menschen, deren Autonomie sie ja stärken will, nach ihren Vorstellungen, noch weniger nach irgendwelchen zugetragenen, genormten Bildern zu formen. Aber sie korrigiert dort, wo Verhalten Selbst- und Fremdgefährdung erzeugt, und sie unterstützt menschliches Bestreben, ein stabiles und erfülltes Leben im sozialen Verbund, auf der Basis tragfähiger Beziehungen, zu erreichen.

Das zeigt, dass sich sozialarbeiterisches und sozialpädagogisches Handeln an der Lage des Einzelfalls orientieren müssen. Vom beruflichen Handeln wird tragfähige Wertschätzung erwartet, aber eben auch der klare, analytische Blick für den Bedarf. Entsprechend geht an die Akteure die Forderung nach Empathie und Gespür. Zugleich richtet sich an sie der Anspruch, Fachlichkeit und fachliches Wissen dadurch abzusichern, dass sie an plausible Vorstellungen von gelingendem Alltag und einer lebenswerten Gesellschaft angebunden werden. Diese Vorstellungen – das ist für die Ethik in der Sozialen Arbeit ein maßgebliches Postulat – gebiert nicht jeder selbst (wenngleich genau das, aus falsch verstandener ethischer Kompetenz heraus, im beruflichen Alltag verbreitet geschieht), sondern allein die Profession. Wenn hier unübersehbar Entwicklungsbedarf aufscheint, wird nicht das Postulat geschwächt, sondern nur die Dringlichkeit markiert, entsprechende Diskurse zu führen und ein tragfähiges Wissen auszubilden. Studierende wie Praktiker seien auf die Leitimpulse verwiesen, die in diesem Lehrbuch zum Thema *Ethik Sozialer Arbeit als Konzept,* mit Blick auch auf die Dynamik gesellschaftlicher Prozesse, dargelegt werden (vgl. unten Teil 3).

Dennoch gibt es ein Grundgerüst, das in diesem zweiten Teil des Lehrbuchs schon aufzunehmen und zu skizzieren ist. Das eine ist dabei die Idee, Soziale Arbeit am Thema Menschenrechte auszurichten und als *Menschenrechtsprofession* zu sehen (siehe Teil 2, Kapitel 5). Das andere ist der Ansatz zu einer sozialarbeiterischen Berufsethik, der unten gezeichnet wird (siehe Teil 2, Kapitel 6). Beides schafft tragfähige Bezugspunkte dafür, die eigenen Vorstellungen von dem, was sein soll, mit den entsprechenden Vorstellungen der Profession abzugleichen. Zusammen mit dem weiter oben schon umrissenen Bild zur Ethik im Allgemeinen und zur Sozialarbeitsethik im Besonderen reichen sie aus, um eine stringente, sozialarbeitliche Ausrichtung in der Fallarbeit zu gewährleisten.

4.2 Ethik von Fall zu Fall

Prinzipien in der Fallarbeit

Die Lage des Einzelfalls setzt dem Handeln in der Sozialen Arbeit den eigentlichen ethischen Bedarf fest. Das heißt, der Bedarf ist unterschiedlich zu bestimmen. Dennoch ist er nicht beliebig, erfasst ihn sozialarbeiterisches Denken doch mit der Entschlossenheit, die Selbstbestimmungserwartungen des Menschen als Adressaten zu respektieren und zu stützen, seine Würde zu wahren und zugleich Gemeinschaftsinteressen zur Geltung zu bringen. Getragen wird das Fallhandeln zuletzt aber von den ethischen Implikationen, die aus der Besonderheit der Lage resultieren. So spielt es – das ist so trivial wie elementar – eine Rolle, ob ein Klient ein Kind, ein Jugendlicher oder ein Erwachsener ist, ob er männlich oder weiblich ist, ob er allein oder über ein Beziehungssystem als Adressat begegnet, ob er mit den „Spielregeln“ der Gesellschaft vertraut ist oder nicht, ob er Entscheidungen vollkommen eigenverantwortlich treffen kann oder nicht, und nicht zuletzt, welche rechtlichen bzw. auch justiziellen Parameter seine Situation bestimmen.

Vieles an ethischer Lageklärung geschieht über die Bestimmung der Merkmale der Ausgangssituation. Weitere individuelle Kennzeichen sind zu beachten, darunter vor allem solche, die den Menschen schwächen und deshalb den Bedarf mit anzeigen. Das Vorliegen von Gewalterfahrung, einer Suchterkrankung oder Langzeitarbeitslosigkeit sind Beispiele, worüber sich ein ethischer Bedarf weiter konkretisiert. Zuletzt spielt auch eine Rolle, welche Hilfesysteme in der Region verfügbar sind. All dies verdeutlicht, dass eine ethische Positionierung seitens der Sozialen Arbeit über die Besonderheit des Einzelfalls recht gut gelingt. So gelingt beispielsweise die ethische Absicherung einer Intervention nach § 8a SGB VIII, bei der das Herausnehmen eines Kindes aus einer Familie gegen den Willen der Erziehungsberechtigten nicht nur rechtlich flankiert („Schutzauftrag bei Kindeswohlgefährdung“), sondern, aufgrund der besonderen Schutzwürdigkeit von Kindern und der entsprechenden gesellschaftlichen Verantwortung, auch ethisch geboten ist. Ein anderes Beispiel für ethische Klarheit ist die Schwangerenkonfliktberatung nach § 219 StGB, die mit dem klaren Auftrag versehen ist, „die Frau zur Fortsetzung der Schwangerschaft zu ermutigen und ihr Perspektiven für ein Leben mit dem Kind zu eröffnen“, die aber auch die mögliche Entscheidung der Schwangeren gegen das Kind zu respektieren hat, wenn deutlich wird, dass dieser aus der Mutterschaft eine nicht zumutbare Belastung erwächst (vgl. ebd.). Aus ethischer Sicht mag hier durchaus der Interessenkonflikt zwischen dem Lebensanspruch des ungeborenen Kindes und dem Selbstbestimmungsanspruch der schwangeren Frau weiter zu bedenken sein; und doch ist die Handlungssituation für die Soziale Arbeit geklärt. Die ethische Positionierung geschieht also auf dem Weg des Abgleichs des sozialarbeiterischen Handlungsansinnens über das *Prinzip der Legalität* auf der einen und das *Prinzip der Legitimität* auf der anderen Seite.

Darin liegt nun auch eine Handhabe zur Aufdeckung von schwierigen Fällen. Hier gibt es zwei Blickrichtungen. Die eine geht darauf, Situationen offenzulegen, in denen eine ethische Legitimation offenkundig nicht besteht, obwohl der rechtliche Rahmen greift. Hier dennoch – gegen ethische Überzeugung – zu handeln, ist nicht minder problematisch als der umgekehrte Fall, in dem ein Handeln, das ethischer Überzeugung folgt, das Prinzip der Legalität verletzt. Ein Beispiel für Ersteres ist in der Arbeit mit Asylbewerbern zu sehen, die durch die gesetzlichen Bestimmungen (und deren schroffe Auslegung) in prekäre Lebenssituationen gedrängt werden; ein Beispiel für Letzteres in der Sozialarbeiterin, die einem Strafgefangenen, dessen gute Entwicklung sie weiter stützen möchte, Verbotenes in die Zelle schmuggelt. Wenn, wie in diesen Fällen, die Prinzipien von Legalität und Legitimität nicht kongruent sind, ist weiterer Klärungsbedarf angezeigt. Es ist möglich, dass rechtliche Normen oder deren Handhabung bedenklich sind – dann ist Soziale Arbeit aufgefordert, öffentlich auf Verbesserung hinzuwirken; es kann aber auch sein, dass die ethische Legitimation offen ist, weil es unterschiedliche Standpunkte gibt – dann gilt es, die ethische Position der Sozialen Arbeit zu diesem Bezug zu klären.

Die andere Blickrichtung betrifft Entscheidungssituationen, in denen mehr als eine Handlungsweise möglich erscheint. Das ist beispielsweise dann der Fall, wenn ein Jugendlicher aus einer stationären Maßnahme vorzeitig entlassen werden soll, weil er massiv gegen Regeln der Einrichtung verstoßen hat – oder nicht entlassen werden soll, obwohl er massiv gegen Regeln der Einrichtung verstoßen hat. Die Entscheidung darüber wird als schwierig erlebt, weil beide Handlungsweisen ganz offensichtlich jeweils etwas für und etwas gegen sich haben: Während die erste nicht zuletzt mit der Notwendigkeit des Respekts gegen jene Jugendlichen in der Maßnahme argumentieren kann, die sich an Regeln halten, kann die zweite für sich reklamieren, dass sich der vermeintliche Entlassgrund letztlich mit dem Aufnahmegrund deckt, mithin eine Entlassung nicht angezeigt ist. Der Entscheidungsnotstand spitzt sich weiter zu, wenn man jeweils die Wahrscheinlichkeit berücksichtigt, nach der ein Verbleib in der Einrichtung dort noch zu größeren Schwierigkeiten führt, und nach der eine Entlassung aus der Maßnahme Absturz und weitere Gefährdung nach sich zieht. Genau besehen liegt das Problem freilich in der ungeklärten pädagogischen Lage in der Einrichtung.

Die Entscheidung ist nur mühevoll, solange Ansprüche und Handlungslogiken gegeneinander stehen. Das ist der Fall, wenn in der Arbeit mit erziehungsschwierigen Jugendlichen manifeste Erziehungsschwierigkeit mit der Entlassung aus der Maßnahme sanktioniert wird. Der Anspruch muss hier sein, den eigenen Handlungsauftrag so zu klären, dass ein sozialpädagogisches Profil deutlich wird. Zu dem gehört dann auch, dass bei drohender Entlassung in jedem Fall über eine Anschlussmaßnahme beraten wird.

Entscheidungsfragen

Immer dort, wo sozialarbeiterisches Handeln unterschiedliche Optionen hat – mit jeweils unterschiedlichen ethischen Implikationen, ist es entweder egal, welche Handlungsform gewählt wird – das ist dann der Fall, wenn beide denkbaren Handlungsweisen keinen Widerspruch zueinander aufweisen; oder es ist nicht egal, weil sich Widersprüche zeigen. Für eine Lösung und das Finden der richtigen Entscheidung macht die Ethik pragmatische Vorschläge.

- Ein erster ist in dem Hinweis zu sehen, die Entscheidungssituation doch bitte hinreichend und möglichst objektiv – über „harte Fakten" – zu klären (vgl. Bleisch/Huppenbauer, 2001, S. 18f.).
- Ein zweiter setzt auf den ethischen Diskurs, z.B. in Form einer Ethikkommission, um tragfähige Entscheidungsklärung zu betreiben (dazu Vieth, 2006, S. 19ff.).
- Ein dritter verweist auf die Möglichkeit einer Entscheidung nach der Vorzugsregel, also über eine „Abwägung von Gütern und Werten", die sich an Kriterien wie Ranghöhe, Dringlichkeit und Gemeinnutz orientiert (dazu Gruber, 2009, S. 195ff.).
- Ein vierter kann anhand der rawlsschen Diktion einer Entscheidung „zu jedermanns Vorteil" (vgl. Rawls, 1975, S. 81) bzw. über das Prinzip der „Übelminimierung" (Gruber, 2009, S. 196f.) gefasst werden.

Solche Impulse sind geeignet, verfahrene Situationen wieder auf den Weg zu bringen. Sie zeigen aber auch die Grenzen auf, die jedem ethischen Ansinnen gesetzt sind:

- Eine Entscheidung unter Zeitdruck, die nicht alle Fakten berücksichtigen kann, fällt ohne tragfähige Basis und verliert Rechtfertigungsgründe.
- Eine Entscheidung, die im Diskurs gesucht wird, kann an unterschiedlichen Zugängen und Ethikverständnissen scheitern.
- Eine Entscheidung nach der Vorzugsregel sieht sich mit dem hohen Anspruch konfrontiert, Tendenzen zu quantifizieren und wägbar zu halten.

- Eine Entscheidung, die das kleinste Übel wählt, um den allgemeinen Nutzen zu maximieren, attestiert in ihrer Pragmatik der Ethik nur geringe Gestaltungskraft.

Die Ethik in der Sozialen Arbeit kann Verlegenheit punktuell über solche Ansätze zu lösen versuchen. Pragmatik ist in der Ethik nie verkehrt. Aber das berufliche Handeln verfügt über weiter reichende Möglichkeiten zur Entscheidungsfindung. Sich hier mehr nach der Decke zu strecken erscheint auch geboten, weil Soziale Arbeit einen Ruf zu verlieren hat. So weckt das Leistungsangebot, das antritt, Rat zu wissen, Hilfe zu gewähren, Problemlösung zu erreichen, durchaus die Erwartung eines *hohen* Gestaltungsvermögens. Zuletzt birgt die im Alltag der Fallarbeit greifbare Praxis der Grenzüberschreitung (dazu auch Braun/Graßhoff/Schweppe, 2011, S. 16) den hohen Anspruch, nie zum Nachteil derer zu handeln, die der sozialarbeiterischen Problemlösungskompetenz vertrauen. Der Schlüssel zu ethischer Klarheit liegt in der Fachlichkeit. In ihr ist der Handlungs- und Entscheidungsrahmen enger und bestimmter gefasst. In ihr ist angelegt, wie die Soziale Arbeit den Menschen versteht. In ihr ist der normative Ansatz an tragfähiges Wissen angebunden. Das Postulat ist, dieses Wissen weiterzuentwickeln und Positionen daraus zu gewinnen. Schwierige Fälle in der Praxis geben dazu Ansporn.

4.3 Praxis der Sozialen Arbeit

Der Praxisanspruch Sozialer Arbeit

Es gibt eine einfache Antwort aus dem Feld der lebensweltorientierten Sozialen Arbeit auf die Frage, wie der ethische Gehalt sozialarbeiterischer Praxis gefasst und aus ihm alltagstauglich Handlungsqualität gewonnen werden kann. Sie liegt vor als die Idee, Soziale Arbeit in ihrer – oben bereits in den Blick getretenen – „Intention auf Gerechtigkeit" (Thiersch, 2000a, S. 21) ethisch hinreichend bestimmt zu sehen und die Fallarbeit ohne weitere Differenzierung als „moralisch inspirierte Kasuistik" (Thiersch, 1995, S. 23) zu begreifen. Die Gleichung ist dabei, dass sozialarbeiterisch geführte Verbesserungen in einer Lebenssituation als Beitrag zur sozialen Gerechtigkeit und damit als Erfüllung des ethischen Plansolls gewertet werden können.

Bei aller Wertschätzung des Lebensweltansatzes, als Konzept, das einen individuellen Hilfezuschnitt eröffnet, ist hier doch auf ein doppeltes Problem hinzuweisen: Das liegt zum einen darin, dass sich Ethik, so verstanden, im Einzelfall verliert und eine allgemeine Grundlage für ethische Entscheidungen nicht greifbar wird (dazu vgl. auch Schumacher, 2007, S. 35); zum andern wird vielleicht der *Kasus,* der konkrete *Fall* erfasst, aber nicht die Praxis insgesamt, nicht das Theorieverständnis und zuletzt: nicht die Soziale Arbeit. Fallbezogenes Handeln bildet den Kern sozialarbeiterischer Praxis, aber es bildet diese Praxis nicht ab. Praxis erstreckt sich weitläufiger: auch auf Strukturen, auch auf Wissen, auch auf das Selbstbild des Sozialarbeitsberufes. Erst ein umfassendes Praxisverständnis erhebt die Fallarbeit zum Markenzeichen. Die Kompetenz, mit Menschen zu arbeiten, ihre Lebenssituationen zu verstehen und darin hilfreich eingreifen zu können, rührt von einem Verstehen von Praxis her, das in den vielen Handlungsfeldern der Sozialen Arbeit (dazu Chassé/Wensierski, 2008) ein Grundanliegen realisiert sieht.

Damit steht Praxis für ein Fallverstehen, das sich aus den Bildern und Ideen eines gelingenden Lebensvollzuges speist – und nicht aus den konkret aufscheinenden Belastungen. Vielmehr können Belastungen nur eingeordnet werden, wenn klar ist, was sie als solche hervortreten lässt. Kein Fall ist gleich, und keineswegs gibt es genormte Lösungen. Aber der genaue Bedarf und die geforderte Handlungsentscheidung orientieren sich an dem, was sein soll. Den Rahmen dazu bildet die Zusage an den Menschen, als Person Respekt zu finden und Selbstbestimmungsanliegen vortragen zu dürfen. Darüber hinaus wirkt die normative Kraft gesellschaftlicher Erwartung, die in der Sozialen Arbeit allerdings kritisch gebrochen ist. Das Weitere: Zielsetzungen, Handlungswege, realisierte Veränderungen, ist in der Fallarbeit situativ eingebettet und individuell ausgestaltet. Entscheidend aber bleibt, dass die Grundlagen installiert sind. Praxis, auch und gerade als Fallarbeit gesehen, setzt ethisches Verstehen voraus. Will man dieses am Gerechtigkeitsanliegen festmachen – Gerechtigkeit gedacht als Symbol, den Menschen in seinen sozialen Belangen zu unterstützen –, so ist daran nichts falsch. Aber erforderlich ist dann eine Auslegung dieses Symbols, um sicherzustellen, dass der Sozialarbeitsansatz, dass sozialarbeiterisches und sozialpädagogisches Handeln etwas Passendes, etwas Akzeptables und etwas Tragfähiges als Gerechtigkeitsarbeit verstehen und praktizieren.

Erst diese Praxis, die Selbstverständnis, Wissen und den Fallbezug umspannt, bildet Soziale Arbeit als Beruf ab. Das Handeln folgt dem Denken. Das Denken liefert Perspektiven, die Handlungslinien vorgeben. Die ethische Entscheidung in der Sozialen Arbeit findet genügend Anhaltspunkte, um eindeutig und als Ausweis eines beruflichen Profils getroffen zu werden. Zuletzt ist es das wissenschaftliche Potential, das Sozialer Arbeit die Möglichkeit gewährt, schwierige Handlungs- und Entscheidungssituationen zu analysieren und den ethischen Bezugsrahmen entsprechend zu klären und anzupassen. Der richtige Weg ist, sich als Profession hier nicht beirren zu lassen.

Ökonomisierung

Freilich gibt es beachtliche Gegenkräfte, die dort zutage treten, wo eine Ethik der Sozialen Arbeit nicht als struktureller Bezugsrahmen wahrgenommen wird. Es sind namentlich die Einwände und Bedenken, die Soziale Arbeit mit ihren ethischen Vorstellungen in Spannung zu den Einsparungsbegehrlichkeiten der Öffentlichen Hand sehen (dazu Klug, 2000; Helmers, 2005; Buestrich/Wohlfahrt, 2008). Die Bedenken sind ernst zu nehmen, weil Soziale Arbeit, was Deutschland anbetrifft, auf die öffentliche Finanzierung angewiesen ist. Zwei Blickweisen sind hier möglich: die eine ist, Soziale Arbeit in einer steten Bringschuld zu sehen, während die Öffentliche Hand, weil sie das Geld gibt, Erwartungen dazu festsetzt; die andere, die öffentliche Finanzierung der Sozialarbeitsaufgaben als gesellschaftliche Pflicht anzusehen, während Soziale Arbeit, als Profession verstanden, gewissenhaft diese Aufgaben benennt. Das Standardargument „wer zahlt, schafft an" mag schwer wiegen; doch eine Soziale Arbeit, die ihm nachgibt, gerät in den Sog einer „BWL-isierung" (Wilken, 2000, S. 19) resp. „Verbetriebswirtschaftlichung" (Dewe, 2009, S. 95) und setzt sich – das ist nachvollziehbar – „Tendenzen der Deprofessionalisierung" bis hin zur „Entberuflichung" aus (vgl. ebd., S. 97). Es gilt, wenn ein solcher Befund vorliegt, durch entsprechende „Reflexions- und Theorieanstrengungen" wahrhaft ein „Gegengift" (ebd., S. 100) einzubringen (siehe dazu auch Seithe, 2012).

Ökonomie und Ökonomisierung sind wichtige Themen. Der Sozialarbeitsberuf kann von der Betriebswirtschaft nur lernen (dazu Finis Siegler, 2009; Gödicke, 2011). Aber als *ethische* Themen werden die entsprechenden Begrifflichkeiten nur unter dem Aspekt nachhaltigen Handelns eingebracht. Vernünftiges Haushalten, schonender Ressourceneinsatz und Effizienz sind im Groben die Ansprüche, denen sich Soziale Arbeit in unternehmerischer Ausrichtung stellen muss (dazu Gödicke, 2011). Wirksame ökonomische „Handlungsstrategien" (Spatschek, 2008), die Wirtschaftlichkeitserwartungen wiederum pointiert mit sozialen Anliegen verbinden (vgl. Nowak, 2005), sind zuletzt auch als ein Argument anzusehen, in der Welt eine „Ökonomie für den Menschen" (Sen, 2002) aufzurichten.

Wenn Ökonomie und Ökonomisierung in der Sozialen Arbeit heute dennoch als umfassende Konfliktthemen begegnen, angetrieben von neoliberaler Entschlossenheit, die „das Soziale" nur legitimiert sieht, „wenn es sich rechnet" (vgl. dazu Wilken, 2000, S. 20), so ist eine Ursächlichkeit auch darin zu erkennen, dass der ethische Anspruch in der Sozialen Arbeit noch nicht klar genug gesetzt und kommuniziert ist. Empathisch nach „Menschlichkeit statt Ökonomisierung" zu rufen (Helmers, 2005), ist, weil es auf das Selbstverständnis von Sozialer Arbeit rekurriert, ehrenwert; aber Antwort und Strategie können nur sein, für den Beruf wirtschaftliche Expertise anzulegen dergestalt, dass sichtbar wird, dass er sich den ökonomischen Herausforderungen zu stellen vermag (vgl. Wilken, 2000, S. 27). Auf der Grundlage einer ökonomisch nicht naiv agierenden Sozialen Arbeit wird es möglich, offensiv zu vertreten, was ein systematischer Blick auf die beruflichen Ethikanliegen zwingend nahelegt: den Preis, den ein verantwortlich ausgestaltetes Handeln fordert, das darauf angesetzt ist, Friktionen und Belastungen im gesellschaftlichen Alltag aufzulösen.

Kapitel 5
Die Idee Sozialer Arbeit als Menschenrechtsprofession

Die Praxis Sozialer Arbeit zeigt sich uneinheitlich. Sie erstreckt sich über eine Palette unterschiedlicher Aufgaben und Zuständigkeiten. Sie wird aber auch durch die jeweilige gesellschaftliche Einbettung geformt. Über die Ausrichtung an den Menschenrechten lässt sich ein Profil gewinnen, das die Vielzahl der Erscheinungsformen eint.

5.1 Soziale Arbeit und die Menschenrechte

Das Viele und das Eine in der Ethik der Sozialen Arbeit

Es ist deutlich geworden, dass die Ethik in der Sozialen Arbeit in mehrfacher Hinsicht vieldeutig und uneinheitlich ist. Das geht im Großen und Ganzen aus drei Bezugsbereichen hervor:

- Da ist zum einen die Situation der Ethik selbst, die durch viele Konzepte und Zugänge Heterogenität zeigt. Soziale Arbeit, die daraus ihre Ethik gewinnt, bleibt an den wissenschaftlichen Diskurs angebunden. Hinzu kommt, dass das Akzente formende Potential fachlicher Positionen wiederum unterschiedliche Aufmerksamkeiten markiert. Um die Extreme anzuzeigen, ist darauf hinzuweisen, dass sozialarbeiterische Ethik einen paternalistischen Anspruch und eine offensive Wertebindung offenbar ebenso beinhaltet wie ein reines Funktionsverständnis, das sich in Blick auf eine Wertebindung defensiv verhält.
- Da ist zu andern die weite Praxislandschaft, die offenkundig weniger Identität als Verwirrung stiftet. Verwirrung hinsichtlich der Leitidee, die sich als solche umso weniger greifen lässt, je vielfältiger die Aufgabenstellungen sind und je weniger diese an die Soziale Arbeit selbst gebunden erscheinen. Wenn dem Beruf Aufgaben *zuwachsen,* weil er gesellschaftlicher Dynamik folgt, mutet jeder Systematisierungsversuch ideologisch an. Hinzu kommt hier, dass sich das Sozialarbeitsverständnis in Deutschland nicht mit dem in anderen Ländern deckt, schon weil es je

eigene Diskurse gibt, vor allem aber, weil Soziale Arbeit im nationalen Setting jeweils unterschiedlich angelegt ist.

- Da ist schließlich der Mensch, der Soziale Arbeit praktiziert. Auch wenn ein Rahmen, auch wenn Grundwerte sichergestellt und realisiert sind, bleibt der einzelne Akteur mit seiner Persönlichkeit und seinem Lebenswissen doch der Träger – und der Interpret – der Ideen, die in den Beruf eingespeist und in das fachliche Wissen eingebettet sind. In dem Maß, wie die Ethik selber Eindeutigkeit und Verbindlichkeit nicht herzustellen vermag, eröffnen sich Spielräume für das Ermessen. Es ist ebenso unvermeidlich wie irritierend, dass Klienten, je nachdem, mit wem sie es zu tun bekommen, mit unterschiedlichen ethischen Ansprüchen konfrontiert werden.

Deutlich geworden ist aber auch, dass die Soziale Arbeit in der Lage ist, Ordnung in die Vielfalt zu bringen. Auf allen drei Ebenen zeigen sich gegenläufige Ansprüche und Tendenzen, aus denen für das berufliche Verständnis und besonders für die Ethik eine klare Linienziehung zu erwirken ist:

- Konzeptioneller Heterogenität in ihren ethischen Perspektiven entgeht Soziale Arbeit, wenn sie den wissenschaftlichen Ethikdiskurs durchdringt und ihre eigenen Anliegen passend zu- und einordnet. Hier ist davon auszugehen, dass mit einer Klärung des beruflichen Selbstverständnisses auch eine Klärung des ethischen Bedarfs einhergeht, nicht um Positionen zu vereinheitlichen, aber um sie ihrerseits im Kontext eines spezifischen Profilanspruchs zu systematisieren.
- In der Topographie der Praxislandschaft verliert sie sich nicht, wenn sie mit dem Selbstbewusstsein eintritt, dass Aufgaben und Zuständigkeiten nicht zugeteilt, sondern aus einem fachlichen Verständnisrahmen heraus generiert sind. Zu einem solchen gehört, wie hier auch schon dargelegt wurde, ein den beruflichen Belangen folgendes Gesellschaftsverständnis, das Soziale Arbeit nicht nur im nationalen, sondern auch im internationalen Kontext in der Lage zeigt, Gesellschaft jeweils zum Wohl der Menschen zu denken und mitzugestalten.
- Es ist richtig und notwendig, dass Soziale Arbeit Ermessensspielräume, die ihr zukommen, zu unterschiedlicher – und jeweils passender – Akzentsetzung nutzt. Aber es ist dabei wichtig, sich an der Linie zu orientieren, die über ethische Grundbezüge im beruflichen Handeln gangbare Wege aufzeigt – und das nicht Passende identifiziert. Die Grundbezüge, die hier ebenfalls schon deutlich geworden sind (siehe besonders Teil 2, Kapitel 2), erweisen sich als stark und geeignet, in der Varianz von Zugängen Widersprüchlichkeit auszuschließen.

Damit ist davon auszugehen, dass ein heterogenes, unsystematisches Erscheinungsbild von theoretischer Gestalt und beruflichem Handeln in der Sozialen Arbeit lediglich einer Momentaufnahme entspricht. Das Bild klärt und ordnet sich über eine Besinnung auf spezifische Handlungs- und Wirkansprüche, d.h. durch eine Sichtweise, die weniger von dem geleitet ist, was Sozialer Arbeit angedacht wird, als von dem, was sie sich selber zutraut. Im so akzentuierten Sozialarbeitsverständnis tritt besonders die Ethik als einende Kraft hervor. Je bestimmter Beruf und Profession eine ethische Grundlinie verfolgen, umso prägnanter weisen Deutungs- und Handlungsansätze ein sozialarbeiterisches Profil mit Wiedererkennungswert auf.

Die Achtung der Menschenrechte als Grundmotiv

Als Ansatzpunkt für die Ethik in der Sozialen Arbeit war das Verständnis vom Menschen als autonomes Individuum zu benennen. Von diesem Verständnis geht deshalb alles aus, weil es das Menschenbild kennzeichnet, über das der Sozialarbeitsberuf in Neuzeit und Moderne auf den Weg kommt. Aber das neuzeitliche Menschenbild hat Implikationen. Individualität und Autonomie begründen die Würde des Menschen als Person. Zugleich legen sie den Grundstein für ein Zusammenleben, das der Achtung dieser Würde verpflichtet ist. Vom Ideal oder vom Konzept her gedacht ist die demokratische Gesellschaft, die auf der Menschenwürde fußt, die den Freiheitsanspruch des Einzelnen ebenso ernst nimmt wie eine soziale Verpflichtung aller für das Ganze, die einzige Form großräumigen Miteinanders, die das Potential hat, alle menschlichen Belange dauerhaft und stabil abzubilden. Dass die Realität oft anders aussieht und sich der Wunsch nach Stabilität auch in diktatorischen Strukturen spiegelt, zeigt nur, wie sehr die Demokratieidee Entschlossenheit und stetige Unterstützung braucht.

Als Kerngedanke hierbei und als Schnittstelle im Selbstbild Sozialer Arbeit mit den Grundanliegen der demokratischen Gesellschaft ist die Forderung nach Gerechtigkeit zu betrachten. Eine bedingungslos angestrebte politische Gerechtigkeit sichert menschliche Freiheit (dazu Höffe, 1979, S. 414f.); eine kompromisslos realisierte soziale Gerechtigkeit stabilisiert das Zusammenleben. Gerechtigkeit tritt als ethischer Leitbegriff ebenso über den tugendethischen (MacIntyre, 1995) wie über den vertragsethischen Ansatz (Rawls, 1975) in Erscheinung und erlaubt deshalb sowohl einen individualethischen wie auch einen sozialethischen Fokus. Für die Soziale Arbeit war sie als Leitbegriff ebenfalls schon anzusprechen gewesen, allerdings mit dem Vorbehalt, weiter zu klären, wie dort ein tragfähiges Verständnis greifen kann. Fraglos repräsentiert sie mit Nachdruck das Ansinnen, den Menschen in seinen sozialen Belangen zu unterstützen. Aber bereits die Frage, ob sie als Verteilungs- oder als Austauschgerechtigkeit anzustreben ist, birgt Streit. Soziale Arbeit, die über die Sonderform der Bedarfsgerechtigkeit dem

Ansatz der Verteilungsgerechtigkeit zuneigt, bringt damit zunächst einmal lediglich eine Position ein. Freilich stellt sie sich auch dem Streit. Sie sollte in der Lage sein, ihre Position stark zu machen.

Das geschieht durch die folgende Überlegung: Gerechtigkeit als soziales Prinzip leistet keine Selbstbegründung. Vielmehr bedarf sie der Begründung vom Individuum her, das dem Menschen in der Neuzeit Anstoß und Ausgangspunkt ist. Das hat, wie unten dargelegt wird, Auswirkung auch auf das Gesellschaftsverständnis (vgl. Teil 3, Kapitel 2). Hier aber genügt zu sehen, dass Gerechtigkeit als Anspruch und Perspektive vom Bild des Menschen als autonomes Individuum her gedacht und festgestellt werden muss. Anders gesagt: Es ist entscheidend, Gerechtigkeit als ein essentielles Interesse des Menschen ableiten zu können. Das wiederum ist möglich, wenn man sieht, dass Individualität und Selbstbestimmtheit als letztbegründete Ansprüche des Menschen im gesellschaftlichen Vollzug Garantien brauchen, die sie absichern. Solche Absicherung aber geschieht dort, wo aus dem Anspruch elementare Rechte abgeleitet und als Normen formuliert und installiert werden. Hier geht es um nichts anderes als um die Menschenrechte.

Die Menschenrechte eignen sich als Garantien, die legitimen, individuellen Ansprüche gesellschaftlich durchsetzen zu können; zugleich bilden sie den zentralen Ausgangspunkt für das Gerechtigkeitsverständnis: Welcher Formaspekt darin zu favorisieren ist, entscheidet sich über die Frage, wie und wodurch Menschenrechte, als unbedingt und unveräußerlich gedacht, Geltung und Wirkung erlangen. Das heißt, dass Soziale Arbeit ihrem ethischen Auftrag, das Geschäft der sozialen Gerechtigkeit zu betreiben, nachkommt, wenn und indem sie sich für die Menschenrechte einsetzt. Beide Aspekte sind nicht vollständig deckungsgleich. Gerechtigkeit bleibt das Große und Ganze, dem Soziale Arbeit verpflichtet ist. Doch das Eintreten für die Menschenrechte liefert so etwas wie einen operationalen Zugang, das Große und Ganze hier und jetzt anzugehen.

Die Befassung Sozialer Arbeit mit den Menschenrechten

Mit der Orientierung an den Menschenrechten öffnet die Soziale Arbeit nicht nur eine Tür zum Thema Gerechtigkeit; sie bindet, von der anderen Seite her, das Menschenbild mit ein, das in der Forderung nach Menschenrechten einen elementaren Ausdruck findet. Für den Sozialarbeitszusammenhang ist das oben am Ende des fünften Kapitels des ersten Teils schon deutlich geworden. Hinzu kommt nun, dass die Menschenrechtsthematik sehr konkret ist: Bezugsdokument, auch in einem philosophischen Sinn, ist die UN-Menschenrechtscharta vom 10. Dezember 1948; aber auch der Niederschlag, den dieses Dokument im Grundgesetz – und in anderen nationalen und internationalen Normansätzen – gefunden hat, spielt eine wichtige Rolle. Darüber hinaus gilt es, die Geschichte der Menschenrechte so zu verstehen, dass greifbar wird, wie hier nicht irgendeine politische Forderung, sondern eine grundsätzliche Auslegung zum Selbstverständnis des Menschen, wie es sich der Neuzeit, namentlich dem Denken der Aufklärung präsentiert, begegnet. Das historische Bemühen um das richtige Verständnis muss last not least auch die Auseinandersetzung mit der Tatsache beinhalten, dass es im 20. Jahrhundert, als in Europa noch politische Lehren aus der Katastrophe des Ersten Weltkriegs gezogen wurden, zu einer nie gesehenen Eskalation an Barbarei – das meint den Faschismus ebenso wie den Stalinismus – gekommen ist.

Wenn man die Soziale Arbeit mit den Menschenrechten befasst sieht, fällt es leichter, in die berufliche Ethikdebatte eine Linie zu bringen. Das Ziel – gegen manche faktische Praxis – ist, keine individuellen Impulse, sondern professionelle Vorgaben zur Ausformung einer sozialarbeiterischen Ethik zu nutzen. Damit zeichnet sich nochmals konkreter jene einschlägige Tendenz ab, von der im Zusammenhang mit der Ausrichtung am Anliegen der sozialen Gerechtigkeit schon zu reden war. Wie gesagt, dieses Anliegen scheint über das Thema Menschenrechte leichter fassbar. Das Thema bringt die Ethik Sozialer Arbeit weiter (dazu auch Molderings, 2012). Aber die Frage nach der Umsetzung bleibt zunächst bestehen, wenn man sieht, dass Soziale Arbeit in ihrer weitläufigen Praxis weniger direkt die Menschenrechte thematisiert, als andere pragmatische Anliegen, die sich in Kontext von Beratung und Intervention ergeben. Hier gibt es einen einfachen und klaren Schlüssel, den Bezug herzustellen: die Aufmerksamkeit für die Menschenwürde. Menschenrechte, so war oben zu sehen, kulminieren im Gedanken der Menschenwürde (vgl. Art. 1 GG; dazu oben Teil 2, Kapitel 3, Abschnitt 2). Dieser Gedanke ist der Schlüssel auch für ein Verständnis, das Sozialer Arbeit zu einer grundsätzlichen ethischen Orientierung als *Menschenrechtsprofession* verhilft; denn, um es hier nochmals mit Kant zu sagen: „die Menschheit selbst ist eine Würde".

5.2 Anspruch und Wirklichkeit einer Menschenrechtsprofession

Soziale Arbeit als Menschenrechtsprofession

Der Ansatz, Soziale Arbeit als Menschenrechtsprofession zu denken, geht maßgeblich auf Silvia Staub-Bernasconi zurück (dazu u.a. Staub-Bernasconi, 1995b; 2003). Der entsprechende Impuls wird als zentraler ethischer Akzent gesehen und als Gestaltungsprinzip für eine professionelle *Grundhaltung* gedeutet (dazu Lob-Hüdepohl, 2003; Hug, 2007). Deutlich wird ein Denkhorizont, der auf der einen Seite den beruflichen Alltag umgreift und durchdringt (dazu Zeller, 2000; Walz/Teske/Martin, 2011), auf der anderen

Seite aber auch Sozialer Arbeit einen globalen Blick verschafft (dazu Mührel/Röh, 2007). Die Akzentuierung Sozialer Arbeit als Menschenrechtsprofession kann mittlerweile als etabliert gelten. Masterstudiengänge greifen diesen Ansatz als Entwicklungsanstoß auf. Zum Teil bilden sie ihn auch schon umfassend ab (dazu Staub-Bernasconi, 2004).

Das Thema Menschenrechtsprofession durchdringt freilich verschiedene Ebenen der Sozialen Arbeit. Auf der einen Seite hebt es die Menschenrechte und den Menschenrechtsgedanken als zentralen ethischen Bezugspunkt heraus. Das ist oben als sinnvoller Ansatz schon deutlich geworden. Deutlich wurde aber auch, dass hier ein Anspruch Abgleich mit der Alltagswirklichkeit erfahren muss. Das bezieht sich auf die Ebene des Handelns und auch auf das Denken, das dieses Handeln anstößt. In dieser Verschränkung ist zuletzt die *Praxis* Sozialer Arbeit angesprochen. Auf der anderen Seite umgreift es den Theorieprospekt, wenn im Menschenrechtsgedanken eine Formkraft gesehen wird, die Sozialer Arbeit als Profession zu Gestalt und Ausdruck verhilft. Bleibt hier die Frage, ob sich das Professionsanliegen im Gewand der Menschenrechtsprofession realisiert oder ob von verschiedenen Kleidern auszugehen ist, in denen Soziale Arbeit als Profession zu erscheinen vermag.

Zu erkennen sind zwei Ansprüche, die über das Thema Menschenrechtsprofession *gesetzt* werden: Das eine ist – und der Gedanke kann aus sozialarbeitsethischer Sicht nur Zustimmung finden – der ethische Imperativ, der mit der Thematik einhergeht: Daraus wird ersichtlich, dass berufliches Handeln nicht einfach nur gesellschaftliche Aufträge erfüllt und nicht einfach nur zur Hilfeleistung aufbricht; vielmehr weiß sich die Profession über ein ethisches Potential *fähig,* so zu agieren, und *entschlossen,* nicht anders zu handeln. Wenn man diesen Zusammenhang pointieren möchte, kann man von einer Erweiterung des Doppelmandats zum „Tripelmandat" sprechen (dazu Staub-Bernasconi, 2007, S. 200). Das dritte Mandat wäre dann, neben den Bezugspunkten von Hilfe und Kontrolle, das „Mandat seitens der Profession" (vgl. dazu Staub-Bernasconi im Geleitwort zu Walz/Teske/Martin, 2011, S. 31).

Das andere ist der globale Bezug, der für den Sozialarbeitsberuf gesehen wird: Wenn sich der für Menschen engagiert, die in soziale Schieflage geraten sind, und wenn in der Problemanalyse regelmäßig auch Mechanismen der Benachteiligung festgestellt werden, kann es nur den Schluss geben, dass ein Kampf gegen Benachteiligung und für Menschenrechte Leitidee im beruflichen Handeln ist. Daraus formt sich ein Leitanspruch der Profession dahingehend, dass Soziale Arbeit, die konkret Alltagsprobleme von Menschen löst, eigentlich die Befriedigung legitimer Grundbedürfnisse betreibt und deshalb in der Lage und aufgerufen ist, sich dieser Grundbedürfnisse des Menschen – und das heißt: der Menschenrechte – grundsätzlich anzunehmen. Hier entsteht die Vorstellung einer „menschrechtsbasierten, internationalen Sozialen Arbeit“ (ebd., S. 16).

Festzuhalten ist, dass die Soziale Arbeit ihr Eintreten für die Menschenrechte zu konkretisieren vermag. Eine Perspektive dabei ist, diese als „Legitimationsbasis“ anzusehen (vgl. Staub-Bernasconi, 2007, S. 200), um sich zuletzt mit dem Anspruch zu behaupten, Entscheidungen unabhängig von Zeitgeist, Träger- oder Klientenerwartungen zu treffen (vgl. ebd.). Im Vordergrund steht dann die berufliche Autonomie, die über eine „ethische Basis“ (ebd.) ihre Absicherung erfährt. Festzuhalten ist auch, dass der Katalog der Menschenrechte, wie ihn die UN-Menschenrechtscharta abbildet, Sozialer Arbeit einen guten Ansatzpunkt liefert, ihr Handeln am und mit dem Menschen zu akzentuieren. Es handelt sich um allgemein gefasste Rechte, die, wie die Präambel der UN-Menschenrechtscharta deutlich macht, Besonderheit und Selbstbestimmtheit jedes Menschen schützen. Benannt werden aber auch elementare soziale Bedürfnisse, die als legitime Ansprüche des Einzelnen an die Gemeinschaft bestehen (vgl. bes. Art. 22 der Charta); und es geht nicht zuletzt auch darum, auf die Pflichten verweisen, deren Zweck es ist, „die Anerkennung und Achtung der Rechte und Freiheiten anderer zu sichern“ (vgl. Art. 29). Das bedeutet, dass Soziale Arbeit in der – so gefassten – Idee allgemeiner Menschenrechte den ethischen Bezugspunkt finden kann, um ihr Verständnis vom Menschen zur Geltung zu bringen: Individualität und Autonomie sind als Werte abgesichert; die soziale Dimension menschlichen Lebens ist erfasst und zentrale Ansprüche der Gemeinschaft an den Einzelnen sind benannt. Darüber hinaus scheint der Gedanke der Menschenwürde zentral auf (Art. 1), und auch Personalität wird als Anspruchspunkt greifbar (Präambel).

Probleme und Grenzen

Das Verständnis Sozialer Arbeit als Menschenrechtsprofession ist also in zweierlei Hinsicht schlüssig: Es stellt das Menschenbild heraus, und es hält den Blick offen, um Fragen der Praxis gemäß jeweiliger Anforderungen authentisch wahrnehmen und angehen zu können. Das sind gewichtige Argumente; und doch reicht dieser Zusammenhang nicht aus, den ethischen Anspruch der Sozialen Arbeit abzubilden. Das Problem liegt nicht im Rückgriff auf den Menschenrechtsgedanken, aber eben dort, wo dieser Bezug zum Dreh- und Angelpunkt im Professionsverständnis Sozialer Arbeit erklärt wird. Die Schwierigkeit zeigt sich einerseits über das Mandatsverständnis: Es richtig, die Forderung der Profession zu sehen, ethische Bezugspunkte zu erfassen und zu operationalisieren; aber das ist kein Anlass, die Mandatsituation Sozialer Arbeit zu erweitern und neu zu fügen. Im Gegenteil: Schon der Vorstoß mit dem Doppelmandat brachte Irritation, weil der Eindruck zu gewinnen war, in der Sozialarbeitspraxis seien unterschiedliche Logiken aneinander gebunden. Ein Tripelmandat löst diese Schwierigkeit nicht. Und schwieriger noch: es lädt ein, sie geflissentlich zu ignorieren. Durch den hinzugefügten Fokus auf die Profession und ihren Anspruch, eigenständig Problemrecherche zu betreiben, erscheinen die Merkmale des ursprünglichen Doppelmandats als nachrangig. Die Denk- und Handlungssituation, die sie markieren, bestimmt nicht länger im Vordergrund das Sozialarbeitsverständnis. Und doch indizieren sie mit eine Mandatsituation, in die nun allerdings Konfusion Einzug hält.

Mein Plädoyer geht dahin, vorsichtig und eindeutig mit dem Mandatbegriff umzugehen. Er zeigt das Grundmuster einer Beauftragung, die an die Soziale Arbeit ergeht. Das Mandat ist mit der Übertragung von Befugnissen verbunden. Das erhellt: Für die Soziale Arbeit ist von nur einem Mandat auszugehen: dem Auftrag der Gesellschaft, sich um die sozialen Bedarfe der Menschen zu kümmern (dazu siehe Schumacher, 2007, S. 67ff.). Das Mandat umfasst die Erwartung, sich um den Menschen zu kümmern, der sich in Fallstricken des sozialen Gefüges verheddert hat (oder zu verheddern droht) und Unterstützung braucht. Das Mandat beinhaltet das Zusammenspiel der Prinzipien von Hilfe und Kontrolle und es zielt auf die Vermittlung von Einzel- und Gemeinschaftsinteressen (vgl. ebd., S. 68). Es ist nicht notwendig, ein Klientenmandat zu konstruieren, weil ein solches dort enthalten ist, wo Klienten als Mitglieder des gesellschaftlichen Ganzen hilfeberechtigt sind; und es braucht kein Mandat seitens der Profession, wenn sich diese nicht selbst beauftragen will. Der ethische Anspruch ist im Selbstverständnis Sozialer Arbeit gesetzt. Wenn die Gesellschaft entsprechendes berufliches Handeln anfordert, handelt sie sich diesen Anspruch der Profession automatisch mit ein.

Schwierigkeiten, die Symbolik einer Menschenrechtsprofession auf die Soziale Arbeit zu legen, zeigen sich also einerseits über das Mandatsverständnis; andererseits stellt die Praxis – als Denk- und Handlungsansatz verstanden – kritische Fragen. Der Blick auf die Menschenrechte reicht nicht, um die ethischen Anliegen, die der berufliche Alltag freilegt, jeweils präzise zu erfassen. Das trifft vor allem für die Verschränkung der ethischen Analytik mit den fachlichen Diagnoseverfahren zu. Es gilt, die ethischen Bedarfe auch und gerade in der fachlichen Beurteilung und Ausrichtung einer Hilfesituation aufzuspüren. Der alleinige Blick auf die Menschenrechte ist zu wenig, um eine einschlägige Pointierung vorzunehmen. Vielmehr resultiert daraus die Gefahr, sozialarbeiterische Ethik nur an ihrer Oberfläche wahrzunehmen, statt sie in der Realität des fachlichen Wegenetzes als kundige und wirkliche Wegweiserin zu erleben. Das Paradigma der Menschenrechtsprofession liefert also nur einen Deutungszugang, eine Deutungs*hilfe,* wenn man so will. Es schadet nicht, aber es ist im Sinne einer ethischen Anspruchshaltung der Profession nur über eine wissenschaftliche Vertiefung zur Sozialarbeitsethik zu halten, durch die entsprechende Bezugspunkte im philosophischen wie fachlichen Sinn befestigt werden.

Als Kritikpunkt nicht zu übersehen ist schließlich auch, dass die angestrebte Globalität nicht über ein politisches Papier wie die UN-Menschenrechtscharta zu erreichen ist, dessen Ratifizierung und *Interpretation* den Staaten überlassen bleibt. Man muss hier nicht die Debatte über Fragen von Kultur- bzw. Werteimperialismus bemühen (vgl. dazu Bleisch/Huppenbauer, 2011, S. 121), um Bedenken aufzuzeigen. Es genügt zu sehen, dass eine globale, weltgesellschaftliche Perspektive nur über transkulturelle Prozesse gestaltet werden kann. Dazu ist als Basis und Grundform – ich habe im Zusammenhang mit dem Verständnis vom Menschen in der Neuzeit bereits darauf hingewiesen (siehe Teil 1, Kapitel 5, Abschnitt 3) – der konstruktive transkulturelle *Dialog* anzustreben, der Argumenten und Sinnbedürfnissen anderer kultureller Provenienz vorbehaltlos Gehör verschafft.

Zur Kenntnis zu nehmen ist darüber hinaus, dass auch dort, wo der Menschenrechtsgedanke in andere Kulturzusammenhänge hineinwirkt, nicht von einer identischen Antizipation ausgegangen werden kann. Für den politischen Einflussbereich der Religion des Islam etwa liegen verschiedene Erklärungen zu den Menschenrechten vor (vgl. dazu Bundeszentrale für politische Bildung, 2004, S. 546ff.), die den politischen Anstoß ernst, für sich aber jeweils das Recht in Anspruch nehmen, ihn in den eigenen Kulturraum hinein auszulegen. In der „Kairoer Erklärung über Menschenrechte im Islam“ aus dem Jahr 1990 ist dann beispielsweise zu lesen: „Alle in dieser Erklärung aufgestellten Rechte und Freiheiten unterliegen der islamischen Scharia“ (ebd., S. 567). Das bedeutet nun nicht per se, dass eine fragwürdige Umsetzung stattfindet. Vielmehr ist zu verstehen, dass die Umsetzung *anders* geschieht, als christlich-abendländische Diktion erwarten lässt, und dass nicht mehr und nicht weniger gefordert ist, als das Gespräch und die Suche nach den Gemeinsamkeiten.

Kapitel 6
Berufsethik

Das Bachelorstudium qualifiziert umfänglich für den Beruf. Der ethische Rahmen und die zentralen Bezugspunkte sind deutlich geworden. Zu thematisieren ist nun noch die Frage, in welcher Weise daraus ein berufsethisches Konzept zu gewinnen ist, das in das berufliche Handeln Verbindlichkeit trägt.

6.1 Das Interesse Sozialer Arbeit an einer beruflichen Ethik

Der fachliche Ausgangspunkt

Das Thema Berufsethik scheint in vielen beruflichen Handlungskontexten auf. Wo ein entsprechendes Anliegen deutlich wird, kann es jeweils einem Wertebedarf zugeordnet werden. Grundsätzlich gilt die Einschätzung: „Berufsgruppen entwickeln in der Praxis vor dem Hintergrund ihrer Kultur Normen und Wertmaßstäbe, die das berufliche Handeln begleiten." (Vieth, 2006, S. 62) Als Basisanspruch ist der Wunsch nach Handlungssicherheit zu erkennen; aber zwei weitere Perspektiven sind enthalten: zum einen das Interesse, Qualität abzusichern; zum andern das Ansinnen, auch so etwas wie ein berufliches Selbstverständnis zum Ausdruck zu bringen. Ein Beruf, der sich an ethischen Bezügen orientiert, erhebt diese damit zu einem Markenzeichen. Er setzt seinen Qualitätsanspruch über diese Bezüge und weiß, dass Qualität mit ihnen steht und fällt. Dieser Befund gilt umfassend und greift für alle Funktionsbereiche: Wenn ethische Ansprüche das berufliche Handeln ausrichten, bestimmen sie die Strukturen, die Prozesse und das Ergebnis. Den klassischen berufsethischen Bezug demonstriert die Medizin, die das Ausüben der ärztlichen Kunst an den Pflichtenkatalog des Hippokratischen Eids bindet. Dazu gehört beispielsweise, stets „zum Nutzen der Kranken" zu handeln und „niemandem ein tödliches Gift" zu geben. Der Schluss ist erlaubt, dass jemand, der als Arzt Kranken schadet, gegen das berufliche Selbstverständnis handelt.

Soziale Arbeit gehört zu den Berufen, die einen expliziten Wertebedarf ausprägen. Das geschieht, wie gesehen, im Zuge einer allgemeinen normativen Ausrichtung (siehe oben Teil 2, Kapitel 1) und auf der Grundlage eines mit den beruflichen Belangen abgestimmten Menschenbildes. Das Menschenbild, das in der Sozialen Arbeit zum Tragen kommt, verweist diese, auch das hat sich gezeigt (siehe dazu oben Teil 1, Kapitel 5, Abschnitt 4), programmatisch auf den angesprochenen „Hintergrund ihrer Kultur“ (Vieth, ebd.). Es ist deutlich, dass berufliches Sozialarbeitshandeln über so geklärte ethische Bezüge die Sicherheit findet, die es braucht. Es ist weiterhin deutlich, dass berufliches Handeln, zur Sicherstellung von Struktur-, Prozess- und Ergebnisqualität, den Werteanspruch umfassend einbindet. Und es ist deutlich, dass das Wertegerüst, auf das sich das Denken und Handeln richtet, Dreh- und Angelpunkt im beruflichen Selbstverständnis ist. Damit sind die augenfälligen Merkmale für eine Berufsethik zu erkennen. Es liegt nahe, den ethischen Bedarf des Sozialarbeitsberufes so zu fassen, dass er als Verpflichtung derer verstanden und realisiert werden kann, die diesen Beruf ausüben wollen.

Ethik, die so bestimmt wird, strebt Funktionalität an. Sie formt aus der ethischen Substanz des Berufes Prinzipien für die Praxis. Für die Soziale Arbeit ist es wichtig zu sehen, dass *ihre* Ethik aus dem Selbstbild eines Handelns stammt, das als Beruf angelegt, als Profession aufgestellt und als Wissenschaft ausgewiesen ist. Die Ethik, von der zu sprechen und die zu lehren ist, entsteht als Konzept im wissenschaftlichen Raum: aus einem begrifflichen Sozialarbeitsverständnis heraus; über den Abgleich anhand ethischer Zugänge und Sichtweisen; durch den fachlichen Diskurs. Sie entfaltet ihre Bedeutung aber darüber hinaus auf Praxis hin. Dort findet sie konkrete Herausforderungen, die im Rahmen der wissenschaftlichen Linienführung zu bewältigen sind. Soziale Arbeit bildet damit sowohl Grundlagen- wie auch Anwendungswissen zur Ethik ab. Von dieser Basis her ist das Anliegen einer beruflichen Ethik zu verstehen, die das Allgemeine und das Besondere vermittels praktikabler Regeln zugänglich macht. Eine *Berufsethik* für die Soziale Arbeit ist die Konsequenz aus dem Verlangen, die bestimmenden ethischen Formen für die „Struktur sozialpädagogischen Handelns“ (vgl. Martin, 2007, S. 15) anzugeben.

Eine so verstandene Berufsethik kann als ethisches Leitfadenwissen gelten (dazu auch Schumacher, 2007, S. 254 f.). Ein solches erscheint unentbehrlich in Hinblick auf die Fülle der Aufgaben und das Erfordernis, die beruflichen Akteure zu einer adäquaten und sozialarbeitsauthentischen Vorgehensweise anzuhalten. Die ethische Reflexion im Studium und in den beruflichen Handlungsvollzügen ist das eine; die Möglichkeit, die ethische Erwartung an den Beruf formelhaft zur Hand zu haben, das andere. Aus diesem Grund ist die Ausformung einer Berufsethik anzustreben, die alle im Handlungsansatz eingebetteten ethischen Belange topologisch erfasst. Das zeigt, dass der berufsethische Impuls ganz im Sinne der Fachlichkeit gesetzt ist und damit einem inhaltlichen Bedarf folgt, der sich am professionellen

Handlungsanspruch orientiert. Ein formaler Aspekt darf freilich nicht übersehen werden: Der berufsethische Rahmen macht es möglich, Kriterien festzulegen, über die sich die diversen Vorgehensweisen im Sinne einer hinreichenden Bedingung als Sozialarbeitshandeln qualifizieren. Die Perspektive beruflicher Autonomie, die darin aufscheint, stützt das Verständnis Sozialer Arbeit als Profession (dazu Martin, 2007, S. 15f.).

Berufsständisches Denken

Ein Auftreten als Profession gelingt Sozialer Arbeit vor allem dort, wo die das Soziale gestaltende Gesellschaft einschlägige Expertise braucht. Soziale Arbeit speist als Beruf Problemlösungsstrategien und Problemlösungshandeln ein; als Profession aber benennt sie die Eckpunkte für einen gelingenden gesellschaftlichen Alltag. Diese idealisierende Sicht geht vom beruflichen Geschäft und von einem Handlungsverständnis aus, das für sich Leistungsanspruch und Leistungsvermögen geklärt hat. Zentraler Aspekt ist die Eigenständigkeit, mit der Soziale Arbeit Problemsituationen identifiziert und in ihrer Bedeutung für die Gesellschaft begreift. Der Anspruch geht dahin, sorgsam und verantwortungsvoll die gesellschaftlichen Anliegen und Interessen einzubringen. In deren Mitte wiederum steht der Mensch mit seinen legitimen Bedürfnissen.

Vor diesem Hintergrund drängt besonders die berufsständische Repräsentanz in der Sozialen Arbeit auf eine Berufsethik hin. Zweierlei ist dabei wichtig: Das eine ist das Anliegen zu *demonstrieren,* dass im beruflichen Handeln dieser hohe Verantwortungsgrad gesehen und eingelöst wird; das andere ist das Streben nach beruflicher Autonomie. Der Organisationsgrad der Sozialarbeiterinnen und Sozialarbeiter ist in Deutschland nach wie vor nicht sehr hoch; aber zu sehen ist, dass das Selbstverständnis im Deutschen Berufsverband für Soziale Arbeit (DBSH) dahin geht, über ein berufsethisches Regelwerk Kriterien für berufsadäquates Handeln und Verhalten festzulegen. Von solchen Regeln her wird ein Kammerwesen auch für die Soziale Arbeit vorstellbar, über das eine berufsständische Selbstkontrolle, nach dem Vorbild anderer Professionen, installiert werden kann. Die Berufsethik zeigt sich auch hier als Dreh- und Angelpunkt.

Dieser Gedanke ist noch einmal zu pointieren: Berufliche Autonomie gründet zwar im Wesentlichen in der Forderung nach Definitionsmacht; und diese Forderung muss innerhalb der Sozialen Arbeit sorgfältig geprüft und überzeugend argumentiert werden. Thiersch akzentuiert sie als „Autonomie der Fachlichkeit“ (Thiersch, 2012b; 2012c). Doch das Entscheidende ist, dass die Handlungsqualität aus der ethischen Kompetenz der Akteure gewonnen wird, und zwar nicht weil Gutmenschen am Werk sind, sondern weil der Handlungsansatz in seinen vielfältigen Schattierungen ethisch begründet ist. Das berufsständische Denken hat dies erkannt. Es hat auch erkannt, dass die ethische Begründung über den Anspruch des Menschen entsteht, menschengerecht leben zu dürfen. Der Rahmen spannt sich dadurch weiter und lenkt den berufsständischen Blick auf die globalen Verhältnisse: weil Soziale Arbeit weiß, dass Wohlstand und Teilhabechancen nicht realisiert sind, wenn nicht jeder Mensch einbezogen ist. Hier passt es, dass sich Soziale Arbeit auch international organisiert und umfassend menschenrechtliches politisches Handeln anmahnt.

6.2 Kritische Bestandsaufnahme

Die Konzepte von NASW, DBSH und IFSW

Die berufethischen Impulse, die von berufsständischem Denken ausgehen, forcieren die Diskussion. Allerdings zeigt sich auch eine Schwierigkeit: Die politische Zielrichtung berufsverbandlichen Wirkens führt zu einer Betonung des Anspruchs, als Profession wahrgenommen zu werden. Demgegenüber bleibt der andere berufsethische Bezugspunkt: die ethische Begründung sozialarbeiterischen Handelns, so weit zu sehen ist, auf der Strecke. Folgende Kontexte sind zu erkennen:

- Eine aufschlussreiche Klarstellung zu zentralen ethischen Prinzipien hat die 1955 gegründete National Association of Social Workers (NASW) in den USA vorgelegt. Zu diesem Verband hatten sich damals verschiedene berufliche Organisationen zusammengeschlossen, die jeweils nach Handlungszusammenhängen ausgerichtet waren: Social Group Workers, Study of Community Organization, Psychiatric Social Workers, Medical Social Workers u. a. m. Die von der NASW benannten Prinzipien wurden verschiedentlich überarbeitetet und liegen heute in der Fassung aus dem Jahr 2008 vor (zugänglich über www.socialworkers.org). Der ethische Blick fokussiert ein Handeln, das vom Klienteninteresse ausgeht (vgl. ebd., 1.01: „In general, clients' interests are primary"). Benannt werden diverse „Verantwortlichkeiten" („Social workers' ethical responsibilities"), die in verschiedenen Kontexten gesehen werden: ethical responsibilities to clients, to colleagues, in practice settings, as professionals, to the social work profession, to the broader society. Deutlich ist die Verpflichtung auf die „Integrität der Profession", die es im beruflichen Handeln zu schützen und zu stärken gilt (vgl. ebd., 5.01).
- Dieses starke Bekenntnis zur Profession fand Niederschlag auch in anderen berufsethischen Überlegungen. Es gibt Entsprechungen schon in der Berufsordnung des Deutschen Berufsverbands für Sozialarbeiter und Sozialpädagogen (DBS) von 1974 (dazu Baum, 1996; Martin, 2007, S. 66). Der Kodex der verschiedenen Verantwortlichkeiten scheint dann in

Form von Verhaltensregeln in den berufsethischen Prinzipien des Deutschen Berufsverbands für Soziale Arbeit (DBSH), zu dem sich die Berufsverbände DBS und BSH 1994 zusammengeschlossen haben, auf (zugänglich über www.dbsh.de). Die 1997 veröffentlichten Prinzipien unterscheiden nach Verhalten „gegenüber Klientel", „gegenüber Berufskolleginnen und Berufskollegen", „gegenüber Angehörigen anderer Berufe", „gegenüber Arbeitgeber/innen und Organisationen" und „in der Öffentlichkeit" (vgl. ebd.).
- Von der Profession geht schließlich auch der berufsethische Ansatz der International Federation of Social Workers (IFSW) aus. Verbindungslinien zu den nationalen Ansätzen sind greifbar (dazu auch Martin, 2007, S. 66). Das 2004 verabschiedete Papier „Ethics in Social Work, Statement of Principles" (zugänglich über www.dbsh.de) akzentuiert von einem grundlegenden Sozialarbeitsverständnis her und richtet das berufliche Verhalten („professional conduct") über ein Bekenntnis „zu den Prinzipien der Menschenrechte und der sozialen Gerechtigkeit" aus. Die Losung lautet hier: „Principles of human rights and social justice are fundamental to social work" (ebd.). Das stützt die Idee einer Menschenrechtsprofession. Und das bedeutet wiederum, dass der hier im vorhergehenden Kapitel dargelegte Zusammenhang (Teil 2, Kapitel 5, Abschnitt 2) mit dem berufsethischen Ansatz der IFSW verbunden werden kann.

Die beiden ethischen Grundimpulse im berufsständischen Denken – professionelle Verhaltensweisen zu benennen und den Menschenrechtsgedanken zum entscheidenden inhaltlichen Bezugspunkt zu erklären – sind geeignet, den Anspruch Sozialer Arbeit als Profession zu halten. Deutlich wird, wie dieser Anspruch über ethische Anliegen zum Tragen kommt. Diese Anliegen sind teils angedeutet, teils gesetzt. Die berufsethischen Prinzipien des DBSH gehen von „allgemeinen Grundsätzen beruflichen Handelns" aus; das Statement of Principles der IFSW stützt sich auf eine „definition of social work". Beides verweist auf ein fachliches Grundverständnis. Aber beide Male tritt dieses Grundverständnis nicht hervor. Verborgen bleibt, mit welchen Argumenten eine sozialarbeiterische Position zu begründen ist, die Klienteninteressen zur Richtschnur erklärt (NASW), die einen umfassenden Verhaltenskodex verordnet (DBSH) und die das Eintreten für die Menschenrechte zur Speerspitze beruflichen Handelns formt (IFSW). Diese Argumente offenzulegen, ist ebenso Aufgabe einer Berufsethik. Das bedeutet, dass erst über ein Grundverständnis von Sozialer Arbeit, das die tragenden ethischen Bezugspunkte beruflichen Denkens und Handelns abbildet, der gewünschte starke berufsethische Anstoß in Richtung berufliche Autonomie zu gewinnen ist.

Weitere berufsethische Impulse

Neben der Konzeptarbeit in den Berufsverbänden begegnen weitere Anknüpfungspunkte, über die das Anliegen einer berufsethischen Rahmung sozialarbeitlichen Handelns aufscheint. Deutlich wird dabei, dass eine berufliche Ethik in der Sozialen Arbeit nicht allein dem politischen Interesse berufsständischen Denkens geschuldet ist. Wenige Hinweise genügen, um den Rahmen weiter zu spannen und aufzuzeigen, wie das angesprochene fachliche Grundverständnis die Tendenz zu ethischer Kategorisierung verstärkt und dabei leitende Akzente setzt. Zu nennen ist etwa das in letzter Zeit wieder klarer abgebildete Verständnis Sozialer Arbeit als Dienstleistung (vgl. Olk/Otto, 2003; dazu auch Schumacher, 2007, S. 265 ff.). Man mag die darin nahegelegte Kundenorientierung kritisch sehen (vgl. Schlittmaier, 2006a, S. 44); dennoch macht es gerade aus ethischer Perspektive Sinn, das Mandat zur sozialen Problemlösung als Dienst am Menschen zu verstehen. Auf diese Weise wird sichergestellt und abgebildet, dass im Sozialarbeitshandeln selbst kein Zwang liegt. Zwangskontexte entstehen von außen. Soziale Arbeit stellt sich darauf ein, Klienten Zwang zuzumuten, aber sie verantwortet diesen Zwang nicht. Vielmehr ist auch das sozialarbeiterische Handeln mit „PflichtklientInnen“ (Laub, 2008) ohne Einschränkung Dienstleistung für Menschen, die in Zwangskontexte geraten sind und nun seitens Sozialer Arbeit eine Unterstützung erfahren, die ganz dem Ziel einer selbstbestimmten Lebensführung gilt.

Das als „Dienstleistungsarbeit“ (Schilling/Zeller, 2012, S. 132) verstandene berufliche Wirken formt zuletzt den Professionsanspruch mit aus (vgl. Dewe/Otto, 2012). Hinsichtlich der Arbeit mit Adressaten zielt er darauf, zu einer „kooperativen Praxis“ zu finden (ebd., S. 212). Darin zeigt sich das berufliche Handeln vom Bedarf geleitet und umfassend auf das Menschenideal bezogen, dem individuelle Ansprüche und soziale Pflichten Ausdruck verleihen. Diesen Ansprüchen und Pflichten – nichts anderem – geht Soziale Arbeit nach (dazu auch Schmid Noerr, 2012, S. 93 f.). Ihr Dienstleistungsverständnis zeugt von beruflicher Autonomie und weist „schlichte Ökonomisierung“ als Ansinnen zurück (vgl. Dewe/Otto, 2012, S. 212). Der Ansatzpunkt markiert auch den Weg zu einer beruflichen resp. professionellen Identität, die „zwischen Ökonomisierung und ethischer Verantwortung“ zu suchen ist (vgl. Albert, 2006). Berufliche Ethik zeigt sich so ganz von dem Gedanken getragen, in der Praxis Zuwendung zu gestalten und Vereinnahmung abzuwenden (dazu auch Schumacher, 2007, S. 267).

Der Dienstleistungsansatz, gedacht als Identitätsmerkmal für die Profession, macht deutlich, dass das berufliche Ethikanliegen nicht nur im konzept- und methodenorientierten Handeln, sondern auch im Bereich der Organisationsentwicklung umgesetzt wird. Es macht Sinn, diese zumindest als „indirekte Ethik“ zu verstehen (dazu Martin, 2007, S. 219). So, wie der Prozess der Organisationsentwicklung in der Sozialen Arbeit auf geklärte Zielsetzungen, ein normatives Menschenbild und einen definierten Leistungsanspruch setzt (vgl. ebd., S. 222 f.), zeigt er sich dem hier skizzierten ethischen Rahmen verpflichtet. Das wiederum bedeutet, dass sich der ethische Anspruch nicht nur auf die Kompetenz und das Verhalten der Akteure bzw. auf das Selbstverständnis der Profession richtet, sondern auch auf das Planungs- und Handlungsverständnis in der Organisation (vgl. Meinhold/Lob-Hüdepohl, 2007). Gemeinhin fällt dies unter das Postulat der Professionalität. Es ist hier auch als Hinweis zu verstehen, dass eine Berufsethik in der Sozialen Arbeit tatsächlich nach fachlichen Maßstäben geformt wird.

6.3 Vier-Säulen-Modell einer sozialarbeiterischen Berufsethik

Beruf, Profession und Wissenschaft entfalten ihre Wirksamkeit für die Soziale Arbeit jeweils entlang ethischer Konturen. Zentral ist, wie gesehen, das Anliegen, das berufliche Selbstverständnis mit einem eigenständigen, fachlich ausgerichteten ethischen Konzept zu verbinden. Die Umsetzung führt hier über den wissenschaftlichen Diskurs. Die Klärung der Bezugspunkte eröffnet konzeptionelle Perspektiven, die wiederum so etwas wie ein ethisches Profil der Sozialen Arbeit sichtbar werden lassen. Dieses Profil zeigt den Beruf bestimmten Grundsätzen verpflichtet: als bestimmtes „wertorientiertes Handeln" (Pieper, 2007b); es demonstriert aber auch die Leistungsfähigkeit von Profession und Wissenschaft in Hinblick auf den Ethikbedarf der Gesellschaft. Zuletzt trägt der Profilbildungsprozess die Soziale Arbeit zu einer Berufsethik, die anhand von Eckpunkten Stoßkraft und Tragweite der auf den verschiedenen Ebenen entfalteten Ethik erkennen lässt. Die Eckpunkte geben Orientierung und bilden die Basis für jede berufsständische Modulation.

Die Skizze, die ich nun geben möchte, habe ich an anderer Stelle schon herausgearbeitet (vgl. dazu den Anhang zu Schumacher, 2007 und dort die Hinweise zur Auslegung und Einordnung der notierten Schlüsselbegriffe). Sie sollte sich aber auch über die hier dargelegten Zusammenhänge erschließen lassen. Von zentraler Bedeutung ist meinem Verständnis nach, im Ganzen vier ethische Grundbezüge zu sehen: Das ist zum einen die Gesellschaft. Soziale Arbeit ist von der Gesellschaft – und das meint: vom Anliegen, friedlich und förderlich zusammenleben zu wollen – angestoßen und ist auf Gesellschaft bezogen. Des Weiteren knüpft sie dezidiert an das abendländisch-neuzeitliche Menschenbild an. Das gibt einen Rahmen vor, der auch das Gesellschaftsverständnis mit ausprägt. Dritter Bezug ist der eben deutlich gewordene fachliche Anspruch. Er umfasst beispielsweise ökonomisches Denken, verweigert sich aber einer Dynamik der Ökonomisierung (zur Balance siehe Grohall, 2000, S. 226 f.). In solcher Diktion treten weitere Bezugspunkte in den Blick, die in der Summe Mandat und Menschenbild in ein selbstverantwortetes, autonomiegeleitetes berufliches Handeln münden lassen. Der vierte und letzte Bezug ist durch die Bedeutung der persönlichen Integrität der beruflichen Akteure im Hilfeprozess gegeben. Soziale Arbeit realisiert sich über eine Haltung, die so streitbar wie berechenbar, so zugehend wie verlässlich, so einfühlsam wie wertschätzend ist. Es geht also auch um eine menschliche Eignung für den Beruf, der sein Geschäft in „Menschendienlichkeit“ (Lob-Hüdepohl, 2008) versieht.

Die angesprochenen Grundbezüge bilden die vier tragenden Säulen einer sozialarbeiterischen Berufsethik: (1) das gesellschaftliche Mandat, das den Blick auf die sozialen Anliegen des Menschen lenkt; (2) das Menschenbild, das sich zu Wert und Würde der menschlichen Person bekennt; (3) das berufliche Handeln, das Fachlichkeit nach ethischen Prinzipien gestaltet; und (4) die persönliche Haltung, die Feinfühligkeit und Glaubwürdigkeit verbürgt. Abb. 6 stellt diese Säulen dar und füllt sie mit Bezugspunkten, die hier als Schlüsselzusammenhänge gesetzt, aber nicht weiter ausgeführt werden:

Abb. 6: Die vier Säulen einer sozialarbeiterischen Berufsethik (nach Schumacher, 2007, S. 279 ff.)

Das gesellschaftliche Mandat	Das Menschenbild	Das berufliche Handeln	Die persönliche Haltung
• Demokratieverständnis • Sensibilität für gesellschaftliche Entwicklungen • Bereitschaft, sich neuen Herausforderungen zu stellen • Praxis der Hilfe und Kontrolle	• Personverständnis • Wertezusammenhang der abendländischen Kultur • Distanzierung gegenüber allen Formen von Gewalt	• Führungshandeln • Expertentum • Wirtschaftlichkeitspflicht • Wissenschaftlichkeit • Prinzip der Ökologie • Politische Einmischung • Subsidiarität statt Paternalismus	• Mitgefühl • Tugendhaftigkeit • Höflichkeit • Zivilcourage

Dieses Modell ist geeignet, das ethische Gesamtverständnis Sozialer Arbeit auf einen Nenner zu bringen. Die aufgelisteten 18 Stichpunkte geben Struktur und Kontur an der Oberfläche zu erkennen. Darauf hingewiesen sei, dass *Mitgefühl* mehr meint als Empathie, weil auch an die Übernahme von

Verantwortung gedacht ist (vgl. Schumacher, 2007, S. 247). Desgleichen meint *Höflichkeit* nichts Unverbindliches, sondern eine Umgangsform, aus der Respekt und Wertschätzung deutlich werden. Alle Ebenen der Sozialen Arbeit sind hier einzuschließen: Wissenschaft, Profession und Beruf. Die Impulse skizzieren zuletzt professionelles Handeln in diesen verschiedenen Bereichen. Sie zeigen aber darüber hinaus, dass auch ehrenamtlich geleistete Soziale Arbeit entsprechend auszurichten ist. Ehrenamtliches Engagement und Freiwilligenarbeit, die mit professionellen Handlungsansätzen verschränkt sind, realisieren Soziale Arbeit und müssen in gleicher Weise ethisch qualifiziert werden. Die Verantwortung liegt bei der Profession. Der berufsethische Rahmen, diesseits von berufsständischen Interessen gezogen, erleichtert dazu Klärung und Schulung.

Zusammenfassung und Überblick

Die sechs Kapitel des zweiten Teils haben für die Soziale Arbeit wichtige Anhaltspunkte ihrer ethischen Praxis aufgezeigt. Auszugehen war von einer in ganzer Breite normativen Ausrichtung des Sozialarbeitsberufs. Ansätze, verfahrene Lebenssituationen von Menschen zu verändern, setzen Vorstellungen voraus, wie Leben und Alltag besser gelingen können. Zugleich erfordern sie Augenmaß bei der Problemerfassung, die nicht ohne Wertung möglich ist. So zu verfahren, setzt hohe Ansprüche an die beruflichen Akteure. Es ist wichtig, dass entsprechende Bezugspunkte geklärt sind. Wer den Beruf ausübt, muss wissen können, was in die Zuständigkeit der Sozialen Arbeit fällt, mit welchen Vorstellungen dort gearbeitet wird und was an eigenständiger Gestaltungsleistung von ihm erwartet wird. Hinzu kommt, dass er ein Gespür für den Menschen braucht. Die Normativität der Sozialen Arbeit zeigt sich auch in der Praxis der Einmischung. Eine zugehende Arbeit mit dem Menschen kann Grenzüberschreitungen nie ganz vermeiden. Es ist wichtig, sich selber genau Rechenschaft ablegen zu können, ob und wie es jeweils gelungen ist, die persönliche Integrität von Adressaten zu wahren. Zu lernen und einzusehen ist also, dass Soziale Arbeit als Beruf, aber genauso als Profession und Wissenschaft verstanden, Wertebezüge transportiert, und das wiederum heißt, dass sie Wertebezüge reflektieren und angemessen realisieren muss.

Solche Wertebezüge wurden skizziert. Für die Soziale Arbeit sind drei dynamische Wertequellen zu beachten: die Moralen des Alltags, das Aufmerksamkeit fordernde gesellschaftliche Selbstverständnis und die im beruflichen Handlungsbezug aufscheinenden Bedarfe. Rahmung erfährt das so gebildete Einflussgeflecht durch die Auseinandersetzung mit philosophischen Konzeptlinien, die dem Ethikdiskurs entstammen und die eine Klärung sozialarbeiterischer Wertebezüge befördern. Zu sehen war, dass Soziale Arbeit, die nach ihrer Ethik sucht, Orientierung, aber nicht Automatismen erwarten kann. Das ist dem grundsätzlich offenen Diskurs zu Fragen der Ethik, die den Blick der Öffentlichkeit auf sich ziehen, geschuldet. Zwei Festlegungen lassen sich aber treffen: Die eine ist, für das sozialarbeiterische Ethikanliegen ein im Grundsatz deontisches Wesen freizulegen; die andere, diesem Ethikanliegen Verbindlichkeit einzuräumen, wenn sich Adressaten auf entsprechende Handlungswege eingelassen haben. Sozialer Arbeit steht das ethische Denken Kants daher näher als ein reines Nutzenkalkül; der

Wertebezug, der sich über ein personales Verständnis des Menschen abzeichnet, verpflichtet das berufliche Denken und Handeln zuletzt auf ein ethisches Profil, das Menschenwert und Menschenwürde zur Leitidee hat.

Diese Leitidee, geformt vor dem Hintergrund und unter dem Einfluss fachlicher Ansprüche, entfaltet gleichsam analytisch die für die Soziale Arbeit als gültig anzusehenden Wertebezüge. So entsteht, ausgehend vom neuzeitlichen Konzept des Menschen als Individuum, ein Wertegerüst, in das Basiswerte der Gesellschaft ebenso einfließen wie die im spezifischen Handlungsanspruch begründeten Wertideale der Profession. Das Streben nach Gerechtigkeit ragt als Auftrag an das Sozialarbeitswirken heraus. Es muss als Grundanliegen gefasst werden. Zu sehen war, dass sozialarbeiterische Praxis im fallbezogenen Handeln auch daran mitwirkt, dieses Grundanliegen zu realisieren. Aber es war auch wichtig nachzuvollziehen, dass solches nur über ein Fallverstehen gelingt, das sich nicht von den Sorgen und Nöten des Einzelfalls leiten lässt, sondern von Vorstellungen eines gelingenden Lebensvollzuges.

Das bedeutet, dass Soziale Arbeit ihre Ethik nicht erst in den Kapillaren fallspezifischer Besonderheiten in Stellung bringt. So unverzichtbar deren Einsatz dort auch erscheint – ohne Anbindung an vorgeordnete Zielstellungen wird sich jede Ethikanstrengung in der Eigengesetzlichkeit der angestoßenen Beziehungsprozesse verlieren. Dagegen muss die zu vertretende ethische Position – um im Bild zu bleiben – vom Herzen herkommen. Das heißt, dass die Fallarbeit bereits dort, wo sie ein Problemverständnis ausbildet und methodische Handlungsstränge aufnimmt, in den am Fall und auf den Fall hin ausgerichteten ethischen Reflexionsprozess eintritt. Das heißt weiter, dass Basis und Zielpunkt für diesen Reflexionsprozess vorher feststehen müssen. Und das heißt zuletzt, dass Profession und Wissenschaft Sozialer Arbeit eine besondere Verantwortung dafür haben, die ethischen Grundlagen für den Beruf heraufzuführen.

Die ethische Praxis des Sozialarbeitsberufes weist so eine große Spannweite auf. Sie reicht vom Fallbezug bis hin zu einer allgemeinen, globalen Orientierung, zu der das Menschenverständnis in der Sozialen Arbeit drängt. Die Idee einer Menschenrechtsprofession war darzulegen gewesen. Es macht Sinn, die Menschenrechte – und über sie das Gerechtigkeitsanliegen – in die Mitte allen sozialpädagogischen Trachtens zu rücken. Auch ist davon auszugehen, dass Praxis daraus entscheidende Gestaltungsimpulse erhält. Aber je näher man an eine konkrete Praxis heranrückt, umso vielfältiger und spezieller zeigen sich die Aufgaben. Der Menschenrechtsgedanke eignet sich nicht, diese Komplexität unmittelbar zu erfassen. Vielmehr braucht es den Reflex auf den philosophischen Zusammenhang, der diesen Gedanken absichert, und es braucht den Abgleich mit fachlichen Erfordernissen. Erst von einer solchen Grundlage her lässt sich die Idee einer Menschenrechtsprofession programmatisch einbinden. Hauptthema dabei bleibt, manch gegenteiliger Beteuerung zum Trotz, dass der darin angelegte globalistische Vorstoß nur Sinn macht, wenn er von einem offenen, transkulturell akzentuierten, dialogischen Prozess begleitet ist.

Von diesem Prozess her gedacht bleibt Sozialer Arbeit die Schlüsselaufgabe, die ihrem Denken und Handeln zugrunde liegenden ethischen Bezugspunkte im Raster einer Berufsethik zu erfassen. Ein entsprechender Leitfaden kann als Ansatzpunkt dienen, das Ethikverständnis der Sozialen Arbeit systematisch zu ordnen und modellhaft abzubilden. Das eröffnet Möglichkeiten nicht nur für den Dialog, sondern auch für den fachlichen Austausch. Das Schema einer Berufsethik unterstützt ethische Klärungsprozesse und eignet sich auch zur Anleitung. Nicht zuletzt gehört seine Darlegung ins Studium, weil damit die Eckpunkte für das berufliche Handeln sichtbar werden. Das dazu dargestellte Vier-Säulen-Modell vermag solche Erwartungen zu erfüllen. Zugleich bietet es die Anknüpfungspunkte, die berufsständisches Denken braucht, um sein Anliegen berufsethisch kodifizierter Handlungsleitlinien schlüssig umzusetzen. Im aufgezeigten Modell ist aber auch eine Perspektive angerissen, die über den reinen beruflichen Handlungskontext hinausweist; denn nichts ist zufällig notiert; alles folgt einer Systematik, die durch ein sozialarbeiterisches und sozialpädagogisches Grundverständnis auf den Weg gebracht ist. Soziale Arbeit vermag sich hier als ethische Wissenschaft einzubringen und zu zeigen. Wie darüber die Idee einer Ethik Sozialer Arbeit zuletzt als wissenschaftliches Konzept zu gewinnen ist, wird im dritten Teil des Lehrbuchs betrachtet.

Literaturhinweise zu Teil 2

Konzepte und Grundlagen

Apel, Karl-Otto (1990): Diskurs und Verantwortung. Das Problem des Übergangs zur postkonventionellen Moral, Frankfurt a. M.

Bayertz, Kurt (Hg.) (1995): Verantwortung. Prinzip oder Problem?, Darmstadt.

Brumlik, Micha (1992): Advokatorische Ethik. Zur Legitimation pädagogischer Eingriffe, Bielefeld.

Endreß, Martin (Hg.) (1995): Zur Grundlegung einer integrativen Ethik. Für Hans Krämer, Frankfurt a. M.

Gergen, Kenneth J. (2002): Konstruierte Wirklichkeiten. Eine Hinführung zum sozialen Konstruktionismus, Stuttgart.

Habermas, Jürgen (1991): Erläuterungen zur Diskursethik, Frankfurt a. M.

Hauskeller, Michael (1999): Geschichte der Ethik. Mittelalter, München.

Hausmanninger, Thomas (Hg.) (1993): Christliche Sozialethik zwischen Moderne und Postmoderne, Paderborn u. a.

Honneth, Axel/Joas, Hans (1980): Soziales Handeln und die menschliche Natur, Frankfurt a. M.

Horn, Christoph/Scarano, Nico (Hg.) (2002): Philosophie der Gerechtigkeit. Texte von der Antike bis zur Gegenwart, Frankfurt a. M.

Jonas, Hans (1979): Das Prinzip Verantwortung. Versuch einer Ethik für die technologische Zivilisation, Frankfurt a. M.

Kerber, Walter (1998): Sozialethik, Stuttgart-Berlin-Köln.

Nida-Rümelin, Julian (Hg.) (1996): Angewandte Ethik. Die Bereichsethiken und ihre theoretische Fundierung, Stuttgart.

Ockenfels, Wolfgang (1992): Kleine katholische Soziallehre, Trier.

Patzig, Günther (1983): Ethik ohne Metaphysik, 2. Aufl. Göttingen.

Rawls, John (1975): Eine Theorie der Gerechtigkeit, Frankfurt a. M.

Richter, Horst E. (1974): Lernziel Solidarität, Reinbek b. Hamburg.

Stemmer, Peter (2008): Normativität. Eine ontologische Untersuchung, Berlin-New York.

Vieth, Andreas (2006): Einführung in die Angewandte Ethik, Darmstadt.

Ausgewählte Werte als Ansatzpunkte

Bielefeldt, Heiner (1998): Philosophie der Menschenrechte. Grundlagen eines weltweiten Freiheitsethos, Darmstadt.

Brunkhorst, Hauke (Hg.) (1999): Recht auf Menschenrechte. Menschenrechte, Demokratie und internationale Politik, Frankfurt a. M.

Bundeszentrale für politische Bildung (Hg.) (2004): Menschenrechte. Dokumente und Deklarationen, 4. Aufl. Bonn.

Gosepath, Stefan/Lohmann, Georg (Hg.) (1998): Philosophie der Menschenrechte, Frankfurt a. M.

Heidenreich, Felix (2011): Theorien der Gerechtigkeit. Eine Einführung, Opladen.
Höffe, Otfried (2010): Gerechtigkeit. Eine philosophische Einführung, 4. Aufl. München.
Holzleithner, Elisabeth (2009): Gerechtigkeit, Wien.
Münkler, Herfried/Llanque, Marcus (Hg.) (1999): Konzeptionen der Gerechtigkeit, Baden-Baden.
Neumaier, Otto (2012): Freiheit, Vernunft und Verantwortung, in: Freiheit. Vom Wert der Autonomie, hg. v. C. Sedmak, Darmstadt, S. 21–50.
Nussbaum, Martha C. (2011): Die Grenzen der Gerechtigkeit. Behinderung, Nationalität und Spezieszugehörigkeit, 2. Aufl. Berlin.
Lüttke, Hans B. (2003): Gehorsam und Gewissen. Die moralische Handlungskompetenz des Menschen aus Sicht des Milgram-Experimentes, Frankfurt a. M. u. a.
Pieper, Annemarie (2001): Menschenwürde – Ein abendländisches oder ein universelles Problem? Zum Verhältnis von Genesis und Geltung im normativen Diskurs, in: Menschenbild und Menschenwürde, hg. v. E. Herms, Gütersloh, S. 19–30.
Rawls, John (1977): Gerechtigkeit als Fairness, Freiburg i. Br.-München.
Schreiber, Hans-Ludwig (2003): Die Würde des Menschen – eine rechtliche Fiktion?, in: Was ist der Mensch?, hg. v. N. Elsner u. H.-L. Schreiber, 2. Aufl. Göttingen, S. 231–247.
Sedmak, Clemens (Hg.) (2010): Solidarität. Vom Wert der Gemeinschaft, Darmstadt.
Sen, Amartya (2012): Die Idee der Gerechtigkeit, München.
Tiedemann, Paul (2006): Was ist Menschenwürde? Eine Einführung, Darmstadt.
Witte, Markus (Hg.) (2012): Gerechtigkeit, Stuttgart.

Wertebezüge in der Sozialen Arbeit/Anthropologie

Baum, Hermann (2000): Anthropologie für soziale Berufe, Opladen.
Bender-Junker, Birgit (2006): Ethik in der Sozialen Arbeit zwischen Gerechtigkeit, Anerkennung und Sorge. Ein Blick auf Vermittlungsdilemmata, ethische Haltepunkte und begriffliche ethische Reflexion in der Sozialen Arbeit, in: Soziale Arbeit und Ethik im 21. Jahrhundert. Ein Handbuch, hg. v. S. Dungs u. a., Leipzig, S. 51–61.
Böhnisch, Lothar (2012): Lebensbewältigung. Ein sozialpolitisch inspiriertes Paradigma für die Soziale Arbeit, in: Grundriss Soziale Arbeit. Ein einführendes Handbuch, hg. v. W. Thole, 4. Aufl. Wiesbaden, S. 219–233.
Hosemann, Wilfried (2003): Soziale Arbeit und soziale Gerechtigkeit, Baltmannsweiler.
Lob-Hüdepohl, Andreas (2008): Reflexive Menschendienlichkeit. Zukunftsfragen einer Ethik Sozialer Arbeit, in: Soziale Berufe im Wandel. Vergangenheit, Gegenwart und Zukunft Sozialer Arbeit, hg. v. R.-C. Amthor, Baltmannsweiler, S. 152–176.
Michel, Christel (2011): Justice and Social Work – Gerechtigkeit und Soziale Arbeit, in: Menschenrechtsorientiert wahrnehmen – beurteilen – handeln. Ein Lese- und Arbeitsbuch für Studierende, Lehrende und Professionelle der Sozialen Arbeit, hg. v. H. Walz u. a., Luzern, S. 263–271.
Mührel, Eric (2005): Verstehen und Achten. Philosophische Reflexionen zur professionellen Haltung in der Sozialen Arbeit, Essen.
Mührel, Eric/Röh, Dieter (2007): Soziale Arbeit und die Menschenrechte. Perspektiven für eine soziale Weltgesellschaft, in: Neue Praxis 37, S. 293–307.
Plewa, Alfred (2011): Auf der Suche nach dem „Gerechtigkeitssinn", in: Menschenrechtsorientiert wahrnehmen – beurteilen – handeln. Ein Lese- und Arbeitsbuch für Studie-

rende, Lehrende und Professionelle der Sozialen Arbeit, hg. v. H. Walz u.a., Luzern, S. 241–261.
Schilling, Johannes (2000): Anthropologie. Menschenbilder in der Sozialen Arbeit, Neuwied.
Schneider, Johann (1999): Gut und Böse – Falsch und Richtig. Zu Ethik und Moral der sozialen Berufe, Frankfurt a.M.
Schumacher, Thomas (2010): Soziale Arbeit als beruflich geleistete Solidarität. Gesellschaftliche und ethische Implikationen, in: Forum sozial, Heft 4, S. 15–19.
Staub-Bernasconi, Silvia (1999): Sozialrechte – Restgröße der Menschenrechte?, in: Sozial Aktuell 31, S. 18–25.
Staub-Bernasconi, Silvia (2004): Menschenrechtsbildung in der Sozialen Arbeit – Master of Social Work, in: Menschenrechtsbildung. Bilanz und Perspektiven, hg. v. C. Mahler u. A. Mihr, Wiesbaden, S. 233–244.
Staub-Bernasconi, Silvia (2006): Der Beitrag einer systemischen Ethik zur Bestimmung von Menschenwürde und Menschenrechten in der sozialen Welt, in: Soziale Arbeit und Ethik im 21. Jahrhundert. Ein Handbuch, hg. v. S. Dungs u.a., Leipzig, S. 267–289.
Thiersch, Hans (1995): Lebenswelt und Moral. Beiträge zur moralischen Orientierung Sozialer Arbeit, Weinheim-München.
Tremmel, Hans (2006): Subsidiarität – ein sozialethische Strukturprinzip für die Soziale Arbeit, in: Solidarische Gesellschaft. Christliche Sozialethik als Auftrag zur Weltgestaltung im Konkreten, hg. v. K. Hilpert u. T. Bohrmann, Regensburg, S. 63–77.
Vorlaufer, Johannes (2012): Glück haben – glücklich sein. Eine anthropologische Grundfrage im Kontext Sozialer Arbeit, in: Soziale Arbeit 61, S. 82–90.
Ziegler, Holger/Schrödter, Mark/Oelkers, Nina (2012): Capabilities und Grundgüter als Fundament einer sozialpädagogischen Gerechtigkeitsperspektive, in: Grundriss Soziale Arbeit. Ein einführendes Handbuch, hg. v. W. Thole, 4. Aufl. Wiesbaden, S. 297–310.

Sozialarbeitsethik

Brumlik, Micha (2000): Advokatorische Ethik und sozialpädagogische Kompetenz, in: Soziale Arbeit. Gesellschaftliche Bedingungen und professionelle Perspektiven, H.-U. Otto zum 60. Geburtstag gew., hg. v. S. Müller u.a., Neuwied, S. 279–287.
Dungs, Susanne (Hg.) (2006): Soziale Arbeit und Ethik im 21. Jahrhundert. Ein Handbuch, Leipzig.
Gruber, Hans-Günter (2009): Ethisch denken und handeln. Grundzüge einer Ethik der Sozialen Arbeit, 2. Aufl. Stuttgart.
Herwig-Lempp, Johannes (2007): Machtbewusstseinserweiterung für SozialarbeiterInnen, in: Forum sozial, Heft 4, S. 34–38.
Kersting, Heinz J. (1994): Die Verantwortung des Sozialarbeiters. Ethische Implikationen von Theorie und Praxis, in: Grundpositionen Sozialer Arbeit. Gesellschaftliche Horizonte, Emotion und Kognition, ethische Implikationen, hg. v. W. Klüsche, Mönchengladbach, S. 161–176.
Lesch, Walter (2003): Welche Ethik ist „richtig" für die Soziale Arbeit. Erkundungen in einer unübersichtlichen Landschaft, in: Soziale Arbeit 52, S. 409–415
Leupold, Michael (2007): Ethische Grundlagen in der Sozialen Arbeit. Ein Plädoyer für eine stärkere Berücksichtigung der Strebensethik, in: Neue Praxis 37, S. 265–277.

Müller, Burkhard (1987): Sozialpädagogische Ethik. Zum Verhältnis von Fachwissenschaft, Handlungskompetenz und Berufsmoral, in: Die herausgeforderte Moral. Lebensbewältigung in Erziehung und sozialer Arbeit, hg. v. T. Rauschenbach u. H. Thiersch, Bielefeld, S. 35–58.

Obermaier-van Deun, Peter (2011): Soziale Arbeit und die Regeln menschlichen Zusammenlebens, in: Die Soziale Arbeit und ihre Bezugswissenschaften, hg. v. T. Schumacher, Stuttgart, S. 89–106.

Otto, Hans-Uwe/Scherr, Albert/Ziegler, Holger (2010): Wieviel und welche Normativität benötigt die Soziale Arbeit? Befähigungsgerechtigkeit als Maßstab sozialarbeiterischer Kritik, in: Neue Praxis 40, S. 137–163.

Schlittmaier, Anton (2006a): Ethik und Soziale Arbeit, in: Sozialmagazin 31, Heft 2, S. 43–52.

Schlittmaier, Anton (2006b): Moral und Ethik in der Sozialen Arbeit, in: Sozialmagazin 31, Heft 3, S. 34–41.

Schmid Noerr, Gunzelin (2012): Ethik in der Sozialen Arbeit. Eine Einführung, Stuttgart.

Schneider, Johann (2003): Professionalisierung und Ethik, in: Soziale Arbeit 52, S. 416–422.

Schumacher, Thomas (2006a): Welche Ethik braucht die Soziale Arbeit? in: Neue Praxis 36, S. 325–329.

Schumacher, Thomas (2006b): Sozialarbeitsethik in der Krise - Der systematische Ort der Ethik in der Sozialen Arbeit, in: Theorie und Praxis der Sozialen Arbeit 57, Heft 1, S. 55–62.

Schumacher, Thomas (2007): Soziale Arbeit als ethische Wissenschaft. Topologie einer Profession, Stuttgart.

Ethische Fragen der Praxis/Berufsethik

Albert, Martin (2006): Soziale Arbeit im Wandel. Professionelle Identität zwischen Ökonomisierung und ethischer Verantwortung, Hamburg.

Braun, Andrea/Graßhoff, Gunther/Schweppe, Cornelia (2011): Sozialpädagogische Fallarbeit, München.

Berufsverband Katholischer Sozialarbeiter (Hg.) (1959): Die ethischen Grundlagen der Sozialarbeit und der Auftrag des Sozialarbeiters in öffentlicher und freier Wohlfahrt, Freiburg i. Br.

Grohall, Karl-Heinz (2000): Berufsethik als Ziel und Inhalt der Studiengänge der Sozialen Arbeit. Sind ethische und ökonomische Prinzipien in der Sozialen Arbeit vereinbar?, in: Soziale Arbeit zwischen Ethik und Ökonomie, hg. v. U. Wilken, Freiburg i. Br., S. 223–252.

Hofer, Konrad (2002): Helfen wollen und die Welt verändern. Arbeitsbedingungen von Sozialarbeiterinnen und Sozialarbeitern, Wien.

Martin, Ernst (2007): Sozialpädagogische Berufsethik. Auf der Suche nach dem richtigen Handeln, 2. Aufl. Weinheim.

Meinhold, Marianne/Lob-Hüdepohl, Andreas (2007): Ethik der Organisationsformen Sozialer Arbeit, in: Ethik Sozialer Arbeit. Ein Handbuch, hg. v. A. Lob-Hüdepohl u. W. Lesch, Paderborn, S. 331–346.

Penta, Leo Joseph/Lienkamp, Andreas (2007): Ethik der Gemeinwesenarbeit, in: Ethik Sozialer Arbeit. Ein Handbuch, hg. v. A. Lob-Hüdepohl u. W. Lesch, Paderborn, S. 259–285.

Pieper, Annemarie (2007b): Die Berufsmoral auf dem Prüfstand der Ethik. Soziale Arbeit als wertorientiertes Handeln, in: Sozial Aktuell 39, Heft 1, S. 2–9.

Rieger, Günter (2003): Anwaltschaftlichkeit – ein Herzstück Sozialer Arbeit, in: Soziale Arbeit 52, S. 96–105.

Rögner, Rudolf (2003): Soziale Arbeit ohne moralische Ansprüche. Anregungen durch eine praxisanalytische Ethik, in: Soziale Arbeit 52, S. 433–439.

Schlüter, Wolfgang (1995): Sozialphilosophie für helfende Berufe. Der Anspruch der Intervention, 3. Aufl. München-Basel.

Schmidbauer, Wolfgang (1992): Helfen als Beruf. Die Ware Nächstenliebe, Reinbek b. Hamburg.

Schmocker, Beat (2011): Soziale Arbeit und ihre Ethik in der Praxis. Eine Einführung mit Glossar zum Berufskodex Soziale Arbeit Schweiz, Bern.

Schumacher, Thomas (2012): Anliegen der Ethik in der Sozialen Arbeit, in: Ethische Grundsätze in der Sozialen Arbeit – Anspruch und Wirklichkeit, Landestagung 2012 des Sozialdienstes katholischer Frauen, Landesverband Bayern, München, S. 21–31.

Thole, Werner/Cloos, Peter/Ortmann, Friedrich/Strutwolf, Volkhardt (Hg.) (2005): Soziale Arbeit im öffentlichen Raum. Soziale Gerechtigkeit in der Gestaltung des Sozialen, Wiesbaden.

Walz, Hans/Teske, Irmgard/Martin, Edi (Hg.) (2011): Menschenrechtsorientiert wahrnehmen – beurteilen – handeln. Ein Lese- und Arbeitsbuch für Studierende, Lehrende und Professionelle der Sozialen Arbeit, Luzern.

Zink, Dionys (1994): Impulse zur Weiterentwicklung einer sozialpädagogischen Berufsethik, in: Die berufliche Sozialarbeit 3,, S. 87–90.

Weitere Themen: Menschenrechtsprofession/Ökonomisierung

Buestrich, Michael/Wohlfahrt, Norbert (2008): Ökonomisierung der Sozialen Arbeit, in: Aus Politik und Zeitgeschichte, Heft 12-13, S. 17–24.

Finis Siegler, Beate (2009): Ökonomik Sozialer Arbeit, 2. Aufl. Freiburg i. Br.

Gödicke, Paul (2011): Wirtschaftliches Denken in der Sozialen Arbeit. Eine unternehmerische Dimension der Sozialen Arbeit?, in: Die Soziale Arbeit und ihre Bezugswissenschaften, hg. v. T. Schumacher, Stuttgart, S. 183–207.

Grams, Wolfram (2000): Sozialarbeit als Ware oder: Das Soziale zu Markte tragen. Zu den Antipoden Ökonomisierung und Ethik der Sozialarbeit, in: Soziale Arbeit zwischen Ethik und Ökonomie, hg. v. U. Wilken, Freiburg i. Br., S. 77–98.

Helmers, Agnes (2005): Menschlichkeit statt Ökonomisierung, in: Forum Sozialarbeit und Gesundheit, Heft 2, S. 26–30.

Hug, Sonja (2007): Die Chancen einer Menschenrechtsprofession. Ethische Legitimation auf der Basis der Menschenrechte, in: Sozial Aktuell 39, Heft 1, S. 12–14.

Klug, Wolfgang (2000): Braucht die Soziale Arbeit eine Ethik? – Ethische Fragestellungen als Beitrag zur Diskussion der Sozialarbeitswissenschaft im Kontext ökonomischer Herausforderungen, in: Soziale Arbeit zwischen Ethik und Ökonomie, hg. v. U. Wilken, Freiburg i. Br., S. 175–206.

Lob-Hüdepohl, Andreas (2003): Ethik Sozialer Arbeit als Menschenrechtsprofession. Konturen einer sozialprofessionellen Grundhaltung, in: Soziale Arbeit 52, S. 42–48.

Nowak, Jürgen (2005): Soziale Ökonomie und Soziale Arbeit. Herausforderung und Chance im Zeitalter der Globalisierung, in: Soziale Arbeit 54, S. 122–128.

Seithe, Mechthild (2012): Wie kann sich Soziale Arbeit gegen „BWLisierung“ wehren?, in: Soziale Arbeit 61, S. 375–381.

Sen, Amartya (2002): Ökonomie für den Menschen. Wege zu Gerechtigkeit und Solidarität in der Marktwirtschaft, München.

Spatscheck, Christian (2005): Soziale Arbeit im neoliberalen Kontext. Perspektiven für eine professionelle Modernisierung, in: Soziale Arbeit 54, S. 94–103.

Spatscheck, Christian (Hg.) (2008): Soziale Arbeit und Ökonomisierung. Analysen und Handlungsstrategien, Berlin.

Staub-Bernasconi, Silvia (1995b): Das fachliche Selbstverständnis Sozialer Arbeit - Wege aus der Bescheidenheit. Soziale Arbeit als „Human Rights Profession“, in: Soziale Arbeit im Wandel ihres Selbstverständnisses. Beruf und Identität, hg. v. W.R. Wendt, Freiburg i. Br., S. 57–104.

Staub-Bernasconi, Silvia (2003): Soziale Arbeit als (eine) „Menschenrechtsprofession“, in: Soziale Arbeit zwischen Politik und Wissenschaft, hg. v. R. Sorg, Münster, S. 17–54.

Wilken, Udo (2000): Faszination und Elend der Ökonomisierung des Sozialen, in: ders., Soziale Arbeit zwischen Ethik und Ökonomie, Freiburg i. Br., S. 11–30.

Zeller, Susanne (2000): Soziale Arbeit als Menschenrechtsprofession? Oder: Über die Unvereinbarkeit von Sozialer Arbeit und Rechtsextremismus, in: Sozialmagazin 25, Heft 12, S. 33–35.

Teil 3
Die Ethik Sozialer Arbeit als Konzept

Vorbemerkung

Die Ethik in der Sozialen Arbeit, das ist in den ersten beiden Teilen des Lehrbuch deutlich geworden, ruht auf drei Grundpfeilern: Zum ersten wird ihr der philosophische Ethikdiskurs, zum zweiten der fachliche Handlungsanspruch, zum dritten das Menschenbild. Letzteres kann, wenn man das berufliche Handeln umfassend als Dienst am Menschen versteht, auch als Pointe für den Ethikbezug insgesamt angesehen werden; aber es ist wichtig sicherzustellen, dass das Menschenbild, von dem berufliche Praxis ausgeht, als Menschenbild der Profession aufscheint. Weder soll es den Akteuren überlassen bleiben noch aus peripheren bezugswissenschaftlichen Kontexten importiert werden. Im Menschenbild schlägt das Herz der Sozialen Arbeit. Der philosophische Ethikdiskurs bringt Aufschluss über Begriff und Geschichte der Ethik und gibt Einblick in aktuelle Fragen der Anwendung und der Umsetzung ethischer Konzepte; das Interesse der Sozialen Arbeit geht aber vor allem darauf auszuloten, mit welcher Vorstellung vom Menschen die Ethik arbeitet. Der Fokus Fachlichkeit wiederum generiert Bewusstsein und Gespür für ethische Anliegen in der Sozialen Arbeit; zugleich bildet er ab, wie in Beruf, Profession und Wissenschaft an den Menschen gedacht ist.

Die drei Standbeine sind in zwei Durchgängen betrachtet geworden. Ein Studium, das zum beruflichen Handeln befähigt, braucht das darin dargestellte Ethikwissen, um das Feld abzustecken, die Zusammenhänge zu klären, die Ansprüche zu formulieren und Perspektiven für die Praxis zu schaffen. Wer sich mit dem entsprechenden ethischen Rüstzeug auf die Anforderungen des Sozialarbeitsberufes einlässt, sollte in der Lage sein, Adressaten in ihren vitalen sozialen Belangen angemessen und wirksam zu unterstützen. Er sollte aber darüber hinaus auch über die Kompetenz verfügen, durch sein ethisches Wissen die Leistungskraft des Berufes zu stärken. Zum Gedanken der *employability* tritt der Anspruch der Sicherung und Weiterentwicklung von Handlungsqualität. So ist im ethischen Handwerk, das Sozialpädagoginnen und Sozialpädagogen beherrschen, etwas angelegt, das der berufliche Alltag zwar nicht vertieft, für das er aber Orte braucht, an denen weitere Klärung stattfinden kann: ein ethisches Konzept der Sozialen Arbeit selbst.

Der nun folgende, dritte Durchgang ist dem Masterstudium der Sozialen Arbeit vorbehalten. Hier geht es darum, die zentralen Haltepunkte, über die

Sozialarbeitsethik zu ihrer Gestalt findet, abzubilden und zu systematisieren. Vordergründiges Anliegen ist zu vermeiden, dass Masterstudiengänge, die den Expertenanspruch Sozialer Arbeit auf einer höheren akademischen Ebene demonstrieren, ethischen Gehalt nur durch Rezitation, nicht aber durch Konzeption anzeigen. Je schwächer und je unschärfer Ethik im Masterstudium thematisiert wird, umso weniger gibt dieses Studium Aufschluss über den Leistungsanspruch und das Leistungsvermögen des Sozialarbeitsberufes. Damit bleibt zuletzt auch die Profession unterbelichtet und Soziale Arbeit im Grundsatz unverstanden.

Zielrichtung und Potential des Masterstudiums zeigen sich aber nicht nur darin, Kompetenzen zu erweitern und begriffliche Klärung voranzubringen; sie liegen auch im Befördern eines Berufsbilds, das die angesprochenen Orte der Vertiefung sozialarbeitlichen Selbstverständnisses anhand passender Stellenzuschnitte definiert. Noch beschreiten Träger Neuland, die Stellen- und Aufgabenprofile für Masterabsolventen ausarbeiten. Doch nicht nur seitens der Hochschulen wird der Wunsch nach Masterstellen laut: auch die Praxis hat Bedarf. Über reflexionsstarke Leistungsprofile kann sie weiter an Kontur gewinnen. Ethisches Grundlagenwissen, in der Praxis entfaltet und in den beruflichen Alltag eingebracht, stärkt die berufliche Autonomie und schafft wünschenswerte Handlungs- und Gestaltungsspielräume.

Zuletzt lenkt das Masterstudium die Schritte hin zur Wissenschaft. Eckpunkte für ein ethisches Konzept, das im wissenschaftlichen Abgleich für ein dezidiertes Bild vom Menschen Stellung bezieht, justieren das Sozialarbeitsverständnis mit. Das betrifft die Ausrichtung Sozialer Arbeit an der Gesellschaft ebenso wie ihre Hinwendung zur menschlichen Lebenswelt; und es betrifft die Rahmenlinien der Theoriearbeit ebenso wie ein professionelles Handlungsverständnis. So heißt sich mit der Ethik der Sozialen Arbeit zu beschäftigen immer auch, Soziale Arbeit als Ganzes zu betrachten. Über diese Ethik bemisst sich nichts Geringeres als der Herzschlag von Beruf, Profession und Wissenschaft.

Kapitel 1
Perspektiven der Ethik in der Sozialen Arbeit

Die in der Sozialen Arbeit aufscheinenden ethischen Anliegen formen den Beruf, prägen die Profession und leiten die Wissenschaft. Sie systematisch zu erfassen verdeutlicht nicht nur die Unauflösbarkeit des Zusammenhangs von Sozialer Arbeit und Ethik; deutlich wird auch, dass Sozialarbeitsethik unverzichtbares Wissen abbildet.

1.1 Ansprüche an das Masterstudium

Das Studium der Sozialen Arbeit

Der Bolognaprozess hat der Sozialen Arbeit die Möglichkeit beschert, das Studium grundsätzlich in den für den Beruf qualifizierenden Bachelor und einen darauf aufbauenden Master zu gliedern. Bezogen auf die Lage in Deutschland ist das eine neue Situation. Seit 1971, mit Gründung der Fachhochschulen, findet die berufliche Ausbildung über ein Studium statt. Es war plausibel, die Verantwortung für die Akademisierung der Sozialen Arbeit in die Hände von Fachhochschulen zu geben, weil es in Blick auf den Sozialarbeitsberuf zunächst darum ging, die Qualität der berufspraktischen Ausbildung, die an den vormaligen Höheren Fachschulen erreicht war, in Hochschulstrukturen zu überführen. Als Besonderheit ist allerdings zu sehen, dass es in Deutschland parallel dazu auch den Ausbildungsgang Sozialpädagogik im Rahmen universitärer Erziehungswissenschaft gibt. Beide Studienmodelle bestehen weiter nebeneinander. Die vergangenen gut 40 Jahre haben allerdings, bezogen auf das berufliche Verständnis, eine sehr weit reichende Verständigung darüber gebracht, dass die in den beiden Modellen berührten, unterschiedlichen Traditionslinien von Sozialarbeit und Sozialpädagogik im Berufsbild Sozialer Arbeit zusammenfließen (dazu siehe auch oben Teil 1, Kapitel 1, am Ende von Abschnitt 1).

Das ist eine günstige Ausgangslage, zumal deutlich wird, dass der Masterabschluss in Sozialer Arbeit im Konzept der Fachhochschulen – die sich inzwischen, ausgehend vom Modell der *University of Applied Sciences*, vielfach in Hochschulen für angewandte Wissenschaften (HAW) umbenannt haben – eine akademische Entwicklungsperspektive markiert. Das ist ein zweites wichtiges Ergebnis im Entwicklungsprozess der letzten 40 Jahre: Das gewachsene wissenschaftliche sozialarbeitliche Selbstbewusstsein drängte bereits in den 1990er Jahren zu einem universitären Verständnis von Sozialer Arbeit als Fachdisziplin (dazu Staub-Bernasconi, 1994, S. 75 f.; s.a. Elhardt u.a., 1998). Das deutsche Fachhochschulmodell wurde dabei auch als schwieriger Sonderweg wahrgenommen, wenn anderweitig, etwa im angelsächsischen Raum, Soziale Arbeit nur über universitäre Studiengänge abgebildet wurde (vgl. Staub-Bernasconi, ebd.). Es blieb, vorläufig, die Möglichkeit, über die universitäre Sozialpädagogik den inzwischen breit getragenen, wissenschaftlichen Anspruch zu inszenieren; die Fachhochschulen nutzten die um die Jahrtausendwende sich bietende Möglichkeit, im Weiterbildungsbereich nach angelsächsischem Vorbild akkreditierte Masterstudiengänge zu generieren, denen Universitätsniveau bescheinigt wurde und die so für den Höheren Dienst qualifizierten. Bologna hat diese Perspektive nun für das Regelstudium gesetzt. Damit gibt es für die Hochschulausbildung in der Sozialen Arbeit neue Koordinaten.

Eine Unwucht ist noch hinsichtlich des Phänomens zu erkennen, dass an Fachhochschulen die ehemaligen Diplomstudiengänge nun als Bachelorstudiengänge geführt werden, während die Universitäten Diplomstudiengänge der Sozialpädagogik in Masterstudiengänge umgewidmet haben. Bachelorstudiengänge sind dort neu entstanden. Diese Lage erfordert noch weitere Abstimmungsprozesse. Aber eines ist klar: Ein Masterstudium der Sozialen Arbeit rahmt den inzwischen etablierten wissenschaftlichen Anspruch der Profession in einer akademisch angemessenen Weise. Es ist dabei nicht ausschlaggebend, ob das Studium an einer Universität oder einer HAW absolviert wird. Wichtig ist nur, dass der Masterstudiengang – das gilt vor allem für die HAWs – so angelegt ist, dass er dem besagten Anspruch gerecht wird. Für die HAWs empfiehlt es sich, Masterprogramme in einem Bezug zum grundständigen Bachelorangebot zu sehen und an das dort geformte Sozialarbeitsverständnis anzuknüpfen. Das Bachelorpaket, das für den Beruf qualifiziert, ist der Reflexpunkt für das Masterstudium. In Hinblick auf die Ethik der Sozialen Arbeit muss es also darum gehen, die Grundlagen und die Anhaltspunkte für die Praxis scharfzustellen und wissenschaftlich weiter aufzubereiten.

Ethik im Masterstudium der Sozialen Arbeit

An das Masterstudium richten sich daher zwei Forderungen: Es muss von der Bedeutung ausgehen, die der Ethik im beruflichen Handlungszusammenhang Sozialer Arbeit zukommt und die hier skizziert wurde; und es muss die für den Beruf wichtigen Ethikinhalte auf ihre Grundlagen und Prinzipien hin durchdringen. Die Forderungen bedeuten, dass ein Verzicht auf die Reflexion ethischer Bezüge im Masterstudium dem Anliegen, Soziale Arbeit weiterzuentwickeln, nicht gerecht wird. Sie bedeuten aber auch, dass diesem Anliegen mit einer bloßen Wiederholung ethischen Grund- und Praxiswissens genauso wenig gedient ist. Zum Studium auf Masterebene gehört eine vertiefende Ethikbetrachtung. Das liegt dort auf der Hand, wo es sich um den generalistischen Sozialarbeitszugang handelt. Das gilt aber auch in Fällen, in denen das Masterstudium Ausschnitte betrachtet oder auf Spezialisierung hin angelegt ist. Denn auch die thematische Bindung stützt sich auf das Berufsbild. Dessen Ethik kommt zur Geltung und verlangt nach einem passenden Fokus.

Ganz gleich also, welcher Master aufgesetzt ist: das normativ angelegte, sozialarbeitsethische Wissen bildet Basis und Ausgangspunkt. Auch ein spezifisches bzw. spezialisiertes Ethikwissen hat diesen Bezugsrahmen. In der Weise, wie in den nun folgenden Kapiteln das sozialarbeitliche Ethikverständnis vertieft wird, kommen auch Spezialisierungsbemühungen voran. Der ethische Bezugsrahmen ist kein anderer; Besonderheit wird über die jeweiligen fachlichen Akzente gewonnen. Für Masterstudiengänge im Sozialarbeitskontext heißt das konkret: Ein Programm mit dem Fokus Sozialmanagement und ein Programm mit dem Fokus Gesundheit gehen vom selben ethischen Sozialarbeitsverständnis aus. Im Managementbereich gibt es besondere wirtschafts- und organisationsethische, im Gesundheits- und klinischen Bereich entsprechende medizin- und pflegeethische Themen zu beachten. Doch das jeweils anvisierte sozialarbeiterische Handlungsprofil resultiert aus einem ethischen Masterbasiswissen, das Soziale Arbeit als Beruf, als Profession und als Wissenschaft auf ein unverwechselbares, ethisches Fundament gegründet zeigt.

1.2 Soziale Arbeit als ethische Wissenschaft

Soziale Arbeit als Wissenschaft

Ausgangs- und Ansatzpunkt für ein ethisches Grundlagenwissen findet Soziale Arbeit über ihre wissenschaftliche Kompetenz. Der wissenschaftliche Anspruch, die wissenschaftliche Leistungsfähigkeit und das Wahrnehmen Sozialer Arbeit als Wissenschaft markieren Fragen, die nach wie vor Diskussionsstoff liefern. Für die Debatte und für Perspektiven, die daraus zu gewinnen sind, ist hier auf den dritten Abschnitt im ersten Kapitel von Teil 1 zu verweisen, der klärt und zeigt, wie der Gegenstandsbestimmung die Gestalt einer Leitwissenschaft Soziale Arbeit folgt. Festgehalten sei nochmals, dass der Gegenstand über drei Bedingungen zu erfassen ist: Er muss die Grundintention des Sozialarbeitsgeschäfts anzeigen, ein Alleinstellungsmerkmal generieren und die besondere Bedeutung der Sozialarbeitsexpertise für die Gesellschaft beglaubigen (vgl. ebd. in Teil 1). Diese Bedingungen sind erfüllt, wenn man die Aufgabe Sozialer Arbeit darin sieht, die Qualität des Zusammenlebens in der Gesellschaft abzusichern und, wo möglich, zu verbessern (vgl. ebd.).

Das wissenschaftliche Selbstverständnis Sozialer Arbeit verbürgt also deren Expertise in Fragen der Ethik. In Verbindung damit ist die – hier ebenfalls schon dargelegte – Einschätzung zu sehen, dass Beruf, Profession und Wissenschaft, dass Alltag und Denken im Sozialarbeitsgeschäft für ein „explizit normatives Unternehmen" (Otto/Scherr/Ziegler, 2010, S. 138) stehen (dazu siehe oben Teil 2, Kapitel 1, Abschnitt 2). Die Normativität, auf die sich der Sozialarbeitsberuf bezieht und die er seinerseits zur Geltung bringt, hat Einfluss auch auf das Spektrum der wissenschaftlichen Ansprüche. Nicht nur, dass ethische Themen und Fragestellungen zum Repertoire gehören – sie scheinen alles Fragen zu durchdringen und zuletzt das wissenschaftliche Interesse selbst auszurichten. Insofern macht es Sinn, Soziale Arbeit als „ethische Wissenschaft" zu verstehen (dazu Schumacher, 2007). Das muss nicht heißen, dass Wissenschaft und Forschung in der Sozialen Arbeit nur ethische Gesichtspunkte betrachten; aber es bedeutet, dass die Ausrichtung auf Forschung und Entwicklung über jedes Thema, das beruflicher Praxis zuzuordnen ist, und über jede Fragestellung, die das Erkenntnisinteresse Sozialer Arbeit bedient, eine an ethischen Anliegen bemessene Grundintention verfolgt.

Wissenschaft und Profession

Ähnlich wie das Wissenschaftsverständnis ist das Selbstbild Sozialer Arbeit als Profession noch nicht restlos geklärt (vgl. Anstöße bei Göppner/Hämäläinen, 2004, S. 123; Staub-Bernasconi, 2007, S. 200; Schilling/Zeller, 2012, S. 264). Das muss nicht irritieren, denn es wird in der Forschung nicht in Frage gestellt, dass der Beruf zu einem Professionalisierungsprozess gefunden hat. Manches mag weiter auf eine „andersartige Profession" (Göppner/Hämäläinen, 2004, S. 121) hindeuten; doch das heißt in erster Linie, dass der Bestimmungsprozess noch nicht abgeschlossen ist. Es ist wichtig, die Bezugspunkte zu sehen, die den Professionsanspruch begründen und absichern. Oben (vgl. Teil 1, Kapitel 1, Abschnitt 2) wurde dargelegt, dass vom Standpunkt des beruflichen Handelns her die Weichen für das Professionsverständnis gestellt sind. Unter anderem war auf die Schlüsselrolle der Ethik hinzuweisen, die daraus resultiert, dass dort berufliche Autonomie überzeugend verankert ist (vgl. ebd.). So war und ist von einem entsprechenden Selbstbewusstsein sozialarbeitlichen Denkens und Handelns auszugehen, das seine Stärke in der Gestaltung der „Soziallandschaften" sieht (vgl. Spitzer/Höllmüller/Hönig, 2011).

Entscheidend in diesem Zusammenhang aber bleibt, dass der Professionsanspruch im Verständnis Sozialer Arbeit als Wissenschaft wurzelt. Eine Sache dabei ist, dieses Verständnis weiter zu klären und zu etablieren, eine andere, das Professionsanliegen darauf bezogen zu halten. Der Bolognaprozess hat durch die Modularisierung des Studiums die Tendenz gestärkt (und nichts anderes war gewollt), die Hochschulausbildung an der beruflichen Handlungsfähigkeit *(employability)* zu messen. Vor solchem Hintergrund ist auf Warnungen zu achten, bei aller Neigung zum Anwendungswissen – sei sie durch Bologna motiviert oder dem Praxisbezug geschuldet – „wissenschaftliches Wissen" nicht aus dem Blick zu verlieren (vgl. Kessl, 2006, S. 85; dazu s.a. Schumacher, 2007, S. 186). Die angezeigten „Restriktionen der Modularisierung" erfordern, wenn das Anspruchs- und Kompetenzbild nicht getrübt werden soll, eine Gegenkraft, die wiederum entsteht, wenn der „reflexive Charakter der Profession" klare Betonung findet (vgl. Harmsen, 2011, S. 209).

Der Konnex von Wissenschaft und Profession wird über das Masterstudium zum Ausdruck gebracht. Wer weiter Sorge hat, dass Soziale Arbeit über das modularisierte Studienmodell Kraft und Bedeutung *verliert,* ihre Relevanz gar „öffentlich neu zu begründen" hat (vgl. Kessl, 2006, S. 84), sei darauf verwiesen, dass im Akademisierungsschritt zum Master genau die gegenteilige Richtung eingeschlagen ist: Kraft und Bedeutung *schärfen* sich, wenn der Sozialarbeitsberuf seinen Professionsanspruch wissenschaftlich beglaubigt. Wissenschaft und Forschung sind gefordert, diese Leistung zu erbringen; und die Ethik steht, als Nahtstelle, wiederum im Fokus, wo es darum geht, Theorie und Praxis auf ein Gesamtkonzept hin zu verschränken. Das Masterstudium stärkt und stützt das Konzept einer als Profession auftretenden Sozialen Arbeit. Von dieser Stärke profitiert vor allem die Praxis – wenn sie Stellen für Masterabsolventen entwickelt (dazu s.a. Kruse, 2004, S. 219).

Ethik als Prädikat

Soziale Arbeit als ethische Wissenschaft zu fassen meint also, vom wissenschaftlichen Anspruch – der im beruflichen Selbstverständnis begründet ist – auszugehen und zugleich die Handlungs- und Gestaltungsperspektive der Profession – die in der beruflichen Praxis angelegt ist – zu fixieren. Ethik – *ethisch* – ist in diesem Zusammenhang nicht als Attribut, sondern als Prädikat der Wissenschaft der Sozialen Arbeit zu verstehen. Nicht das Sein, sondern das Tun dieser Wissenschaft ist ethisch (dazu s.a. Brumlik, 1992, S. 203ff.).

Ethik als Prädikat – ethische Wissenschaft als Leitidee – führt in ein Verständnis hinein, das den ethischen Grundansatz im Leistungsanspruch der beruflichen Praxis als solchen zur Geltung bringt. Berufliches Handeln, das sich nicht damit zufrieden gibt, nach ordnungspolitischen Zielen bemessen zu werden; das die Gesellschaft – und das heißt in erster Linie: die politischen Entscheidungsträger – nicht aus ihrer sozialen Verantwortung entlässt; das argumentiert und skandalisiert, wo immer menschengemachtes Unrecht greifbar wird, lokal, national und international: solches Handeln, solches berufliche Verständnis wird von einem ethischen Grundmotiv bewegt und geformt. Nichts nutzt diesem kreativen Prozess weniger als die Vorstellung, dass der Beruf Ethik nur im Bedarfsfall und dann nur baukastenmäßig konsultiert. Soziale Arbeit *lebt* ihren ethischen Grundimpuls, und sie lebt *in* diesem Impuls.

Wenn die Profession also Definitionsmacht einfordert und wenn sie ihre Argumente wissenschaftlich untermauert, tritt die so kanalisierte wissenschaftliche Energie – wiederum prädikativ gesehen – als ethische Energie in Erscheinung. Vom wissenschaftlichen Ansatz her und genau besehen durch ihr wissenschaftliches Ethikwissen bestimmt sich Soziale Arbeit als Profession, und es ist nach meiner Einschätzung evident, dass hier eine *Wirklichkeit* begegnet. Soziale Arbeit *ist* Profession. Die Bedeutung ihrer Ethik zeigt sich in dieser Einsicht; zum Tragen kommt sie, wenn sich berufliche Praxis, mit den oben angesprochenen Akzenten, selbstbewusst gegen das Ansinnen stellt, als Instrument zu fungieren, um fragliche staatliche Macht abzusichern.

1.3 Der Wandel im Ethikverständnis in der Sozialen Arbeit

Das Ethos als Ausgangspunkt sozialer Berufsarbeit

Für eine moderne, professionell ausgerichtete Soziale Arbeit setzen die sozialen Probleme der Menschen einen großen Aktionsrahmen. Anliegen ist, solche Probleme anzugehen und zu lösen; Anliegen ist aber auch, die Mechanismen zu begreifen, über die solche Probleme aufgeworfen werden, und nicht zuletzt: ihre Brisanz offenzulegen. Längst ist klar, dass problemgenerierende Faktoren nicht allein regional auftreten. Die Globalisierungsdynamik, die nahezu alle Lebensbereiche in der Gesellschaft erfasst hat – und zu der so gut wie jeder Mensch auf dem Erdball nolens volens Berührungspunkte aufweist –, hält ein Kräftespiel in Gang, das Belastungen für das soziale Leben, die auf der Makroebene wirksam werden, bis auf die Mikroebene und in den Alltag der Menschen hinein durchreicht. Die Liste der kriegerischen Konflikte, der ökologischen Sünden, der perfiden Machenschaften von Unterdrückung und Ausbeutung des Menschen ist lang; längst droht der Kollaps des gesamten Systems; ein mühsam aufrechterhaltenes und immer wieder neu zu justierendes Kräftegleichgewicht weckt wenig Vertrauen in nachhaltige Leistungsfähigkeit. Im Gegenteil: Die Fragilität der globalen

Ordnungen und deren Potential, nachhaltig Schaden anzurichten, sind offenkundig. Für nationale und internationale Politik muss dies als die größte bestehende Herausforderung angesehen werden. Für die Soziale Arbeit bedeutet es, dass der berufliche Alltag im Kleinen nicht ohne den Konnex zum politischen Geschehen im Großen gesehen werden darf.

Statements und Konzepte, die Soziale Arbeit auf diesen Zusammenhang hin ausrichten, gibt es. Sie suchen, pointiert gesagt, für das ethische Verständnis im beruflichen Handeln eine „Legitimation auf der Basis der Menschenrechte" (Hug, 2007; vgl. auch Lob-Hüdepohl, 2003; Mührel/Röh, 2007; Walz/Teske/Martin, 2011). Der Zusammenhang leuchtet ein; denn an der Schnittstelle aller globalen Konfliktlagen steht der Mensch, und es erscheint schlüssig, das Konfliktpotential dadurch einzudämmen, dass seine „Bedürfnisse und Nöte" (vgl. Staub-Bernasconi, 2003, S. 25) fokussiert und thematisiert werden. Wenn Staub-Bernasconi in diesem Zusammenhang darauf verweist, dass „weltweites Gesellschafts- und Problemverständnis" als Teil der „Tradition der Sozialen Arbeit" zu sehen sind (ebd., S. 23), stützt sie nichts anderes als die Idee, dass Soziale Arbeit in der entsprechenden politischen Mission von Anfang an ihr Wesen findet (dazu s.a. Schumacher, 2007, S. 176). Die Plausibilität des Zusammenhangs steht außer Frage; aber es ist dennoch wichtig, die historischen Verläufe mit einzubeziehen, um zu verstehen, wie ein sozialarbeiterisches Weltgestaltungshandeln genau angelegt ist.

Drei prägende Phasen bzw. Abschnitte sind zu unterscheiden: Die erste Phase betrifft die Initiation und das Ursprungskonzept der beruflichen Sozialen Arbeit. Die zweite Phase – und hier ist besser von einem Abschnitt zu reden – geht einher mit der Erschütterung über das Ausmaß an menschenverachtender Hybris im Zweiten Weltkrieg. Von Bedeutung ist hier vor allem die Konsequenz einer völkerrechtsverbindlichen, allgemeinen Menschenrechtscharta (1948). Die dritte Phase betrifft die Entwicklung Sozialer Arbeit seither, grob gesagt deren Entwicklung hin zur Profession.

Zur ersten Phase ist festzustellen – entsprechende Hinweise dazu finden sich in diesem Lehrbuch schon am Ende der Einleitung und im Abschnitt „Soziale Arbeit als Beruf" (Teil 1, Kapitel 1, Abschnitt 1) –, dass der Sozialarbeitsberuf von Anfang an Entschlossenheit zeigt, „das Menschenleben hoch anzuschlagen" (Salomon, 1927, S. 2). Er zielt auf eine „Kulturleistung", die „mit einem ursprünglichen Ethos vollzogen werden muß" (ebd., S. 109; dazu s.a. Engelke/Borrmann/Spatscheck, 2009a, S. 239). Dazu „braucht er sittliche Kraft, eine starke sittliche Anlage, die von innen her zur Entfaltung treibt" (Salomon, 1928, S. 183). Sieht man diese Linienführung bei Alice Salomon, zeigt sich Soziale Arbeit nicht nur als ein Beruf, der „Berufsethos gegen Lohnarbeitergleichgültigkeit" (Sachße, 2004, S. 216) setzt, sondern es wird auch deutlich, dass sie sich einem Menschenverständnis verpflichtet sieht, das sich dem Schutz der Schwachen verschreibt (dazu Engelke/Borrmann/Spatscheck, ebd.).

Die nationalsozialistische Werteverwirrung

Der Ansatz und dieser Akzent sind umso bemerkenswerter, als sie in einem Umfeld gefasst wurden, das Schwäche im Allgemeinen und ein Menschenleben im Besonderen kritisch beäugte. Sozialdarwinistische Ideen hatten die Politik infiziert. Die junge und fragile Demokratie in Deutschland war besonders anfällig für Machtphantasien, die eine radikale Lösung aller sozialen Probleme versprachen. Der Verlauf ist bekannt. Auch die Folgen, die den Sozialarbeitsberuf ereilten, nachdem die NSDAP in Deutschland an die Macht gelangt war. Deutlich wurde unmittelbar, dass die von Salomon propagierte und inszenierte Sozialarbeit ab 1933 nicht mehr erwünscht war. Man kann und muss diese Entwicklung den veränderten Machtverhältnissen, deren erstes Opfer die Weimarer Republik und ihre Demokratie war, zuschreiben. Aber man muss auch den ideologischen Anstoß sehen, der, heute als Rassismus resp. Rassenideologie verschrien, damals als eine Art salonfähiger Gegenentwurf zu einer sozialschwärmerischen, egalitären Philanthropie daherkam. Nichts ist an der menschenverachtenden Propaganda der Nationalsozialisten zu beschönigen. Aber es ist eine historische Tatsache, dass diese ideologische Agitation ihr krudes Menschenbild über Parameter bemaß, denen wissenschaftlicher Gehalt zugesprochen wurde.

Für die ersten Jahrzehnte des 20. Jahrhunderts bleibt festzuhalten, dass eine Rassenlehre weiter verfing, die im 18. Jahrhundert naturwissenschaftlich seriös entstanden war, als es darum ging, den Menschen, der als je Einzelner seine Existenz über sein Denken realisiert, in seiner *Vielfalt* aufzunehmen und zu einem *einheitlichen Verständnis* zu fassen. So war etwa die 1775 erschienene Schrift *De generis humanis varietate nativa* des Göttinger Mediziners Johann Friedrich Blumenbach (1752–1840) angelegt. Zeitgleich war auch eine Schrift Kants zur selben Thematik erschienen: *Von den verschiedenen Racen der Menschen* (1775). Die Rassenlehre der Aufklärung war nicht wertend ausgerichtet. Wertende Urteile über Menschenrassen zeigten sich aber im 19. Jahrhundert, das auch eine Kolonialisierungspraxis zu rechtfertigen hatte. Passend dazu ließ sich die Evolutionstheorie Darwins (1859) für den Menschen auf ein „Überleben des Stärkeren" hin auslegen. Den Anstoß dazu gab der britische Sozialphilosoph Herbert Spencer (1820–1903) in seiner Schrift *Principles of Biology* (1864).

Der Weg in den Rassismus der Nationalsozialisten beginnt, als um die Wende zum 20. Jahrhundert in Deutschland Forderungen nach einer Umsetzung solcher Rassenlehre in praktische Sozialpolitik laut wurden. Mit der 1905 in Berlin gegründeten „Gesellschaft für Rassenhygiene" waren die ideologischen Weichen schon im Kaiserreich gestellt. Diese Entwicklung ist in der historischen und soziologischen Forschung gut dokumentiert und gedeutet (vgl. Priester, 2003; Mosse, 2006; s. a. Koller, 2009). Für unseren Zusammenhang ist wichtig zu sehen, dass schon zu der Zeit, als die junge Soziale Arbeit ihr dem Menschen zugewandtes Ethos formulierte, so etwas wie ein „Konkurrenzmodell" existierte, das, obwohl mit dem Menschenbild der Aufklärung nicht kompatibel, durchaus im Kielwasser eines neuzeitlichen Menschenverständnisses schwamm. Zu ignorieren war dieses „Modell" freilich nicht mehr, als es in Deutschland 1933 Staatsräson wurde. In dem Maß, wie nun ein Kampf *gegen* den aufgeklärten Humanismus einsetzte, ist von einer Werteverwirrung auszugehen, die erst wieder zu Klarheit zu bringen war, als das furchtbare, rassistische Experiment in der Katastrophe des Holocausts gescheitert war. Die UN-Menschenrechtscharta von 1948 ist das beeindruckende Dokument der Klärung, die diesen zweiten, das Sozialarbeitsethos *ex negativo* mitprägenden Abschnitt abschloss.

Vom Ethos zur Ethik

Man kann davon ausgehen, dass die Soziale Arbeit zu ihrer Ethik über die einschlägigen Impulse des Anfangs und nicht zuletzt über den Menschenrechtsgedanken findet, der nicht nur ihre Herkunft aus dem Menschen- und Gesellschaftsverständnis der Aufklärung bezeugt, sondern auch programmatisch vor Augen stellt, wofür – und wogegen – das soziale Berufshandeln steht. Die letzte der drei prägenden Phasen für die Sozialarbeitsethik formt aus der Entschlossenheit, für den Menschen und seine Bedürfnisse einzutreten, ein berufliches Verständnis, das, auf Deutschland bezogen, bemüht ist, ein *tragfähiges* gesellschaftliches Modell mit aufzubauen. Der auf das sozialarbeiterische Selbstbild ausgerichtete Diskurs hat, seit den 1960er Jahren, zwei Zielrichtungen: einerseits die Ausformung und Abstimmung einer einheitlichen Praxis; andererseits die Auseinandersetzung mit gesellschaftskritischen Impulsen. Auch wenn Ethik als explizites Thema für Theorie und Praxis erst in den 1990er Jahren aufscheint, ist doch deutlich, dass das diese Prozesse das Ethikverständnis mit bestimmen.

In der Gesamtschau einer sozialarbeiterisch-sozialpädagogischen Praxis, in fachlich akzentuierten Vorstellungen, wie gesellschaftliches Zusammenleben organisiert sein sollte, und nicht zuletzt im Akademisierungsgeschehen seit dem Start der Fachhochschulausbildung liegen die Schubkräfte, die das am Menschen ausgerichtete Ethos Sozialer Arbeit zu einer über die Belange von Fachlichkeit und Professionalität geformten Ethik voranbringen. Diese Ethik weiß sich wissenschaftlich zu entfalten, und sie unterstreicht und begleitet, wie gesehen, den Professionsanspruch. Nach Maßgabe des in den ersten beiden Teilen des Lehrbuchs skizzierten Bildes zeigen sich vier Schwerpunkte:

1. das Sozialarbeitsverständnis, das Ethik als Anliegen der Profession begreift;
2. das Menschenbild, das von Lebensrecht und Selbstbestimmung ausgeht;
3. ein deontisches Grundkonzept, über das Rechte und Pflichten benannt werden;
4. ein Wertebestand, der Gerechtigkeit und Solidarität einfordert.

Der Faden war hier im dritten Teil schon aufzunehmen und zu einer Zielbestimmung fortzuführen: der Bestimmung Sozialer Arbeit als ethische Wissenschaft.

1.4 Ethische Programmatik

Das Sozialarbeitsverständnis, so viel auch dazu drängt, ethische Fragestellungen systematisch anzugehen, ist in mancherlei Diskurs verstrickt. Es gibt viele offene Fragen und auch neue Themen, die die Aufmerksamkeit immer wieder binden. Im Einzelnen ist das hier nicht zu vertiefen. Aber man muss es zur Kenntnis nehmen, wenn es darum geht, Ethik als zentrales Thema der Sozialen Arbeit zu entfalten. Der Rahmen, den dieses Lehrbuch setzt, ist auch ein Versuch, diese Diskurse zu orientieren und Fragekreise zu befruchten. Zu den zentralen Themen der aktuellen Theoriedebatte(n) gehören, so weit ich es sehe, weiterhin das Wissenschaftsverständnis und die Bestimmung Sozialer Arbeit als Profession. Mir sind, weil es die anderen Stimmen auch gibt, die Motive der Zweifler nicht immer nachvollziehbar; aber ich erkenne, dass nicht wenig davon mit den von mir eingangs angesprochenen *Verwerfungen* zusammenhängt, die im Zuge der Umstellung der Studienstrukturen entstanden sind (vgl. dazu oben in der Einleitung). Für die Zukunft wird es wichtig sein, die an Universitäten und an HAWs unterschiedlich geführte Sach- und Fachdiskussion wieder stärker zusammenzubinden.

Uneinigkeit herrscht aber auch noch in einer anderen zentralen Frage: der nach dem Qualitätsverständnis in der Sozialen Arbeit. Die zwei Lager, die ich ausmache, stehen auf der einen Seite für das Ansinnen, Qualität über einen in den Beruf integrierten Werterahmen zu bestimmen; auf der anderen Seite für ein Qualitätsverständnis, das anhand der Passung sozialarbeitlichen Handelns innerhalb der gesellschaftlichen Funktionssysteme gewonnen wird. Die Diskussion ist auch hier weiter zu führen. Mir erscheint ein Lösungsansatz darin möglich, dass inhaltliche und formelle Gesichtspunkte zusammengebracht werden. Einstweilen ist die offene Lage allerdings mit ein Grund, dass Ethik in der Sozialen Arbeit derzeit mit unterschiedlicher Programmatik und selten mit Reflex auf elementare Theorieanliegen gedacht und formuliert wird. Wenige Stichpunkte sollen hier genügen, um deutlich zu machen, welche Akzente derzeit im Ethikfeld gesehen und gesetzt werden.

Eine Position liefert die Idee Sozialer Arbeit als Menschenrechtsprofession. Dazu ist oben schon einiges gesagt worden (vgl. Teil 2, Kapitel 5). Die Idee gehört ohne Frage zum ethischen Grundbestand Sozialer Arbeit. Sie setzt auch das Zeichen, einer rassistischen Werteverwirrung nie wieder Raum zu gewähren (dazu Zeller, 2000). Eine weitere grundsätzliche Ausrichtung wird über die „Frage nach einem gelingenderen, freien, produktiven, solidarischen Leben" (Thiersch, 2012, S. 52) geformt, d.h. über einen lebensweltlich abgestimmten Zugang, der den Einzelnen einbindet und fordert. Der ethische Anstoß richtet sich hier weniger auf Struktur als auf Haltung und zielt darauf ab, gelingendes soziales Leben vom Individuum her zu begreifen. Beide Ansätze aber stützen dasselbe Menschenverständnis; sie treffen sich in dem Anliegen, Lebensqualität zu erwirken; und sie flankieren ein Verständnis, das Soziale Arbeit dazu anhält, „tragfähige Beziehungen" zu gestalten (vgl. Miller, 2012).

Ethische Programmatik zeigt sich auch auf einem ganz anderen Feld: Der ethische Anspruch selbst scheint in Gefahr, wenn Funktionalität zum Qualitätsziel wird. Beiträge, die solche Bedenken äußern, arbeiten sich am Thema Ökonomisierung ab (vgl. Grams, 2000; Helmers, 2005; Spatscheck, 2008). Das Anliegen verdient Beachtung, weil auch das Sozialarbeitsverständnis berührt ist: Wenn Praxis das ethisch Wünschenswerte durch das ökonomisch Vertretbare ersetzt, verzichtet sie auch auf berufliche Autonomie. Das Dilemma löst sich, wie leicht zu sehen ist, nur, wenn Ökonomik und Ethik konsistent zusammengedacht werden. Das ist aus meiner Sicht die hier perspektivisch noch zu leistende Aufgabe.

Abschließend ist für den Zusammenhang darauf hinzuweisen, in welcher Weise Wendt für ein ethisches Sozialarbeitshandeln eintritt: Er bildet eine Musterliste mit Pflichten ab, die sich aus analogen Rechten von Adressaten ergeben, darunter das Recht auf Lebensschutz, das Recht auf Selbstbestimmung, das Recht auf Wahrheit. Die Inhalte lassen sich über das Menschenbild begründen; die Besonderheit besteht in einer Rangfolge, die auch hier angedeutet ist: Höherwertige Ziele wie der Lebensschutz gehen vor. Damit wird eine Güterabwägung denkbar, die in der Sozialarbeitspraxis dort handlungsfähig macht, wo ethische Ziele konkurrieren (dazu Wendt, 2010, S. 209 f.).

Kapitel 2
Die Rahmung durch Gesellschaft und Kultur

Für die Soziale Arbeit ist es wichtig, dass sie sich auf ihre abendländische Herkunft besinnt. Damit gelingt es ihr nicht nur, ihre zentralen Bezugspunkte zu erfassen, sondern es wird, eingedenk eigener kultureller Prägung, auch möglich, kulturübergreifend Akzente zu setzen.

2.1 Gesellschaft und Kultur als Bezugspunkte Sozialer Arbeit

Das gesellschaftliche Mandat

Auf den ersten Blick scheint eine Ausrichtung Sozialer Arbeit auf Gesellschaft hin umfassend gegeben: Berufliches Denken und Handeln zielen auf den Menschen als Teil der sozialen Gemeinschaft; betrachtet, analysiert und bearbeitet werden die Probleme, die Menschen im sozialen Kontext betreffen. Der Kontext scheint schon in der Zweierbeziehung auf; das sozialarbeiterisch-sozialpädagogische Interesse richtet sich aber auf die Tragfähigkeit von Lösungsansätzen bzw. auf die Gestaltung von sozialen Beziehungen immer in dem Rahmen, der das soziale Handeln von Menschen bestimmt. Das ist, in einem abstrakten Sinn, die Gesellschaft. – Ein zweiter Blick schafft Irritation: Ist das berufliche Handeln nicht davon geprägt, dass Menschen, die Hilfe brauchen, Hilfe bekommen? Setzt solche Hilfe nicht beim Individuum an? Ist nicht der Mensch der große Bezugspunkt und das Soziale nur in Sicht, weil es so vielfältig menschliche Lebenswelt berührt? Ja ist nicht sogar die Soziale Arbeit dort, wo ein Hilfebedarf durch den angesprochenen sozialen Bestimmungsrahmen mit bedingt ist, *gegen* Gesellschaft gerichtet?

Beide Wahrnehmungen stimmen und können zusammengeführt werden. Der Einzelne – der Mensch – bestimmt das Sozialarbeitshandeln. Der Beruf, der sich zur Hilfestellung anschickt, sieht seine Zuständigkeit aber nicht in jedem Bedarf gegeben. Und auch wenn man nur essentielle Bedarfe in Betracht zieht, gibt es Grenzen zu anderen Berufen, die sich ebenfalls in einer Unterstützungsverantwortung für vitale Anliegen des Menschen sehen. Dazu gehören die medizinischen, die psychotherapeutischen und die pädagogischen Berufe. Freilich gibt es auch Überschneidungen; aber es ist deutlich, dass der Sozialarbeitsberuf jene Bedarfe aufgreift, die eine soziale Dimension haben und die über eine medizinische, eine psychotherapeutische oder eine pädagogische Handlungsweise nicht oder nur flankierend bedient werden können. Hilfe steht hier nicht gegen Gesellschaft, sondern für den Fall, dass einer mit der Aufgabe einer passenden und sozialverträglichen Lebensgestaltung überfordert ist. Es geht aber nicht darum, ihm diese Aufgabe abzunehmen; vielmehr braucht es unterstützende Leistungen, die Selbsthilfepotentiale aktivieren; und es braucht nicht selten den Anstoß, sich der Verantwortung für das eigene Leben auch zu stellen. Zu dieser Verantwortung gehört – das ist die Sozialarbeitsperspektive – immer der Blick auf den Mitmenschen, auf den hin ich entweder mein Handeln ausrichte oder der von meinem Handeln mit betroffen ist. Hier kommt der angesprochene soziale Bestimmungsrahmen in Sicht.

Damit geht es sozialarbeiterischer Hilfe, auch wenn Nöte mit existentieller Dringlichkeit aufscheinen, um die soziale Verantwortung des Menschen. Es geht letztlich darum, die persönlichen Voraussetzungen und Bezugspunkte, die ein Zusammenleben von Menschen ermöglichen und zu gewährleisten, zur Geltung zu bringen. Das zeigt Zusammenleben – Gemeinschaft – selbst als ein vitales, menschliches Anliegen; und das zeigt, dass Soziale Arbeit vom Interesse einer Gemeinschaft am zuträglichen Handeln ihrer Mitglieder ebenso stark angetrieben wird wie vom Interesse des Einzelnen, sich in der Gemeinschaft entfalten zu können. Das richtet den Sozialarbeitsberuf zuletzt ganz auf die Gesellschaft aus (der Zusammenhang wird unten in Abschnitt 2 dieses Kapitels noch dargestellt). Beide Interessensphären werden vom Menschen und seinen sozialen Bedürfnissen und Ansprüchen gehalten. Soziale Arbeit tritt dort auf den Plan, nicht wo ein Einzelner, sondern wo eine Gemeinschaft Anlass sieht, Unterstützungsprozesse für ein gelingendes soziales Leben zu inszenieren. Das deckt sich mit dem historischen Werden des Sozialarbeitsberufes. Vor allem aber zeigt es an, wie Soziale Arbeit als Beruf durch ein gesellschaftliches Mandat in Gang kommt (dazu s. a. Schumacher, 2007, S. 67 ff.).

Kultur als Bestimmung

Das gesellschaftliche Mandat resultiert also aus einer Wahrnehmung des Menschen als soziales Wesen. Doppelmandat in der Sozialen Arbeit daher hin oder her: diese Sicht auf den Menschen liefert das Bindeglied, das die Anliegen von Hilfe und Kontrolle in ein Postulat der Wertschätzung des Menschen münden lässt. Das Doppelmandat formt den Beruf (vgl. Thiersch, 2000a, S. 23); die Profession aber gründet ihn auf ein gesellschaftliches Selbstverständnis, das den *homo socialis* in den Blick rückt und nach Strukturen zur Absicherung seiner Bedürfnisse Ausschau halten lässt (vgl. dazu auch oben

Teil 1, Kapitel 1, Abschnitt 2). Das schließt eine kritische Position zu den bestehenden gesellschaftlichen Verhältnissen mit ein und erhebt sie dort zur Pflicht, wo strukturelle Verbesserungen angezeigt erscheinen. Hier richtet sich, wenn man so will, Gesellschaft kritisch auf sich selbst (dazu auch Searle, 2012b). Soziale Arbeit operiert, zur Unterstützung des Menschen, mit einem eigenen Gesellschaftsverständnis, das ganz an den sozialen Bedürfnissen des Individuums ausgerichtet ist. Dieses Verständnis tritt nicht in einen Gegensatz zur gesellschaftlichen Wirklichkeit, sofern auch die diesen Bedürfnissen zu entsprechen sucht. Konfliktpunkte aber finden sich, wenn ideale Perspektiven irgendwelcher Realpragmatik zum Opfer fallen.

Für solche Spannungsfelder sind in der Regel bestimmte Machtsituationen und Machtkonstellationen verantwortlich. Zum einen stehen Interessen dahinter, die innerhalb einer Gesellschaft strukturell stärker abgebildet werden. Sozialer Arbeit fällt hier die Aufgabe zu, diese Einseitigkeit offenzulegen und zu kritisieren. Zum andern wirken Ideen entsprechend, die als wissenschaftliche Positionen, als politische Programme oder in Gestalt besonderer Wertebezüge eingebracht werden. Über solche Ideen kommt, mit John R. Searle zu reden, eine „deontische Macht" zur Entfaltung (vgl. ebd., S. 244), die Einfluss wiederum auf die Ausgestaltung der gesellschaftlichen Verhältnisse nimmt.

Zweierlei wird daran deutlich. Das Erste ist, dass die Gestalt der „sozialen Welt" keiner Naturgesetzlichkeit folgt, sondern aus menschlichem Dafürhalten – und menschlichem Geltungsdrang resultiert. Das Zweite ist, dass diese Gestalt stimmig zu formen zugleich als Aufgabe für den Menschen anzusehen ist, der nicht darauf warten kann, dass sie ihm passend vor die Füße fällt. Menschliches Dafürhalten braucht Beratung und Diskurs; menschlicher Geltungsdrang braucht Zügelung. Soziale Arbeit, die zu beidem über Ansatzpunkte verfügt, ist aufgefordert, sich einzubringen, den Diskurs anzuregen und Irrwege zu bekämpfen. Sie vermag ihre Argumente ethisch zu schärfen. Dabei muss sie aber wissen, dass Beliebigkeit und Unverbindlichkeit nur zu vermeiden sind, wenn ein kultureller Bezugsrahmen gezogen wird. Dieser Rahmen dient der Besinnung auf die Herkunft, von der her Zukunft geformt wird (vgl. Marquard, 2003). Und dieser Rahmen eröffnet den Dialog mit Menschen und Konzepten anderer Herkunft, die über eigene deontische Ideen konkurrieren. Wird diese Konkurrenz zugelassen, ergibt sich für die Soziale Arbeit die Möglichkeit einer konstruktiven, kritischen Selbstsicht; und es wird deutlich, wie sie das Potential ihres eigenen Kulturguts im Sinne des Menschen einsetzen kann: indem sie anhand der Idee von einer demokratischen Gesellschaft demonstriert, wie soziales Leben in Würde und Freiheit gelingen kann.

Weitere Hinweise, wie dieses Potential zu greifen und über die Menschenrechtsidee zu pointieren ist, finden sich weiter oben im zweiten Teil des Lehrbuchs (vgl. dort Kapitel 5, Abschnitt 1). Die Herausforderung besteht darin, den kulturellen Hintergrund nicht als Hindernis, sondern als Chance zu begreifen, Sozialarbeitsanliegen zu markieren und zu präzisieren. Es geht um das Bewusstsein, dass die Vorstellung von einer „heilen Welt“ durchaus Teil und Zielpunkt des abendländischen Menschenkonzeptes ist – auch wenn seine Auslegung bisher eher zum Unheil in der Welt beigetragen hat. Das geschichtliche Erbe von Kolonialismus, Imperialismus, Kapitalismus, Rassismus und nicht zuletzt Sklaverei – um die größten Herausforderungen zu nennen – ist das eine; die Legitimation und Pflicht, sich im Namen der europäischen Idee vom Menschen selbstkritisch gegen Fehlentwicklungen zu stellen, die dieser Ansatz selbst mit auf den Weg gebracht hat, ist das andere. Soziale Arbeit kämpft hier einen Kampf für die Idee und gegen deren Vereinnahmung durch partikulare Machtinteressen, die nicht das Gemeinwohl und nicht das Wohl des Menschen im Blick haben.

2.2 Gesellschaft als abendländisches Konzept

Gemeinwesen, Gemeinschaft und Gesellschaft

Eine Profession, die sich von der Gesellschaft beauftragt weiß, Menschen zu unterstützen, die im Kraftfeld der sozialen Anforderungen eine Flankierung brauchen, weiß auch, dass ihre Adressatin die Gesellschaft selber ist. Die geleistete Arbeit zielt darauf ab, Menschen so handlungsfähig zu machen, dass sie sich im sozialen Gefüge zurechtfinden – und freilich in der Lage sind, dort ihre Pflichten wahrzunehmen. Beide Seiten sollen von dieser Arbeit profitieren. Wenn gegenüber Klienten Forderungen erhoben werden, stehen sie für berechtigte Erwartungen seitens der Gesellschaft; aber wenn solche Erwartungen erfüllt werden – etwa die an eine Strafaussetzung zur Bewährung –, winkt der Lohn der Inklusion. Wenn umgekehrt Kritik an den gesellschaftlichen Verhältnissen geübt wird, deutet das auf unzumutbare Härten für Klienten hin. Können die Rahmenbedingungen aber umgestaltet werden, profitiert auch die Gesellschaft davon. Das zeigt, dass sich die Soziale Arbeit, wenn sie für Menschen eintritt und wenn sie menschliches Handeln korrigiert, in den Lebensraum hinein wirkt, den das soziale System bietet.

Wir sind gewohnt und haben gute Gründe, diesen Lebensraum *Gesellschaft* zu nennen. Die „Bestimmung der Gesellschaft als das umfassende Sozialsystem“ (Luhmann, 1997, S. 145) greift auch für die Soziale Arbeit. Der solcherart gefügte Begriff wirkt klar – und doch bleiben die inhaltlichen Haltepunkte und die Antriebe etablierter Routinen zunächst im Trüben. Man kann sie sammeln und beschreiben und damit erhellen; aber aus Sicht der Profession, die Unterstützungs-, und das heißt: Gestaltungsarbeit leistet, interessiert neben der Statik und der Mechanik des Gesamtsystems auch dessen Legitimationskontext. Soziale Arbeit beansprucht, das ist hier schon deutlich geworden, für sich einen Verständnisrahmen, der die Wertegrundlagen gesellschaftlichen Lebens mit einbezieht (dazu siehe oben Teil 2, Kapitel 3, Abschnitt 1). Ihr Beitrag zur Funktionalität des gesellschaftlichen Systems orientiert sich an der Vorstellung eines gelingenden – und das heißt dem Menschen gerecht werdenden – Zusammenlebens. Gesellschaft, so verstanden, meint ein Konzept – hier maßgeblich auch ein Konzept der Sozialen Arbeit –, das solches Zusammenleben vom Menschen her definiert.

Zieht man in Betracht, dass sich Menschenbilder wandeln und in unterschiedlichen Kontexten unterschiedlich ausprägen, so ist ersichtlich, dass auch die Konzepte für das Zusammenleben unterschiedlich und veränderlich sind. Das bietet einen Ansatz, den Gesellschaftsbegriff *kritisch* in den Blick zu nehmen. Zwei Beobachtungen sind dabei wichtig:

1. In ihrer Vorstellung zu einem menschengerechten sozialen System folgt die Soziale Arbeit der europäisch-abendländischen Vorstellung vom Menschen. Das heißt sie setzt nicht auf *irgendein* Konzept für das Zusammenleben, sondern sucht die Passung mit der geistesgeschichtlichen Tradition, von der her sie sich auch selbst versteht.
2. Die europäisch-abendländische Vorstellung vom Menschen hat einen Wandel durchlaufen. Die markanteste Veränderung ist die von der Geschöpflichkeit des Menschen, die das europäische Mittelalter propagiert hatte, hin zum durch sich selbst bestimmten Individuum, von dem Neuzeit und Moderne ausgehen.

Das bedeutet, dass das europäische Gesellschaftsverständnis ein besonderes ist, und auch, dass es sich durch die Zeiten verändert hat. Um eine Trennschärfe zu erhalten, die das, wonach Soziale Arbeit strebt und von dessen Gültigkeit sie überzeugt ist, als *Qualität* erfassen lässt, ziehe ich den Schluss, dass *Gesellschaft* nicht nur für ein genuin abendländisches, sondern zugleich für ein spezifisch neuzeitliches Konzept steht. Zur Grundlage wird hier die Feststellung Luhmanns, man könne „für ältere Zeiten nicht ohne Vorbehalte von ‚Gesellschaft' sprechen" (vgl. Luhmann, 1997, S. 21). Die Unterschiede, die Luhmann registriert, werden nachvollziehbar, wenn man einen ethischen Blickwinkel einnimmt: Vom cartesischen Ansatz des *cogito ergo sum* her (vgl. dazu oben Teil 1, Kapitel 2, Abschnitt 4) ergibt sich für die Perspektive des menschlichen Zusammenlebens – d.h. für den *homo socialis* – eine ganz neue Lage. War es vormals klar, dass „politisches Leben" wesenhaft zum Menschen gehört – der Bogen kann von Aristoteles (vgl. *Politik,* 1253 a 3) bis Thomas von Aquin (vgl. *Summa theologiae,* I, 96, 4) gespannt werden – zeigt sich nun, dass als wesenhaft nur das Denken, die *cogitatio,* erscheint.

Die philosophische Debatte in der frühen Neuzeit, bis hin zur Aufklärung, um den *Gesellschaftsvertrag* zeigt ein Mühen zur Klärung der Notwendigkeit, dass auch Individuen Zusammenleben organisieren müssen. Schon Thomas Hobbes (1588–1679) richtet den Blick auf die Erschaffung eines „künstlichen Menschen", der als „Staat" dem Einzelnen „Schutz und Verteidigung" bietet (vgl. dazu Hobbes in der Einleitung zum *Leviathan*). Gesellschaft entsteht hier als Zweck- und Interessengemeinschaft. Es erscheint sehr passend, sich ihr über ein systemisches Verständnis zu nähern; denn „das umfassende Sozialsystem" (Luhmann) präsentiert sich vor allem über das Merkmal der Funktionalität. Aber es erscheint aus heutiger Sicht auch schlüssig, dass eine „Gesellschaft der Individuen" (Elias, 1987) individuelles und sozial gefügtes menschliches Leben in wesenhafter Verschränkung sehen muss (vgl. ebd., S. 125). Das erweckt wiederum den Anschein einer Fortschreibung des antiken und mittelalterlichen Akzents; doch es bleibt klar, dass das moderne, westliche Gesellschaftsmodell bloßer Zweckdienlichkeit entspringt.

Es liegt in der Natur der Sache, dass der Mensch, der wesenhaft Einzelner ist und der als Individuum Gemeinschaft *schaffen* muss, soziale Anliegen offen gestaltet. Es gibt keinen Grund, aus den sporadischen Berührungspunkten zwischen Menschen soziale Verbindlichkeit abzuleiten. Anders gesagt: Gesellschaft, als Modell für das Zusammenleben der Individuen, bestimmt sich vom Grundsatz her über die Abkehr von sozialen Leitideen. Das ihr zugrunde liegende Menschenverständnis generiert kein allgemeines, soziales Identifikationsmerkmal. Überall dort aber, wo soziales Leben einem solchen Merkmal verhaftet ist, sprechen wir – zu Recht – nicht von Gesellschaft, sondern von Gemeinschaft. Es ist, mit Max Weber gesagt, das „Zusammengehörigkeitsgefühl", das Gemeinschaft von Gesellschaft unterscheidet (dazu Weber, 1976, S. 21). Freilich gibt es viele Ansätze, ein solches Gefühl auch in modernen Gesellschaften zu etablieren. Doch es sind eben Ansätze, Gemeinschaft zu erwirken, und sie gehen, genau besehen, auf Kosten gesellschaftlicher Anliegen (dazu siehe bei Effinger, 1999, S. 23).

Auf unser Gesellschaftsverständnis bezogen heißt das aber, dass wir überall dort, wo Zusammenleben von einer grundlegenden *Gemeinsamkeit* bestimmt wird, den Begriff Gesellschaft besser nicht verwenden. Dagegen wäre dort vom sozialen Modell der Gemeinschaft zu reden. Das trifft in der abendländischen Geistesgeschichte auf die Epoche des Mittelalters zu: Das dort gelebte soziale Konzept, das auf die Festlegung des Menschen auf Gott baute, war nicht das einer Gesellschaft, sondern das der Gemeinschaft. Blicken wir weiter zurück, so sehen wir, dass auch die Antike keinen Grund hatte, die soziale Wirklichkeit über bloße Zweckdienlichkeit zu definieren. Zwar existierte kein dem Mittelalter vergleichbares, gemeinsames Identifikationsmerkmal; doch es gab auch keinen Zweifel, dass der über seine Vernunftbegabung bestimmte Mensch *(animal rationale)* schlüssig auch als ein soziales Wesen *(animal sociale)* bestimmt war. Dieser Ansatz begründet den Gedanken eines Gemeinwesens, das dafür steht und einsteht, dass Menschen nicht nur ihre persönlichen, sondern auch ihre sozialen Angelegenheiten zu ordnen haben.

Fragen der Wertebildung

Gesellschaft soll also ein abendländisches Konzept sein. Der Begriff wird entscheidend geschärft, wenn man zugleich sieht, dass die Geistesgeschichte über einen Dreiklang Gemeinwesen – Gemeinschaft – Gesellschaft zu einem Verständnis von menschlichem Zusammenleben findet, das nicht nur eine moderne Pointierung erlaubt, sondern auch ganz im neuzeitlichen Menschenbild wurzelt. In diesem elementaren Bezugspunkt unterscheidet sich unsere Zeit von Mittelalter und Antike. Das heutige Verständnis vom Zusammenleben ist daher im Grundsatz ein anderes. Es setzt beim Individuum an und formt sich über dessen soziale Qualitäten (dazu s. a. Fischer, 1998, S. 270).

Ausgangspunkt freilich bleibt die Zweckdienlichkeit. Soziales Leben erfährt Sinn und Bestimmung in seinem Nutzen für den Einzelnen. Dieser Nutzen liegt, wie deutlich ist, vor allem in der Bestätigung und Bekräftigung individueller Integrität. Wenn ein solches Ziel durch soziales Handeln erreichbar ist, sind entsprechende Anstrengungen und Perspektiven der Menschendienlichkeit nicht abwegig. Gesellschaft umfasst solche Perspektiven, weil sie dem Einzelnen verpflichtet ist. Zum zentralen Bezugspunkt wird, in der Weise, wie er den Menschen als Menschen zeigt, der Gedanke der Menschenwürde. In der Konsequenz fällt der Gesellschaft – und allen sie formenden Kräften – die Aufgabe der „Gewährleistung menschenwürdiger Existenz“ zu (vgl. Otto/Scherr/Ziegler, 2010, S. 149). Das ist zweckdienlich, aber es ist auch ein Hinweis darauf, dass sich die moderne Sicht auf das menschliche Zusammenleben nicht weit von dem Bewusstsein, dass soziales Leben zum Menschen gehört, entfernt hat.

Zu sozialem Handeln findet der Mensch in unserer Zeit daher nicht trotz, sondern wegen seines Bezugs auf sich selber. Egoismen sind damit nicht außen vor – und nicht falsch; aber sie müssen durch soziale Kompetenz überformt werden, wenn sie nützen und nicht schaden sollen. Gesellschaft gründet auf diese Weise auf das soziale Potential im Menschen; die Individuen, die sich über den Vertragsrahmen der Gesellschaft zum Miteinander verpflichten, müssen keine Entfremdung befürchten. Im Gegenteil: Ihre Anschlussfähigkeit an den *homo socialis* bestätigt Gesellschaft als Gemeinwesen; das Abstecken gemeinsamer Ziele, das damit angestoßen wird, eröffnet ihr wiederum Perspektiven der Gemeinschaft.

So ist der Werterahmen der Gesellschaft nicht ausschließlich – und wie es aussieht auch nicht überwiegend – bloßer Zweckrationalität geschuldet. Es geht nur vordergründig darum, den „Krieg aller gegen alle" zu vermeiden, wie es Hobbes im Blick hat (dazu siehe bei Brieskorn, 2009, S. 140). Tiefer gesehen motiviert der Kampf gegen eine Dynamik der Verunsicherung dort, wo individuelle und kollektive Interessen nicht vermittelt sind – ein Szenario, das Elias als „Teufelszirkel" beschreibt (vgl. dazu Elias, 1987, S. 116f.). Tatsächlich aber zeigt sich ein Werteverständnis, das Anliegen und Motive des sozialen Lebens – und der sozialen Welt – integriert und als Qualitätsmerkmale für den Menschen abbildet. Die Deontologie, die eine Gesellschaft als Rahmeninstitution „notwendig enthält" (vgl. Searle, 2012b, S. 235), fließt aus einer wertachtenden Bestimmung des Menschen, zuletzt im Abgleich mit den Grundmotiven Vernunft und Willensfreiheit (vgl. ebd.). In diesem Rahmen bleibt es weiter sinnvoll und möglich, auch die Gemeinsinn und Gemeinschaft stiftende Kraft der Religion zur Geltung zu bringen, freilich so, dass der Reflex auf das aufgeklärte Menschenbild gehalten bleibt (für die Perspektive siehe bei Sedmak, 2003).

Das Soziale als Wert

Auch wenn sich der Mensch der Neuzeit, der weiß, dass er ist, weil er denkt, und der über die „Außenwelt" zunächst nur weiß, dass es sie gibt, den sozialen Lebensraum neu erschließen muss, kann er an überkommene Motive anknüpfen. Darüber hinaus gelingt früh der Einstieg in eine politische Debatte, die, selbst wenn sie aus mancherlei Grund zäh verlaufen ist, letztlich zu demokratischen Gemeinwesen geführt hat. Und auch wenn der Mensch der Moderne weiter eine große Neigung zeigt, Eigeninteresse über Gemeinwohl zu stellen (siehe dazu Harman, 1981, S. 156ff.), besteht doch Einigkeit über den ethischen Wert einer Motivation, aus der heraus Menschen „nicht eigennützig" handeln (vgl. ebd., S. 167). Das Soziale ist als Wert erkannt. Es wird auch in seiner Schlüsselbedeutung für eine zukunftsfähige, menschengerechte Gesellschaft wahrgenommen. Umgekehrt wissen wir heute um die Problematik, wenn Menschen stützende Beziehungen verlieren und in Vereinsamung geraten.

Fraglos verstärken Individualisierungsprozesse diese Problematik, aber sie sind nicht das Problem. Schwierig wird es nur dort, wo die soziale Balance ausgehebelt wird. Dazu verführt, gerade in einer Zeit beschleunigter Lebensabläufe, die Erwartung kurzfristig erreichbaren Erfolgs; demgegenüber wirkt soziales Investment eher auf mittlere bis lange Sicht und ist entsprechend weniger attraktiv. Eine Gesellschaft bleibt aber in der Pflicht, dem Einzelnen im Mit- und Gegeneinander des kollektiven Betriebs Sicherheit und Perspektive zu verschaffen. Das ist und bleibt ihr Zweck. Individualisierungsverläufe müssen daher begleitet und so gestaltet werden, dass sie in sozialer Verantwortung münden. Die Aufgabe ist hier, Individuum und Gesellschaft zusammen zu denken. Das Gesellschaftsverständnis braucht diese Schärfung, und es erreicht sie, wenn sie ihre Mittel und Wege nutzt, das Soziale als einen besonderen, als einen Grundwert zu vermitteln. Es ist deutlich, dass ihr Soziale Arbeit hier als zweckdienliches Instrument zur Verfügung steht (siehe dazu Scheu, 2011, S. 86ff.). Und es ist deutlich, dass das ethische und wissenschaftliche Potential des Sozialarbeitsberufes für eine Gesellschaft unverzichtbar ist.

2.3 Die Achsen der Gesellschaft

Der demokratische Rahmen

Eine Gesellschaft, die ins Konzept des auf sich selbst verwiesenen Menschen passt, kann mancherlei Gestalt haben. Auf der einen Seite muss sie geformt werden, weil Menschen, die mit nichts als ihrem Eigeninteresse in das Zusammenleben gehen, ansonsten dort nur Widerstand und Feindschaft erleben. Das läuft auf eine Vereinbarung, einen *Vertrag* hinaus. Für die Neuzeit setzt Hobbes in seinem *Leviathan* (1651) hier die ersten Impulse. Einen umfassenden Entwurf legt dann Rousseau (1712–1778) mit seiner Abhandlung *Du contrat social ou principes du droit politique* (1762) vor. Neben Regeln, die das Zusammenspiel der Interessen steuern, setzt solch ein Vertrag nicht zuletzt Mechanismen in Gang, nach denen sich die Machtverteilung bemisst. Es ist klar, dass der Wille, im Verbund mit anderen zusammenzuleben, die Bereitschaft einschließt, Teile der eigenen Souveränität abzugeben. Auf der anderen Seite ist aber erst einmal offen, wie die Akzente weiter zu setzen sind. Sieht man nur den Zweckaspekt des Gesellschaftsvertrages, sind Formen denkbar, die alle Macht und Befugnis in den Händen einiger weniger versammeln. Versteht man aber, dass Gesellschaft den Anspruch umfasst, allen möglichst gerecht zu werden, wird eine solche Machtzentrierung, weil sie Willkür nicht ausschließt, suspekt.

Als die pragmatisch angezeigte und im historischen Befund in dieser Bedeutung auch bestätigte Form der Regelung der Machtverteilung ist die der Herrschaftsbeteiligung aller anzusehen. Das setzt voraus, dass sich *alle* ein und demselben Zweckverbund zuordnen lassen – in einer traditionellen Redeweise werden sie dadurch zum *Volk;* und weiterhin, dass Verfahrenswege bestimmt werden, über die im Machtverzicht der Machterhalt sichergestellt bleibt. Eine so angelegte *Herrschaft des Volkes* geht also einen Mittelweg: per Vertrag geht der Machtanspruch der Einzelnen an den Verbund; zugleich ist geregelt, wie die Beteiligung der Einzelnen an den Entscheidungen des Verbunds zu realisieren ist. Als einzige Herrschaftsform stellt also Demokratie den Einbezug aller Einzelinteressen dem Grundsatz nach sicher. War Rousseau noch skeptisch, ob diese Herrschaftsform, die er als die richtige für die Götter ansah, auch beim Menschen funktioniert (vgl. *Contrat social*, III, 4), können wir heute anders akzentuieren: Denn in der Würdigung der Einzelinteressen liegt der Ansatz, Gesellschaft auf den Menschen hin auszurichten. Dies öffnet den Raum, die ethischen Implikationen des Menschenbildes einzubringen und zu entfalten. Zuletzt wird die Soziale Arbeit mit ihren Forderungen anschlussfähig, die darauf abzielen, das Miteinander menschlich zu gestalten. Demokratie, so ist in summa zu verstehen, begegnet dort als Postulat, wo es darum geht, eine gerechte Gesellschaft zu formen (dazu siehe mit Bezug auf Rawls, 1975; Höffe, 1979, S. 167).

Staat und Zivilgesellschaft

Gesellschaft, als Rahmen für das Zusammenleben, entsteht über eine Regelung der Machtbefugnisse. Zwar sind viele Formen denkbar, aber alle bilden sich über zwei immer gleiche Komponenten aus: die formalisierte Macht und den Entfaltungsraum für Bedürfnisse, der dadurch eröffnet wird. Die erste Komponente tritt als *Staat* auf den Plan, die zweite als *Zivilgesellschaft*. Beide Merkmale wirken als Strukturprinzipien für die Gesellschaft. In der nachfolgenden Skizze sind sie über zwei unterschiedliche Ausdehnungsrichtungen dargestellt. Zugleich wird deutlich, dass die Expansionsmöglichkeiten durch den Werterahmen beschränkt sind, der einer Gesellschaft aufgrund kultureller Merkmale und erklärter ethischer Ansprüche gesetzt ist.

Abb. 7: Die Achsen der Gesellschaft

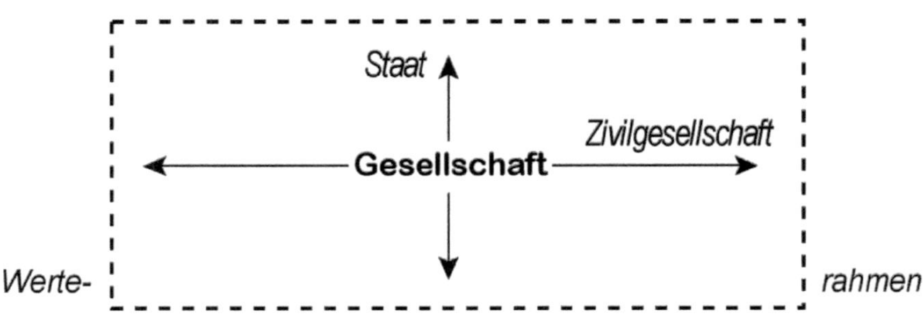

Die Zivilgesellschaft ist als horizontale Achse abgebildet. Sie steht für das Netz von Beziehungen, über die eine Gesellschaft *lebt*. Den Staat markiert die vertikale Achse: Die Installation des Gewaltmonopols sichert ein friedvolles Miteinander. Aber sie generiert eben auch hierarchische Strukturen, die nur bei einer starken Zivilgesellschaft in förderliche Bahnen gelenkt sind. Der Werterahmen ist klar. Hingewiesen sei nochmals auf das Menschenbild als Ansatzpunkt, das Staats- wie Bürgerhandeln zur Humanität anhält. Der Mensch als Individuum, und als solches maßgeblich auf sich gestellt, konzipiert sich Gesellschaft als komplementäres Pendent, das soziales Handeln inszeniert, weil es notwendig ist; aber eben auch, weil er weiß, dass er als Einzelner davon profitiert. So gesehen wird noch einmal deutlich, dass ihm das Modell der demokratischen Gesellschaft am meisten entspricht: auf der zivilgesellschaftlichen Achse können sich Lebensentwürfe entfalten; das Staatsverständnis schließt die *Kontrolle* der Macht mit ein.

Für die Soziale Arbeit gibt das Achsenmodell einen wichtigen Strukturhinweis: Sie realisiert sich, als Funktion von Gesellschaft, auf beiden Bestimmungsachsen. Dem entspricht, vom Grundsatz her, das in Deutschland etablierte System von öffentlicher und freier Trägerschaft. Das Zusammenwirken der Trägerformen resultiert zwar aus dem Subsidiaritätsgedanken des Grundgesetzes (vgl. Art. 23, Abs. 1 GG); aber eben nicht so, dass Soziale Arbeit deshalb – wie in manchen Amtsstuben immer noch gesehen – als rein staatliche Aufgabe erscheint und freie Träger lediglich in staatlichem Auftrag handeln. Vielmehr ist sie genau in dem Sinn *gesellschaftliche* Aufgabe, dass sie, über ein eigenständiges berufliches Konzept, staatliches und zivilgesellschaftliches Handeln verschränkt. Auf diese Weise agiert Soziale Arbeit in freier wie in öffentlicher Trägerschaft nach denselben ethischen Gesichtspunkten und mit demselben professionellen Selbstverständnis. Im Fokus steht ihr Bild von der Gesellschaft, die nach Kräften Anliegen des Menschen aufgreift und eine soziale Rahmung anstrebt, der allgemeine Lebensqualität entspringt. Für eine *weltgesellschaftliche* Perspektive der Sozialen Arbeit, um das hier auch zu akzentuieren, gilt dasselbe Motiv; allerdings operiert der Sozialarbeitsberuf in dieser Hinsicht mit weniger klaren Konturen und mit einem veränderten Selbstverständnis, solange die beiden gesellschaftlichen Achsen auf das Weltgeschehen bezogen keine Entsprechung haben.

Kapitel 3
Der ethische Horizont in der Sozialen Arbeit

Das ethische Denken in der Sozialen Arbeit hat einen Nah- und einen Fernbereich. In seinem Bezug auf die Praxis stützt es die fachlichen Entscheidungen und formt das berufliche Handeln mit aus. Als Anliegen von Theorie und Wissenschaft liefert es die Anhaltspunkte für das normative Profil der Profession.

3.1 Validität und Gültigkeit

Zur Grundspannung sozialarbeiterischer Ethik

Sucht man den ethischen Anspruch der Sozialen Arbeit, wie er hier bisher dargestellt wurde, auf den Punkt zu bringen, so kristallisieren sich drei Aspekte heraus:

1. Das berufliche Handeln erfordert ethische Kompetenz, weil es in einer normativen Praxis steht und Lebenssituationen bewertet.
2. Für die Profession geht es um ein ethisches Programm, das die Entscheidungsgrundlagen benennt und das Postulat beruflicher Autonomie stützt.
3. Der wissenschaftliche Rahmen bindet Ethik an Fachlichkeit und schafft darin die Grundlagen für eine eigenständige Ethik der Sozialen Arbeit.

Das bedeutet einen klaren Bedarf an Ethik und eine Aufforderung zur Klärung passender Strategien. Vom Grundsatz her geht es auch um eine Abstimmung zum fachlichen Selbstverständnis. Daraus spricht, alles in allem, eine hohe Erwartung an die Leistungsfähigkeit der Ethik. Die Zielvorstellung dabei ist, die ethische Perspektive in der Sozialen Arbeit so zu definieren, dass deren Handlungspotential über ein Expertenwissen zum Ausdruck kommt, das überzeugt, weil es auf einer Sinnebene zu Ende gedacht ist. Dieser Anspruch wird über eine entsprechende reflexive Kompetenz in der Sozialen Arbeit eingelöst, die auch den Grund menschlicher Existenz zu berühren in der Lage ist.

Das Expertenwissen, auf das sich Soziale Arbeit stützt, gedeiht so zu einem Fachwissen über den Menschen. Was Beruf und Profession anstreben, ist mit dem Begriff *ethische Fachlichkeit* passend bezeichnet. Das meint ein klares Programm, eine feste, strukturierte Einbindung der Ethik und die Erwartung, dass die beruflichen Aufgaben damit zielgenau zu bewältigen sind. So schlüssig ein ethisch ausgerichtetes Erscheinungsbild Sozialer Arbeit aber auch sein mag – Handlungsfähigkeit demonstriert es nur in dem Maß, wie die Ethik selber in der Lage ist, dorthin Wege zu weisen. Dass sie einmal mit diesem Versprechen angetreten ist, dass sie, ursprünglich, als Konzept, als Wissenschaft für den Weg zu Gelingen und Erfolg stand, ist unbestritten; aber es ist hier auch schon deutlich geworden, dass ein modernes Ethikverständnis solche Zuversicht nicht mehr erzeugt. Konnte sich die Ethik in der Antike auf die von niemandem in Frage gestellte Überzeugung einer Weltlogik stützen; und konnte sie im christlich dominierten Mittelalter darauf bauen, dass niemand am Heilswirken Gottes zweifeln wollte; so musste sie in der Neuzeit doch hinnehmen, dass nun beides hinterfragt und, fortschreitend, nicht nur an der Autorität des Weltenlenkers, sondern auch an der Plausibilität der Welt selbst gezweifelt wurde (dazu siehe die Darstellung oben in Teil 1, Kapitel 2, Abschnitt 4).

Die Unverbindlichkeit in der Ethik

Die Folgen für die Ethik liegen auf der Hand: Sie muss sich die Bezugspunkte für ihr Programm neu erarbeiten – und genau besehen muss sie auch ihr Programm überdenken. Wusste sie vormals über das Konzept vom guten Leben immer auch die rechten Handlungswege anzugeben, und wusste sie richtige Entscheidung stets als Schritt zum guten Leben zu deuten, so muss sie jetzt hinnehmen, dass die Idee von guten Leben und das Suchen nach dem, was richtig ist, auseinanderbrechen. Zu erklären ist das mit der veränderten Interessenlage des nach Wissen strebenden Menschen, der – diese Weiche ist neu gestellt – auf sich selber schaut. Das gute Leben ist ein schönes Ziel, aber es wird nicht länger als eine allgemeine Form zu begriffen; und richtiges Tun zielt nun vor allem darauf ab, dem eigenen Dasein Geltung zu verschaffen.

In der Neuformulierung und Neusetzung des Menschen als auf sich selbst bezogenes Individuum gehen die Themen für die Ethik nicht verloren. Sieht man den Verlust an Orientierung, den der neuzeitliche Individualismus und zuletzt die Individualisierung in der Moderne mit sich gebracht haben, erklärt sich das anhaltende Interesse an den ethischen Lebensfragen. Der entsprechende Rahmen wird in der Ethik auch weiterhin abgesteckt (vgl. exemplarisch Beiträge von Wolf, 1999; Stemmer, 2000; Nussbaum, 2000; Blackburn, 2004; Bayertz, 2006; Vossenkuhl, 2006; Höffe, 2007; Seel, 2009). Aber die Grundanliegen – das gute Leben und das richtige Handeln –

sind nicht mehr verbunden. Analog dazu treten Sittlichkeit und Moralität in der Betrachtung auseinander. Die ethische Konzeptarbeit in der Neuzeit sucht passende analytische Zugänge; doch dies verbreitert das Spektrum denkbarer Positionen. Hinzu kommt die notwendig gewordene Neubewertung des Menschen als soziales Wesen, die – bis heute – in einem Spannungsverhältnis zum Selbstbestimmungsanspruch des Individuum gesehen wird.

All dies war und ist geeignet, Zweifel an der Zuverlässigkeit der Ethik zu nähren. Kritische Einwände wenden sich beispielsweise gegen ein rein kognitives Ethikverständnis (dazu Quante, 2003, S. 53), gegen einen absoluten Geltungsanspruch (dazu Pieper, 2007, S. 49) und auch überhaupt gegen die Vorstellung, moralische Grundlagen des Seins angeben zu können (dazu Bauman, 2009, S. 117). So verharrt die Ethik, auch wenn es eine konstruktive Auseinandersetzung mit den Kritikern gibt (vgl. dazu Birnbacher, 2007, S. 364), als Anliegen und als Wissenschaft im Ungefähren. Die Lage wird nicht einfacher, wenn man sieht, dass weiterhin, namentlich auf Seiten theologischer Ethik, Absolutheitskonzepte erwogen werden (vgl. Kerber, 1991b). In der Weltperspektive wiederum bleibt fraglich, ob – und wie – das Spektrum der so heterogenen und nicht zuletzt konkurrierenden Wertevorstellungen der Menschheit überhaupt zusammengeführt werden kann.

Die Möglichkeit der verbindlichen Aussage

Soziale Arbeit kann also nicht damit rechnen, für ihre ethischen Anliegen über eine allgemeingültige ethische Position Bestätigung zu erhalten. Umgekehrt trifft sie die Kritik, wenn sie Handlungsziele benennt und nach ethischer Manier Pflichtaspekte anfügt. Das funktioniert nicht einfach so. Aber es funktioniert, wenn der sozialarbeitsethische Vorstoß klug gesetzt ist und an ethische Argumentationslinien dort anknüpft, wo sie tragfähig sind. Ansätze dazu wurden oben in Teil 2 schon skizziert.

1. Benannt ist das Argument, dass Soziale Arbeit mit ihrer Vorstellung von einer „heilen Welt" auf Resonanz hoffen darf, wenn sie dem Sinn- und Überlebensbedürfnis des Menschen eine glaubwürdige Perspektive bietet (dazu siehe Teil 2, Kapitel 1, Abschnitt 1).
2. Aufgezeigt ist auch der Ansatz, Verbindlichkeit – eine Perspektive des Müssens – über die Zustimmung von betroffenen Adressaten in Handlungszusammenhänge zu tragen, für die eine Perspektive des Sollens plausibel dargestellt werden kann (dazu siehe Teil 2, Kapitel 2, Abschnitt 1).
3. Hinzu kommt – als Perspektive der Berufsethik – die Argumentationslinie nach innen, über die sozialarbeiterisches Denken und Handeln auf ethische Grundsätze verpflichtet werden kann, die den fachlichen Anspruch vertreten und stützen (dazu siehe Teil 2, Kapitel 6).

Die Möglichkeit zur verbindlichen ethischen Aussage in der Sozialen Arbeit ist also, trotz der Vieldeutigkeit der Ethik selber, gegeben. Die drei genannten Ansatzpunkte verweisen auf vitale Interessen des Menschen, auf den Willen des Einzelnen sowie auf das berufliche Selbstverständnis, das nicht jedes, sondern *bestimmtes* Handeln umfasst. Forderung an dieses Selbstverständnis ist nun, dass es seine ethischen Implikationen auslotet. Dazu greift Soziale Arbeit auf wissenschaftliches Ethikwissen zurück, und es ist zu erwarten, dass sie ihrerseits eine ernst zu nehmende ethische Position, fachlich akzentuiert und auf ein Gesellschaftsbild ausgerichtet, in den wissenschaftlichen Ethikdiskurs einspeist (dazu s. a. Schumacher, 2007, S. 153).

3.2 Deontische Wirklichkeit

Wenn die Soziale Arbeit nach einer ethischen Bestimmung sucht, die zu ihr passt, kommt sie nicht umhin, die Topographie der wissenschaftlichen Ethikdiskussion abzugehen. Und mehr noch: Sie muss diese Diskussion durchdringen und verstehen, um die Auswahl seriös treffen zu können. Zwei Fragen stellen sich: Wie ist damit umzugehen, wenn sich zeigt, dass jene Bestimmung nur eklektisch erreicht werden kann? Was ist, wenn ein Konzept tendenziell Passung zeigt, aber Partien beinhaltet, die einer professionellen Sozialarbeitssicht nicht entsprechen? Die Antwort kann nur lauten: Soziale Arbeit muss in der Lage sein, die ethischen Haltepunkte, die sie zusammenträgt, systematisch ihrem eigenen ethischen Anliegen zuzuordnen und im Zusammenspiel damit zu einer eigenständigen ethischen Position zu formen. Nur so vermeidet sie die faktische Unbestimmtheit, die sich ergibt, wenn Merkmale ohne zugrunde liegende Systematik zugeordnet werden; und nur so entgeht sie der Gefahr der Vereinnahmung durch ein Konzept, das anderswo und ohne sozialarbeiterischen Reflex entstanden ist. Droht im ersten Fall Profillosigkeit, weil eine Bestimmung nach Gemeinplätzen vorgenommen wird, verdichtet sich im zweiten Fall die Gefahr zur pauschalen Vereinnahmung auch durch jede Kritik, die solch ein Konzept trifft.

Es war hier schon darzustellen gewesen, wie die Orientierung Sozialer Arbeit in der Landschaft ethischer Positionen und Merkmale zu geschehen hat. Zwei Schritte seien erinnert: Der erste Schritt realisiert sich über die Strukturhinweise für das Ethikverständnis, die ich oben im vierten Kapitel des ersten Teils gegeben habe. Dort wurde auch deutlich, dass, von der Grundfigur menschlichen Handelns her gesehen, eine Handlungsentscheidung über einen Pflicht- oder über einen Nutzenaspekt dargestellt werden kann. Deontische und konsequentialistische Akzentuierung schließen sich nicht aus. Beide markieren vielmehr eine Skala, auf der sich verschiedene Konzepte, von der Tugendethik bis zur Verantwortungsethik, verorten lassen. Die Pole der Skala sind durch die Ethik Kants und den Utilitarismus besetzt. Der zweite Schritt schließt hier an und besteht darin, den deontologischen und den utilitaristischen Ansatz für die Soziale Arbeit zu erwägen. Die Gesichtspunkte sind oben im zweiten Kapitel des zweiten Teils zusammengestellt. Bemerkenswert an diesem Zuschnitt ist, dass soziales Leben, wie ein Blick auf die deutsche Gesellschaft zeigt, von beiden Ansätzen her geprägt ist, deontologisch dort, wo abstrakte Grundwerte benannt werden, utilitaristisch, wo auf die ökonomische Fundierung abgehoben wird.

Für die Soziale Arbeit hat sich gezeigt, dass sie mit dem Utilitarismus kaum, mit dem Ethikansatz Kants dagegen deutlich Berührungspunkte hat. Das kommt daher, dass sie sich von einer doppelten Verpflichtung getragen weiß: durch die der Gesellschaft, Solidarstrukturen aufzubauen, weil ein menschengerechtes Zusammenleben austarierende Eingriffe erfordert; und durch die des Menschen, nach Kräften für ein selbstbestimmtes Leben einzutreten. Die doppelte Verpflichtung wird zur Pflicht für die Soziale Arbeit, Solidarität in der Gesellschaft zu realisieren (dazu Schumacher, 2010) und dem Menschen passgenaue Hilfen zur Lebensbewältigung anzubieten (dazu Böhnisch, 2012). Der Utilitarismus, wünschenswerter Nutzen hin oder her, liefert Sozialer Arbeit keinen wirklichen Ansatzpunkt, weil er im Grundsatz daraufhin angelegt und bereit ist, Menschenleben gegen Menschenleben aufzurechnen. Als Ethikposition steht er gegen das Ansinnen, in einer Gesellschaft finanzielle Mittel darauf zu verwenden, Hilfe ohne verwertbaren Nutzen zu leisten.

Soziale Arbeit strebt nach Gelingen und nach Nutzen. Sie weiß auch, dass sich ihr Engagement mittel- und langfristig rechnet. Aber ihr ist eine Haltung fremd, die nur den ökonomischen Erfolg im Blick hat und die bereit ist, Qualität nach betriebswirtschaftlichen Kriterien erfassen zu lassen. Trägerstrukturen, die solche Kriterien favorisieren, erschweren die sozialpädagogische Arbeit enorm (dazu auch Gödicke, 2011, S. 206). Ein menschenwürdiges Leben, ein besser gelingender Alltag, eine Hilfe zur Inklusion verweigern sich dem ökonomischen Kalkül. Zugleich bilden sie die Basis und die Grundmotivation für das gesellschaftliche Wirken der Profession. Ökonomik im Dienst dieser Motivation, nicht umgekehrt, formt ein tragfähiges und zielführendes Verhältnis (vgl. ebd., S. 205). So findet auch wirtschaftliches Denken zu einem deontischen Grundzug, der verhindert, dass ökonomischer Erfolg – sei es bei Einzelnen oder beim Kollektiv – auf Kosten Schwächerer geht, im Betrieb, in der Gesellschaft oder in der Welt. Ansatz und Argument ist das Lebens- und Entfaltungsrecht eines jeden Menschen; ausgeschlossen ist eine dem Utilitarismus nahestehende ethische Haltung, die jemandem, der solcherart Interesse nicht zu bekunden vermag, keinen Schutz gewährt.

3.3 Anstöße theologischer Ethik

Der Mensch in der Religion

Es zeigt sich, dass der ethische Horizont in der Sozialen Arbeit weit gespannt ist. Zugleich treten Schwerpunkte hervor, die ein deontisches Menschenverständnis artikulieren. In der Ethik besteht zu einem solchen Menschenverständnis kein Zwang. Im Gegenteil: Solches Denken setzt sich auch heute noch dem Vorwurf des naturalistischen Fehlschlusses aus, wenn es Werturteile mit einem deskriptiven, d.h. objektiven Betrachtungsansatz verknüpft (dazu Birnbacher, 2007, S. 363). Die Grenze ist zu beachten, aber der Vorwurf muss nicht schrecken, wenn die Verpflichtung des Menschen auf ein Werteformat als praktikables Modell für die Gestaltung menschlicher Lebenswelt angesehen wird. Das Modell folgt dabei zwei Prämissen: zum einen der Einsicht, dass menschliche Individualität und Selbstbestimmtheit Perspektiven der Beziehung und der Verantwortung nicht ausschließen – und in diesen Perspektiven Bestätigung und Präzisierung erfahren; zum andern der Überzeugung, dass im sozialen Verbund nicht nur Regeln, sondern ebenso plausible Grundlagen solcher Regeln formuliert werden müssen.

Der deontische Ansatz – die Auslegung menschlicher Freiheit anhand von notwendig erscheinenden Gesichtspunkten – bietet also keine verwegene oder fragwürdige, sondern eine legitime und schlüssige Interpretation zu den Grundbedingungen menschlichen Daseins. Das muss man dort wissen und sehen, wo es darum geht, Wert und Gewicht theologischer Ethik einzuschätzen. Da in diesem Ansatz erklärtermaßen ein Gottesbezug Ethik ausrichten soll, könnte der Einwand, dass solch ein Bezug für den selbstbestimmten, modernen Menschen substanzlos ist, das Interesse daran im Keim ersticken. Das gilt umso mehr, als nicht ein philosophischer, sondern ein religiöser Gottesbezug zur Wirkung gelangen soll. Auf der anderen Seite ist ein solcher Zuschnitt aus der Geistesgeschichte bekannt. Und nicht nur das: Theologische Ethik hat weit über tausend Jahre das europäische Denken dominiert. Auch wenn diese Dominanz längst gebrochen und der Gottesbezug für den aufgeklärten Menschen fraglich geworden ist, gibt es zwei Gründe, das Anliegen theologischer Ethik nicht reflexhaft vom Tisch zu wischen. Der eine Grund ist, dass Religion auch in der aufgeklärten, westlichen Welt das Leben von Menschen weiterhin mitprägt. Der andere Grund liegt darin, dass moderne Ethik aus der Geschichte für sich selber hinzulernt, wenn es das mittelalterliche Denken nicht als Verirrung, sondern als den vorherigen Schritt begreift. Dann wird es möglich, die deontischen Momente theologischer Ethik als solche zu würdigen und zur Geltung zu bringen.

Zwei Blickweisen eröffnen sich damit: Die eine ist, theologische Argumente in der Ethik ernst zu nehmen, weil sie mit demselben Legitimitätsanspruch eingebracht werden wie andere deontisch ausgerichtete Ideen. Es geht dabei in der Regel um vertraute, christlich akzentuierte Themen, die der Sache nach auch in eine Konsonanz zu philosophischen Fragestellungen und Ansätzen geführt werden können (dazu siehe bei Sedmak, 2003, S. 127 ff.). Die andere Blickweise ist, das Leben des Menschen in der Religion auf eine dem Menschen angemessene Grundlage bezogen zu sehen. Für eine Soziale Arbeit, die auf der einen Seite um ihre berufliche Ethik ringt und die auf der anderen Seite vielfach mit kirchlich-religiösen Strukturen – angefangen von kirchlichen Hochschulen bis hin zu Einrichtungen in kirchlicher Trägerschaft – verwoben ist, ist das eine maßgebliche Erkenntnis. Es entsteht nicht nur kein Widerspruch zum im Grundsatz säkularen Anspruch, sondern in Gegenteil die Aussicht, von der Klarheit und Bestimmtheit deontisch-theologischer Positionen zu profitieren (dazu Babo, 2011).

Mögen es auch de facto göttliche Gebote oder Auslegungsmomente im Gottesbegriff sein, die dem Menschen in der Religion ethische Orientierung vermitteln, so bleibt er darin dennoch anschlussfähig an alle Anliegen, die ein zukunftgewandtes, modernes Denken in Blick auf den Menschen und seine Bedürfnisse formuliert. Theologische Ethik fasst dies in die Metapher vom „Bild Gottes im Menschen“ (Schockenhoff, 2009, S. 189). Dieses Bild generiert und inszeniert ein Verständnis vom Wesen des Menschen, der seine Ansprüche im individuellen und sozialen Bereich daran ausrichtet, Gleicher unter Gleichen zu sein und Wertschätzung unverdient einfordern zu dürfen (vgl. ebd., S. 204 ff.). Im Gegenzug heißt das auch, dass der Mensch in der Religion nicht unkritisch oder naiv angetragenen Bestimmungsmerkmalen vertraut, sondern wachsam auf seine persönlichen Bedürfnisse schaut – und sein eigenes, modernes Menschenverständnis in den religiösen Zusammenhang einbringt.

Religion als Lebenswirklichkeit

Irritationen bleiben, wenn man sieht und weiß, dass in der religiösen Diktion auch ein Verführungspotential zu wenig selbstbewusster, unkritischer Haltung liegt; dass sich solche Haltung auch zu einer fundamentalistischen – Interpretation und Deskription vermengenden – Position verfestigen kann; und dass kirchliche bzw. religiöse Machtstrukturen nicht immer geeignet sind, ethische Anliegen der säkularen Gesellschaft angemessen zu reflektieren. Das aber schreckt nicht, weil erstens die Versuchung zu einer nicht mündigen Lebensführung im Menschen, und nicht in der Religion liegt, soll heißen: auch in der Religion nicht unwidersprochen bleibt; weil zweitens eine Religion weiß, dass eine ideologische Haltung im ethischen Diskurs schwach und unbeachtet bleibt; und weil drittens besagte Machtstrukturen, so fest sie nach innen auch sein mögen, über das Anspruchsverständnis des Menschen, der die Legitimität seiner Freiheitsbedürfnisse kennt, Gegenwind erhalten.

Freilich ist ein Verständnis dessen, was Religion genannt wird, nicht immer klar und oft ganz unterschiedlich akzentuiert. Von außen betrachtet aber spricht vieles dafür, Religion, weil sie Dasein grundsätzlich deutet, als einen Ansatz zu sehen, der sich an die Einsichtsfähigkeit des Menschen wendet (dazu Uhde, 1982). Theologische Ethik, die westliche Gesellschaften anspricht, vertritt weitgehend Positionen des Christentums. Hier gibt es eine historische Linie, die auf den Sinnhorizont des Mittelalters zurückreicht. Auch die ist für eine Ethik Sozialer Arbeit aufschlussreich, weil sie menschliches Zusammenleben auf eine – gemeinschaftliche – Mitte hin ausgerichtet zeigt. Es gibt aber auch neuzeitliche Akzente, die so etwas wie ein Gesellschaftsverständnis der Kirchen zur Geltung bringen. Die katholische Kirche hat dazu eine eigene Soziallehre entwickelt, angelegt als „Ausformulierung der christlichen Botschaft auf die soziale Wirklichkeit der Gegenwart hin" (Kerber/Ertl/Hainz, 1991, S. 8; dazu s.a. Ockenfels, 1992; Päpstlicher Rat, 2006); evangelische Kirchen orientieren sich im Sinne der Theologie Luthers und seiner Interpreten (dazu Müller, 2011, S. 22 ff.) an einem Gerechtigkeitsverständnis, das „die Gestaltung eines humanen Miteinander" ermöglicht (vgl. ebd., S. 115).

Einerseits also liefert theologische Ethik Sozialer Arbeit tragfähige, deontische Bezugspunkte (vgl. etwa zum Bezugspunkt Gewissen bei Gruber, 2009, S. 166 ff.); andererseits begleitet und trägt sie gesellschaftliches Leben mit. Für die praktische Arbeit, aber auch für deren Theorierahmen spielt in diesem Zusammenhang eine Rolle, dass Adressaten einer so bestimmten Lebenswirklichkeit angehören. Dabei ist nicht nur an Klienten zu denken, deren spezifischer Hilfebedarf vielleicht eher Indiz dafür ist, dass sie die Anbindung an eine soziale Deontologie verloren haben, sondern auch an Personen und Gruppen in der Gesellschaft, die christlichen Werten nahestehen und Sozialarbeitsanliegen unterstützen.

Nicht zuletzt richtet sich der Blick auch auf andere Religionen. Auch außerhalb des Christentums sind ethische Konzepte angelegt. Für den Islam, in der Weise, wie er *zu Deutschland gehört,* ist von einem analogen theologischen Fundament auszugehen. Als monotheistische Religion hat er in Hinblick auf das Gebots- und das Gottesverständnis vergleichbare Ansatzpunkte. Als Religion für Menschen, die in Deutschland leben, befindet er sich gleichfalls in einem Austausch- und Klärungsprozess, was säkulare gesellschaftliche Anliegen anbetrifft. Es ist für die Soziale Arbeit wichtig, dass gesellschaftliche Integrationsvorstellungen – und die herrschende Integrationspolitik – diese aus ethischer Sicht günstige Ausgangslage berücksichtigen. Aber auch in einem geweiteten Verständnis findet eine sich zur Profession streckende Soziale Arbeit in den Wertekontexten von Religionen Ansatzpunkte für den interkulturellen Dialog. Es ist entscheidend, solche nicht am westlichen Gesellschaftsmodell geeichten, dafür in separate Deutungstraditionen zurückreichenden Werte mit sozialarbeiterischer Ethikkompetenz wahrnehmen und einordnen zu können, um die Idee einer Weltgesellschaft mit den Kräften des Sozialarbeitsberufes weiter zu formen.

Kapitel 4
Ethik, Profession und Wissenschaft

Auf der Grundlage ihres deontischen Bestimmungsrahmens orientiert die Ethik in der Sozialen Arbeit deren Praxis. Das reicht bis zur Entscheidungshilfe in der Fallarbeit. Als Grundlage dafür aber ist ein Potential zur Gestaltung von Gesellschaft auszumachen. Der Zusammenhang wird hier dargestellt.

4.1 Ethik und Praxis

Die Darlegung zur Ethik in der Sozialen Arbeit hat bisher gezeigt, dass dieses Thema – dieser *Anspruch* – alle Ebenen und Anliegen berührt. Es ist auch schon deutlich geworden, dass Kompetenz in ethischen Fragestellungen Handlungsfähigkeit stärkt und zu einer selbstbewussten Auslegung des Handlungswillens ermutigt. Die Einbindung ethischer Bezugspunkte ist fester Bestandteil und – in der Wirkweise – Strukturelement sozialarbeiterischer Theorie und Praxis. Das ist das eine. Sie bildet aber auch die Klammer über ein berufliches Verständnis, das, in einem weiten Bogen, von der Arbeit an individuellen Lebensperspektiven bis zur Einmischung in internationale Politik reicht. Das ist das andere. Der Handlungsansatz etwa der Reha-Beratung in der Klinik und das Streben nach umfassend an den Menschenrechten ausgerichteten sozialen Verhältnissen sind in einem ethischen Grundverständnis – und nur dort – vermittelt.

Dieses Grundverständnis ist hier Thema. Es wurde im ersten Teil des Lehrbuchs als Basis für das Selbstbild Sozialer Arbeit skizziert und im zweiten Teil als Gestaltungsprinzip für den beruflichen Handlungsanspruch demonstriert. Nun geht es darum, die Spannweite und die Zielrichtung weiter abzustecken. Dazu waren auf der einen Seite Aussagekraft und Verbindlichkeit der sozialarbeiterischen Ethikperspektive zu klären; auf der anderen Seite ist jetzt der Blick auf die Implikationen zu richten, über die das angezeigte ethische Grundverständnis maßgeblich zu entfalten ist. Die *Tendenz* ist bereits deutlich geworden: Ethik markiert ein Feld und einen Raum innerhalb sozialarbeiterischen Wissens, zu denen das Professions- und auch das Wissenschaftsverständnis in engem Bezug stehen. Das *Feld* bietet Grundlage und Nährboden für begriffliche Klärung und Schärfung; der *Raum* bildet den Rahmen, der Sozialer Arbeit die Kontur verleiht, über die sie als eine eigenständige Kraft wahrgenommen wird.

An diesem Punkt ist Sorge zu tragen, dass ein in solcher Weise idealisiertes Ethikverständnis nicht den Alltag aus den Augen verliert. Die angesprochene Klammerfunktion ist nur zu halten, wenn auch und gerade in der beruflichen Praxis jene ideale Sicht aufscheint. Dem steht, wenn man sich die bisherige Akzentuierung in der Ethiktheorie ansieht, allerdings der Befund entgegen, dass Ethik vor allem als Anliegen der Praxis gesehen und betrachtet wird. Grob unterschieden werden Perspektiven dargelegt, die

- Soziale Arbeit an ihrem Anspruch zu helfen messen (dazu Garhammer, 1989; Schlüter, 1995; s.a. Baum, 1996, S. 94ff.; Großmaß/Perko, 2011, S. 55);
- sozialarbeiterische Ethik umfänglich auf die „Entscheidungsfindung in der Praxis“ (Gruber, 2009, S. 183) resp. auf „einen besser gelingenden Alltag“ (Schmid Noerr, 2012, S. 191) hin ausrichten;
- Spannungsthemen aufgreifen wie die Ökonomisierung sozialarbeitlicher Praxis (dazu Grams, 2000; Helmers, 2005; Buestrich/Wohlfahrt, 2008), den Anspruch einer „anwaltschaftlichen“ Wahrnehmung von Klienteninteressen (dazu Brumlik, 1992; Rieger, 2003, Brüll, 2008) oder Fragen des beruflichen Selbstverständnisses (dazu Röh, 2006; auch Kleve, 2008);
- zwar umfassende und in die Zukunft gerichtete Rahmenlinien ziehen, etwa in Blick auf das Menschenverständnis (vgl. Leupold, 2007; Lob-Hüdepohl, 2008) oder auf den Gerechtigkeitsansatz (Bender-Junker, 2006; Michel, 2011; dazu auch Eisenmann, 2012, S. 265), die aber der Pragmatik nicht fern stehen, das Machbare „auf das zu beschränken hat, was dem jeweiligen Sozialrecht entspricht“ (Eisenmann, 2012, S. 270).

Das Spektrum umfasst darüber hinaus zwar auch Ansätze, den ethischen Blick über das Menschenverständnis zu weiten (vgl. Lob-Hüdepohl, 2003; Hug, 2007); aber auch für ein Verständnis, das bei den Menschenrechten ansetzt, realisiert sich „ein erster Schritt“ über die „Erschließung knapper Ressourcen für Menschen und Gruppen von Menschen in Not“ (vgl. Staub-Bernasconi, 2007, S. 310; s.a. S. 299). So spiegelt auch ein innovativer Ansatz, der Praxis von der Profession her denkt, eine auf Fürsorge hin angelegte, ethische Grundsicht. Es passt daher, last not least, ganz ins Bild, wenn Sozialer Arbeit, durchaus umfassend gedacht, das Modell der Care-Ethik angetragen wird (vgl. Großmaß, 2006; auch Großmaß/Perko, 2011, S. 134ff.).

Hier schließt sich der Kreis: In ihren verschiedenen Schattierungen greift sozialarbeiterische Ethik offenbar vor allem jenen Praxisansatz auf, der sie als helfendes Handeln zeigt. Zugleich wird aber deutlich, dass das Ethikverständnis in der Sozialen Arbeit nicht der Linie einer „Ethik helfender Berufe“ (vgl. Baum, 1996, S. 94) folgt, sondern – das ist am Modell der Care-Ethik abzulesen – über die bloße „professionelle Hilfeleistung“ hinausdenkt und eigene, fachlich begründete Wertekontexte in das berufliche Hilfeanliegen einbringt (dazu vgl. Großmaß, 2006, S. 336). So öffnet sich der Kreis auch wieder für die Idee, sozialarbeitliches Helfen im Dienst der Gestaltung menschlichen Zusammenlebens zu sehen. Lässt man also die Hypothese gelten, dass mit Sozialer Arbeit „Helfen zum Beruf wurde“ (vgl. Müller, 2009), ist, über die „moralische Forderung“ nach „Wohltätigkeit“ hinaus (vgl. ebd., S. 11), zu präzisieren, dass der Beruf nicht irgendeine beliebige Hilfe gewährt, sondern die, durch die soziale Beziehungen gestützt werden (dazu auch Miller, 2012); weiter, dass sich die Hilfe nicht aufdrängt, sondern lediglich zum Zweck der Selbsthilfe antritt; dass die Hilfe, bevor sie angreift, klärt, von welchen Bedarfen auszugehen ist; und zuletzt: dass Hilfe als Strukturprogramm für ein gelingendes Zusammenleben verstanden wird (vgl. Begemann/Rietmann, 2011).

Das Themenspektrum der Ethik in der Sozialen Arbeit speist sich also über Anliegen der Praxis. Es bleibt wichtig zu sehen, dass berufliches Handeln ethische Fragen aufwirft. Aber so, wie der ethische Diskurs auf ein ideales Bild von den Handlungsoptionen im Sozialarbeitskontext hinläuft, bleiben die konkreten ethischen Fragen aus dem beruflichen Alltag perspektivisch an den Handlungsanspruch gebunden. Die persönliche Haltung, das individuelle Ethos der beruflichen Akteurin – es mag noch so gut geschult sein – reichen nicht aus, um den ethischen Anspruch der Sozialen Arbeit zu realisieren. Vielmehr gilt es, Akteure in ihren Handlungssituationen durch die Ausrichtung an diesem Anspruch Entlastung zu verschaffen. Ebenso wenig – das ist die andere Seite – reicht es aus, Soziale Arbeit allein über das Leitbild einer Trägerorganisation ethisch zu orientieren. Vielmehr ist die Gefährdung zu beachten, die von Leitbildern ausgeht, denen die sozialarbeitsethische Perspektive gleichgültig ist (dazu siehe bei Staub-Bernasconi, 2007, S. 264).

Sich von einem Sympathieimpuls für Schwächere leiten zu lassen – und deshalb Stärkeren mit Vorbehalt zu begegnen; an die Seite von Opfern zu treten und sich deshalb gegen Täter zu stellen; aus einem persönlichen Gerechtigkeitsempfinden heraus Entscheidungen zu treffen und gegen Ungerechtigkeit zu kämpfen: das ist menschlich und persönlich ehrenwert, aber kein geeigneter Ausgangspunkt für das berufliche Handeln. Nichts anderes gilt für Leitbilder, die etwas dergleichen auferlegen oder die in anderer Weise polarisieren. Soziale Arbeit praktiziert kein naives Gutmenschentum – auch wenn sie im Grundsatz für das Gute im Menschen eintritt. Sie handelt nicht, mit einer Dosis Ethik gegen Kritiker gewappnet, moralisch aufgeladen – auch wenn sie normativ agiert und moralisch argumentiert. Dagegen steht sie für eine berufliche Praxis, die dem Menschen zugewandt ist. Ihr Aktionsradius schließt niemanden aus; ihr Streben nach Gerechtigkeit bleibt kritisch und selbstkritisch an den menschlichen Verhältnissen und der Pragmatik kleiner Schritte ausgerichtet. So wendet sich Praxis an den Menschen, der Hilfe braucht; aber sie erstreckt sich eben auch auf Strukturen, auf Wissen und auf das Selbstbild des Sozialarbeitsberufes (vgl. zum Verständnis der Praxis der Sozialen Arbeit auch oben Teil 2, Kapitel 4, Abschnitt 3).

4.2 Ethik und Profession

Der Ansatz des Helfens hat in der Sozialen Arbeit viele Facetten. Eine Facette aber hat er nicht: dem Menschen eine Last zu nehmen, die er selber tragen kann. Ziel ist, in allem, zu erreichen, dass er eine solche Last selber trägt. Bevor also *Helfen* als Bestimmungsmerkmal für die berufliche Ethik herangezogen wird, braucht es eine kritische Auseinandersetzung mit dem Hilfeanliegen selbst. Das ist ein durchaus sensibler Punkt und eine wichtige Aufgabe für die Profession. Im Sozialarbeitsbetrieb sind zwei Tendenzen erkennbar, die Korrektur erfordern. Die eine betrifft die Innen-, die andere die Außensicht. So ist, in der Selbstwahrnehmung, das Bestreben zu erkennen, den Wert sozialarbeiterischen und sozialpädagogischen Handelns im Lichte einer Art heroischen Hilfeverständnisses festzusetzen. Ob man sich in der Nachfolge mildtätiger Armenfürsorge sieht oder als Anwältin der Schwachen und Bedürftigen; ob man die Berufsarbeit „einem wachen Gewissen" und „dem lebendigen Glauben an eine Brüderlichkeit, der Taten wirken muß" zuordnet (vgl. Salomon, 1926, S. 66) oder dem Kampf für soziale Gerechtigkeit: die Motive, darunter nicht zuletzt das des „Fürsorgers oder Helfers", dem „keine menschliche Not und keine persönliche Bedürftigkeit Ruhe" lässt (vgl. Scherpner, 1962, S. 133), zeugen von hoher persönlicher Integrität; zugleich aber überhöhen sie die Berufsausübung unkritisch und pauschal zu einem Werk, durch das Menschen „in Not" weniger Unterstützung als Rettung zuteil wird (dazu s. a. Schumacher, 2007, S. 52).

Die Profession kann das nicht zufrieden stellen. Sozialpädagogisches Helfen wird über Armut und Not angestoßen; auch verlangt es von den Akteuren Charakterstärke, damit sie nicht selbst am Leid derer, über die menschliche Not unmittelbar spürbar und greifbar wird, verzweifeln; doch es hat nichts Heldenhaftes, nichts Außerordentliches: das berufliche Helfen ist Ausdruck einer bei der Gesellschaft gesehenen Pflicht, Notlagen Einzelner anzugehen und für gerechten Ausgleich zu sorgen. Wenn man so will, so hat dieses Helfen etwas *Menschliches,* zu sehen aber ganz im Rahmen eines Anspruchs, den auch jeder Einzelne an sich selber hat. Es geht darum, verunsicherten Adressaten gangbare Wege zu weisen. Dazu braucht es Sach- und Methodenkenntnis, und es braucht auch jenes Maß Ernsthaftigkeit, das

Adressaten solcher Wegweisung vertrauen lässt; aber es geht im Letzten immer darum, die eigene Präsenz als Akteur im Hilfeprozess so klein wie möglich zu halten und sie dort, wo sie nicht mehr nötig ist, auch zu beenden.

Kommen wir zur fraglichen Tendenz in der Außensicht: Hier ist, seit Jahren schon, die Entschlossenheit zu spüren, Aufgaben und Zielvorstellungen von Sozialer Arbeit ganz darüber zu definieren, was die Gesellschaft bereit ist, in die Behebung sozialer Missstände zu investieren. Als Gradmesser fungieren die von Partikularinteressen geleitete öffentliche Debatte um Sinn und Unsinn entsprechender Anstrengungen, außerdem Positionierungen in der Politik und nicht zuletzt die Haushaltslage der Öffentlichen Hände, vor allem der Kommunen. Zum einen dominieren Kosten-Nutzen-Rechnungen – und Disziplinierungsphantasien in Blick auf die vermeintlichen Kostenverursacher – das Ringen um den genehmen Konsens; zum andern greifen diese nur, weil und insofern das Sozialarbeitshandeln als Verwaltungsinstrument gesehen wird. Die vorhandenen Strukturen jedenfalls stützen, auf Deutschland bezogen, eine Sicht, nach der sozialarbeiterisches Wirken von der öffentlichen Verwaltung, die es aus Steuermitteln finanziert, angestoßen und von freien Trägern, die entsprechende Beauftragung erhalten, lediglich umgesetzt wird (dazu vgl. bei Müller, 2009, S. 329). Diese Sicht wird auch in Teilen der Sozialen Arbeit mitgetragen. Sie ist mit ein Grund dafür, dass es weiter Unschärfen im Professionsverständnis gibt und genau besehen zwei Ansätze für ein sozialarbeiterisches Selbstverständnis nebeneinander existieren. Diese Ansätze habe ich in Teil 1, Kapitel 1, Abschnitt 1 des Lehrbuchs jeweils perspektivisch skizziert.

Die Profession kann auch hier nicht zufrieden sein. Sie weiß um ihre Expertise und darum, wie wenig öffentliche Debatten geeignet sind, die Position der Schwächeren in der Gesellschaft zu stärken. Und sie weiß, dass diese Position stark zu halten zu den Pflichten einer Gesellschaft gehört, die vom Menschenwürdegedanken ausgeht. Auf der anderen Seite kennt sie die offenen Definitionsfragen im Theoriediskurs. Und sie weiß um die Dynamik, die ökonomisches Geschehen national wie international zu entfalten vermag. In dieser Spannung sieht sie sich herausgefordert. Wenn Lösungsvorschläge auf den Kontext der „neueren Dienstleistungsdiskussion" verweisen (vgl. Dewe/Otto, 2012, S. 197), liegen Fluch und Segen erst einmal nah beieinander. Problematisch wäre ein Dienstleistungsverständnis, das berufliches Handeln an ökonomischen Vorgaben ausrichtet – und auf eine vorgelagerte, berufsspezifische Akzentsetzung verzichtet; hilfreich dagegen eines, das auf die Pragmatik eines fachlich-professionellen Könnens abhebt und deshalb inhaltlich argumentiert (dazu vgl. ebd., S. 215). Die Versuchung – und das gehört noch zur Tendenz – ist gegeben, Wirkungsforschung so anzulegen, dass sich, als ein *Social Return on Investment,* gesellschaftlicher Mehrwert abbilden lässt. Sozialarbeitshandeln in dieser Weise über eine

„Sozialrendite“ legitimieren zu wollen, schwächt aber die Position einer Profession, die weiß, dass soziale Hilfe stattfinden *muss*.

So wird deutlich, dass die ethische Kompetenz Sozialer Arbeit gefragt ist. Dort, wo die Außenwahrnehmung den Beruf und seine Möglichkeiten klein hält und wo dessen Eigenverständnis Verunsicherung zeigt und dazu neigt, den angetragenen Rahmen kreativ mit einem „kleinen“ Dienstleistungsmodell zu füllen, greift die Profession korrigierend ein. Ihr Argument ist ihre Ethik. Das deontische Konzept, das Soziale Arbeit zur Profession formt, weil es ein Konzept für das gesellschaftliche Zusammenleben beinhaltet, ist letztlich der Bestimmungsgrund, der für den Beruf ein „großes“ Dienstleistungsmodell denkbar und realisierbar werden lässt. Auf der anderen Seite korrigiert die Profession dort, wo die Selbstsicht das berufliche Handeln moralisch auflädt, durch ihre Ethik Ansätze eines falsch verstandenen Sendungsbewusstseins. Der deontische Rahmen und das Dienstleistungsverständnis zeigen Soziale Arbeit in der Verantwortung, einen professionellen Beitrag für ein gelingendes Zusammenleben zu leisten. Daraus leitet sich ein Mandat zur Gestaltung von Gesellschaft ab, aber auch die Pflicht, Menschen und deren Interessen zur Geltung zu bringen.

Wenn also Soziale Arbeit ihren Professionsanspruch einbringt, geschieht das im Bewusstsein ethischer Kundigkeit. Das ethische Sozialarbeitswissen setzt beim Menschen und seiner Autonomieerwartung an; und es lässt sich von den dazu korrespondierenden Merkmalen gesellschaftlichen Miteinanders aktivieren und leiten. Das eröffnet die skizzierten Korrekturansätze; aber es bietet auch Anhalt, das berufliche Handeln selbstkritisch zu hinterfragen. Über den Steuerungs- und Entwicklungsbedarf, den es immer gibt, hinaus ist es wichtig, Fehlhaltungen zu identifizieren und auszuschließen. Ein Kritikpunkt an Einrichtungen der Sozialen Arbeit ist immer wieder, dass Leistungsprofile angeboten werden, denen in der Praxis nicht entsprochen wird. Das ist dort der Fall, wo tatsächlich fachlich fragwürdig gearbeitet wird; aber das Problem beginnt schon dort, wo, unter ökonomischem Druck, Belegungszahlen hoch gehalten und sinnvolle – und zugesagte – Hilfeschritte deshalb vernachlässigt oder verzögert werden. Sozialer Arbeit bringt das den Vorwurf der „Sozialindustrie“ ein. Der Vorwurf ist ernst zu nehmen – dem Berufsstand kann ein Gebaren nicht gefallen, das seinen Leistungswillen pauschal in Verruf bringt. Umso wichtiger ist es, wachsam und beharrlich sozialarbeiterische Praxis professionell zu durchdringen. Entscheidendes Argument dabei ist auch die zum Menschen und seinen sozialen Bedarfen führende Ethik.

4.3 Ethik und Wissenschaft

Der handelnde Mensch in der Krise

Berufliche Praxis und das profilierende Wirken der Profession zeigen Soziale Arbeit mit einer Ethik befasst, die den bestimmten, normativen Handlungsansatz aufnimmt und ordnet. Zugleich wird deutlich, dass dieses Handeln einer Gesellschaft gilt, die mit dem Versprechen antritt, ein Optimum an Lebensqualität für ihre Mitglieder anzustreben. Ein anderes Gesellschaftsbild macht keinen Sinn, auch wenn die Aushandlungsprozesse, die zu führen sind, vielfach den Kompromiss suchen und die Wirklichkeit immer wieder zur Korrektur von Wunschvorstellungen nötigt. Aber es ist klar, dass eine Gesellschaft, die das Optimum nicht anstrebt, von denen, die in ihr leben, in Frage gestellt wird. Die Perspektive ist am Menschen ausgerichtet: an seinen vitalen Bedürfnissen und an seinem Anspruch, über tragfähige Regelungen soziales Leben zu realisieren. Zugleich impliziert sie Nachhaltigkeit, denn der Mensch, weil ihn globale Dynamik erreicht, weiß, dass er ohne langfristige und umfassende Strategien auch den Nahbereich nicht vorteilhaft entwickeln kann. Das Optimum für die Menschen in der Gesellschaft liegt nicht in der Fülle des maximal Erreichbaren, sondern dort, wo solidarische Kräfte auch über Grenzen hinaus wirken und Lebensqualität global absichern. Das drängt nicht nur zur Eingrenzung von Nationalismen, sondern auch zum konstruktiven, weltgesellschaftlichen Dialog, der niemanden ausschließt.

Freilich ist damit ein Idealbild gezeichnet, mutmaßlich eine Utopie, wenn man die Zustände in der Welt betrachtet: Die Erdbevölkerung wächst rapide, die Klimakatastrophe scheint unabwendbar, das Verteilungsproblem verschärft sich, Machtstrategien missachten allenthalben menschliche Bedürfnisse. Es ist schwer vorstellbar, dass unter diesen Bedingungen irgendwann einmal eine halbwegs friedliche und solidarische Weltgemeinschaft entsteht. Die Schwachpunkte der menschlichen Natur liegen auf der Hand: Auch wenn gerne andere Qualitäten in den Vordergrund gerückt werden, zeigen sich Menschen doch immer wieder von Motiven wie Eitelkeit, Geltungsdrang, Neid, Rachsucht, Eigennutz, Gier – die Liste lässt sich fortsetzen – bewegt. Verschärfend kommt hinzu, dass solche Motive Machtstreben stützen und regelmäßig dort Entfaltungsraum erhalten, wo Menschen Machtpositionen missbrauchen. Dennoch: Derartig *Allzumenschliches* ist kein Schicksal. Hoffnung gewährt die Vorstellung, dass solche Triebkräfte wirksam Gegenkraft erfahren, wo der Mensch, der sich zu entwerfen sucht, anderes zum Wesensmerkmal erhebt. Der Ansatz ist ethisch motiviert, denn er versteht einen Handlungserfolg, der zum Schaden anderer führt, als Widerspruch. Wenn daher die Fähigkeit des Menschen zur Mäßigung, zum Ausgleich, zur Vergebung, zur Liebe betont wird, so handelt es sich nicht um weltfremde Träumereien, sondern um präzise gesetzte Kritik. Die Analyse ist, dass die Menschheit in diesen Qualitäten ihre Überlebensfähigkeit demonstriert.

In der ethischen Akzentuierung verweisen solche Fähigkeiten auf Tugenden. Sie können über einen Tugendkatalog weiter ergänzt werden, der schließlich Gerechtigkeit als Leitmotiv zu erkennen gibt (dazu s.a. Rawls, 1975, S. 19). In der Herleitung wird deutlich, dass hier nicht appelliert, sondern argumentiert wird. Nüchtern besehen findet ein Verständnis, das den Menschen von Vernunft und gutem Willen bestimmt sieht, in den Abgründen des menschlichen Charakters viel Gegenwind. Doch es genügt, dieses Verständnis als Anhaltspunkt zu begreifen und als Gestaltungskraft wahrzunehmen, um – in einem menschlichen Sinn – handlungsfähig zu bleiben. So mag es Gründe geben, den Menschen von einem Antagonismus von Anmaßung und Zurückhaltung beherrscht zu sehen; es mag auch Gründe geben, Anmaßung und Selbstherrlichkeit für die eigentlichen Impulsgeber zu halten; aber solche Gründe verlieren in dem Maß an Kraft, wie es dem Gegenentwurf gelingt, sich als ein Kriterium für die Bewertung zu präsentieren: Aus Sicht der Ethik ist es nicht möglich, widersprüchliches Verhalten zu einer Leitidee zu erklären. Umgekehrt verweist jedes Verhalten, das keinen Widerspruch produziert, auf einen ethisch tragfähigen Ansatz. So weist die Ethik einen Weg, den vermeintlichen Streit um Anmaßung und Zurückhaltung zu entscheiden, denn das eine zeigt einen hybriden, das andere einen angemessenen Umgang mit den menschlichen Fähigkeiten. Weiter gedacht bietet sich so die Möglichkeit für die Soziale Arbeit, Macht als ethischen Bezugspunkt nicht grundsätzlich verwerfen zu müssen, sondern zwischen einem illegitimen (hybriden) und einem legitimen (angemessenen) Umgang mit Macht zu unterscheiden (dazu Staub-Bernasconi, 2007, S. 374ff.).

Das Soziale als Handlungsziel

Das Konzept der dem Menschen dienenden Gesellschaft, nicht vom Himmel gefallen, sondern im Angesicht der Krise des handelnden Menschen gefasst und mit Vernunft geformt, ist als das soziale Leitmodell im westlich-abendländischen Kulturraum anzusehen. Man mag andere Modelle für möglich halten: speziell aus deutscher Sicht, aber letztlich für jeden, der das menschenverachtende Denken der Nazizeit als Perversion erkennt, ist es ohne Alternative. Es findet, das ist oben schon deutlich geworden, als Anspruch und Postulat in der UN-Menschenrechtserklärung konzentrierten Ausdruck (vgl. dazu oben Teil 2, Kapitel 5, Abschnitt 1). Das Konzept, in moderne Staatstheorie eingewoben, tritt nicht martialisch auf – auch wenn die Unwägbarkeiten in den politischen Verläufen es erfordern, dass sich eine Gesellschaft wehrhaft zeigt. Es ist auf Ausgleich hin angelegt – auch wenn dem Streit der Interessen Raum gegeben und eine Streitkultur geschaffen wird. Es verschreibt sich der

Freiheit des Einzelnen – auch wenn die Regeln für das Zusammenleben am Ende eine Vielzahl an sozialen Pflichten ausweisen.

Das soziale Modell folgt dem Impuls des zur Selbstbestimmung angetretenen Menschen. Es nimmt eine Vielzahl wissenschaftlicher Ideen und ethischer Anstöße auf und kommt diskursiv voran. Zuletzt findet es in der dadurch angestoßenen *Geschichte* die hinreichenden Argumente für eine Form und eine Konkretion, die den idealen Anspruch und die realen Herausforderungen gleichermaßen einbezieht. Daraus fließt ein gesellschaftlicher Alltag, der durchaus von Dynamik und Unwägbarkeit geprägt ist. Aber Grundanliegen – und Legitimationsbasis für das Modell – ist, Lebensqualität bis in die Kapillaren gesellschaftlichen Lebens zu tragen. Gesellschaft, die von Bürgern gewollt und geformt ist, weiß um ihren Auftrag, *allen,* Starken wie Schwachen, Jungen wie Alten, Männern wie Frauen, gerecht zu werden. Diese ethische Grundstimmung durchwirkt die Alltagsmoral. Ihr Beitrag bei der „Entstehung der Werte" (Joas, 1999) kann kaum hoch genug eingeschätzt werden. Dem Selbstverständnis des modernen Menschen, angezeigt durch das „souveräne Individuum" (ebd., S. 253), folgt nicht nur der Anspruch, das Miteinander der Individuen zu regeln; sondern zum „Bedarf an normativer Regulation menschlicher Kooperation" tritt ein „Bedarf an Fürsorge" (vgl. ebd., S. 266), die sicherstellt, dass das gesellschaftliche Wirken alle erreicht.

Wie immer sich die Situation einer Gesellschaft historisch darstellt: das öffentliche Leben kann auf Gradmesser für die Umsetzung ihres sozialen Anspruchs und Auftrags nicht verzichten. Eine entsprechende Berichtspflicht der Regierung gehört ebenso dazu wie die kritische Begleitung der gesellschaftlichen Entwicklungen durch das Wirken der Medien, durch die Impulse von Parteien und Verbänden und durch die wissenschaftliche Arbeit an den Hochschulen. Sozialer Arbeit wächst hier eine Schlüsselfunktion zu: Sie – und nur sie – kennt die Not der Menschen in den Verästelungen der sozialen Wirklichkeit; und sie führt ihr Wissen, weil sie zur Fürsorge beauftragt ist, nach systematischen Gesichtspunkten, die nachhaltiges Handeln erlauben, zusammen. Die berufliche Praxis speist sich aus der wissenschaftlichen Arbeit; zugleich taugt sie selbst zum Gradmesser, weil ihr Interventionshandeln den gesellschaftlichen Regelungsvorgaben folgt. Das aber heißt, dass der sozialarbeitswissenschaftliche Ansatz ein besonderes Potential aufweist, gesellschaftlichen Entwicklungsbedarf zu erheben und zu benennen. Er verfügt dazu über zwei Instrumente: zum einen das der faktischen Analyse der Bedarfslage, zum andern das der Bewertung dieser Lage durch ethisches Wissen.

Die Fähigkeit zur Bewertung der Bedarfslage ist entscheidend. In sie fließt nicht nur das Praxiswissen ein, sondern auch die in der wissenschaftlichen Aufbereitung aufscheinende Idee von einer auch im Kleinen gut funktionierenden Gesellschaft. Soziale Arbeit beteiligt sich, weil sie es kann und weil es sie interessiert, mit einer durch ihr ethisches Verständnis und ihre Erfahrung in der gesellschaftlichen Praxis geformten Vorstellung vom Zusammenleben, wie es sein soll, am öffentlichen, politischen Diskurs. Darüber hinaus wirkt sie über ihre Trägerstrukturen zum einen auf das allgemeine Verwaltungshandeln ein, das entsprechendes analytisches Wissen zu konstruktiver Planung braucht, zum andern in Verbände hinein, deren Arbeit das öffentliche Leben mit ausgestaltet. Soziale Arbeit ist im Rahmen ihrer wissenschaftlichen Ausrichtung in der Lage, in der Gesellschaft das Gespür für die sozialen Bindekräfte zu stärken. Gesellschaft braucht dieses Gespür; manchmal braucht sie auch entsprechende Erinnerung.

Soziale Arbeit kümmert sich, im ethischen Grundverständnis, um den „besser gelingenden Alltag" (Schmid Noerr, 2012, S. 191); das Verständnis erfährt „paradigmatische Erweiterung" über die Aufgabe einer „Gestaltung des Sozialen" (vgl. Scheu, 2011, S. 86); ethische Formkraft aber resultiert vor allem aus dem Potential, Gesellschaft zu denken (dazu Schumacher, 2007, S. 74ff.). Im wissenschaftlichen Sozialarbeitsansatz berühren sich das Interesse der Gesellschaft an einem tragfähigen, sozialen Konzept und der fachliche Impuls zu stimmigen Formen des Miteinander. Der kritische, berufliche Blick auf die gesellschaftliche Wirklichkeit ist hier angelegt; und genau der bringt Soziale Arbeit als Profession auf den Weg. Gesellschaft als *inhaltlicher* Bezugspunkt – dieser Ansatz folgt der Einsicht, dass die im Sozialarbeitskontext entfaltete Ethik nicht allein Praxis bedient, sondern auch das Professionsverständnis fundiert. Sie inszeniert den Professionsgedanken in der Rückbindung an den fachlichen Anspruch, und sie demonstriert für die Profession gesellschaftliche Relevanz im Zuge der sozialarbeitswissenschaftlichen Vertiefung.

Soziale Arbeit ist innerhalb der Gesellschaft eines der Instrumente, mit denen soziale Schwachpunkte aufgespürt werden können. Sie ist aber das Instrument, das den sozialen Alltag unmittelbar berührt und mit einem konstruktiven Menschenverständnis durchdringt. Die ethischen Akzente, die sich daraus ergeben, stützen nicht nur die berufliche Arbeit – sie stützen auch die Gesellschaft. Der Zusammenhang liegt auf der Hand: Das sozialarbeiterische Wissen, das soziale Friktionen aufgreift und analysiert, nützt der Gesellschaft. Sie ist, recht verstanden, auf solches Wissen angewiesen, und sie kann es kaum aus einer anderen Quelle beziehen: Die Sozialarbeitsperspektive bildet, wenn sie in ethischer Kompetenz das soziale Selbstverständnis des modernen Menschen pointiert, nicht irgendeinen, sondern exakt den Zugang ab, von dem her eine Gesellschaft, die von diesem Selbstverständnis ausgeht, ihre Gestaltungs- und Heilungskräfte entfalten sollte. Das wissenschaftlich aufbereitete Sozialarbeitswissen wiederum zielt auf diese Kräfte. Attraktivität und Glaubwürdigkeit erlangt es über die Stimmigkeit der ethischen Rahmung, die im beruflichen Handlungsansatz zum Tragen kommt.

Kapitel 5
Grundverständnis Autonomie

Soziale Arbeit generiert über die Stimmigkeit ihrer ethischen Rahmung ein Potential zur Gestaltung von Gesellschaft. Die Bezugspunkte, die diesen Rahmen bilden, gewinnen ihre Plausibilität aus dem Autonomiegedanken, der für den Menschen Lebensqualität verbürgt. Soziale Arbeit findet hier zu ihrer Grundperspektive.

5.1 Autonomie als Bestimmungsgrund im Menschenbild

Der Mensch als Ziel Sozialer Arbeit

Der Ethikansatz der Sozialen Arbeit, so, wie er im Masterstudium vertieft zu sehen ist, zeigt ein Potential, gesellschaftliche Diskurse zu begleiten. Deutlich ist, dass sich das berufliche Interesse nicht auf das Unterstützungs- und Problemlösungshandwerk beschränkt, sondern weiter reicht und die Bedingungen und Dynamiken in den Blick nimmt, die sozialen Hilfebedarf entstehen lassen. Solche perspektivische Erweiterung ist nicht nur schlüssig, sondern zugleich die Grundlage für ein seriös angelegtes berufliches Handeln. Ursachenforschung aber ist das eine, das gestaltende Eingreifen in die Bedingungsstrukturen einer Gesellschaft das andere. Es ist richtig, dass die besagten Diskurse, auch und gerade wenn sie sozial relevante Themen betreffen, im Kontext einer komplexen Interessenlage geführt werden und der Sozialarbeitsbeitrag, auch wenn er als Expertenmeinung einfließt, nur als Statement wahrgenommen wird. Die pauschale Zurückweisung seiner Position etwa als „unverantwortliches Gutmenschentum" (Hans-Olaf Henkel) gehört zur Debattenkultur, macht aber auch deutlich, wie skeptisch die Schlagkraft sozialarbeiterischen Wirkens gesehen wird.

Das Problem mag schon darin liegen, dass sozialarbeiterische Statements vielfach nicht als Expertenmeinung wahrgenommen werden – und deswegen auch kaum nachgefragt sind. Aber wie gesagt: das kann man so hinnehmen, weil man Soziale Arbeit hinreichend mit dem Problemlösungsgeschäft befasst sieht; man kann aber auch die Herausforderung sehen, das Sozialarbeitsverständnis so voranzubringen, dass sich jene Wahrnehmung ändert. Ein Weg mag hier sein, durch Strukturschärfung – und Forschungsanstrengungen – der beruflichen Expertise mehr Gewicht zu verleihen. Der Weg ist richtig, zumal er ein Bedürfnis der Profession aufnimmt. Aber ebenso deutlich ist, dass die sozialarbeiterische Ethik, die in gleicher Weise als Bedürfnis der Profession zu verstehen ist, dieser zu größerer Debattenkraft verhilft. Zwei Blickweisen werden deutlich: Die eine richtet sich auf das berufliche Handeln, das durch die Klärung und Setzung der einschlägigen ethischen Bezüge Konsolidierung erfährt; die andere geht auf den gesellschaftlichen Bedingungsrahmen für das Zusammenleben, der konstruktiver Kritik unterzogen wird. Das eine hängt mit dem anderen zusammen: Soziale Arbeit formuliert Ansprüche an die Gesellschaft, weil sie deren Qualitätsverlangen für das Zusammenleben mit umsetzt. Und wenn es dieses Verlangen nicht gibt, bleiben die Ansprüche bestehen, denn Soziale Arbeit kann nur auf eine Gesellschaft hinwirken, die sich für eine solche Qualitätsidee interessiert.

Ansprüche an die Gesellschaft aber sind Ansprüche an den Menschen. Was immer den Zusammenhalt in der Gesellschaft fördert – und um nichts anderes geht es –, knüpft an die Vorstellung vom Menschen an, der diesen Zusammenhalt will, weil er weiß, dass eine lebenswerte Welt und eine lebenswerte Zukunft nur gemeinsam gestaltet werden können. Im Umkehrschluss heißt das, dass Lebensqualität überall dort bedroht ist, wo der Stärkere den Schwächeren nicht stützt. Wenn die Soziale Arbeit dieser Bedrohung entgegentritt, löst sie sich nicht von ihrem eigentlichen Auftrag der sozialen Unterstützung von Menschen, die um angemessene Formen der Teilhabe ringen. Sie mobilisiert vielmehr lediglich ihre Vorstellung vom Wert des Menschen, ohne die sie nicht arbeiten kann. Diese Vorstellung fasst sie nicht beliebig (und könnte das auch gar nicht), sondern wissenschaftlich glaubhaft im Reflex auf die geistesgeschichtliche Tradition. So weit sie daraus wiederum Forderungen an den Willen zur Gemeinsamkeit ableitet, erforscht und demonstriert sie Grundlagen, die zu den Haltepunkten im Selbstverständnis einer Gesellschaft gehören.

Der Autonomieanspruch des Menschen

Nochmals ist darauf zu verweisen, dass die Reichweite sozialarbeiterischer Ideen im Kontext abendländisch-westlicher Kultur- und Geistesgeschichte gefasst werden muss. Von hier aus entfaltet der Beruf seine Gestaltungskraft und die Profession ihre visionäre Energie. Wenn Soziale Arbeit danach strebt, weltweit für akzeptable, soziale Lebensbedingungen zu sorgen, so geschieht das im Rückgriff auf ein Menschenbild, das die europäische Wissenschaft hervorgebracht hat, und mit der Überzeugung, dass sich dieses Menschenbild als segensreich für die gesamte Menschheit erweisen kann. Vorbehalte gibt es, zum einen, weil die Verbreitung entsprechender Vorstellungen eine Kulturdominanz mit sich bringt, die nach Klärung verlangt, zum andern, weil der historische Beweis einer heilsamen Kraft, die von diesen Vorstellungen ausgeht, noch nicht erbracht ist.

Wer im westlichen Modell, weil es das Menschenrechtsdenken hervorgebracht hat, ein Erfolgsmodell sehen möchte, sei daran erinnert, dass auch der nationalsozialistische und der stalinistische Terror westliches Gedankengut bemühten; dass die kapitalistische Funktionalisierung des Menschen als moderne Errungenschaft westlichen Menschenverständnisses gefeiert wird; und dass das politische Auftreten des modernen Westens gegenüber anderen Kulturtraditionen häufig von einer destruktiven Arroganz geprägt ist, die Fremdes – und mit ihm die Menschen, denen es Deutungsraum ist – nicht wertschätzt und die zuletzt, weil die Ignoranz vor den eigenen Werten nicht Halt zu machen scheint, das Menschenrechtsdenken selbst verrät. Es genügt, exemplarisch auf die fatale Symbolik des 2004 bekannt gewordenen Folterskandals im Gefängnis Abu Ghraib im Irak hinzuweisen, um diesen Verrat aufzuzeigen. Während der Westen – das ist pauschal gesprochen, aber als Tendenz zutreffend – die Menschenrechte zur Speerspitze seiner Politik stilisiert, gewinnt man anderswo den Eindruck, dass westlicher Politik, sowieso oft stark von Nationalismen geprägt, zur Durchsetzung ihrer Interessen nichts heilig ist.

Die Schattenseiten muss man sehen, wenn man den besonderen Wert eines Menschenverständnisses herausheben möchte, das beim Individuum ansetzt. Sie tragen einen Widerspruch in dieses Verständnis und stellen so dessen Glaubwürdigkeit in Frage. Moderne Politik mag pragmatisch und interessenorientiert sein – dennoch ist sie auf Rechtfertigung angewiesen, weil sie zum Wohl und nicht zum Schaden des Menschen agieren soll. Es braucht also, auch und gerade im Sinne einer glaubwürdigen nationalen und internationalen Politik, eine kritische Auseinandersetzung mit dem Handlungsrahmen, der über das westliche Menschenverständnis legitimiert ist. Es braucht eindeutige Symbole, die diesen Handlungsrahmen als attraktiv und zukunftsorientiert erscheinen lassen. Soziale Arbeit, die das Wohl des Menschen im Blick hat, sollte eines dieser Symbole sein. Hier ist ein konstruktiver Ort, Anspruch und Wirklichkeit eines abendländischen Menschenbildes unvoreingenommen zu betrachten; hier ist der Ort, die ethische Dimension eines solchen Ansatzes auszuloten; hier ist es, weil im Sozialarbeitswirken Lebensqualität erreicht und nicht begrenzt werden soll, möglich, weit reichende Perspektiven für ein tragfähiges Miteinander zu formulieren.

Deshalb also geht der Blick nochmals auf den Autonomieanspruch des Menschen. Der Zusammenhang von Individualität und Autonomie wurde oben, im Kontext einer Klärung zum Menschenbild der Sozialen Arbeit, bereits aufgezeigt (vgl. Teil 1, Kapitel 5, Abschnitt 3). Kernpunkt ist, dass die mit Descartes in Gang gekommene Diskussion zur Frage, welchen Eigenkräften der Mensch zur Lebensgestaltung vertrauen kann, diese zwei Akzente gesetzt hat: den der Individualität, der den Menschen als Einzelnen ganz auf sich selbst bezieht und seinen Eigenwert als Einzelner unterstreicht; und den der Autonomie, der Anspruch und Recht benennt, diesen Eigenwert zur Entfaltung zu bringen. Wie wenig Konstrukt und wie viel Dynamik in diesem Ansatz steckt, kann man ermessen, wenn man die Begierde nach Selbstbestimmtheit im Lebensgefühl des modernen Menschen registriert (dazu ebd.).

Der andere zentrale Aspekt im Autonomieanspruch des Menschen wurde oben in Blick auf die Wertebezüge in der Sozialen Arbeit angesprochen: Dem Recht auf Selbstbestimmung folgt der Menschenwürdegedanke (vgl. Teil 2, Kapitel 3, Abschnitt 3). Für die Sozialarbeitsperspektive war dabei entscheidend festzuhalten, dass der Ansatz der Menschenrechte, die in Analogie zum Selbstbestimmungsanspruch dessen Verwirklichungserwartung markieren, im Gedanken der Menschenwürde kulminiert (dazu siehe Teil 2, Kapitel 5, Abschnitt 1). Ganz gleich, was Menschen zum Handeln veranlasst: die Menschenwürde ist das Kriterium, das dieses Handeln auf das neuzeitliche Menschenverständnis bezieht; das den handelnden Menschen dabei in den Selbstbezug bringt; und das ihn schließlich überhaupt menschlich handeln lässt.

5.2 Autonomie und menschliche Freiheit

Die Wirklichkeit menschlicher Freiheit

Für den Menschen gehört die Frage nach der Freiheit zu den Grundthemen seines Daseins. Was auch immer einer unter Freiheit versteht: sie bleibt ein Postulat dieses Daseins, denn ohne Freiheit des Willens lassen sich Moral und Verantwortung nicht denken (dazu vgl. Neumaier, 2012). Seit der Aufklärung wird menschliche Freiheit in Verbindung mit dem Selbstbestimmungsanspruch gesehen. Zu Beginn des dritten Abschnitts der *Grundlegung zur Metaphysik der Sitten* fragt Kant: „… was kann denn wohl die Freiheit des Willens sonst sein als Autonomie, d. i. die Eigenschaft des Willens, sich selbst ein Gesetz zu sein?“ In dieser bei Kant greifbaren Bestimmung von „Freiheit als Autonomie“ (vgl. Prauss, 1983) wurzelt zuletzt eine Freiheitserwartung des modernen Menschen, die Selbstbestimmtheit für den gesamten Daseinsvollzug anstrebt. Die Erwartung erfüllt sich dort, wo Individualität zur Entfaltung gelangt. Sie birgt aber auch die Gefahr, den Selbstbestimmungsanspruch selbstherrlich auszulegen. Auf zwei Irrtümer ist hinzuweisen: Es ist falsch zu meinen, der selbstbestimmte Mensch unterliege keinerlei *Bestimmung* mehr (dazu auch Zoglauer, 2010); und falsch ist es auch, den eigenen Würde- und Wertanspruch ohne jede Relation zum Würde- und Wertanspruch anderer zu sehen (dazu Reese-Schäfer, 2010).

Autonomie, die Freiheit signalisiert, zeigt diese Freiheit als Produkt nicht der Willkür, sondern der Vernunft (vgl. Neumaier, 2012, S. 23). Wenn Menschenwürde, in Form eines Fächers unveräußerlicher, elementarer Rechte, Freiheit markiert, zugleich aber, wie im vorigen Abschnitt gesehen, den Anspruch an den Menschen birgt, menschlich zu handeln, wird deutlich, dass Freiheit kein Spielball, sondern „ein Auftrag, auch eine Last und Bürde" ist (vgl. Sedmak, 2012, S. 11). Sie steht, wenn Menschen Menschen gegenübertreten, immer in Relation zur Freiheit des Anderen. Die menschliche Freiheit hat damit einen Haltepunkt in der Vernunft, einen weiteren in der sozialen Wirklichkeit des Menschen und einen dritten in der mit der menschlichen Existenz gesetzten Pflicht, sein Leben nach menschlichen Qualitäten zu realisieren. Dieser Zusammenhang liegt auch in der Intention Kants, der an der oben zitierten Stelle in der *Grundlegung zur Metaphysik der Sitten* weiter ausführt: „… also ist ein freier Wille und ein Wille unter sittlichen Gesetzen einerlei."

Für die Philosophie rückt hier der „menschliche Mensch" in den Blick (vgl. Marten, 1988). Das ist dasjenige Individuum, das sich im Spiegel des Anderen inszeniert und dabei zur Offenlegung „eigenheitlichen Seins" gelangt (vgl. ebd., S. 19; dazu s.a. Schumacher, 2011b, S. 147). Sowohl Individualität als auch soziale Qualität zeigen sich damit dort, wo der „Kernbereich des Menschlichen" (Tugendhat, 2010, S. 39) aufscheint. Das Streben nach Freiheit und Entfaltung tritt für den Menschen, der unter Menschen lebt, in einen engen Bezug zu den Mechanismen, die in die menschliche Lebenswelt Bestimmung tragen, weil sich nur so individuelles und soziales Leben manifestieren. Entsprechend zeigt sich Lebenswelt „zu wesentlichen Teilen normativ geprägt" (Nida-Rümelin, 2009, S. 22) und in ihrer Entwicklungsperspektive auf ein Ethos bezogen, das Verantwortung zu einem wesentlichen Bezugsrahmen erhebt (vgl. ebd., S. 24). Für den Freiheitsbegriff selbst ergeben sich in einem existentiellen Sinn *Bedenken*, die das menschliche Freiheitsstreben im Licht zugrunde liegender Unfreiheit betrachten lassen (vgl. dazu Uhde, 1976). Noch nie galt einer als frei, der in völliger Ignoranz gegenüber den sein Dasein bestimmenden Faktoren durchs Leben schreitet; vielmehr wurde und wird Freiheit stets als Ansatz, über das Unausweichliche ein Maß an Kontrolle zu gewinnen, und, wenn man so will, als Einsicht in die Notwendigkeit verstanden (vgl. ebd., S. 85). Markante Pointierung erfährt dieser Gedanke bei Augustinus, der ihn in seiner Schrift über den freien Willen (vgl. *De libero arbitrio,* II, 37) in den Satz fasst: „Dies ist unsere Freiheit, dass wir uns dieser Wahrheit unterwerfen."

Die Realisierung von Autonomie

Auf den Selbstbestimmungsanspruch gewendet ist deutlich, dass er *in Grenzen* gedacht werden muss. Er pervertiert und zerstört sich selbst, wenn er, in einer Anwandlung von Hybris, das Menschenmögliche außer Acht lässt; dagegen formt und realisiert er sich innerhalb der Möglichkeiten, die einem

Individuum zur Verfügung stehen. Es sind vier Bedingungsfelder, die einem Menschen den Rahmen des Machbaren markieren. Innerhalb dieses Rahmens ist es möglich – und im Sinne eines aufgeklärten Menschenverständnisses auch geboten, Autonomie zu entfalten. Außerhalb dieses Rahmens scheitert jeder Versuch, sich als Mensch in der Welt zu behaupten:

- Das erste Feld wird durch die individuellen Qualitäten und Fähigkeiten gebildet. Machbar ist, wozu die Kräfte reichen; zu meiden ist die Überforderung. Die Kunst besteht darin, das eigene Potential auszuloten und Talente und Fertigkeiten entsprechend zu entwickeln.
- Das zweite Feld ist das Feld der zwischenmenschlichen Beziehungen. Der Mitmensch setzt Grenzen für das eigenmächtige Handeln. Der Spielraum kann größer und kann kleiner sein, je nachdem, wie groß das Interesse am Anderen ist. Aber er ist nicht unbegrenzt.
- Das dritte Feld wird durch die Gemeinschaft gebildet, in der einer lebt. Es gibt immer Abhängigkeiten von den lebensweltlichen Strukturen. Die gilt es passend mitzugestalten, aber schlussendlich zählt der Nutzwert des sozialen Ganzen für den Einzelnen.
- Das vierte Feld formt die Natur. Deren Gesetzlichkeit setzt Lebensgrenzen. Jeder Ansatz, diese Grenzen zu übersteigen und Natur vermittels passender Technik zu beherrschen, erfordert ernsthafte Sensibilität für Risiken und Nebenwirkungen.

Autonomie findet innerhalb dieser vier Bedingungsfelder statt. Die Herausforderung liegt, auch wenn die Lust an der Grenzüberschreitung im Autonomiemotiv mit verwahrt sein mag, nicht darin, dass es immer wieder Grenzen gibt, die Entfaltungsphantasien kontrastieren; vielmehr zeigt sich als eigentliche Aufgabe für den Menschen, der nach Selbstbestimmung strebt, das Begreifen dieser Grenzen. Nur wer um seine persönlichen Grenzen weiß, ist in der Lage, an diese Grenzen zu gehen. So, wie eine gesunde Selbsteinschätzung und ein Gespür für den natürlichen Lebensraum Autonomiebestrebungen befördern, gilt dasselbe auch für die Bereitschaft, sich als Mensch unter Menschen wahrzunehmen und die sozialen Anliegen zu verinnerlichen. Die Freiheit, die der Wille, in der Diktion Kants, unter sittlichen Gesetzen findet, geht mit der Autonomie zusammen, die ein Mensch im Zusammenleben mit Anderen dort erreicht, wo er Regeln setzt und umsetzt, die jedem ein Höchstmaß an Entfaltung erlauben.

Auf der einen Seite meint das, dass nur derjenige selbstbestimmt wird leben können, der die Grenzen, die ihm gesetzt sind, kennt und akzeptiert. An der Oberfläche ist diese Einsicht trivial; tiefer gesehen aber eröffnen sich Wege, die Grenzen selbst zu modulieren: Der Raum, in den man eintritt, kann und darf gestaltet werden. Als Postulat verstanden markiert diese Gestaltungsarbeit den ethischen Anspruch, der sich an den Menschen auch in der Moderne richtet. Auf der anderen Seite ergibt sich daraus ein Autonomieverständnis, das eine Reihe ganz verschiedener Lebensformen absichert, Lebensformen, die auf den ersten Blick ein selbstbestimmtes Leben in Frage zu stellen scheinen. Dieses Verständnis, das Autonomie in einem Grundsinn zu begreifen gibt, soll nun vorgestellt werden.

5.3 Die Autonomiepyramide

Der Ansatz ist, die skizzierten vier Bedingungsfelder als die Grenzflächen aufzunehmen, innerhalb derer sich Autonomie realisiert. Die Person (das *Ich*), der Mitmensch (das *Du*), die Gemeinschaft (das *Wir*) und die Natur (die *Umwelt*) begrenzen einen Raum, der, als geometrischer Körper mit vier gleichmäßigen Seiten dargestellt, dem Volumen einer Pyramide mit der Grundfläche eines gleichseitigen Dreiecks entspricht. Abb. 8 zeigt eine Draufsicht dieser Pyramide. Sie steht auf dem Bezugsfeld Individuum *(Ich),* dessen Interessen zur Entfaltung gelangen sollen. Die Darstellung zeigt an, dass diese Interessen dann maximal zur Geltung kommen, wenn die Interessen des Mitmenschen und der Gemeinschaft angemessen berücksichtigt werden und das Gefüge der natürlichen Umwelt die erforderliche Beachtung findet.

Abb. 8: Die Autonomiepyramide

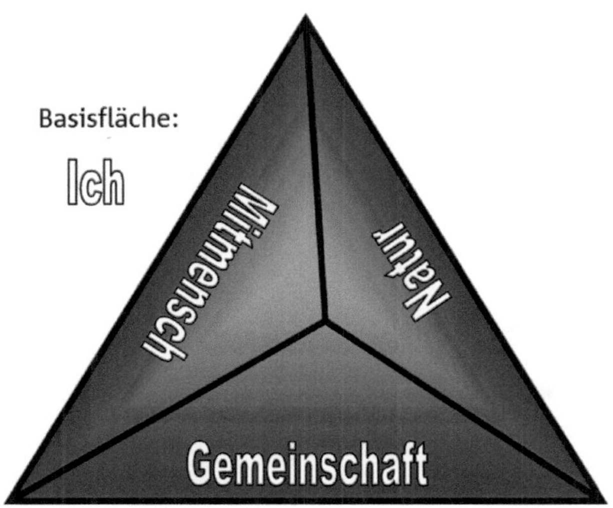

Die Skizze kann als Ausgangsmodell angesehen werden. Der Mensch ist sich selber erster Bezugspunkt. Er weiß, dass er existiert, weil er denkt, und er weiß um die Aufgabe und das Ziel, dieses auf die Kräfte des Denkens gegründete Dasein in den Grenzen seiner Möglichkeiten zur Entfaltung zu bringen. Das Modell, die Pyramide mit vier identisch dimensionierten Seiten, legt aber einen Wechsel des Blickwinkels unmittelbar nahe: Was beispielsweise bedeutet es, wenn die Figur auf eine andere ihrer Seiten gestellt wird? Die Pyramide selbst – das Gefüge der Seiten zueinander – verändert sich nicht, aber das Modell verändert seine Aussage. Wenn man, wie Abb. 9 zeigt, die Figur so dreht, dass sie auf dem Bezugsfeld Mitmensch *(Du)* zu stehen kommt, so deutet das die Möglichkeit an, von einer anderen Lebenspriorität – hier von den Interessen des Anderen – auszugehen, ohne den eigenen Autonomieanspruch, für den ja die Figur als Ganze steht, damit aufzugeben. Einen Schritt weiter noch gedacht heißt das, dass es einem modernen Menschenverständnis nicht zuwiderläuft, wenn einer das eigene Leben – seinen *Daseinszweck* – ganz an der Erfüllung der Bedürfnisse eines geliebten Menschen orientiert. Die einzige – gleichwohl elementare – Bedingung ist, die eigenen Bedürfnisse (die als Pyramidenseite weiter abgebildet sind) nicht aufzugeben.

Abb. 9: Die Autonomiepyramide, auf die Basisfläche Du gestellt

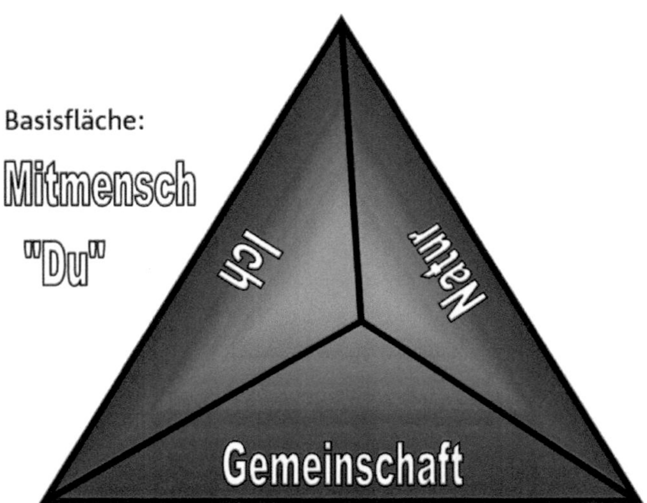

Wenn eigene vitale Interessen im Blick bleiben, aber auch der Rahmen, den die Gemeinschaft setzt, und außerdem die Gesetzlichkeit und Dynamik von Natur und Umwelt, gelingt *diese* Form selbstbestimmten Daseins. Entsprechend selbstbestimmt kann hier eine Entscheidung gewertet werden, die jemanden ins Kloster – zu einem Du, das für ihn oder für sie der personale Gott ist – führt. Die Lebensform ist vom Merkmal der Liebe getragen, das die große Bindungskraft – hier im Gottesglauben eingebettet – anzeigt, aber auch das Zuträgliche und Förderliche der anderen drei Bezugspunkte zur Entfaltung kommen lässt. Auch auf die Liebe einer Mutter zu ihrem Kind passt diese Form, die ohne pathologisch zu entarten bis zu der Bereitschaft reichen kann, für die Pflege des kranken Kindes die eigene Gesundheit hintanzustellen.

Die Pyramidenfigur legt zwei weitere Lebensgrundformen nahe: Man kann sich die Figur auch zum Bezugsfeld Gemeinschaft *(Wir)* gedreht vorstellen. Hier ist an ein – selbstbestimmtes – Lebensverständnis zu denken, das sich über den Dienst am Gemeinwohl definiert. Der Form zuzuordnen ist z. B. die Möglichkeit, den Sozialarbeitsberuf so auszulegen, dass über die Alltagspragmatik hinaus sozialer Idealismus zum Antrieb des eigenen beruflichen Handelns wird (zur Perspektive einer entsprechenden Motivation siehe bei Stemmer, 2000, S. 298). Es ist zuletzt nicht entscheidend, ob es berufliches oder ehrenamtliches Handeln ist, das in dieser Weise den gesellschaftlichen Interessen dient; wichtig ist nur auch hier, dass die drei anderen Bezugspunkte – hier wären es das Ich, der Mitmensch und die Natur – weiter angemessen Berücksichtigung finden. Analoges gilt für die vierte Form: ein Leben, das sich dem Schutz und dem Erhalt der natürlichen Umwelt verschreibt. Kein „Aktivist" verliert das Augenmaß, der sein Eintreten für Umweltschutz und Nachhaltigkeit umfassend am Lebensinteresse des Menschen ausrichtet. Vielmehr realisiert sich auch in dieser Grundform der Daseinsorientierung das menschliche Autonomie- und Freiheitsstreben.

So und nicht anders wird Autonomie zu einer tragfähigen Leitperspektive für den modernen Menschen. Sie liefert, in diesem Modell verstanden, nicht nur verschiedene Muster für Lebensentwürfe; sie bietet darüber hinaus auch die maßgeblichen Kriterien, um das Unangemessene zu erkennen und zu bekämpfen. Enthalten ist in dem Modell eine Vorstellung vom Menschen, der entschlossen ist, seine Angelegenheiten selbst in die Hand zu nehmen. Zum Ausdruck kommt vor allem das neuzeitliche Verständnis, das dem Menschen Wissen neu arrangiert und ihn zum *sapere aude* ermutigt. Aber fortgesponnen wird auch ein Denkansatz, der Wert und Würde des Menschen als eine im Gottesbild abgesicherte Auslegung greifen lässt. Autonomie heißt nicht, alle Bindung fahren zu lassen und nur den innovativen, immer offenen Ansatz zu suchen; Autonomie heißt vielmehr, das Zerbrechliche menschlicher Lebenswelt aufzugreifen und behutsam tragfähige Strukturen einzuweben. Zuletzt zeigt das Modell die Bedeutung des Gemeinwesens, das dem individualisierten Menschen zwar kein Bestimmungsgrund mehr ist, das ihn, den Kritiker seiner selbst, aber zu emotionaler Stabilität und Lebensqualität voranbringt.

5.4 Der Autonomieansatz in der Sozialen Arbeit

Autonomie und soziales Leben

Für das oben skizzierte Verständnis zum Autonomieanspruch des Menschen muss die geistesgeschichtliche Rechtfertigung nicht aufgegeben werden: Der moderne Mensch hat, abendländischem Verständnis zufolge, das Recht – und zugespitzt betrachtet auch die Pflicht –, die eigene Lebenssituation nach Gutdünken auszugestalten. Diese Perspektive, von Descartes angestoßen, hat mit Macht die einstige Vorherrschaft der Religion gebrochen und den Menschen zu neuer Wissenschaft – zur „Souveränität der Selbstbegründung“ (Blumenberg, 1966, S. 209) – geführt (siehe für den Zusammenhang auch oben Teil 1, Kapitel 2, Abschnitt 4). Neuzeit und Moderne sind von dem Ansatz durchdrungen, den Menschen als Einzelnen zu sehen und wertzuschätzen. Zugleich zeichnet sich eine *Herausforderung* ab, die darin liegt, den Einzelnen der Vereinzelung zu entwinden und in sozialen Bindungen zu halten. Über die Jahrhunderte hinweg ist dies auf unterschiedlichen Wegen gelungen. Im Zweifel konnten Machtstrukturen aktiviert werden, die den Einzelnen unter ein soziales Joch zwangen. Die erfreuliche Entwicklung ist, dass der Siegeszug der Demokratie im 20. Jahrhundert dem Menschen neue Möglichkeiten verschafft hat, sein politisches und damit sein soziales Leben selbst zu inszenieren. Damit wird aber auch deutlich, dass die Verbindung von Individualität als Ausgangspunkt und Gemeinschaft als Haltepunkt nun im Diskurs gefunden werden muss.

Das dargelegte Autonomieverständnis demonstriert, wie diese Verbindung nicht nur gelingt, sondern darüber hinaus im abendländischen Menschenbild von Grund auf angelegt ist. Der sich selbst Rechfertigung gebende Mensch sieht sich in der Beziehung zu einem anderen Menschen, auch wenn zu sozialem Leben im Prinzip keine Notwendigkeit besteht, bereichert. Soziale Strukturen, die er über „Wir-Absichten“ (Tuomela/Miller, 2009) initiiert, stützen individuelles Leben nicht nur, sondern erweisen sich auch als unverzichtbare Voraussetzung dafür, Lebensperspektiven zu klären und weiterzuentwickeln. Als Drittes zeichnet sich mehr und mehr ab, dass auch das Interesse an einem intakten Ökosystem Grundanliegen für den modernen Menschen ist. Das meint: Mit dem geistesgeschichtlich etablierten Autonomieanspruch verbindet sich die Erfahrung, dass Menschheit und Natur Lebens- und Bestimmungsrahmen für den Einzelnen bleiben. Dies wahrzunehmen und jedem modernen Lebensentwurf mit zugrunde zu legen muss als ein Gebot der Vernunft angesehen werden.

Selbstbestimmtes soziales Leben

Soziale Arbeit nun geht mit diesem Autonomieverständnis nicht nur um – sie ist, als berufliche und als wissenschaftliche Perspektive, von ihm in Gang gesetzt. Es ist deutlich, dass sozialarbeitliches Denken in Einklang mit dem Anspruch steht, Autonomie *nicht* als „Freiheit im Sinne schrankenloser Willkür" (Neumaier, 2012, S. 49) zu verstehen, sondern in Beziehungen zu realisieren (vgl. Miller, 2012) und über tragfähige soziale Strukturen und ökologisches Wirtschaften abzusichern. Autonomie zeigt sich „als Kernfunktion" (Otto/Scherr/Ziegler, 2010, S. 160); doch dabei ist deutlich zu sehen, dass sie soziales Leben anstößt und formt. Der deontische Rahmen, von dem hier schon zu reden war und der einer an Normativität ausgerichteten Sozialen Arbeit einen passenden ethischen Deutungsansatz bietet, erscheint, bezogen auf diese soziale Dimension im Autonomieverständnis, wie ein Postulat.

Autonomie nicht als Punkt, sondern als Raum gedacht, entfaltet im Zusammenspiel individueller und sozialer Interessen, gibt Sozialer Arbeit in zweifacher Hinsicht eine überzeugende Denk- und Handlungsweise an die Hand:

- Gegenüber Adressaten in der Gesellschaft, und das meint: gegenüber Menschen, die im selben Werterahmen leben, wird es möglich, Selbstbestimmungsprozesse zu initiieren, die maßgeblich auf das soziale Leben zielen. Empowerment und lebensweltliches Arbeiten mögen Ressourcen aktivieren, die das Individuum stärken und zu Selbstkontrolle und Selbstbestimmung motivieren; doch dem stehen Arbeitsformen, die an der Beziehungssituation ansetzen, um nichts nach. Die besagten Prozesse kommen weiterhin auch in Gang, wenn die gesellschaftlichen Strukturen auf den Menschen hin geformt werden. Inklusion und Teilhabe sind Ansatzpunkte, die nicht nur den Einzelnen, sondern auch die Gesellschaft stärken – und die ihre kräftigende Wirkung aus der sozial starken Gesellschaft ziehen. Soziale Arbeit hat das noch nie anders gesehen. Aber die Fäden sind nicht überall zusammengeführt. Das Autonomiethema setzt hier einen motivierenden Impuls; vor allem macht es deutlich, dass die Handlungsansätze zusammenwirken müssen. Zuletzt fügt sich auch die Sozialarbeitsethik organisch in das gemeinsame Werk der Ansätze ein, verpflichtet ganz dem Ziel, dem Menschen, der in seinem sozialen Gang unsicher ist, Unterstützung zu bieten.
- Gegenüber Menschen, die nicht im selben Werterahmen leben, wird es möglich, anders gesetzte Akzente im Menschenbild zu- und einzuordnen. Es genügt, wenn sich die westlichem Denken verbundene Soziale Arbeit, die in ihrem Engagement für ein menschengerechtes soziales Leben auch Botschafterin dieses Denkens ist, in ihrem Autonomieverständnis solchen Akzenten nicht per se verschließt. Die Perspektive, Mündigkeit und Autonomie auch im *Du* – das meint im Kern religiös dominierte, kulturelle Ansätze – und im *Wir* – das betrifft vor allem

nicht-individualistisch geprägte Gesellschaften – freilegen zu können, relativiert den eigenen Bestimmungsanspruch. Als Ideal wird nicht das Individuum präsentiert, sondern der Mensch. Das eröffnet einen Raum für transkulturelle Prozesse, auf die es sich freilich auch einzulassen gilt. Das Eintreten Sozialer Arbeit für die Menschenrechte verdichtet sich dann auf das zentrale Anliegen der Gerechtigkeit, das wiederum die soziale Dimension des Menschen umspannt. Hier wird der Anstoß zum Dialog glaubwürdig, und hier wird es möglich, die politische Forderung nach sozialer Gerechtigkeit ihres kulturellen Mantels zu entledigen. Zuletzt wird es gelingen, die Gerechtigkeitsthematik, d.h. ein sozial dimensioniertes Menschenverständnis, auf das Grundmotiv der Menschenwürde hinzuführen, das sich als Haltepunkt für die Menschenrechte erweist und den Menschen selbst ins Zentrum seiner sozialen Anliegen rückt.

Für die Soziale Arbeit ergibt sich im dargelegten Autonomieverständnis somit *ein* Ausgangspunkt, um realen und idealen Ansprüchen gleichermaßen zu genügen. Der Ansatz mag Denkhilfe auch für diejenigen sein, die Soziale Arbeit als Beruf, aber nicht als Profession sehen. Wenn klar ist, dass das Leistungsprofil dieses Berufes immer darauf abzielt, soziale Spannungsfelder zu entschärfen, so ist auch klar, dass dies nur gelingen kann, wenn soziale Kräfte – und zuletzt immer der Gestaltungswille des Menschen – so gelenkt werden, dass stabile und tragfähige Lebenslagen entstehen. Dazu nutzt keine Vorgabe von außen, sondern nur das Einfühlungsvermögen in die belastete Situation, das den jeweiligen Bedarf am Menschen und nicht an irgendwelchen Planzielen festmacht. Die so angestoßene *soziale* Arbeit wirkt über ein intern geklärtes Menschenverständnis, das sie, in Form gelungener Hilfe, aber auch in Form wissenschaftlicher Analyse, in die Gesellschaft einspeist.

Kapitel 6
Ethik als Führungsaufgabe

Ethik greift in der Sozialen Arbeit auf allen Handlungsebenen. Die praktische Ausführung ist ebenso berührt wie die Planung von Hilfe, der Erkenntnisbedarf ebenso wie der Qualitätsanspruch. Ethik ist maßgebliches Gestaltungsinstrument, wo es darum geht, die Anliegen von Beruf und Profession zu realisieren.

6.1 Wirkungsorte sozialarbeiterischer Ethik

Zur Dimension der ethischen Wirksamkeit

Der ethische Ansatz, der das Handeln Sozialer Arbeit begleitet, hat sich als umfassend erwiesen: Er steht nicht für eine Luxusperspektive dort, wo Handlungsentscheidungen knifflig erscheinen und durch Argumente gegen Zweifel resp. Anfeindung geschützt werden sollen. Vielmehr steht er für einen Anspruch, dem sich das berufliche Handeln nirgends entziehen kann. Der Anspruch gründet in der Normativität, die ein Vorgehen beinhaltet, das Probleme und Belastungen aufspürt und zu beseitigen sucht, und er realisiert sich über die ethische Kompetenz, die der Sozialarbeitsberuf ausprägt. Dazu verbinden sich das fachliche Wissen, das den Deutungs- und Handlungsrahmen markiert, und ein grundlegender Wertebezug, der dieses Wissen durchwirkt. Am Ende stiftet die wissenschaftlich angelegte, ethische Reflexion einen authentischen Bezugsrahmen, der Handlungswege und Handlungsziele Sozialer Arbeit nach einem deontischen Grundverständnis verbürgt. Der darin aufscheinende ethische Bezug konkretisiert und präzisiert das sozialarbeitliche Handeln. Zugleich erfasst er die Ermessens- und Entscheidungsspielräume für die Akzentuierung in der Praxis.

Wer also nach der Ethik in der Sozialen Arbeit fragt, soll wissen:

1. Sie fließt aus einem Menschenverständnis, das sich dem Besonderen des Individuums sowie dessen unverlierbarem Recht, über das Eigene selbst zu entscheiden, verpflichtet weiß.
2. Sie konturiert sich über die Einsicht, dass soziale Belange zum Menschen gehören und ihm das Wohl des Anderen im kleinen und das Wohl der Menschheit im großen Bezug anempfehlen.

3. Sie erlangt Bedeutung durch die Erfahrung, dass Menschen im sozialen Kräftespiel Unterstützung brauchen, wenn ihr Einfluss schwach und die Strukturen ungünstig sind, und dass diese Strukturen der kritischen Überprüfung bedürfen.
4. Sie materialisiert sich im Rahmen normativer Vorstellungen, nach denen der Sozialarbeitsberuf Problemlagen identifiziert, Handlungsbedarf konstatiert, Handlungsziele absteckt und passende Handlungswege ansetzt.
5. Sie findet ihre Bestimmung im Selbstverständnis der Profession, dass ein berufliches Sozialarbeitshandeln am Ideal menschlichen Zusammenlebens ausgerichtet ist, das zu benennen und einer transkulturellen Betrachtung darzubieten ist.

Man kann diese Liste auch von unten nach oben lesen. Dann lässt sich die Frage nach der Ethik der Sozialen Arbeit sofort mit der Forderung der Profession nach einer *ethischen Basis* beantworten, „auf welche sich die Professionellen in ihren Entscheidungen unabhängig vom gerade herrschenden Zeitgeist, vom Druck des Trägers wie der Adressat(inn)en berufen können" (vgl. Staub-Bernasconi, 2007, S. 200). Der Gedanke einer Menschenrechtsprofession mag hier abzuleiten sein (vgl. ebd.); aber er trägt nur, wenn und nur so weit, wie die Argumentationslinie bis hinauf zum ersten Punkt der Liste fortgeführt wird. Zuletzt ist es der Würde- und Freiheitsaspekt – Besonderheit und Selbstbestimmtheit – menschlichen Lebens, der auch den Menschenrechtsgedanken trägt. Dieser Aspekt regelt den Praxiseinsatz des Sozialarbeitsberufes; er bestimmt dessen Denkhorizont; und er führt sozialarbeiterischem Denken und Handeln vor Augen, wie und in wie weit sozialstrukturelles Leben zu setzen und zu gestalten ist. Anhand der politischen Symbolik der Menschenrechte wird zuletzt allerdings der Anspruch greifbar, das sozialarbeiterische Wirken ideal und global auszurichten.

Ethische Topologie

Im Ganzen betrachtet weist die ethische Perspektive in der Sozialen Arbeit zwei markante Kennpunkte auf. Der eine ist: Jede Denk- und Handlungsweise wird erfasst. Der andere: Das ethische Sozialarbeitsdenken bildet Grundlagen aus. Damit ist deutlich, dass sich der ethische Anspruch in der Sozialen Arbeit – zu sehen als Anspruch der *Profession* – auf alle Handlungs- und Entscheidungsebenen erstreckt; und es ist deutlich, dass auf den verschiedenen Ebenen jeweils angemessen und grundlegend Wertewissen zum Einsatz kommt. Bringt man die unterschiedlichen Anknüpfungspunkte in einen systematischen Zusammenhang, so ergibt sich folgendes Bild:

- Der augenfälligste Bezugspunkt: die Handlungsentscheidung in der beruflichen Praxis, sucht und erhält über die ethische Reflexion Klärung.

Diese Klärung ist umso tragfähiger und plausibler, je weniger sie vom Urteil der ausführenden Praktikerin abhängt und je mehr sie auf vorgeklärte Positionen zurückgreifen kann.

- Die Ausführungsebene verweist hier auf die Konzeptebene: Bereits der Handlungs*ansatz* bezieht ethische Positionen mit ein. Wenn in der Hilfeausrichtung Veränderungswissen zum Einsatz kommt, wird die konkrete Veränderungsperspektive durch das Ziel angestrebter Lebensqualität abgesichert.
- Im Handlungskonzept – sei es als allgemeine Form für das Sozialarbeitshandeln oder als Zugang zum Fallhandeln gedacht – kommen Vorstellungen von Handlungs*qualität* zu Tragen, die nicht nur fachliche, sondern auch signifikant ethische, namentlich *deontische* Bezugspunkte aufweisen.
- Das Hilfehandeln, in Konzept und Ausführung, setzt aber bereits eine andere ethische Klärung voraus: die Problembestimmung. Auch wenn der berufliche Alltag immergleiche Muster zeigt, beinhaltet doch jede Problemerfassung den Abgleich augenfälliger Unrechtsmerkmale mit legitimen Interessen und Ansprüchen.
- Das fachliche Urteil, das in der Problemerfassung zum Ausdruck kommt und den Handlungsbedarf anzeigt, lässt wiederum den grundsätzlichen Wertebezug sozialarbeiterischen Handelns erkennen. Die normative Rahmung, die daraus vorgenommen wird, demonstriert für das Selbstverständnis Sozialer Arbeit einschlägige, ethische Züge.
- Wenn in den Zusammenhang schließlich auch Leitbilder mit hinein zu nehmen sind, die über ethische Akzentsetzungen das Handeln von Einrichtungen wie von Trägern bestimmen, so wird deutlich, dass solche Leitbilder nicht beliebig, sondern entlang des ethischen Sozialarbeitsverständnisses die berufliche Arbeit akzentuieren sollten.

Vom Leitbild bis zum manifesten Berufshandeln greifen dieselben ethischen Bezüge. Das berufliche Handeln wird durch sozialarbeiterisch geformte Ethik gestützt, weil jede Handlungsebene auf tragfähige Wertebezüge abgestimmt ist. Die verschiedenen Ebenen lassen den ethischen Anspruch nicht irgendwo, nicht sporadisch, nicht zufällig aufscheinen, sondern weisen ihn als *grundlegenden* Anspruch systematisch aus. Für die in der Sozialen Arbeit zum Einsatz kommende Ethik ist nicht der einzelne Akteur zuständig: Das ethische Konzept ist Sache der Profession. Es mag möglich und sinnvoll sein, Raum zu lassen, damit persönliches und ein einrichtungs- und trägerbezogenes Engagement jeweils nach eigener Nuancierung agieren können. Ein berufliches Handeln, das sich der pluralen Lebenswirklichkeit von Menschen stellt, kann dadurch nur gewinnen. Doch die generelle Linie, die Wertebasis, das Menschenbild sind nicht verhandelbar. Auf dieser Grundlage nimmt die Profession ihre Verantwortung wahr und formt ein Sozialarbeitshandeln aus, das durchschaubar, verlässlich, zielstrebig und effektiv menschliche Lebensverhältnisse zu verbessern vermag.

6.2 Verantwortung als ethische Leitperspektive

Von der Verantwortung der Profession

Die Verantwortung der Profession für die Ethik in der Sozialen Arbeit beruht auf zwei Leistungsmerkmalen: Das eine resultiert aus der Vorstellung, dass Soziale Arbeit als Profession Wissenschaftlichkeit und Praxis zueinander führt. Die Profession steht für das Gesamtkonzept und dafür, dass es ein solches überhaupt gibt. Sie verwahrt den Anspruch, nach einem solchen Konzept beruflich zu agieren, von Leitbildern geführt, von beruflichem Wissen getragen und über Handlungsstrukturen ans Ziel gebracht. Das bringt sie in die Verantwortung für die fachliche Qualität, die der Beruf produziert. Dazu gehört, den sozialarbeiterischen Handlungsansatz als eigenständigen Theorie- und Praxisbereich zu demonstrieren. Die Ethik, die das Handeln leitet und die diese Funktion aufgrund geleisteter Deutungsarbeit innehat, wird zum *Gestaltungsinstrument* der Profession. Das andere Leistungsmerkmal ergibt sich aus dem Überblick der Profession über die oben aufgezeigten Wirkungsorte sozialarbeiterischer Ethik. In ihre Zuständigkeit fallen Leitbilder, Konzepte, Handlungsweisen und die konkrete Praxis. Die Ethik ist hier auch *Markenzeichen* der Profession.

Versteht man die Profession in dieser Weise als Knoten- und Haltepunkt, von dem aus ein sozialarbeiterisches Programm zur Entfaltung gelangt und über den sichergestellt ist, dass Sozialarbeitshandeln auch stets als solches *erkannt* wird, so stellt sich die Frage, wo diese Schaltstelle und dieser Motor repräsentiert sind. Hier setzen die kritischen Stimmen an, die im Professionsgedanken ein nicht einlösbares Versprechen bzw. ein haltloses Konstrukt sehen. Sie setzten dagegen, dass sich Soziale Arbeit über Träger und Einrichtungen realisiert, gestützt auf wissenschaftliche Expertise, die an Hochschulen ausgeprägt und über Studieninhalte in die Praxis eingespeist wird. Das Professionsanliegen wird am ehesten noch der berufsverbandlichen Arbeit zugeordnet, aber man kann – das ist dann ein Teufelskreis – von dort keine Profilierung erwarten, wenn weder Hochschulen noch Träger dieses Anliegen vertreten. Freilich ist auch zu sehen, dass eine Soziale Arbeit, die nicht als Profession gesehen wird, auch nicht über die beiden genannten Leistungsmerkmale verfügt: Dann gibt es keine zentrale (gemeinsame) Verantwortung für die Fachlichkeit, und dann gibt es keine für den Beruf allgemein gültige Ethik. Die Folge ist: Jeder kocht sein eigenes Süppchen; ethische Bezüge bleiben jenseits der gesetzlichen Vorgaben unverbindlich; berufsverbandliche Anstrengungen finden keine Anbindung an sozialarbeitliche Theorie und Praxis.

Ein Stück weit entspricht dieses Szenario dem Erscheinungsbild Sozialer Arbeit im Alltag. Doch dieses Bild ist Folge, nicht Grund von Professionsskepsis. Wie hier schon zu Beginn dargelegt, sprechen die berufliche Erfahrung und das wissenschaftliche Selbstbewusstsein für ein anderes Leistungsverständnis (dazu siehe oben Teil 1, Kapitel 1, Abschnitt 2). Es ist kein Wunschdenken, sondern es ist realistisch, Soziale Arbeit als Profession zu sehen. Sie erwächst aus dem Zusammenwirken der beruflichen Praxis mit den hochschulseitig gesetzten Strukturen und den Inhalten des Studiums. Sie formt sich über die Abstimmungsprozesse zwischen den Repräsentanten und Kräften, die Soziale Arbeit konzeptionell konturieren. Ihr Ort ist die Einrichtung, der Träger, die Hochschule, der Berufsverband.

So kann die Profession als ein reales Konstrukt angesehen werden, das in Praxis und Wissenschaft *begegnet*. Der angesprochene Abstimmungsprozess – zu sehen im Einfluss der Praxis auf die Konzeptarbeit; in der Formung von Praxis über wissenschaftliche Erkenntnisse; in den berufsverbandlichen Bestimmungsansätzen, nicht zuletzt in Fragen der Berufsethik – setzt Soziale Arbeit als Profession. In die Zukunft hinein gedacht – und als eine Aufgabe der auf Masterniveau studierten Sozialen Arbeit gesehen – werden muss die Perspektive eines einheitlichen Erscheinungsbilds, im Rahmen dessen Einrichtungen und Träger, Hochschule und Berufsverband gemeinsam festlegen, was Soziale Arbeit ausmacht. Die aus dem Sozialarbeitsanliegen gewonnene und von der Profession verantwortete Ethik liefert dazu die Argumente.

Der verantwortungsethische Ansatz in der Sozialen Arbeit

Die Verantwortung der Profession für die Ethik stiftet eine verantwortungsethische Perspektive. Das erklärt sich daraus, dass der Gegenstand der Verantwortung zuletzt das berufliche Handeln ist (dazu siehe auch bei Martin, 2007, S. 68). Die Profession strebt dessen Gelingen an und muss, wenn Praxis misslingt, Maßnahmen ergreifen. Diese Vorstellung folgt ganz der Idee Max Webers, der „alles ethisch orientierte Handeln“ auf zwei Grundformen zuspitzt: die gesinnungsethische Haltung hier und die verantwortungsethische Haltung dort (vgl. Weber, 1992, S. 70). Weber problematisiert die gesinnungsethische Haltung dahingehend, dass ihr im Falle *übler Folgen* „nicht der Handelnde, sondern die Welt dafür verantwortlich“ gilt (ebd., S. 71). Auf die Soziale Arbeit übertragen heißt das, dass die Professionsidee unmöglich mit dem Gedanken zusammengeht, die beruflich praktizierte Ethik ganz in die Hände der Akteure zu legen. Wenn Soziale Arbeit das Gelingen von Praxis will, aber die Verantwortung für Handlungsfolgen nicht mitträgt, zeigt sie entweder eine rein gesinnungsethische Haltung ohne Fürsorgeansatz für die Mitarbeiter oder einen im Wortsinn verantwortungslosen Zynismus, der vielleicht an vielem, nur nicht am Gelingen von Hilfe interessiert ist. An der Denkfigur der Verantwortungsethik wird damit deutlich, dass die ethische Perspektive in der Sozialen Arbeit so geformt sein muss, dass Anstoß und Orientierung für ethisches Handeln von der Profession ausgehen.

Vor solchem Hintergrund macht es Sinn, in der „Professionsethik der Sozialen Arbeit … vor allem eine Verantwortungsethik" zu sehen (vgl. Schmid Noerr, 2012, S. 92). Freilich sollte dabei im Blick behalten werden, dass Grundlagen und Bezugspunkte für das Handeln in der Sozialen Arbeit feststehen. Die verantwortungsethische Perspektive fügt dem lediglich ein wichtiges Merkmal hinzu: Die Folgen des beruflichen Handelns werden dort verantwortet, wo dieses Handeln seine Ausprägung erfährt. Weder ignoriert die Soziale Arbeit diese Folgen – wenn sie günstig sind, sowieso nicht – noch ist ihr egal, welche Akzente auf der Handlungsebene letztlich gesetzt werden. Verantwortlichkeit entsteht, weil ein *berufliches* Handeln geformt wird, und sie entsteht auch, weil dieses Handeln „in das Selbstverhältnis" von Menschen *eingreift* (dazu siehe bei Großmaß/Perko, 2011, S. 55). Hier weist nicht zuletzt Hans Jonas den Weg, der in seinem Entwurf zur Verantwortung als Prinzip notiert: „Das Urbild aller Verantwortung ist die von Menschen für Menschen." (Jonas, 1979, S. 184)

Die Verantwortungsperspektive in der Sozialen Arbeit reicht allerdings noch weiter und trägt grundsätzliche Züge. Mit Aristoteles kann verstanden werden, dass die Folgen einer Handlung eng an die Absicht gebunden bleiben, im Zuge derer die Handlung ursprünglich heraufgeführt wurde. Er hält fest (vgl. Aristoteles, *Metaphysik*, 1025 b 24): „Das, was getan wurde, und das, wozu man sich entschieden hat, ist ein und dasselbe." Es ist nachvollziehbar, dass, auch wenn im Zuge menschlichen Handelns Unbeabsichtigtes geschieht, die maßgebliche Ursächlichkeit beim Handelnden verbleibt. Inhaltlich gesprochen meint dies nichts anderes als Verantwortlichkeit (dazu siehe näher auch Hauskeller, 2001, S. 233 ff.). Der Gedanke, dass jemand, der handelt, moralisch gesehen in einen Bezug zu den Handlungsfolgen tritt, ist plausibel. Das Verantwortungsmotiv erweitert damit den Pflichtgedanken, der sich nur auf das Handeln selbst bezieht (vgl. ebd., S. 234). Hauskeller weist darauf hin, jemand, der seine Pflichten, aber keine Verantwortung sieht, möge „vielleicht einen guten Grund haben, niemanden zu töten, aber möglicherweise keinen solchen Grund, einen Dritten daran zu hindern, dass *er* jemanden tötet" (ebd.). Aus ethischer Sicht, wie sie für die Soziale Arbeit hier angesetzt wird, bedeutet dies eine Einschränkung, die, im Sinne Kants, in den Selbstwiderspruch führt. Ihr entgegen steht letztlich das Autonomieverständnis. Entsprechend ist es schlüssig, auf die „positive Freiheit, die wir durch das Übernehmen von Verantwortung gewinnen" zu verweisen (siehe bei Neumaier, 2012, S. 49). Diese Freiheit ist als markanter Ausdruck der Selbstbestimmtheit – der „Unabhängigkeit“ (ebd.) – zu verstehen.

Bereiche sozialarbeiterischer Verantwortlichkeit

Das Motiv der Unabhängigkeit geht auch mit dem Professionsanspruch zusammen. Die Verantwortung, die die Profession für das unter ihrer Regie praktizierte Berufshandeln trägt – und die sie anhand ihrer Ethik präzisiert –, ist ein Preis, der nicht nur angemessen ist, sondern über den auch eine konsolidierende Wirkung erfolgt. Der Verantwortungsrahmen steht für das Postulat beruflicher Autonomie, und er erlaubt, Verantwortungs*ebenen* zu benennen, die als Indikatoren für Handlungsqualität nutzbar sind. So gibt es neben der Verantwortung der Profession eine Verantwortung der Träger und der Einrichtungen, aber eben auch der Hochschulen und ebenso eine berufsverbandliche dafür, dass Soziale Arbeit so geleistet werden kann, wie es ihrem Selbstverständnis entspricht. Im Fokus der Trägersicht stehen das Leitbild und die Ausrichtung der zugeordneten Dienste. Für Einrichtungen sind Konzepte wichtig, aber auch die Anleitung und Begleitung des Fachpersonals. Die Hochschulen tragen Verantwortung für gute Lehre, aber ebenso für innovative Sozialarbeitsforschung. Und für den Berufsverband geht es um die Standards eines Wirkens Sozialer Arbeit als Profession.

Die Verantwortlichkeit, die in der Sozialen Arbeit zum Tragen kommt, ist nie nur abstrakt, sondern immer auch mit Personen verknüpft. An ihrem Arbeitsplatz haben Akteure

- Verantwortung für die von ihnen geleistete Sozialarbeit
- Verantwortung für das Wohlergehen der ihnen anvertrauten Klienten
- Verantwortung für Personen, die in das Sozialarbeitshandeln involviert sind
- Verantwortung für das Gemeinwohl
- Verantwortung für das Ansehen des Berufsstandes

In Leitungsverantwortung haben sie u. a. auch

- Verantwortung für die im Team, in der Einrichtung, im Verband geleistete Soziale Arbeit
- Verantwortung für die Auswahl der Mitarbeiter
- Verantwortung für die Anleitung und Fortbildung der Mitarbeiter
- Verantwortung für den Evaluationsprozess

Analog ist die Verantwortung der Hochschullehrer und der im Berufsverband engagierten Vertreter zu personalisieren. Entscheidend für das sozialarbeiterische Ethikverständnis aber bleibt der Gedanke, dass auch Kollektive Verantwortung für das von ihnen ausgehende Geschehen zu übernehmen haben (dazu siehe bei Mathiesen, 2009, S. 762). Dieser Imperativ ergibt sich aus den Machtstrukturen, über die Kollektive verfügen und die den Machtquellen der einzelnen Akteure in aller Regel überlegen sind (vgl. ebd.).

Im „Entscheidungsmodell der Verantwortungsethik" (Gruber, 2009, S. 139) steht Sozialer Arbeit ein praktikables Instrument zur Verfügung, um Verbindlichkeit in das berufliche Handeln, aber auch in die Gesellschaft zu tragen. Ein individualisierender Ansatz in der Sozialarbeitsethik, der zuletzt nur den Praktiker in der Pflicht sieht, bliebe dagegen wirkungslos. So viel auch durch ein an Menschenliebe und Altruismus ausgerichtetes, persönliches Ethos im Hilfeprozess erreicht werden kann – es realisiert keine Soziale Arbeit, so lange es sich nicht in den Dienst der ethischen Gestalt der Profession stellt. Das gilt auch und gerade für das Ehrenamt im Sozialarbeitskontext. Was als Sozialarbeitshandeln angelegt ist, ist als professionelles Handeln angelegt, und es erreicht diese Qualität nur über allgemeine Merkmale und Standards. Das gilt für das fachliche Kalkül, das Zuarbeit, aber keinen Dilettantismus zulässt, und das gilt innerhalb der ethischen Rahmung, die verlangt, dass nicht nur guter Wille, sondern auch Struktur gebende Werteautorität zum Tragen kommt. Darüber hinaus gibt der große Verantwortungsrahmen für die anspruchsvollen und teils grenzüberschreitenden Aufgaben im beruflichen Alltag eine Entlastungsperspektive an. Die scheint immer dort auf, wo Ethik als Leitungs- und Führungsaufgabe greifbar wird.

6.3 Führungshandeln in der Sozialen Arbeit

Positionen

Eine systematische Abbildung der Ethik in der Sozialen Arbeit steht – das ist auch ein Aspekt in diesem Lehrbuch – gegen drei verkürzende Annahmen, die in der Auseinandersetzung mit dieser Ethik immer wieder begegnen. Das Erste ist die Auffassung, Soziale Arbeit habe nur sporadisch und nur in heiklen Fällen ethischen Klärungsbedarf. Richtig ist, dass viele der Handlungsroutinen zwar kein ethisches Dilemma aufwerfen, aber dennoch eine klare ethische Grundorientierung zeigen bzw. von einer solchen profitieren. Das Zweite ist der Standpunkt, dass sich ethisches Wissen und ethische Reflexion nur auf das Fallhandeln beziehen, sich also nur an die Praktiker wenden. Richtig ist, dass dort, wo Handlungsentscheidungen unmittelbar auf Menschen wirken, eine ethische Unterstützung zwar besonders dringlich erscheint, dass der Bedarf solcher Unterstützung aber nicht am Fall, sondern am Handlungsanspruch zu messen ist. Das Dritte ist der – durchaus als Gegenposition zur ersten und zweiten Annahme zu sehende – Ansatz, diesen

Handlungsanspruch über die Gerechtigkeitsperspektive zu generalisieren, wozu ich auch den Vorstoß rechne, der Soziale Arbeit zur Menschenrechtsprofession erklärt. Richtig ist, dass soziale Gerechtigkeit und die Menschenrechte zwar Schlüsselthemen im sozialarbeiterischen Ringen um soziale Lebensqualität sind, aber ihrerseits Begründung und Rechtfertigung erfahren müssen, wenn der Sozialarbeitsberuf und wenn Sozialarbeitshandeln nicht bloß zustimmungsfähig, sondern glaubwürdig sein wollen.

Die Korrektur und Weitung der drei genannten Positionen gelingt, wenn man sieht, dass die ethische Handhabe in kniffligen Fällen vorbereitet sein muss, dass der mit der Fallsituation befasste Praktiker ethische Anleitung braucht und dass die Profession, die legitime menschliche Ansprüche stützt, nicht ohne ein Menschenbild auskommt. Zu sehen ist, wie jeder der Ansätze wiederum ethischen Bedarf anmeldet. Ins Licht des Verantwortungsgedankens gesetzt wird klar, dass nicht der End-, sondern der Anfangspunkt ethischer Reflexion in der Sozialen Arbeit entscheidend ist. Verantwortung wird nicht nach unten, sondern sie wird nach oben weitergereicht. Jeder Verantwortungsebene ist eine andere vorgelagert. Das reicht bis dorthin, wo ein Grundlagendiskurs über die ethischen Bezugspunkte in der Sozialen Arbeit stattfindet.

Forderungen

Die Sozialpädagogin und der Sozialarbeiter, die in der Fallarbeit stehen, sollten darauf vertrauen können, dass sie im Team schwierige Entscheidungssituationen und daran geknüpft ethische Fragen erörtern können und entsprechend fachlichen Rückhalt finden. Das Team wiederum sollte über die Leitungsstrukturen der Einrichtung in Hinblick auf ethische Handlungsoptionen abgesichert werden. Hier geht es um die ethischen Implikationen von Konzepten, aber auch um ein waches Fort- und Weiterbildungsmanagement. Die Einrichtung und die soziale Organisation sollten im Träger und im Verband die Leitlinien vorfinden, nach der die dort verantwortete Soziale Arbeit Ausrichtung und Plausibilität erhält. Die berufliche Praxis wiederum sollte, ohne dass hier ein Hierarchieverhältnis gebildet wird, aus der Theoriearbeit der Hochschulen heraus die ethischen Impulse erhalten, die mit dem fachlichen Verständnis in Einklang stehen. Dabei muss es Verbindungslinien aus allen Organisations- und Handlungsebenen heraus geben, die ihrerseits die Handlungsfelder von Lehre und Forschung an den Hochschulen erreichen. Und schließlich sollte sich die berufsverbandliche Arbeit in diese Schnittstellen einklinken und einen Diskursort für die ethischen Belange des Sozialarbeitsberufes schaffen.

Die Zuweisung von Verantwortung in der Sozialen Arbeit erfolgt entlang dieser Wirkungsbereiche. Damit entsteht nicht nur eine Verantwortungs*struktur,* sondern auch ein Verantwortungs*verständnis,* das, im Sozialarbeitszusammenhang, Führungsaufgaben markiert. Verantwortung, die entsteht, weil die Handlungsfolgen, im Guten wie im Schlechten, ins Kalkül des Handelnden gehören, realisiert sich als Führungs- und Leitungsverantwortung. Der Akteur und die Akteurin in der Praxis müssen diese Verantwortung ans Team und an die Einrichtung abgeben können. Die Praxis insgesamt an die Wissenschaft, wobei allerdings ein wechselseitiges Verhältnis zu sehen ist, das einen Führungsanspruch auch der Praxis, um die es immer geht, an die Wissenschaft und an die Hochschulen formuliert.

Konsequenzen

Man kann die Rolle der Ethik in der Sozialen Arbeit sehen, wie man will: wer sich auf das berufliche Veränderungshandeln einlässt, lässt sich auf ein ethisch relevantes Handeln ein. Und wer dort die ethischen Eckpunkte zu bestimmen sucht, klärt damit das berufliche Handlungsverständnis. Wo dieses Verständnis operationalisiert und in Funktionsweisen und Strukturen übersetzt wird, zeigen sich durchgängig ethische Wirkungslinien, die von der Praktikerin bis hinauf zur Verbandsleitung, von der Professorin bis hin zur Funktionärin im Berufsverband die gleiche Grundintention erwarten lassen, wenn sie, hier wie dort, „soziale Praxis gestalten" (Begemann/Riethmann, 2011; dazu auch Scheu, 2011, S. 86f.). Das macht Ethik zu einem konzertierten Anliegen und ihre angemessene Profilierung zur Führungsaufgabe. Das entsprechende Führungsverständnis – auch das gibt der sozialarbeitsethische Grundimpuls zu erkennen – ist prozessorientiert zu sehen. Denn die Ausformung eines auf allen Entscheidungs- und Handlungsebenen sichtbaren ethischen Profils ist als ein *gemeinsames* Projekt zu verstehen. Das bedeutet nicht Verordnung, sondern Diskurs. Aus dem Studium mitzunehmen – und im Studium entsprechend anzulegen – ist ethisches Wissen, das für das spätere berufliche Handeln zu diesem Diskurs anregt. Von Masterabsolventen ist zu erwarten, dass sie den Diskurs in die institutionellen Führungsstrukturen hinein abbilden. (Dazu vgl. auch Langen, 2007)

Das ethische Führungsmodell zeigt sich auch und nicht zuletzt im Verhältnis zwischen Akteuren und Adressaten. Die Verantwortung, die Professionelle gegenüber ihren Klienten übernehmen, erstreckt sich nicht auf deren Lebensführung. Die bleibt umfassend in der Verantwortung der sie generierenden Subjekte. Es gibt aber eine Verantwortung für die richtige, die passende Situationseinschätzung, für nützliche Zielideen und für tragfähige Wegperspektiven, und es gibt, im Zusammenwirken der Beteiligten, eine Verantwortung für den Übersetzungs- und Abstimmungsprozess. *Dieses* Führungshandeln ist von der Sozialpädagogin und dem Sozialarbeiter zu erwarten. Es mobilisiert ethisches Wissen, fordert aber ebenso Mitdenken und Mitwirkung ein. Auf diese Weise wird der „Einfluss der Entscheidungsbetroffenen" (Messmer, 2008, S. 182) nicht geschmälert, auch wenn deutlich wird, dass „ein nicht unwesentlicher Teil des professionellen Entscheidens interaktiv implizit generiert" ist (ebd.).

Am Ende zeichnet sich die Virulenz einer Thematik ab, der gemeinhin keine besondere Aufmerksamkeit geschenkt wird, auch wenn sie zu den zentralen ethischen Fragestellungen in der Sozialen Arbeit zu rechnen ist: die Frage nach Macht und Machtmissbrauch. Das Machtthema scheint vor allem in Hinblick auf die vorgefundenen Belastungssituationen von Menschen in ihren sozialen Kontexten zu begegnen. Hier hat das Sozialarbeitsverständnis zu guten Deutungsansätzen gefunden (dazu siehe bei Staub-Bernasconi, 2007, S. 374ff.; siehe auch oben Teil 3, Kapitel 4, Abschnitt 3). Zu diskutieren ist aber auch die Frage, wie Sozialarbeiterinnen und Sozialarbeiter mit der Macht- und Ohnmachtsituation umgehen sollen, die ihnen durch die berufliche Handlungssituation entsteht. Es liegt nahe, dass es hier ein besonderes Bewusstsein braucht (vgl. Herwig-Lempp, 2007); aber es ist auch deutlich, dass die Problematik eines adäquaten Umgangs mit Macht immer auch im Kontext der Umstände reflektiert werden muss. Es braucht Modelle und Lösungsideen (vgl. etwa den Ansatz bei Kraus, 2011); aber wichtig ist vor allem, Sensibilität und Aufmerksamkeit dafür zu schärfen, dass Menschen, denen ein wohlmeinender, ideenreicher Sozialarbeiter zur Lösung ihrer Probleme entgegentritt, in erster Linie die Kontrolle über ihr Leben – und das ist nichts anderes als ihre Würde – behalten wollen.

Eine günstige Herangehensweise scheint dort auf, wo sich Soziale Arbeit mit der Frage nach der Konstruktion ihres Mandats auseinandersetzt. Man mag es in der Diktion des Doppelmandats verstehen (vgl. ebd.; s.a. bei Wendt, 1995, S. 142ff.); man mag es in einer stärker ethischen Akzentuierung als Tripelmandat auffassen (vgl. Schmid Noerr, 2012, S. 93; dazu als Grundlage Staub-Bernasconi, 2007, S. 198f.); man mag es, wie ich es selbst gerne pointiere, zu einem einzigen, einem *gesellschaftlichen* Mandat zusammengehen sehen (vgl. Schumacher, 2007, S. 67ff.): in jedem Fall liefert der Auftrag eine Verpflichtung. Sie besteht darin, im Ansatz der sozialen Problemlösung, der befähigenden Unterstützung, der Sicherung von sozialer Lebensqualität vom Glücksstreben des Menschen auszugehen. Für Studium und Ausbildung realisiert sich hier der „reflexive Charakter der Profession Soziale Arbeit" (Harmsen, 2011, S. 209). Ein Lehrbuch zur Ethik dieser Profession erreicht sein Ziel, wenn es Fachkräfte und Entscheidungsträger dazu anhält, die von ihnen aufgelegte und gestaltete Soziale Arbeit in den Dienst des guten Lebens zu stellen.

Zusammenfassung und Überblick

In den sechs Kapiteln des dritten Teils wurde dargelegt, welche Ansatzpunkte eine Ethik der Sozialen Arbeit zur wissenschaftlichen Vertiefung bietet. Die Ausführungen bauen auf dem zuvor dargelegten ethischen Grundwissen (erster Teil) auf und knüpfen an die Anhaltspunkte ethischer Praxis (zweiter Teil) an. Ein zentrales Thema ist der Zusammenhang und die Verbindung von Ethik und Profession. Deutlich wird, dass eine als Profession gedachte und geformte Soziale Arbeit eine ethische Grundlage braucht, nach der sie selbstverantwortlich das berufliche Handeln ausgestalten kann. Deutlich wird aber auch, dass eine Soziale Arbeit, die das Professionsanliegen nicht weiterverfolgt, an Wert verliert. Genau betrachtet liegt das Problem aber weit schärfer vor: Eine nicht als Profession verstandene Soziale Arbeit verliert nicht nur die Möglichkeit, ethische Leitfäden einzuweben, die einem im Kontext auch moralischer Fragen operierenden Berufshandeln Sicherheit und Verbindlichkeit vermitteln; sie gerät in einen Widerspruch zu ihrem eigenen Anliegen zu wissen, was Menschen in sozial belasteten Lebenssituationen nützt und hilft.

Ethik gehört zum Selbstverständnis Sozialer Arbeit. Sie ist als Teil der Theoriearbeit zu sehen, durch die eine tragfähige Fachlichkeit ausgebildet werden soll. In Analogie zu einem sozialarbeitswissenschaftlichen Theorieansatz wird hier auch die Ethik als ein handlungsorientiertes Rahmenkonzept akzentuiert. Der Eindruck, dass in solcher Darstellung Ethik wie eine oder gar *die* Leitdisziplin für die Soziale Arbeit erscheint, ist gewollt und letztlich unvermeidbar. Einerseits geht es in diesem Lehrbuch um eine Skizze der Ethik und damit darum, sie für die sozialarbeitswissenschaftliche Aufmerksamkeit stark zu machen; das mag eine mögliche Überzeichnung rechtfertigen. Andererseits *gehört* sie zu den Disziplinen, von denen Soziale Arbeit grundsätzlich profitiert. Der Ansatz für ein sozialarbeitsethisches Konzept stellt aber auch klar, dass die in der Sozialen Arbeit zum Einsatz kommende Ethik nicht in gewohnter bezugswissenschaftlicher Manier eingespeist und entfaltet wird. Vielmehr tritt sie in Verschränkung mit den fachlichen Zielstellungen hervor und liefert für diese so etwas wie eine wissenschaftliche Grundlegung. Das zeigt sich am klarsten in Blick auf den Bezugspunkt Gesellschaft, der über den ethischen Sozialarbeitsansatz als ein im Menschenbild verwahrter, zentraler Wert gefasst werden kann. Wenn Soziale Arbeit in die Gesellschaft hinein und auf Gesellschaft hin handelt – und wenn sich ihr berufliches Wirken darin verdichtet, so erfährt sie über ihre Grundausrichtung am Menschen hier maßgebliche Begründung und Rechtfertigung.

So kommt der Ethik in der Sozialen Arbeit wissenschaftlich gesehen eine Sonderrolle zu. Sie tritt nicht in Konkurrenz zu den anderen Bezugswissenschaften. Vielmehr trägt sie dazu bei, dass deren Impulse für das berufliche Handlungsanliegen fruchtbar sind. Daraus ergibt sich die Forderung, Ethik und Sozialarbeitswissenschaft, ethisches Konzept und Theoriekonzept zusammen zu denken. Leitwissenschaft *bleibt* die Wissenschaft der Sozialen Arbeit, aber in dieser entfaltet der im beruflichen Selbstverständnis wurzelnde ethische (normative) Anspruch ein tragendes Fundament. Aufzuzeigen war auch, dass dieses Fundament kulturell gefärbt ist. Damit unterliegt es Einschränkungen; zugleich aber wird es in seinen Grenzen dialogfähig und als eigenständige Position greifbar. Soziale Arbeit folgt keinem Naturgesetz, vielmehr einer Setzung, von deren Wert und Bedeutung sie überzeugt ist.

Die ethische Konzeptarbeit – die tiefe Überzeugung, dass es richtig ist, menschlichem Leben zu Integrität und Würde zu verhelfen – greift ordnend in die Themenlandschaft wissenschaftlicher Ethik ein und setzt einen deontischen Grundakzent. Der kommt in den zentralen Bezugspunkten Menschenwürde, Menschenrechte und Gerechtigkeit gleichermaßen zum Ausdruck. Zuletzt eröffnet er auch einen Zugang zum ethischen Anliegen der Religion, in erster Linie des Christentums, weil es weiterhin wirksamer Teil der abendländischen Kultur ist, dann aber auch zu anderen Religionen, die sich über ein vergleichbares Menschen- und Heilsverständnis präsentieren. Zur Grundsicht gehört auch, das dem Menschen zukommende Autonomiemerkmal – die *Pflicht* zu eigenverantworteter Lebensgestaltung – als Schlüsselthema wahrzunehmen. Autonomie war so zu interpretieren, dass nicht Selbstsucht und Egoismus, sondern Beziehung, Gemeinschaft und Verantwortung zu ihren Kennzeichen werden. Statt unberechenbarer und verderblicher Willkür generiert sie Freiheit als Freiheit in Verantwortung.

Verantwortung schließlich ist das Motiv, anhand dessen die breite Verankerung der Ethik im Geflecht der Konzept-, Entscheidungs- und Handlungslinien der Sozialen Arbeit aufgezeigt werden kann. Die Perspektive lenkt den Blick vom Handeln auf die Folgen, vom Pflichtaspekt auf den Nutzenaspekt. Form und Inhalt finden hier zusammen. Der zugrunde liegende ethische Anspruch – als Bestimmungsmerkmal der Profession gedacht – bedingt einen Gestaltungsauftrag nach innen, in die Prozesse und Institutionen der Sozialen Arbeit hinein, und ebenso nach außen, zu den Adressaten hin. Die Verantwortung, die nach innen und nach außen wahrgenommen wird, gibt sich als eine Führungsverantwortung zu erkennen, die die beruflichen Akteure über Konzept und Struktur entlastet und die sicherstellt, dass Adressaten – Klienten – angemessene Anleitung zu selbstverantworteter Lebensführung finden.

Literaturhinweise zu Teil 3

Die Bestimmtheit des modernen Menschen

Brandscheidt, Renate/Brantl, Johannes/Overdick-Gulden, Maria/Schüßler, Werner (2012): Herausforderung „Mensch“. Philosophische, theologische und medizinethische Aspekte, Paderborn.

Etzioni, Amitai (1994): Jenseits des Egoismus-Prinzips. Ein neues Bild von Wirtschaft, Politik und Gesellschaft, Stuttgart.

Fuchs, Martin (1997): Universalität der Kultur. Reflexion, Interaktion und das Identitätsdenken - eine ethnologische Perspektive, in: Ethnozentrismus. Möglichkeiten und Grenzen des interkulturellen Dialogs, hg. v. M. Brocker u. H.H. Nau, Darmstadt, S. 141–152.

Hammerschmidt, Peter/Sagebiel, Juliane (Hg.) (2011): Die Soziale Frage zu Beginn des 21. Jahrhunderts, Neu-Ulm.

Harrison, Lawrence E. (2004): Warum Kultur wichtig ist, in: Streit um Werte. Wie Kulturen den Forschritt prägen, hg. v. S.P. Huntington u. L.E. Harrison, München, S. 15–40.

Hastedt, Heiner (1998): Der Wert des Einzelnen. Eine Verteidigung des Individualismus, Frankfurt a.M.

Joas, Hans (2011): Die Sakralität der Person. Eine neue Genealogie der Menschenrechte, Berlin.

Kather, Regine (2007): Person. Die Begründung menschlicher Identität, Darmstadt.

Kaufmann, Jean-Claude (2005): Die Erfindung des Ich. Eine Theorie der Identität, Konstanz.

Kerber, Walter (Hg.) (1991a): Menschenrechte und kulturelle Identität, München.

Klöcker, Michael/Tworuschka, Udo (Hg.) (2005): Ethik der Weltreligionen. Ein Handbuch, Darmstadt.

Kluxen, Wolfgang (1997): Abstrakte Vernunft und konkrete Geschichte, in: Ethnozentrismus. Möglichkeiten und Grenzen des interkulturellen Dialogs, hg. v. M. Brocker u. H.H. Nau, Darmstadt, S. 11–26.

Küng, Hans (2012): Handbuch Weltethos. Eine Vision und ihre Umsetzung, München.

Lob-Hüdepohl, Andreas (2010): Vielfältige Teilhabe als Menschenrecht - ethische Grundlage inklusiver Praxis, in: Teilhabe in Zeiten verschärfter Ausgrenzung? Kritische Beiträge zur Inklusionsdebatte, hg. v. H. Wittig-Koppe u.a., Neumünster, S. 13–21.

Lütterfelds, Wilhelm/Mohrs, Thomas (Hg.) (1997): Eine Welt - eine Moral? Eine kontroverse Debatte, Darmstadt.

Maio, Giovanni (2002): Ethik der Forschung am Menschen. Zur Begründung der Moral in ihrer historischen Bedingtheit, Stuttgart-Bad Cannstatt.

Mead, George Herbert (1973): Geist, Identität und Gesellschaft, Frankfurt a.M.

Oser, Fritz/Althof, Wolfgang (1997): Moralische Selbstbestimmung. Modelle der Entwicklung und Erziehung im Wertebereich, 3. Aufl. Stuttgart.

Reemtsma, Jan Philipp (2008): Vertrauen und Gewalt. Versuch über eine besondere Konstellation der Moderne, Hamburg.

Reese-Schäfer, Walter (2010): Autonomie und Gemeinschaft, in: Grenzen der Autonomie, hg. v. E. List u. H. Stelzer, Weilerswist, S. 55–70.

Rethmann, Albert-Peter (2001): Selbstbestimmung, Fremdbestimmung, Menschenwürde. Auskünfte christlicher Ethik, Regensburg.

Schreiber, Hans-Ludwig (2003): Die Würde des Menschen – eine rechtliche Fiktion?, in: Was ist der Mensch?, hg. v. N. Elsner u. H.-L. Schreiber, 2. Aufl. Göttingen, S. 231–247.

Schockenhoff, Eberhard (2009): Ethik des Lebens. Grundlagen und neue Herausforderungen, Freiburg i. Br.

Sedmak, Clemens (Hg.) (2012): Freiheit. Vom Wert der Autonomie, Darmstadt.

Stein, Edith (2004): Der Aufbau der menschlichen Person. Vorlesung zur Philosophischen Anthropologie, neu bearb. u. eingel. v. B. Beckmann-Zöller, Freiburg i. Br.

Zoglauer, Thomas (2010): Freiheit zwischen Selbstbestimmung und Fremdbestimmung, in: Grenzen der Autonomie, hg. v. E. List u. H. Stelzer, Weilerswist, S. 11–32.

Hinweise zum Gesellschaftsverständnis

Adorno, Theodor W. (1984): Philosophie und Gesellschaft. Fünf Essays, Auswahl und Nachwort v. R. Tiedemann, Stuttgart.

Böhnisch, Lothar/Schröer, Wolfgang (2000): Kritische Anmerkungen zum zivilgesellschaftlichen Diskurs, in: Archiv für Wissenschaft und Praxis der sozialen Arbeit 31, S. 252–258.

Effinger, Herbert (Hg.) (1999): Soziale Arbeit und Gemeinschaft, Freiburg i. Br.

Elias, Norbert (1987): Die Gesellschaft der Individuen, hg. v. M. Schröter, Frankfurt a. M.

Etzioni, Amitai (1999): Die Verantwortungsgesellschaft. Individualismus und Moral in der heutigen Demokratie, Berlin.

Forschner, Maximilian (1989): Mensch und Gesellschaft. Grundbegriffe der Sozialphilosophie, Darmstadt.

Habermas, Jürgen (2008): Die Dialektik der Säkularisierung, in: Blätter für deutsche und internationale Politik, Heft 4, S. 33–46.

Horkheimer, Max/Adorno, Theodor W. (1988): Dialektik der Aufklärung. Philosophische Fragmente, Frankfurt a. M.

Kramer, Rolf (2007): Gesellschaft im Wandel. Eine sozialethische Analyse, Berlin.

Reder, Michael/Chester, Chimara (2012): Demokratie und Motivation. Über die Bedeutung und Grenzen rationaler Motivation in demokratischen Prozessen, in: Warum wir handeln. Philosophie der Motivation, hg. v. G. Brüntrup u. M. Stuttgart, S. 121–135.

Schmid, Hans Bernhard/Schweikard, David P. (Hg.) (2009): Kollektive Intentionalität. Eine Debatte über die Grundlagen des Sozialen, Frankfurt a. M.

Searle, John R. (2012a): Die Konstruktion der gesellschaftlichen Wirklichkeit. Zur Ontologie sozialer Tatsachen, 2. Aufl. Berlin.

Searle, John R. (2012b): Wie wir die soziale Welt machen. Die Struktur der menschlichen Zivilisation, Berlin.

Spitzer, Helmut/Höllmüller, Hubert/Hönig, Barbara (Hg.) (2011): Soziallandschaften. Perspektiven Sozialer Arbeit als Profession und Disziplin, Wiesbaden.

Stichweh, Rudolf (2005): Inklusion und Exklusion. Studien zur Gesellschaftstheorie, Bielefeld.
Wesser, Ulrich (2011): Heteronomien des Sozialen. Sozialontologie zwischen Sozialphilosophie und Soziologie, Wiesbaden.

Gesellschaftsbezogener Ethikdiskurs

Apel, Karl-Otto (1990): Diskurs und Verantwortung. Das Problem des Übergangs zur postkonventionellen Moral, Frankfurt a. M.
Brieskorn, Norbert (2009): Sozialphilosophie. Eine Philosophie des gesellschaftlichen Lebens, Stuttgart.
Brink, Alexander/Tiberius, Viktor A. (Hg.) (2005): Ethisches Management. Grundlagen eines wert(e)orientierten Führungskräfte-Kodex, Bern.
Fischer, Peter (Hg.) (1995): Freiheit oder Gerechtigkeit. Perspektiven politischer Philosophie, Leipzig.
Geller, Helmut (2003): Staatlich geregelte Solidarität oder Privatisierung der Lebensrisiken? Anmerkungen zur Diskussion um die Sozialversicherungen, in: Solidarität institutionalisieren. Arenen, Aufgaben und Akteure christlicher Sozialethik, hg. v. H.-J. Große Kracht, Münster, S. 145–159.
Gross, Raphael (2010): Anständig geblieben. Nationalsozialistische Moral, Frankfurt a. M.
Hauskeller, Michael (2001): Versuch über die Grundlagen der Moral, München.
Heimbach-Steins, Marianne (2001): Menschenrechte in Gesellschaft und Kirche. Lernprozesse, Konfliktfelder, Zukunftschancen, Mainz.
Höffe, Otfried (1979): Ethik und Politik. Grundmodelle und -probleme der praktischen Philosophie, Frankfurt a. M.
Hoerster, Norbert (2002a): Die moralische Pflicht zum Rechtsgehorsam, in: ders. (Hg.), Recht und Moral. Texte zur Rechtsphilosophie, Stuttgart, S. 129–141.
Honneth, Axel (1994): Kampf um Anerkennung. Zur moralischen Grammatik sozialer Konflikte, Frankfurt a. M.
Honneth, Axel (2011): Das Recht der Freiheit. Grundriß einer demokratischen Sittlichkeit, Berlin.
Jüsten, Karl (1999): Ethik und Ethos der Demokratie, Paderborn.
Müller, Wolfgang Erich (2011): Evangelische Ethik, 2. Aufl. Darmstadt.
Nazarchuk, Alexander W. (2009): Ethik der globalen Gesellschaft. Eine Analyse im Lichte der sozialethischen Konzeption von Karl-Otto Apel, Freiburg i. Br.
Nothelle-Wildfeuer, Ursula (1999): Soziale Gerechtigkeit und Zivilgesellschaft, Paderborn.
Nussbaum, Martha C. (2011): Die Grenzen der Gerechtigkeit. Behinderung, Nationalität und Spezieszugehörigkeit, 2. Aufl. Berlin.
Päpstlicher Rat für Gerechtigkeit und Frieden (2006): Kompendium der Soziallehre der Kirche, 2. Aufl. Freiburg i. Br.
Richter, Horst E. (1974): Lernziel Solidarität, Reinbek b. Hamburg.
Rosa, Hartmut (1999): Die prozedurale Gesellschaft und die Idee starker politischer Wertungen – Zur moralischen Landkarte der Gerechtigkeit, in: Konzeptionen der Gerechtigkeit. Kulturvergleich – Ideengeschichte – Moderne Debatte, hg. v. H. Münkler u. M. Llanque, Baden-Baden, S. 395–424.

Schramm, Michael/Große Kracht, Hermann-Josef/Kostka, Ulrike (Hg.) (2006): Der fraglich gewordene Sozialstaat. Aktuelle Streitfelder – ethische Grundlagenprobleme, Paderborn.
Schumacher, Thomas (2008): Werte und Gesellschaft, in: Zeitschrift für Jugendkriminalität und Jugendhilfe 19, S. 374–378.
Schumacher, Thomas (2010): Soziale Arbeit als beruflich geleistete Solidarität. Gesellschaftliche und ethische Implikationen, in: Forum sozial, Heft 4, S. 15–19.
Sen, Amartya (2002): Ökonomie für den Menschen. Wege zu Gerechtigkeit und Solidarität in der Marktwirtschaft, München.
Weber, Max (2007): Die protestantische Ethik und der Geist des Kapitalismus, Erftstadt.
Wittig-Koppe, Holger/Bremer, Fritz/Hansen, Hartwig (Hg.) (2010): Teilhabe in Zeiten verschärfter Ausgrenzung? Kritische Beiträge zur Inklusionsdebatte, Neumünster.

Ethikrelevante Akzente im Sozialarbeitsverständnis

Bango, Jenö (2001): Wissen und Nichtwissen in der Sozialarbeit, in: Archiv für Wissenschaft und Praxis der sozialen Arbeit 32, Heft 1, S. 47–64.
Begemann, Verena/Rietmann, Stephan (Hg.) (2011): Soziale Praxis gestalten. Orientierungen für ein gelingendes Handeln, Stuttgart.
Börsch, Ekkehard (1997): Die Sinnfrage in der Sozialen Arbeit, in: Lebenswelt- und Subjektorientierung. Kritische Praxis Sozialer Arbeit, hg. v. J. Mangold, Berlin, S. 11–38.
Engelke, Ernst/Borrmann, Stefan/Spatschek, Christian (2009b): Die Wissenschaft Soziale Arbeit. Werdegang und Grundlagen, 2. Aufl. Freiburg i. Br.
Göppner, Hans-Jürgen/Hämäläinen, Juha (2004): Die Debatte um Sozialarbeitswissenschaft. Auf der Suche nach Elementen für eine Programmatik, Freiburg i. Br.
Kraus, Björn (2011): Soziale Arbeit – Macht – Hilfe und Kontrolle. Grundlegung und Anwendung eines systemisch-konstruktivistischen Machtmodells, in: Macht in der Sozialen Arbeit. Interaktionsverhältnisse zwischen Kontrolle, Partizipation und Freisetzung, hg. v. B. Kraus u. W. Krieger, 2. Aufl. Lage/Lippe, S. 95–118.
Miller, Tilly (2012): Inklusion – Teilhabe – Lebensqualität. Tragfähige Beziehungen gestalten. Systemische Modellierung einer Kernbestimmung Sozialer Arbeit, Stuttgart.
Müller, C. Wolfgang (2009): Wie Helfen zum Beruf wurde. Eine Methodengeschichte der Sozialarbeit, 5. Aufl. Weinheim-München.
Olk, Thomas (2005): Soziale Arbeit und die Krise der Zivilgesellschaft, in: Neue Praxis 35, S. 223–230.
Schumacher, Thomas (2003): Soziale Arbeit als Begriff. Paradigma zur Grundlegung einer Sozialarbeitswissenschaft, in: Archiv für Wissenschaft und Praxis der sozialen Arbeit 34, Heft 1, S. 3–18.
Schumacher, Thomas (2007): Soziale Arbeit als ethische Wissenschaft. Topologie einer Profession, Stuttgart.
Sorg, Richard (2003): Überlegungen aus Anlaß der Frage nach einem ‚politischen Mandat' Sozialer Arbeit, in: ders. (Hg.), Soziale Arbeit zwischen Politik und Wissenschaft, Münster, S. 75–88.
Spatscheck, Christian (2005): Soziale Arbeit im neoliberalen Kontext. Perspektiven für eine professionelle Modernisierung, in: Soziale Arbeit 54, S. 94–103.
Staub-Bernasconi, Silvia (2007): Soziale Arbeit als Handlungswissenschaft. Systemtheoretische Grundlagen und professionelle Praxis – ein Lehrbuch, Bern-Stuttgart-Wien.

Thiersch, Hans (2009): Authentizität, in: Professionalität in der Sozialen Arbeit. Standpunkte, Kontroversen, Perspektiven, hg. v. R. Becker-Lenz u. a., 2. Aufl. Wiesbaden, S. 239–253.

Wendt, Wolf Rainer (2010): Das ökosoziale Prinzip. Soziale Arbeit, ökologisch verstanden, Freiburg i. Br.

Impulse zum Ethikdiskurs in der Sozialen Arbeit

Albert, Martin (2006): Soziale Arbeit im Wandel. Professionelle Identität zwischen Ökonomisierung und ethischer Verantwortung, Hamburg.

Buestrich, Michael/Wohlfahrt, Norbert (2008): Ökonomisierung der Sozialen Arbeit, in: Aus Politik und Zeitgeschichte, Heft 12-13, S. 17–24.

Dabrowski, Martin/Wolf, Judith/Abmeier, Karlies (Hg.) (2011): Gleichheit, Ungleichheit, Gerechtigkeit, Paderborn.

Dungs, Susanne/Gerber, Uwe/Schmidt, Heinz/Zitt, Renate (Hg.) (2006): Soziale Arbeit und Ethik im 21. Jahrhundert. Ein Handbuch, Leipzig.

Großmaß, Ruth/Perko, Gudrun (2011): Ethik für soziale Berufe, Paderborn.

Gruber, Hans-Günter (2009): Ethisch denken und handeln. Grundzüge einer Ethik der Sozialen Arbeit, 2. Aufl. Stuttgart.

Kerber, Walter (1998): Sozialethik, Stuttgart-Berlin-Köln.

Kersting, Heinz J. (1994): Die Verantwortung des Sozialarbeiters. Ethische Implikationen von Theorie und Praxis, in: Grundpositionen Sozialer Arbeit. Gesellschaftliche Horizonte, Emotion und Kognition, ethische Implikationen, hg. v. W. Klüsche, Mönchengladbach, S. 161–176.

Kleve, Heiko (2008): Der Mensch der Sozialarbeit. Zur Unbestimmtheit eines Platzhalters – eine systemtheoretische Reflexion, in: Soziale Arbeit 57, S. 140–145.

Klug, Wolfgang (2000): Braucht die Soziale Arbeit eine Ethik? – Ethische Fragestellungen als Beitrag zur Diskussion der Sozialarbeitswissenschaft im Kontext ökonomischer Herausforderungen, in: Soziale Arbeit zwischen Ethik und Ökonomie, hg. v. U. Wilken, Freiburg i. Br., S. 175–206.

Klüsche, Wilhelm (1994): Soziale Arbeit im Spannungsfeld von Hilfserwartung und Selbstverantwortung, in: ders. (Hg.), Grundpositionen Sozialer Arbeit. Gesellschaftliche Horizonte, Emotion und Kognition, ethische Implikationen, Mönchengladbach, S. 177–222.

Lenk, Hans/Maring, Matthias (1998): Das moralphilosophische Fundament einer Ethik für Organisationen – korporative und individuelle Verantwortung, in: Ethik in Organisationen, hg. v. G. Blickle, Göttingen, S. 19–35.

Lob-Hüdepohl, Andreas/Lesch, Walter (Hg.) (2007): Ethik Sozialer Arbeit. Ein Handbuch, Paderborn.

Martin, Ernst (2007): Sozialpädagogische Berufsethik. Auf der Suche nach dem richtigen Handeln, 2. Aufl. Weinheim.

Meier, Uto/Sill, Bernhard (Hg.) (2005): Zwischen Gewissen und Gewinn. Werteorientierte Personalführung und Organisationsentwicklung, Regensburg.

Molderings, Barbara (2012): Interkulturelle Kompetenz. Das Wissen um das Fremde, die Anderen. Die Fähigkeit, ethisch und unter Beachtung der Menschenrechte zu handeln, in: Forum sozial, Heft 2, S. 15–18.

Mührel, Eric/Röh, Dieter (2007): Soziale Arbeit und die Menschenrechte. Perspektiven für eine soziale Weltgesellschaft, in: Neue Praxis 37, S. 293–307.

Otto, Hans-Uwe/Scherr, Albert/Ziegler, Holger (2010): Wieviel und welche Normativität benötigt die Soziale Arbeit? Befähigungsgerechtigkeit als Maßstab sozialarbeiterischer Kritik, in: Neue Praxis 40, S. 137–163.

Rieger, Günter (2003): Anwaltschaftlichkeit – ein Herzstück Sozialer Arbeit, in: Soziale Arbeit 52, S. 96–105.

Rieger, Günter (2012): Schwache Interessen in Governanceprozessen, in: Diversität und Soziale Ungleichheit. Analytische Zugänge und professionelles Handeln in der Sozialen Arbeit, hg. v. H. Effinger u. a., Opladen, S. 193–203.

Rögner, Rudolf (2003): Soziale Arbeit ohne moralische Ansprüche. Anregungen durch eine praxisanalytische Ethik, in: Soziale Arbeit 52, S. 433–439.

Schneider, Johann (2003): Professionalisierung und Ethik, in: Soziale Arbeit 52, S. 416–422.

Schumacher, Thomas (2006b): Sozialarbeitsethik in der Krise – Der systematische Ort der Ethik in der Sozialen Arbeit, in: Theorie und Praxis der Sozialen Arbeit 57, Heft 1, S. 55–62.

Nachwort
Die Ethik Sozialer Arbeit als Bestimmungsgrundlage der Profession

Das Lehrbuch der Ethik in der Sozialen Arbeit sollte vor allem zeigen, dass die ethischen Themen, die im beruflichen Alltag ebenso begegnen wie im Nachdenken über diesen Alltag, nicht nur vielfältig sind, sondern auch sinnvoll geordnet werden können. Das dargestellte Ordnungsprinzip demonstrierte einen Dreischritt: vom Grundwissen über präzisierendes Wissen bis zum Konzeptwissen. Damit wurde deutlich, dass Ethik in der Sozialen Arbeit nicht an jeder Stelle in gleicher Weise aufscheint, sondern dass sie an Handlungs- und Reflexionsebenen unterschiedlich angebunden ist. Die Aufgabe, die sich stellt, ist, die ethische Perspektive, gesetzt und zu sehen im Raum zwischen dem ethischen Bedarf und der im ethischen Argument liegenden Leistungskraft, in die verschiedenen Ebenen sozialarbeiterischen Handelns einzuweben. Auf die Strukturen des Studiums bezogen, das für dieses Handeln qualifiziert, war herauszuarbeiten, dass für den berufsqualifizierenden, generalistischen Bachelor ein auf den Beruf bezogenes, ethisches Grundverständnis und ein an Praxis orientiertes, vertiefendes Ethikwissen zu vermitteln notwendig ist. Die zwei Zirkel, die dieses Wissen setzen und entfalten, sollen zugleich eine ethisch fundierte, berufliche Handlungskompetenz strukturell sicherstellen. In Blick auf Masterprogramme war aufzuzeigen, dass das Ethikanliegen in der Sozialen Arbeit für die wissenschaftliche Aufbereitung offensteht und dort zu Absicherung und Originalität gelangt.

Im Rahmen des gezeigten Dreischritts war aber auch zu sehen, dass die Ethik in der Sozialen Arbeit einer Systematik folgt. Die Systematik war nicht nur im Aufriss vom Basiswissen zum Konzept, sondern auch innerhalb der einzelnen Teile, in der Bewegung vom Sozialarbeitsverständnis hin zum ethischen Handeln, zu erkennen. Die drei Teile erzeugten hier Parallelen, über die in jedem der Teile jene Bewegung in einer gleichgerichteten Thematisierung abzubilden war. Ausgangspunkt (1) ist das sozialarbeiterische Selbstverständnis, das benannt, aber auch eingebracht werden muss. Daran anzubinden ist (2) der ethische Kontext, in dem das Sozialarbeitshandeln steht. Daraus gilt es (3), die ethische Perspektive für die Soziale Arbeit zu formen und (4) in einen organischen Zusammenhang zum Handlungsanliegen generell zu stellen. Grundlage dafür ist (5) das Bild vom Menschen, wie er in der Sozialen Arbeit begegnet und gesehen werden will. Der Zielpunkt ist (6), das berufliche Handeln in seiner ethischen Qualität zu demonstrieren.

Wenn Ethik derart kraft- und anspruchsvoll in den Bestimmungsrahmen des Sozialarbeitsberufes hineinragt, so spricht das dafür, dass ihr, gemessen an der üblichen Einbindung bezugswissenschaftlichen Wissens, eine Sonderrolle zukommt. Der Eindruck ist nicht von der Hand zu weisen, dass eine ethische Kompetenz nicht analog zur Entfaltung von anderem Bezugswissen zu verstehen ist. Vom normativen Handlungsansatz bis hin zur Akzentuierung Sozialer Arbeit als Menschenrechtsprofession tritt die dezidiert ethische Blickweise als Anstoß und Ansatzpunkt von Fachlichkeit hervor. Das ethische Wissen in der Sozialen Arbeit ist Sozialarbeitswissen. Es wird von philosophischen und theologischen, aber auch von pädagogischen, psychologischen, soziologischen, ethnologischen sowie von religions- und kulturwissenschaftlichen Ideen gespeist. Aber es ist im Kern der Sozialarbeitsperspektive angestoßen. Dort beginnt sein Weg auf Gestaltung von Praxis hin, und dort wird auch das Bedürfnis nach zielführender, wissenschaftlicher Klärung virulent. Zuletzt trägt der ethische Anspruch sozialarbeiterischen Handelns auch das Anliegen des Berufes, in den Spannungsfeldern der sozialen Wirklichkeit selbstbewusst und selbstbestimmt zu wirken. Dieser Funktionsgedanke, zusammen mit der systematisch entfalteten, inhaltlichen Hinwendung zum Menschen, zeigt die Ethik Sozialer Arbeit zuletzt als Bestimmungsgrundlage der Profession.

Anhang
Ethische Akzentsetzungen im Zusammenhang

Abb. 10: Systematische Anordnung ausgewählter Ethikansätze

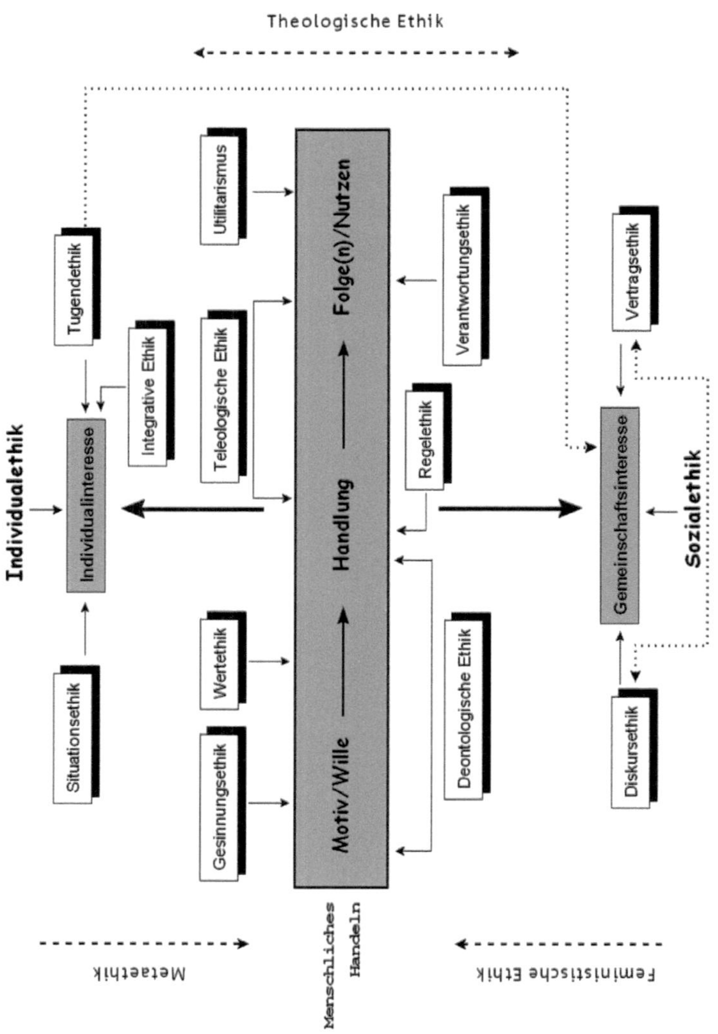

Verzeichnis der Abbildungen

Literaturgesamtverzeichnis

Ach, Johann S./Bayertz, Kurt/Siep, Ludwig (Hg.) (2008–2011): Grundkurs Ethik, 2 Bde., Paderborn.

Adorno, Theodor W. (1951): Minima Moralia. Reflexionen aus dem beschädigten Leben, Frankfurt a. M.

Adorno, Theodor W. (1984): Philosophie und Gesellschaft. Fünf Essays, Auswahl und Nachwort v. R. Tiedemann, Stuttgart.

Albert, Martin (2006): Soziale Arbeit im Wandel. Professionelle Identität zwischen Ökonomisierung und ethischer Verantwortung, Hamburg.

Anzenbacher, Arno (2012): Ethik. Eine Einführung, 4. Aufl. Ostfildern.

Apel, Karl-Otto (1990): Diskurs und Verantwortung. Das Problem des Übergangs zur postkonventionellen Moral, Frankfurt a. M.

Babo, Markus (2011): Um des Menschen willen. Zur Relevanz des christlichen Sinnhorizonts in der Sozialen Arbeit, in: Die Soziale Arbeit und ihre Bezugswissenschaften, hg. v. T. Schumacher, Stuttgart, S. 125–144.

Baldermann, Ingo (Hg.) (2001): Menschenwürde, Neukirchen-Vluyn.

Bango, Jenö (2001): Wissen und Nichtwissen in der Sozialarbeit, in: Archiv für Wissenschaft und Praxis der sozialen Arbeit 32, Heft 1, S. 47–64.

Bauer, Edith (2008): Entwicklungslinien ethischer Paradigmen der Sozialen Arbeit. Hegel, das Judentum und die Postmoderne, in: Soziale Arbeit 57, S. 282–292.

Bauer, Rudolph (1995): Wohlfahrtsverbände und Soziale Arbeit: Das „dreifache Mandat", in: Theorie, Politik und Praxis Sozialer Arbeit, hg. v. H. Sünker, Bielefeld, S. 122–137.

Baum, Hermann (1996): Ethik sozialer Berufe, Paderborn.

Baum, Hermann (2000): Anthropologie für soziale Berufe, Opladen.

Bauman, Zygmunt (2009): Postmoderne Ethik, Hamburg.

Bayertz, Kurt (Hg.) (1995): Verantwortung. Prinzip oder Problem?, Darmstadt.

Bayertz, Kurt (2006): Warum überhaupt moralisch sein?, München.

Becker-Lenz, Roland/Busse, Stefan/Ehlert, Gudrun/Müller-Hermann, Silke (Hg.) (2011): Professionelles Handeln in der Sozialen Arbeit. Materialanalysen und kritische Kommentare, Wiesbaden.

Becker-Lenz, Roland/Busse, Stefan/Ehlert, Gudrun/Müller, Silke (Hg.) (2012): Professionalität Sozialer Arbeit und Hochschule. Wissen, Kompetenz, Habitus und Identität im Studium Sozialer Arbeit, Wiesbaden.

Begemann, Verena/Rietmann, Stephan (Hg.) (2011): Soziale Praxis gestalten. Orientierungen für ein gelingendes Handeln, Stuttgart.

Bender-Junker, Birgit (2006): Ethik in der Sozialen Arbeit zwischen Gerechtigkeit, Anerkennung und Sorge. Ein Blick auf Vermittlungsdilemmata, ethische Haltepunkte und begriffliche ethische Reflexion in der Sozialen Arbeit, in: Soziale Arbeit und Ethik im 21. Jahrhundert. Ein Handbuch, hg. v. S. Dungs u. a., Leipzig, S. 51–61.

Berufsverband Katholischer Sozialarbeiter (Hg.) (1959): Die ethischen Grundlagen der Sozialarbeit und der Auftrag des Sozialarbeiters in öffentlicher und freier Wohlfahrt, Freiburg i. Br.

Bielefeldt, Heiner (1998): Philosophie der Menschenrechte. Grundlagen eines weltweiten Freiheitsethos, Darmstadt.

Birnbacher, Dieter (2007): Analytische Einführung in die Ethik, 2. Aufl. Berlin.

Birnbacher, Dieter (2008): Heiligen die Zwecke die Mittel? Einführung in die Konsequentialistische Ethik, in: Grundkurs Ethik, hg. v. J. Ach u. a., Bd. 1, Paderborn, S. 91–106.

Blackburn, Simon (2009): Gut sein. Eine kurze Einführung in die Ethik, 2. Aufl. Darmstadt.

Bleisch, Barbara/Huppenbauer, Markus (2011): Ethische Entscheidungsfindung. Ein Handbuch für die Praxis, Zürich.

Blumenberg, Hans (1966): Die Legitimität der Neuzeit, Frankfurt a. M.

Boeder, Heribert (1980): Topologie der Metaphysik, Freiburg i. Br.-München.

Böhnisch, Lothar (2012): Lebensbewältigung. Ein sozialpolitisch inspiriertes Paradigma für die Soziale Arbeit, in: Grundriss Soziale Arbeit. Ein einführendes Handbuch, hg. v. W. Thole, 4. Aufl. Wiesbaden, S. 219–233.

Böhnisch, Lothar/Schröer, Wolfgang (2000): Kritische Anmerkungen zum zivilgesellschaftlichen Diskurs, in: Archiv für Wissenschaft und Praxis der sozialen Arbeit 31, S. 252–258.

Börsch, Ekkehard (1997): Die Sinnfrage in der Sozialen Arbeit, in: Lebenswelt- und Subjektorientierung. Kritische Praxis Sozialer Arbeit, hg. v. J. Mangold, Berlin, S. 11–38.

Brandscheidt, Renate/Brantl, Johannes/Overdick-Gulden, Maria/Schüßler, Werner (2012): Herausforderung „Mensch". Philosophische, theologische und medizinethische Aspekte, Paderborn.

Braun, Andrea/Graßhoff, Gunther/Schweppe, Cornelia (2011): Sozialpädagogische Fallarbeit, München.

Brieskorn, Norbert (2009): Sozialphilosophie. Eine Philosophie des gesellschaftlichen Lebens, Stuttgart.

Brink, Alexander/Tiberius, Viktor A. (Hg.) (2005): Ethisches Management. Grundlagen eines wert(e)orientierten Führungskräfte-Kodex, Bern.

Brüll, Hans-Martin (Hg.) (2008): Leben zwischen Autonomie und Fürsorge. Beiträge zu einer anwaltschaftlichen Ethik, Freiburg i. Br.

Brüntrup, Godehard/Schwartz, Maria (Hg.) (2012): Warum wir handeln. Philosophie der Motivation, Stuttgart.

Brumlik, Micha (1992): Advokatorische Ethik. Zur Legitimation pädagogischer Eingriffe, Bielefeld.

Brumlik, Micha (2000): Advokatorische Ethik und sozialpädagogische Kompetenz, in: Soziale Arbeit. Gesellschaftliche Bedingungen und professionelle Perspektiven, H.-U. Otto zum 60. Geburtstag gew., hg. v. S. Müller u. a., Neuwied, S. 279–287.

Brunkhorst, Hauke (Hg.) (1999): Recht auf Menschenrechte. Menschenrechte, Demokratie und internationale Politik, Frankfurt a. M.

Buchkremer, Hansjosef (Hg.) (2009): Handbuch Sozialpädagogik. Ein Leitfaden in der Sozialen Arbeit, 3. Aufl. Darmstadt.

Buestrich, Michael/Wohlfahrt, Norbert (2008): Ökonomisierung der Sozialen Arbeit, in: Aus Politik und Zeitgeschichte, Heft 12-13, S. 17–24.

Bundeszentrale für politische Bildung (Hg.) (2004): Menschenrechte. Dokumente und Deklarationen, 4. Aufl. Bonn.

Butterwegge, Christoph (2011): Armut in einem reichen Land. Wie das Problem verharmlost und verdrängt wird, 2. Aufl. Frankfurt a. M.

Celikates, Robin/Gosepath, Stefan (Hg.) (2009): Philosophie der Moral. Texte von der Antike bis zur Gegenwart, Frankfurt a. M.

Chassé, Karl August/Wensierski, Hans-Jürgen (Hg.) (2008): Praxisfelder der Sozialen Arbeit. Eine Einführung, 4. Aufl. Weinheim.

Dabrowski, Martin/Wolf, Judith/Abmeier, Karlies (Hg.) (2011): Gleichheit, Ungleichheit, Gerechtigkeit, Paderborn.

Demele, Markus/Hartlieb, Michael/Noweck, Anna (Hg.) (2011): Ethik der Entwicklung. Sozialethische Perspektiven in Theorie und Praxis, Münster.

Deutscher Verein für öffentliche und private Fürsorge (Hg.) (2011): Fachlexikon der sozialen Arbeit, 7. Aufl. Baden-Baden.

Dewe, Bernd (2009): Reflexive Sozialarbeit im Spannungsfeld von evidenzbasierter Praxis und demokratischer Rationalität – Plädoyer für die handlungslogische Entfaltung reflexiver Professionalität, in: Professionalität in der Sozialen Arbeit. Standpunkte, Kontroversen, Perspektiven, hg. v. R. Becker-Lenz u. a., 2. Aufl. Wiesbaden, S. 89–109.

Dewe, Bernd/Otto, Hans-Uwe (2012): Reflexive Sozialpädagogik. Grundstrukturen eines neuen Typs dienstleistungsorientierten Professionshandelns, in: Grundriss Soziale Arbeit. Ein einführendes Handbuch, hg. v. W. Thole, 4. Aufl. Wiesbaden, S. 197–217.

Diezinger, Angelika/Mayr-Kleffel, Verena (2009): Soziale Ungleichheit. Eine Einführung für soziale Berufe, 2. Aufl. Freiburg i. Br.

Düwell, Marcus/Hübenthal, Christoph/Werner, Micha H. (Hg.) (2011): Handbuch Ethik, 3. Aufl. Stuttgart.

Dungs, Susanne/Gerber, Uwe/Schmidt, Heinz/Zitt, Renate (Hg.) (2006): Soziale Arbeit und Ethik im 21. Jahrhundert. Ein Handbuch, Leipzig.

Effinger, Herbert (Hg.) (1999): Soziale Arbeit und Gemeinschaft, Freiburg i. Br.

Effinger, Herbert/Borrmann, Stefan/Gahleitner, Silke Birgitta/Köttig, Michaela/Kraus, Blörn/Stövesand, Sabine (Hg.) (2012): Diversität und Soziale Ungleichheit. Analytische Zugänge und professionelles Handeln in der Sozialen Arbeit, Opladen.

Eisenmann, Peter (2012): Werte und Normen in der Sozialen Arbeit, 2. Aufl. Stuttgart.

Elhardt, Rolf/Graf, Sabine/Korn, Andrea/Waskiewicz, Natascha/Wiesner, Maria (1998): Soziale Arbeit – eine eigenständige Fachdisziplin an den Universitäten!, in: Theorie und Praxis der Sozialen Arbeit 49, S. 227–231.

Elias, Norbert (1987): Die Gesellschaft der Individuen, hg. v. M. Schröter, Frankfurt a. M.

Elsner, Norbert/Schreiber, Hans-Ludwig (Hg.) (2003): Was ist der Mensch?, 3. Aufl. Göttingen.

Endreß, Martin (Hg.) (1995): Zur Grundlegung einer integrativen Ethik. Für Hans Krämer, Frankfurt a. M.

Engelke, Ernst/Borrmann, Stefan/Spatschek, Christian (2009a): Theorien der Sozialen Arbeit. Eine Einführung, 5. Aufl. Freiburg i. Br.

Engelke, Ernst/Borrmann, Stefan/Spatschek, Christian (2009b): Die Wissenschaft Soziale Arbeit. Werdegang und Grundlagen, 3. Aufl. Freiburg i. Br.

Etzioni, Amitai (1994): Jenseits des Egoismus-Prinzips. Ein neues Bild von Wirtschaft, Politik und Gesellschaft, Stuttgart.

Etzioni, Amitai (1999): Die Verantwortungsgesellschaft. Individualismus und Moral in der heutigen Demokratie, Berlin.

Finis Siegler, Beate (2009): Ökonomik Sozialer Arbeit, 2. Aufl. Freiburg i. Br.

Fischer, Johannes/Gruden, Stefan/Imhof, Esther/Strub, Jean-Daniel (2008): Grundkurs Ethik. Grundbegriffe philosophischer und theologischer Ethik, 2. Aufl. Stuttgart.

Fischer, Joschka (1998): Für einen neuen Gesellschaftsvertrag. Eine politische Antwort auf die globale Revolution, Köln.

Fischer, Peter (Hg.) (1995): Freiheit oder Gerechtigkeit. Perspektiven politischer Philosophie, Leipzig.

Forschner, Maximilian (1989): Mensch und Gesellschaft. Grundbegriffe der Sozialphilosophie, Darmstadt.

Forschner, Maximilian (1994): Über das Glück des Menschen. Aristoteles, Epikur, Stoa, Thomas von Aquin, Kant, 2. Aufl. Darmstadt.

Fromm, Erich (1992): Die Seele des Menschen. Ihre Fähigkeit zum Guten und zum Bösen, München.

Fuchs, Martin (1997): Universalität der Kultur. Reflexion, Interaktion und das Identitätsdenken – eine ethnologische Perspektive, in: Ethnozentrismus. Möglichkeiten und Grenzen des interkulturellen Dialogs, hg. v. M. Brocker u. H. H. Nau, Darmstadt, S. 141–152.

Fuchs, Thomas (2000): Leib, Raum, Person. Entwurf einer phänomenologischen Anthropologie, Stuttgart.

Garhammer, Erich (1989): Menschen-Bilder. Impulse für helfende Berufe, Regensburg.

Geiling, Wolfgang (2006): Systemisch fundierte Praxis und Lebensweltorientierung, in: Potenziale und Grenzen systemischer Sozialarbeit, hg. v. W. Hosemann, Freiburg i. Br., S. 195–207.

Geißler, Karlheinz A./Hege, Marianne (2006): Konzepte sozialpädagogischen Handelns. Ein Leitfaden für soziale Berufe, 11. Aufl. Weinheim-Basel.

Geller, Helmut (2003): Staatlich geregelte Solidarität oder Privatisierung der Lebensrisiken? Anmerkungen zur Diskussion um die Sozialversicherungen, in: Solidarität institutionalisieren. Arenen, Aufgaben und Akteure christlicher Sozialethik, hg. v. H.-J. Große Kracht, Münster, S. 145–159.

Gerber, Uwe (2006): „Säkular-professionelle" Soziale Arbeit beginnt mit Luther, in: Soziale Arbeit und Ethik im 21. Jahrhundert. Ein Handbuch, hg. v. S. Dungs u. a., Leipzig, S. 233–242.

Gergen, Kenneth J. (2002): Konstruierte Wirklichkeiten. Eine Hinführung zum sozialen Konstruktionismus, Stuttgart.

Gesang, Bernward (2003): Eine Verteidigung des Utilitarismus, Stuttgart.

Gödicke, Paul (2011): Wirtschaftliches Denken in der Sozialen Arbeit. Eine unternehmerische Dimension der Sozialen Arbeit?, in: Die Soziale Arbeit und ihre Bezugswissenschaften, hg. v. T. Schumacher, Stuttgart, S. 183–207.

Göppner, Hans-Jürgen/Hämäläinen, Juha (2004): Die Debatte um Sozialarbeitswissenschaft. Auf der Suche nach Elementen für eine Programmatik, Freiburg i. Br.

Gosepath, Stefan/Lohmann, Georg (Hg.) (1998): Philosophie der Menschenrechte, Frankfurt a. M.

Grams, Wolfram (2000): Sozialarbeit als Ware oder: Das Soziale zu Markte tragen. Zu den Antipoden Ökonomisierung und Ethik der Sozialarbeit, in: Soziale Arbeit zwischen Ethik und Ökonomie, hg. v. U. Wilken, Freiburg i. Br., S. 77–98.

Grohall, Karl-Heinz (2000): Berufsethik als Ziel und Inhalt der Studiengänge der Sozialen Arbeit. Sind ethische und ökonomische Prinzipien in der Sozialen Arbeit vereinbar?, in: Soziale Arbeit zwischen Ethik und Ökonomie, hg. v. U. Wilken, Freiburg i. Br., S. 223–252.

Gross, Raphael (2010): Anständig geblieben. Nationalsozialistische Moral, Frankfurt a. M.

Großmaß, Ruth (2006): Die Bedeutung der Care-Ethik für die Soziale Arbeit, in: Soziale Arbeit und Ethik im 21. Jahrhundert. Ein Handbuch, hg. v. S. Dungs u. a., Leipzig, S. 319–338.

Großmaß, Ruth/Perko, Gudrun (2011): Ethik für soziale Berufe, Paderborn.

Gruber, Hans-Günter (2009): Ethisch denken und handeln. Grundzüge einer Ethik der Sozialen Arbeit, 2. Aufl. Stuttgart.

Habermas, Jürgen (1983): Moralbewußtsein und kommunikatives Handeln, Frankfurt a. M.

Habermas, Jürgen (1991): Erläuterungen zur Diskursethik, Frankfurt a. M.

Habermas, Jürgen (1992): Die Einheit des Vernunft in der Vielfalt ihrer Stimmen, in: ders., Nachmetaphysisches Denken. Philosophische Aufsätze, Frankfurt a. M., S. 153–186.

Habermas, Jürgen (2008): Die Dialektik der Säkularisierung, in: Blätter für deutsche und internationale Politik, Heft 4, S. 33–46.

Haeffner, Gerd (2005): Philosophische Anthropologie, 4. Aufl. Stuttgart-Berlin-Köln.

Hammerschmidt, Peter/Sagebiel, Juliane (Hg.) (2011): Die Soziale Frage zu Beginn des 21. Jahrhunderts, Neu-Ulm.

Hare, Richard M. (1983): Freiheit und Vernunft, Frankfurt a. M.

Hare, Richard M. (1997): Die Sprache der Moral, Frankfurt a. M.

Harman, Gilbert (1981): Das Wesen der Moral. Eine Einführung in die Ethik, Frankfurt a. M.

Harmsen, Thomas (2011): Die Konstruktion professioneller Identität im Studium der Sozialen Arbeit, in: Professionelles Handeln in der Sozialen Arbeit. Materialanalysen und kritische Kommentare, hg. v. R. Becker-Lenz u. a., Wiesbaden, S. 195–210.

Harrison, Lawrence E. (2004): Warum Kultur wichtig ist, in: Streit um Werte. Wie Kulturen den Forschritt prägen, hg. v. S. P. Huntington u. L. E. Harrison, München, S. 15–40.

Hastedt, Heiner (1998): Der Wert des Einzelnen. Eine Verteidigung des Individualismus, Frankfurt a. M.

Hauskeller, Michael (1999): Geschichte der Ethik. Mittelalter, München.

Hauskeller, Michael (2001): Versuch über die Grundlagen der Moral, München.

Hauskeller, Michael (2003): Ich denke, aber bin ich? Phantastische Reisen durch die Philosophie, München.

Hausmanninger, Thomas (Hg.) (1993): Christliche Sozialethik zwischen Moderne und Postmoderne, Paderborn u. a.

Heidenreich, Felix (2011): Theorien der Gerechtigkeit. Eine Einführung, Opladen.

Heimbach-Steins, Marianne (2001): Menschenrechte in Gesellschaft und Kirche. Lernprozesse, Konfliktfelder, Zukunftschancen, Mainz.

Helmers, Agnes (2005): Menschlichkeit statt Ökonomisierung, in: Forum Sozialarbeit und Gesundheit, Heft 2, S. 26–30.

Hepfer, Karl (2008): Philosophische Ethik. Eine Einführung, Göttingen.

Hering, Sabine/Münchmeier, Richard (2007): Geschichte der Sozialen Arbeit. Eine Einführung, 4. Aufl. Weinheim-München.

Herold, Norbert (2012): Einführung in die Wirtschaftsethik, Darmstadt.
Herwig-Lempp, Johannes (2007): Machtbewusstseinserweiterung für SozialarbeiterInnen, in: Forum sozial, Heft 4, S. 34–38.
Hill, Burkhard/Hönigschmid, Cornelia/Kreling, Eva/Eisenstecken, Erich/Grothe-Bortlik, Klaus/Zink, Gabriela (Hg.) (2012): Selbsthilfe und Soziale Arbeit. Das Feld neu vermessen, Weinheim.
Höffe, Otfried (1979): Ethik und Politik. Grundmodelle und -probleme der praktischen Philosophie, Frankfurt a. M.
Höffe, Otfried (1991): Transzendentale Interessen. Zur Anthropologie der Menschenrechte, in: Menschenrechte und kulturelle Identität. Ein Symposion, hg. v. W. Kerber, München, S. 15–36.
Höffe, Otfried (2007): Lebenskunst und Moral oder: Macht Tugend glücklich?, München.
Höffe, Otfried (Hg.) (2008): Lexikon der Ethik. 7. Aufl. München.
Höffe, Otfried (2010): Gerechtigkeit. Eine philosophische Einführung, 4. Aufl. München.
Höffe, Otfried (Hg.) (2012): Lesebuch zur Ethik. Philosophische Texte von der Antike bis zur Gegenwart, 5. Aufl. München.
Hoerster, Norbert (2002a): Die moralische Pflicht zum Rechtsgehorsam, in: ders. (Hg.), Recht und Moral. Texte zur Rechtsphilosophie, Stuttgart, S. 129–141.
Hoerster, Norbert (Hg.) (2002b): Recht und Moral. Texte zur Rechtsphilosophie, Stuttgart.
Hoerster, Norbert (2003): Ethik und Interesse, Stuttgart.
Hoerster, Norbert (2008): Was ist Moral? Eine philosophische Einführung, Stuttgart.
Hösle, Vittorio (1995): Praktische Philosophie in der modernen Welt, 2. Aufl. München.
Hofer, Konrad (2002): Helfen wollen und die Welt verändern. Arbeitsbedingungen von Sozialarbeiterinnen und Sozialarbeitern, Wien.
Holzleithner, Elisabeth (2009): Gerechtigkeit, Wien.
Honneth, Axel (1994): Kampf um Anerkennung. Zur moralischen Grammatik sozialer Konflikte, Frankfurt a. M.
Honneth, Axel (2011): Das Recht der Freiheit. Grundriß einer demokratischen Sittlichkeit, Berlin.
Honneth, Axel/Joas, Hans (1980): Soziales Handeln und die menschliche Natur, Frankfurt a. M.
Horkheimer, Max/Adorno, Theodor W. (1988): Dialektik der Aufklärung. Philosophische Fragmente, Frankfurt a. M.
Horn, Christoph/Scarano, Nico (Hg.) (2002): Philosophie der Gerechtigkeit. Texte von der Antike bis zur Gegenwart, Frankfurt a. M.
Horster, Detlef (2009): Ethik, Stuttgart.
Horster, Detlef (Hg.) (2012): Texte zur Ethik, Stuttgart.
Hosemann, Wilfried (2003): Soziale Arbeit und soziale Gerechtigkeit, Baltmannsweiler.
Hug, Sonja (2007): Die Chancen einer Menschenrechtsprofession. Ethische Legitimation auf der Basis der Menschenrechte, in: Sozial Aktuell 39, Heft 1, S. 12–14.
Janke, Wolfgang (2002): Das Glück der Sterblichen. Eudämonie und Ethos, Liebe und Tod, Darmstadt.
Joas, Hans (1999): Die Entstehung der Werte, Frankfurt a. M.
Joas, Hans (2011): Die Sakralität der Person. Eine neue Genealogie der Menschenrechte, Berlin.

Jonas, Hans (1979): Das Prinzip Verantwortung. Versuch einer Ethik für die technologische Zivilisation, Frankfurt a. M.

Jüsten, Karl (1999): Ethik und Ethos der Demokratie, Paderborn.

Kather, Regine (2007): Person. Die Begründung menschlicher Identität, Darmstadt.

Kaufmann, Jean-Claude (2005): Die Erfindung des Ich. Eine Theorie der Identität, Konstanz.

Kenny, Anthony (2012): Geschichte der abendländischen Philosophie, 4 Bde., Darmstadt.

Kerber, Walter (1998): Sozialethik, Stuttgart-Berlin-Köln.

Kerber, Walter (Hg.) (1991a): Menschenrechte und kulturelle Identität, München.

Kerber, Walter (Hg.) (1991b): Das Absolute in der Ethik. Ein Symposion, München.

Kerber, Walter/Ertl, Heimo/Hainz, Michael (Hg.) (1991): Katholische Gesellschaftslehre im Überblick – 100 Jahre Sozialverkündigungen der Kirche, Frankfurt a. M.

Kersting, Heinz J. (1994): Die Verantwortung des Sozialarbeiters. Ethische Implikationen von Theorie und Praxis, in: Grundpositionen Sozialer Arbeit. Gesellschaftliche Horizonte, Emotion und Kognition, ethische Implikationen, hg. v. W. Klüsche, Mönchengladbach, S. 161–176.

Kessl, Fabian (2006): Soziale Arbeit trotz(t) Bologna. Drei Szenarien zur Zukunft der Studiengänge im Feld Sozialer Arbeit, in: Sozialpädagogik im Übergang. Neue Herausforderungen für Disziplin, Profession und Ausbildung, hg. v. C. Schweppe u. S. Sting, Weinheim-München, S. 71–87.

Kleve, Heiko (1999): Soziale Arbeit als stellvertretende Inklusion. Eine ethische Reflexion aus postmodern-systemischer Perspektive, in: Die moralische Profession. Menschenrechte und Ethik in der Sozialarbeit, hg. v. P. Pantucek u. M. Vyslouzil, St. Pölten, S. 67–86.

Kleve, Heiko (2005): Postmoderne Sozialarbeit und Sozialstaatstransformation. Fragen und Antworten aus einer ambivalenzreflexiven Perspektive, in: Sozialmagazin 30, Heft 2, S. 34–42.

Kleve, Heiko (2008): Der Mensch der Sozialarbeit. Zur Unbestimmtheit eines Platzhalters – eine systemtheoretische Reflexion, in: Soziale Arbeit 57, S. 140–145.

Klöcker, Michael/Tworuschka, Udo (Hg.) (2005): Ethik der Weltreligionen. Ein Handbuch, Darmstadt.

Klüsche, Wilhelm (1994): Soziale Arbeit im Spannungsfeld von Hilfserwartung und Selbstverantwortung, in: ders. (Hg.), Grundpositionen Sozialer Arbeit. Gesellschaftliche Horizonte, Emotion und Kognition, ethische Implikationen, Mönchengladbach, S. 177–222.

Klüsche, Wilhelm (2006): Studium der Sozialen Arbeit, in: Soziale Arbeit und Ethik im 21. Jahrhundert. Ein Handbuch, hg. v. S. Dungs u. a., Leipzig, S. 171–189.

Klug, Wolfgang (2000): Braucht die Soziale Arbeit eine Ethik? – Ethische Fragestellungen als Beitrag zur Diskussion der Sozialarbeitswissenschaft im Kontext ökonomischer Herausforderungen, in: Soziale Arbeit zwischen Ethik und Ökonomie, hg. v. U. Wilken, Freiburg i. Br., S. 175–206.

Kluxen, Wolfgang (1997): Abstrakte Vernunft und konkrete Geschichte, in: Ethnozentrismus. Möglichkeiten und Grenzen des interkulturellen Dialogs, hg. v. M. Brocker u. H. H. Nau, Darmstadt, S. 11–26.

Knoepffler, Nikolaus (2010): Angewandte Ethik. Ein systematischer Leitfaden, Wien-Köln-Weimar.

Koller, Christian (2009): Rassismus, Paderborn.
Krämer, Hans (1992): Integrative Ethik, Frankfurt a. M.
Kramer, Rolf (2007): Gesellschaft im Wandel. Eine sozialethische Analyse, Berlin.
Kraus, Björn (2011): Soziale Arbeit – Macht – Hilfe und Kontrolle. Grundlegung und Anwendung eines systemisch-konstruktivistischen Machtmodells, in: Macht in der Sozialen Arbeit. Interaktionsverhältnisse zwischen Kontrolle, Partizipation und Freisetzung, hg. v. B. Kraus u. W. Krieger, 2. Aufl. Lage/Lippe, S. 95–118.
Kruse, Elke (2004): Stufen zur Akademisierung. Wege der Ausbildung für Soziale Arbeit von der Wohlfahrtsschule zum Bachelor-/Mastermodell, Wiesbaden.
Kruse, Elke (2012): Studium und Praxis Sozialer Arbeit, in: Soziale Arbeit 61, S. 338–346.
Küng, Hans (2011): Projekt Weltethos, 13. Aufl. München.
Küng, Hans (2012): Handbuch Weltethos. Eine Vision und ihre Umsetzung, München.
Küng, Hans/Kuschel, Karl-Josef (Hg.) (1993): Erklärung zum Weltethos. Die Deklaration des Parlamentes der Weltreligionen, München.
LaFollette, Hugh (Hg.) (2000): The Blackwell Guide to Ethical Theory, Oxford.
Langen, Robert (2007): Vom Umgang mit Verantwortung. Professionsethische Handlungskompetenz als Ausbildungsgegenstand, in: Sozial Aktuell 39, Heft 1, S. 16–18.
Lattwein, Svenja (2012): Die professionelle Identität beim Übergang in die Praxis, in: Soziale Arbeit 61, S. 354–361.
Laub, Matthias (2008): Soziale Arbeit mit PflichtklientInnen, in: Sozialpsychiatrische Informationen 38, Heft 4, S. 25–38.
Lenk, Hans (1998): Konkrete Humanität, Vorlesungen über Verantwortung und Menschlichkeit, Frankfurt a. M.
Lenk, Hans (2010): Das flexible Vielfachwesen. Einführung in die moderne philosophische Anthropologie zwischen Bio-, Techno- und Kulturwissenschaften, Weilerswist.
Lenk, Hans/Maring, Matthias (1998): Das moralphilosophische Fundament einer Ethik für Organisationen – korporative und individuelle Verantwortung, in: Ethik in Organisationen, hg. v. G. Blickle, Göttingen, S. 19–35.
Lesch, Walter (2003): Welche Ethik ist „richtig“ für die Soziale Arbeit. Erkundungen in einer unübersichtlichen Landschaft, in: Soziale Arbeit 52, S. 409–415.
Leupold, Michael (2007): Ethische Grundlagen in der Sozialen Arbeit. Ein Plädoyer für eine stärkere Berücksichtigung der Strebensethik, in: Neue Praxis 37, S. 265–277.
Levinas, Emmanuel (1989): Humanismus des anderen Menschen, übers. u. eingel. v. L. Wenzler, Hamburg.
Lob-Hüdepohl, Andreas (2003): Ethik Sozialer Arbeit als Menschenrechtsprofession. Konturen einer sozialprofessionellen Grundhaltung, in: Soziale Arbeit 52, S. 42–48.
Lob-Hüdepohl, Andreas (2008): Reflexive Menschendienlichkeit. Zukunftsfragen einer Ethik Sozialer Arbeit, in: Soziale Berufe im Wandel. Vergangenheit, Gegenwart und Zukunft Sozialer Arbeit, hg. v. R.-C. Amthor, Baltmannsweiler, S. 152–176.
Lob-Hüdepohl, Andreas (2010): Vielfältige Teilhabe als Menschenrecht – ethische Grundlage inklusiver Praxis, in: Teilhabe in Zeiten verschärfter Ausgrenzung? Kritische Beiträge zur Inklusionsdebatte, hg. v. H. Wittig-Koppe u. a., Neumünster, S. 13–21.
Lob-Hüdepohl, Andreas/Lesch, Walter (Hg.) (2007): Ethik Sozialer Arbeit. Ein Handbuch, Paderborn.
Lüssi, Peter (2008): Systemische Sozialarbeit. Praktisches Lehrbuch der Sozialberatung, 6. Aufl. Bern-Stuttgart-Wien.

Lütterfelds, Wilhelm/Mohrs, Thomas (Hg.) (1997): Eine Welt – eine Moral? Eine kontroverse Debatte, Darmstadt.
Lüttke, Hans B. (2003): Gehorsam und Gewissen. Die moralische Handlungskompetenz des Menschen aus Sicht des Milgram-Experimentes, Frankfurt a. M. u. a.
Luhmann, Niklas (1997): Die Gesellschaft der Gesellschaft, Frankfurt a. M.
MacIntyre, Alasdair (1995): Der Verlust der Tugend. Zur moralischen Krise der Gegenwart, Frankfurt a. M.
Maio, Giovanni (2002): Ethik der Forschung am Menschen. Zur Begründung der Moral in ihrer historischen Bedingtheit, Stuttgart-Bad Cannstatt.
Marquard, Odo (2003): Zukunft braucht Herkunft. Philosophische Essays, Stuttgart.
Marten, Rainer (1988): Der menschliche Mensch. Abschied vom utopischen Denken, Paderborn.
Martin, Ernst (2007): Sozialpädagogische Berufsethik. Auf der Suche nach dem richtigen Handeln, 2. Aufl. Weinheim.
Mathiesen, Kay (2009): Wir sitzen alle in einem Boot. Die Verantwortung kollektiver Akteure und ihrer Mitglieder, in: Kollektive Intentionalität. Eine Debatte über die Grundlagen des Sozialen, hg. v. H. B. Schmid u. D. P. Schweikard, Frankfurt a. M., S. 738–764.
Matsumoto, Dairi (2011): Moralbegründung zwischen Kant und Transzendentalpragmatik. Von der transzendentalen Begründung zur Faktizität des Moralischen, Marburg.
Mead, George Herbert (1973): Geist, Identität und Gesellschaft, Frankfurt a. M.
Meck, Sabine (2003): Vom guten Leben. Eine Geschichte des Glücks, Darmstadt.
Meier, Uto/Sill, Bernhard (Hg.) (2005): Zwischen Gewissen und Gewinn. Werteorientierte Personalführung und Organisationsentwicklung, Regensburg.
Meinhold, Marianne/Lob-Hüdepohl, Andreas (2007): Ethik der Organisationsformen Sozialer Arbeit, in: Ethik Sozialer Arbeit. Ein Handbuch, hg. v. A. Lob-Hüdepohl u. W. Lesch, Paderborn, S. 331–346.
Merten, Roland (2008): Sozialarbeitswissenschaft – Vom Entschwinden eines Phantoms, in: Soziale Arbeit in Gesellschaft, hg. v. d. Bielefelder Arbeitsgruppe 8, Wiesbaden, S. 128–135.
Messmer, Heinz (2008): Profession auf dem Prüfstand, in: Soziale Arbeit in Gesellschaft, hg. v. d. Bielefelder Arbeitsgruppe 8, Wiesbaden, S. 177–185.
Michel, Christel (2011): Justice and Social Work – Gerechtigkeit und Soziale Arbeit, in: Menschenrechtsorientiert wahrnehmen – beurteilen – handeln. Ein Lese- und Arbeitsbuch für Studierende, Lehrende und Professionelle der Sozialen Arbeit, hg. v. H. Walz u. a., Luzern, S. 263–271.
Mill, John Stuart (1985): Der Utilitarismus, Stuttgart.
Mill, John Stuart (2011): Über die Freiheit, 2. Aufl. Hamburg.
Miller, Tilly (2001): Systemtheorie und Soziale Arbeit. Entwurf einer Handlungstheorie, 2. Aufl. Stuttgart.
Miller, Tilly (2012): Inklusion – Teilhabe – Lebensqualität. Tragfähige Beziehungen gestalten. Systemische Modellierung einer Kernbestimmung Sozialer Arbeit, Stuttgart.
Molderings, Barbara (2012): Interkulturelle Kompetenz. Das Wissen um das Fremde, die Anderen. Die Fähigkeit, ethisch und unter Beachtung der Menschenrechte zu handeln, in: Forum sozial, Heft 2, S. 15–18.
Mosse, George L. (2006): Die Geschichte des Rassismus in Europa, Frankfurt a. M.

Mühlum, Albert (Hg.) (2004): Sozialarbeitswissenschaft – Wissenschaft der Sozialen Arbeit, Freiburg i. Br.

Mühlum, Albert (2012): Berufsgeschichte oder Professionsgeschichte? Von der ehrenamtlichen Fürsorge zur professionellen Sozialen Arbeit, in: Soziale Arbeit 61, S. 326–332.

Mührel, Eric (2005): Verstehen und Achten. Philosophische Reflexionen zur professionellen Haltung in der Sozialen Arbeit, Essen.

Mührel, Eric/Röh, Dieter (2007): Soziale Arbeit und die Menschenrechte. Perspektiven für eine soziale Weltgesellschaft, in: Neue Praxis 37, S. 293–307.

Müller, Burkhard (1987): Sozialpädagogische Ethik. Zum Verhältnis von Fachwissenschaft, Handlungskompetenz und Berufsmoral, in: Die herausgeforderte Moral. Lebensbewältigung in Erziehung und sozialer Arbeit, hg. v. T. Rauschenbach u. H. Thiersch, Bielefeld, S. 35–58.

Müller, Burkhard (1991): Die Last der großen Hoffnungen. Methodisches Handeln und Selbstkontrolle in sozialen Berufen, Neuausgabe Weinheim-München.

Müller, C. Wolfgang (2007): Von der tätigen Nächstenliebe zum Helfen als Beruf, in: Ethik Sozialer Arbeit. Ein Handbuch, hg. v. A. Lob-Hüdepohl u. W. Lesch, Paderborn, S. 13–19.

Müller, C. Wolfgang (2009): Wie Helfen zum Beruf wurde. Eine Methodengeschichte der Sozialarbeit, 5. Aufl. Weinheim-München.

Müller, Wolfgang Erich (2011): Evangelische Ethik, 2. Aufl. Darmstadt.

Münkler, Herfried/Llanque, Marcus (Hg.) (1999): Konzeptionen der Gerechtigkeit, Baden-Baden.

Nazarchuk, Alexander W. (2009): Ethik der globalen Gesellschaft. Eine Analyse im Lichte der sozialethischen Konzeption von Karl-Otto Apel, Freiburg i. Br.

Neumaier, Otto (2012): Freiheit, Vernunft und Verantwortung, in: Freiheit. Vom Wert der Autonomie, hg. v. C. Sedmak, Darmstadt, S. 21–50.

Nida-Rümelin, Julian (Hg.) (1996): Angewandte Ethik. Die Bereichsethiken und ihre theoretische Fundierung, Stuttgart.

Nida-Rümelin, Julian (2005): Über die menschliche Freiheit, Stuttgart.

Nida-Rümelin, Julian (2009): Philosophie und Lebensform, Frankfurt a. M.

Nothelle-Wildfeuer, Ursula (1999): Soziale Gerechtigkeit und Zivilgesellschaft, Paderborn.

Nowak, Jürgen (2005): Soziale Ökonomie und Soziale Arbeit. Herausforderung und Chance im Zeitalter der Globalisierung, in: Soziale Arbeit 54, S. 122–128.

Nunner-Winkler, Gertrud/Edelstein, Wolfgang (Hg.) (2000): Moral im sozialen Kontext, Frankfurt a. M.

Nussbaum, Martha C. (2000): Vom Nutzen der Moraltheorie für das Leben, Wien.

Nussbaum, Martha C. (2011): Die Grenzen der Gerechtigkeit. Behinderung, Nationalität und Spezieszugehörigkeit, 2. Aufl. Berlin.

Obermaier-van Deun, Peter (2011): Soziale Arbeit und die Regeln menschlichen Zusammenlebens, in: Die Soziale Arbeit und ihre Bezugswissenschaften, hg. v. T. Schumacher, Stuttgart, S. 89–106.

Ockenfels, Wolfgang (1992): Kleine katholische Soziallehre, Trier.

Olk, Thomas (2005): Soziale Arbeit und die Krise der Zivilgesellschaft, in: Neue Praxis 35, S. 223–230.

Olk, Thomas, Otto, Hans-Uwe (Hg.) (2003): Soziale Arbeit als Dienstleistung. Grundlegungen, Entwürfe und Modelle, München.
Oser, Fritz/Althof, Wolfgang (1997): Moralische Selbstbestimmung. Modelle der Entwicklung und Erziehung im Wertebereich, 3. Aufl. Stuttgart.
Otto, Hans-Uwe/Scherr, Albert/Ziegler, Holger (2010): Wieviel und welche Normativität benötigt die Soziale Arbeit? Befähigungsgerechtigkeit als Maßstab sozialarbeiterischer Kritik, in: Neue Praxis 40, S. 137–163.
Otto, Hans-Uwe/Thiersch, Hans (Hg.) (2011): Handbuch Soziale Arbeit. Grundlagen der Sozialarbeit und Sozialpädagogik, 4. Aufl. München.
Päpstlicher Rat für Gerechtigkeit und Frieden (2006): Kompendium der Soziallehre der Kirche, 2. Aufl. Freiburg i. Br.
Pannenberg, Wolfhart (1991): Christliche Wurzeln des Gedankens der Menschenwürde, in: Menschenrechte und kulturelle Identität. Ein Symposion, hg. v. W. Kerber, München, S. 61–76.
Pannenberg, Wolfhart (2003): Grundlagen der Ethik. Philosophisch-theologische Perspektiven, 2. Aufl. Göttingen.
Patzig, Günther (1983): Ethik ohne Metaphysik, 2. Aufl. Göttingen.
Pauer-Studer, Herlinde (2010): Einführung in die Ethik, 2. Aufl. Wien.
Penta, Leo Joseph/Lienkamp, Andreas (2007): Ethik der Gemeinwesenarbeit, in: Ethik Sozialer Arbeit. Ein Handbuch, hg. v. A. Lob-Hüdepohl u. W. Lesch, Paderborn, S. 259–285.
Pieper, Annemarie (1998): Gibt es eine feministische Ethik?, München.
Pieper, Annemarie (2001): Menschenwürde – Ein abendländisches oder ein universelles Problem? Zum Verhältnis von Genesis und Geltung im normativen Diskurs, in: Menschenbild und Menschenwürde, hg. v. E. Herms, Gütersloh, S. 19–30.
Pieper, Annemarie (2007a): Einführung in die Ethik, 6. Aufl. Tübingen.
Pieper, Annemarie (2007b): Die Berufsmoral auf dem Prüfstand der Ethik. Soziale Arbeit als wertorientiertes Handeln, in: Sozial Aktuell 39, Heft 1, S. 2–9.
Pieper, Josef (2004): Über die Tugenden. Klugheit – Gerechtigkeit – Tapferkeit – Maß. Mit einem Vorwort von Johannes Rau, München.
Plewa, Alfred (2011): Auf der Suche nach dem „Gerechtigkeitssinn“, in: Menschenrechtsorientiert wahrnehmen – beurteilen – handeln. Ein Lese- und Arbeitsbuch für Studierende, Lehrende und Professionelle der Sozialen Arbeit, hg. v. H. Walz u. a., Luzern, S. 241–261.
Prauss, Gerold (1983): Kant über Freiheit als Autonomie, Frankfurt a. M.
Priester, Karin (2003): Rassismus. Eine Sozialgeschichte, Leipzig.
Quante, Michael (2011): Einführung in die allgemeine Ethik, 4. Aufl. Darmstadt.
Ratzinger, Georg (2001): Geschichte der kirchlichen Armenpflege, Frankfurt a. M.
Rauschenbach, Thomas/Züchner, Ivo (2012): Theorie der Sozialen Arbeit, in: Grundriss Soziale Arbeit. Ein einführendes Handbuch, hg. v. W. Thole, 4. Aufl. Wiesbaden, S. 151–173.
Rawls, John (1975): Eine Theorie der Gerechtigkeit, Frankfurt a. M.
Rawls, John (1977): Gerechtigkeit als Fairness, Freiburg i. Br.-München.
Reber, Joachim (2005): Das christliche Menschenbild, Augsburg.
Reder, Michael/Chester, Chimara (2012): Demokratie und Motivation. Über die Bedeutung und Grenzen rationaler Motivation in demokratischen Prozessen, in: Warum wir

handeln. Philosophie der Motivation, hg. v. G. Brüntrup u. M. Schwartz, Stuttgart, S. 121–135.
Reemtsma, Jan Philipp (2008): Vertrauen und Gewalt. Versuch über eine besondere Konstellation der Moderne, Hamburg.
Reese-Schäfer, Walter (2010): Autonomie und Gemeinschaft, in: Grenzen der Autonomie, hg. v. E. List u. H. Stelzer, Weilerswist, S. 55–70.
Rethmann, Albert-Peter (2001): Selbstbestimmung, Fremdbestimmung, Menschenwürde. Auskünfte christlicher Ethik, Regensburg.
Richter, Horst E. (1974): Lernziel Solidarität, Reinbek b. Hamburg.
Ricken, Friedo (2004): Gemeinschaft – Tugend – Glück. Platon und Aristoteles über das gute Leben, Stuttgart.
Rieger, Günter (2003): Anwaltschaftlichkeit – ein Herzstück Sozialer Arbeit, in: Soziale Arbeit 52, S. 96–105.
Rieger, Günter (2012): Schwache Interessen in Governanceprozessen, in: Diversität und Soziale Ungleichheit. Analytische Zugänge und professionelles Handeln in der Sozialen Arbeit, hg. v. H. Effinger u. a., Opladen, S. 193–203.
Rippe, Klaus Peter/Schaber, Peter (Hg.) (1998): Tugendethik, Stuttgart.
Röd, Wolfgang (1998): Kleine Geschichte der antiken Philosophie, München.
Rögner, Rudolf (2003): Soziale Arbeit ohne moralische Ansprüche. Anregungen durch eine praxisanalytische Ethik, in: Soziale Arbeit 52, S. 433–439.
Röh, Dieter (2006): Die Mandate der Sozialen Arbeit. In wessen Auftrag arbeiten wir?, in: Soziale Arbeit 55, S. 442–449.
Rosa, Hartmut (1999): Die prozedurale Gesellschaft und die Idee starker politischer Wertungen – Zur moralischen Landkarte der Gerechtigkeit, in: Konzeptionen der Gerechtigkeit. Kulturvergleich – Ideengeschichte – Moderne Debatte, hg. v. H. Münkler u. M. Llanque, Baden-Baden, S. 395–424.
Sachße, Christoph (2003): Mütterlichkeit als Beruf. Sozialarbeit, Sozialreform und Frauenbewegung 1871–1929, Weinheim.
Sachße, Christoph/Tennstedt, Florian (1998): Geschichte der Armenfürsorge in Deutschland, Bd. 1: Vom Spätmittelalter bis zum 1. Weltkrieg, 2. Aufl. Stuttgart u. a.
Safranski, Rüdiger (1997): Das Böse. Oder Das Drama der Freiheit, München-Wien.
Salomon, Alice (1925): Die Akademie für soziale und pädagogische Frauenarbeit, in: Deutsche Mädchenbildung 1, S. 561–562.
Salomon, Alice (1926): Soziale Diagnose, Berlin.
Salomon, Alice (1927): Die Ausbildung zum sozialen Beruf, Berlin.
Salomon, Alice (1928): Leitfaden der Wohlfahrtspflege, 3. Aufl. Leipzig-Berlin.
Sandherr, Susanne/Schmid, Franz/Sollfrank, Hermann (Hg.) (2009): Einhundert Jahre Ausbildung für soziale Berufe mit christlichem Profil. Von Ellen Ammanns sozialcaritativer Frauenschule zur Katholischen Stiftungsfachhochschule München 1909–2009, München.
Scherpner, Hans (1962): Theorie der Fürsorge, hg. v. H. Scherpner, Göttingen.
Scherr, Albert (2012): Sozialarbeitswissenschaft. Anmerkungen zu den Grundzügen eines theoretischen Programms, in: Grundriss Soziale Arbeit. Ein einführendes Handbuch, hg. v. W. Thole, 4. Aufl. Wiesbaden, S. 283–296.
Scheu, Bringfriede (2011): Grundorientierungen der Sozialen Arbeit, in: Soziallandschaften. Perspektiven Sozialer Arbeit als Profession und Disziplin, hg. v. H. Spitzer u. a., Wiesbaden, S. 79–89.

Schilling, Johannes (2000): Anthropologie. Menschenbilder in der Sozialen Arbeit, Neuwied.
Schilling, Johannes/Zeller, Susanne (2012): Soziale Arbeit. Geschichte, Theorie, Profession, 5. Aufl. München-Basel.
Schlittmaier, Anton (2006a): Ethik und Soziale Arbeit, in: Sozialmagazin 31, Heft 2, S. 43–52.
Schlittmaier, Anton (2006b): Moral und Ethik in der Sozialen Arbeit, in: Sozialmagazin 31, Heft 3, S. 34–41.
Schlüter, Wolfgang (1995): Sozialphilosophie für helfende Berufe. Der Anspruch der Intervention, 3. Aufl. München-Basel.
Schmid, Hans Bernhard/Schweikard, David P. (Hg.) (2009): Kollektive Intentionalität. Eine Debatte über die Grundlagen des Sozialen, Frankfurt a. M.
Schmid Noerr, Gunzelin (2012): Ethik in der Sozialen Arbeit. Eine Einführung, Stuttgart.
Schmidbauer, Wolfgang (1992): Helfen als Beruf. Die Ware Nächstenliebe, Reinbek b. Hamburg.
Schmocker, Beat (2011): Soziale Arbeit und ihre Ethik in der Praxis. Eine Einführung mit Glossar zum Berufskodex Soziale Arbeit Schweiz, Bern.
Schnabl, Christa (2005): Gerecht sorgen. Grundlagen einer sozialethischen Theorie der Fürsorge, Freiburg (Schweiz).
Schnädelbach, Herbert (2000): Philosophie in der modernen Kultur, Frankfurt a. M.
Schnädelbach, Herbert (2009): Religion in der modernen Welt. Vorträge, Abhandlungen, Streitschriften, Frankfurt a. M.
Schneider, Johann (1999): Gut und Böse – Falsch und Richtig. Zu Ethik und Moral der sozialen Berufe, Frankfurt a. M.
Schneider, Johann (2003): Professionalisierung und Ethik, in: Soziale Arbeit 52, S. 416–422.
Schockenhoff, Eberhard (2004): Beruht die Willensfreiheit auf einer Illusion? Hirnforschung und Ethik im Dialog, in: Erwachsenenbildung 50, S. 111–115.
Schockenhoff, Eberhard (2007): Grundlegung der Ethik. Ein theologischer Entwurf, Freiburg i. Br.
Schockenhoff, Eberhard (2009): Ethik des Lebens. Grundlagen und neue Herausforderungen, Freiburg i. Br.
Schramm, Michael/Große Kracht, Hermann-Josef/Kostka, Ulrike (Hg.) (2006): Der fraglich gewordene Sozialstaat. Aktuelle Streitfelder – ethische Grundlagenprobleme, Paderborn.
Schreiber, Hans-Ludwig (2003): Die Würde des Menschen – eine rechtliche Fiktion?, in: Was ist der Mensch?, hg. v. N. Elsner u. H.-L. Schreiber, 2. Aufl. Göttingen, S. 231–247.
Schütz, Alfred/Luckmann, Thomas (2003): Strukturen der Lebenswelt, Konstanz.
Schulz, Walter (1981): Ethisches Handeln – heute, in: ders., Vernunft und Freiheit, Stuttgart, S. 79–104.
Schumacher, Thomas (2003): Soziale Arbeit als Begriff. Paradigma zur Grundlegung einer Sozialarbeitswissenschaft, in: Archiv für Wissenschaft und Praxis der sozialen Arbeit 34, Heft 1, S. 3–18.
Schumacher, Thomas (2006a): Welche Ethik braucht die Soziale Arbeit? in: Neue Praxis 36, S. 325–329.

Schumacher, Thomas (2006b): Sozialarbeitsethik in der Krise – Der systematische Ort der Ethik in der Sozialen Arbeit, in: Theorie und Praxis der Sozialen Arbeit 57, Heft 1, S. 55–62.

Schumacher, Thomas (2007): Soziale Arbeit als ethische Wissenschaft. Topologie einer Profession, Stuttgart.

Schumacher, Thomas (2008): Werte und Gesellschaft, in: Zeitschrift für Jugendkriminalität und Jugendhilfe 19, S. 374–378.

Schumacher, Thomas (2010): Soziale Arbeit als beruflich geleistete Solidarität. Gesellschaftliche und ethische Implikationen, in: Forum sozial, Heft 4, S. 15–19.

Schumacher, Thomas (2011a): Zum Verständnis Sozialer Arbeit als Wissenschaft, in: ders. (Hg.), Die Soziale Arbeit und ihre Bezugswissenschaften, Stuttgart, S. 7–24.

Schumacher, Thomas (2011b): Grundlagen des Erkennens in der Sozialen Arbeit, in: ders. (Hg.), Die Soziale Arbeit und ihre Bezugswissenschaften, Stuttgart, S. 145–163.

Schumacher, Thomas (2011c): Von der Gestaltungskraft der Sozialen Arbeit, in: ders. (Hg.), Die Soziale Arbeit und ihre Bezugswissenschaften, Stuttgart, S. 257–262.

Schumacher, Thomas (2012): Anliegen der Ethik in der Sozialen Arbeit, in: Ethische Grundsätze in der Sozialen Arbeit – Anspruch und Wirklichkeit, Landestagung 2012 des Sozialdienstes katholischer Frauen, Landesverband Bayern, München, S. 21–31.

Searle, John R. (2012a): Die Konstruktion der gesellschaftlichen Wirklichkeit. Zur Ontologie sozialer Tatsachen, 2. Aufl. Berlin.

Searle, John R. (2012b): Wie wir die soziale Welt machen. Die Struktur der menschlichen Zivilisation, Berlin.

Sedmak, Clemens (2003): Theologie in nachtheologischer Zeit, Mainz.

Sedmak, Clemens (Hg.) (2010): Solidarität. Vom Wert der Gemeinschaft, Darmstadt.

Sedmak, Clemens (Hg.) (2012): Freiheit. Vom Wert der Autonomie, Darmstadt.

Seel, Martin (2009): Versuch über die Form des Glücks. Studien zur Ethik, Frankfurt a. M.

Seithe, Mechthild (2012): Wie kann sich Soziale Arbeit gegen „BWLisierung" wehren?, in: Soziale Arbeit 61, S. 375–381.

Sen, Amartya (2002): Ökonomie für den Menschen. Wege zu Gerechtigkeit und Solidarität in der Marktwirtschaft, München.

Sen, Amartya (2012): Die Idee der Gerechtigkeit, München.

Sorg, Richard (2003): Überlegungen aus Anlaß der Frage nach einem ‚politischen Mandat' Sozialer Arbeit, in: ders. (Hg.), Soziale Arbeit zwischen Politik und Wissenschaft, Münster, S. 75–88.

Spaemann, Robert (2009): Moralische Grundbegriffe, 8. Aufl. München.

Spatscheck, Christian (2005): Soziale Arbeit im neoliberalen Kontext. Perspektiven für eine professionelle Modernisierung, in: Soziale Arbeit 54, S. 94–103.

Spatscheck, Christian (Hg.) (2008): Soziale Arbeit und Ökonomisierung. Analysen und Handlungsstrategien, Berlin.

Spitzer, Helmut/Höllmüller, Hubert/Hönig, Barbara (Hg.) (2011): Soziallandschaften. Perspektiven Sozialer Arbeit als Profession und Disziplin, Wiesbaden.

Staub-Bernasconi, Silvia (1994): Soziale Arbeit als Gegenstand von Theorie und Wissenschaft, in: Sozial und wissenschaftlich arbeiten. Status und Positionen der Sozialarbeitswissenschaft, hg. v. W. R. Wendt, Freiburg i. Br., S. 75–104.

Staub-Bernasconi, Silvia (1995a): Systemtheorie, soziale Probleme und Soziale Arbeit: lokal, national, international, oder: vom Ende der Bescheidenheit, Bern u. a.

Staub-Bernasconi, Silvia (1995b): Das fachliche Selbstverständnis Sozialer Arbeit – Wege aus der Bescheidenheit. Soziale Arbeit als „Human Rights Profession", in: Soziale Arbeit im Wandel ihres Selbstverständnisses. Beruf und Identität, hg. v. W.R. Wendt, Freiburg i.Br., S. 57–104.

Staub-Bernasconi, Silvia (1999): Sozialrechte – Restgröße der Menschenrechte?, in: Sozial Aktuell 31, S. 18–25.

Staub-Bernasconi, Silvia (2003): Soziale Arbeit als (eine) „Menschenrechtsprofession", in: Soziale Arbeit zwischen Politik und Wissenschaft, hg. v. R. Sorg, Münster, S. 17–54.

Staub-Bernasconi, Silvia (2004): Menschenrechtsbildung in der Sozialen Arbeit – Master of Social Work, in: Menschenrechtsbildung. Bilanz und Perspektiven, hg. v. C. Mahler u. A. Mihr, Wiesbaden, S. 233–244.

Staub-Bernasconi, Silvia (2006): Der Beitrag einer systemischen Ethik zur Bestimmung von Menschenwürde und Menschenrechten in der sozialen Welt, in: Soziale Arbeit und Ethik im 21. Jahrhundert. Ein Handbuch, hg. v. S. Dungs u.a., Leipzig, S. 267–289.

Staub-Bernasconi, Silvia (2007): Soziale Arbeit als Handlungswissenschaft. Systemtheoretische Grundlagen und professionelle Praxis – ein Lehrbuch, Bern-Stuttgart-Wien.

Staub-Bernasconi, Silvia (2012): Der „transformative Dreischritt" als Vorschlag zur Überwindung der Dichotomie von wissenschaftlicher Disziplin und praktischer Profession, in: Professionalität Sozialer Arbeit und Hochschule. Wissen, Kompetenz, Habitus und Identität im Studium Sozialer Arbeit, hg. v. R. Becker-Lenz u.a., Wiesbaden, S. 163–186.

Stein, Edith (2004): Der Aufbau der menschlichen Person. Vorlesung zur Philosophischen Anthropologie, neu bearb. u. eingel. v. B. Beckmann-Zöller, Freiburg i.Br.

Stemmer, Peter (2000): Handeln zugunsten anderer. Eine moralphilosophische Untersuchung, Berlin-New York.

Stemmer, Peter (2008): Normativität. Eine ontologische Untersuchung, Berlin-New York.

Stender-Monhemius, Kerstin (2006): Schlüsselqualifikationen. Zielplanung, Zeitmanagement, Kommunikation, Kreativität, Nördlingen.

Stichweh, Rudolf (2005): Inklusion und Exklusion. Studien zur Gesellschaftstheorie, Bielefeld.

Thiersch, Hans (1995): Lebenswelt und Moral. Beiträge zur moralischen Orientierung Sozialer Arbeit, Weinheim-München.

Thiersch, Hans (2000a): Strukturierte Offenheit. Zur Methodenfrage einer lebensweltorientierten Sozialen Arbeit, in: Der sozialpädagogische Blick. Lebensweltorientierte Methoden in der Sozialen Arbeit, hg. v. T. Rauschenbach u.a., 2. Aufl. Weinheim-München, S. 11–28.

Thiersch, Hans (2000b): Schon wieder – und noch einmal – alltagsorientierte Sozialpädagogik, in: Jahrbuch der Sozialen Arbeit, Münster, S. 294–305.

Thiersch, Hans (2009): Authentizität, in: Professionalität in der Sozialen Arbeit. Standpunkte, Kontroversen, Perspektiven, hg. v. R. Becker-Lenz u.a., 2. Aufl. Wiesbaden, S. 239–253.

Thiersch, Hans (2012a): Lebensweltorientierte Soziale Arbeit. Aufgaben der Praxis im sozialen Wandel, 8. Aufl. Weinheim-München.

Thiersch, Hans (2012b): Zur Autonomie der Fachlichkeit Sozialer Arbeit. Teil 1, in: Forum sozial, Heft 1, S. 38–42.

Thiersch, Hans (2012c): Zur Autonomie der Fachlichkeit Sozialer Arbeit. Teil 2, in: Forum sozial, Heft 2, S. 33–35.

Thies, Christian (2009): Einführung in die philosophische Anthropologie, 2. Aufl. Darmstadt.

Thole, Werner (2012): Die Soziale Arbeit – Praxis, Theorie, Forschung und Ausbildung. Versuch einer Standortbestimmung, in: ders. (Hg.), Grundriss Soziale Arbeit. Ein einführendes Handbuch, 4. Aufl. Wiesbaden, S. 19–70.

Thole, Werner/Cloos, Peter/Ortmann, Friedrich/Strutwolf, Volkhardt (Hg.) (2005): Soziale Arbeit im öffentlichen Raum. Soziale Gerechtigkeit in der Gestaltung des Sozialen, Wiesbaden.

Tiedemann, Paul (2006): Was ist Menschenwürde? Eine Einführung, Darmstadt.

Tremmel, Hans (2006): Subsidiarität – ein sozialethische Strukturprinzip für die Soziale Arbeit, in: Solidarische Gesellschaft. Christliche Sozialethik als Auftrag zur Weltgestaltung im Konkreten, hg. v. K. Hilpert u. T. Bohrmann, Regensburg, S. 63–77.

Tugendhat, Ernst (2010): Anthropologie statt Metaphysik, München.

Tuomela, Raimo/Miller, Kaarlo (2009): Wir-Absichten, in: Kollektive Intentionalität. Eine Debatte über die Grundlagen des Sozialen, hg. v. H. B. Schmid u. D. P. Schweikard, Frankfurt a. M., S. 72–98.

Uhde, Bernhard (1976): Erste Philosophie und menschliche Unfreiheit. Studien zur Geschichte der Ersten Philosophie Teil 1. Von den Anfängen bis Aristoteles, Wiesbaden.

Uhde, Bernhard (1982): Gegenwart und Einheit. Versuch über Religion, [Habilitationsschrift] Freiburg i. Br.

Vieth, Andreas (2006): Einführung in die Angewandte Ethik, Darmstadt.

Vorlaufer, Johannes (2012): Glück haben – glücklich sein. Eine anthropologische Grundfrage im Kontext Sozialer Arbeit, in: Soziale Arbeit 61, S. 82–90.

Vossenkuhl, Wilhelm (2006): Die Möglichkeiten des Guten. Ethik im 21. Jahrhundert, München.

Waldenfels, Bernhard (2004): Phänomenologie der Aufmerksamkeit, Frankfurt a. M.

Walz, Hans/Teske, Irmgard/Martin, Edi (Hg.) (2011): Menschenrechtsorientiert wahrnehmen – beurteilen – handeln. Ein Lese- und Arbeitsbuch für Studierende, Lehrende und Professionelle der Sozialen Arbeit, Luzern.

Watzlawick, Paul (2012): Anleitung zum Unglücklichsein, 12. Aufl. München.

Weber, Max (1921): Wirtschaft und Gesellschaft. Grundriß der verstehenden Soziologie, Tübingen.

Weber, Max (1992): Politik als Beruf, Stuttgart.

Weber, Max (2007): Die protestantische Ethik und der Geist des Kapitalismus, Erftstadt.

Wendt, Wolf Rainer (1995): Auf dem Weg zu einer neuen Performanz, in: ders. (Hg.), Soziale Arbeit im Wandel ihres Selbstverständnisses. Beruf und Identität, Freiburg i. Br., S. 134–160.

Wendt, Wolf Rainer (2010): Das ökosoziale Prinzip. Soziale Arbeit, ökologisch verstanden, Freiburg i. Br.

Wesser, Ulrich (2011): Heteronomien des Sozialen. Sozialontologie zwischen Sozialphilosophie und Soziologie, Wiesbaden.

Wilhelms, Günter (2010): Christliche Sozialethik, Paderborn.

Wilken, Udo (2000): Faszination und Elend der Ökonomisierung des Sozialen, in: ders., Soziale Arbeit zwischen Ethik und Ökonomie, Freiburg i. Br., S. 11–30.

Witte, Markus (Hg.) (2012): Gerechtigkeit, Stuttgart.

Wittig-Koppe, Holger/Bremer, Fritz/Hansen, Hartwig (Hg.) (2010): Teilhabe in Zeiten verschärfter Ausgrenzung? Kritische Beiträge zur Inklusionsdebatte, Neumünster.
Wolf, Ursula (1999): Die Philosophie und die Frage nach dem guten Leben, Reinbek b. Hamburg.
Zeller, Susanne (1994): Geschichte der Sozialarbeit als Beruf. Bilder und Dokumente (1893–1939), Pfaffenweiler.
Zeller, Susanne (2000): Soziale Arbeit als Menschenrechtsprofession? Oder: Über die Unvereinbarkeit von Sozialer Arbeit und Rechtsextremismus, in: Sozialmagazin 25, Heft 12, S. 33–35.
Ziegler, Holger/Schrödter, Mark/Oelkers, Nina (2012): Capabilities und Grundgüter als Fundament einer sozialpädagogischen Gerechtigkeitsperspektive, in: Grundriss Soziale Arbeit. Ein einführendes Handbuch, hg. v. W. Thole, 4. Aufl. Wiesbaden, S. 297–310.
Zink, Dionys (1994): Impulse zur Weiterentwicklung einer sozialpädagogischen Berufsethik, in: Die berufliche Sozialarbeit 3, S. 87–90.
Zoglauer, Thomas (2010): Freiheit zwischen Selbstbestimmung und Fremdbestimmung, in: Grenzen der Autonomie, hg. v. E. List u. H. Stelzer, Weilerswist, S. 11–32.

Webseiten und Links

Qualifikationsrahmen Soziale Arbeit
http://www.fbts.de/fileadmin/fbts/Aktuelles/QRSArb_Version_5.1.pdf

Studiengänge Soziale Arbeit in Deutschland
http://www.fbts.de/fileadmin/fbts/Archiv/%C3%9Cbersicht_MAStudieng%C3%A4ng_BachelorSA_092010-2.htm
http://www.fbts.de/aktuelles/neue-studiengaenge.html

Überblick Masterprogramme Deutschland
http://de.mastersportal.eu/study-options/268615742/sozialarbeit-deutschland.html

Kerncurriculum der DGfS (DGSA) für Bachelor- und Masterstudiengänge in Sozialer Arbeit
http://www.webnetwork-nordwest.de/dokumente/kerncurriculum.pdf

Text der UN-Menschenrechtscharta vom 10. 12. 1948
http://www.un.org/depts/german/grunddok/ar217a3.html

DBSH Berufsethische Prinzipien
http://www.dbsh.de/BerufsethischePrinzipien.pdf

NASW Code of Ethics
http://www.socialworkers.org/pubs/code/code.asp

IFSW/IASSW Ethics in Social Work, Statement of Principles
http://www.dbsh.de/Ethics_in_Social_Work.pdf